時代を拓いた
唐津の先人

宮島清一

海鳥社

はじめに

唐津は九州島の最北部に位置し、その地名は「唐」の国へと向かう「津」（港）を意味する。唐は中国の唐《とう》、朝鮮半島を意味する韓《から》にも通じ、東アジアの外国を漠然と意味する言葉とされてきた。

明治時代、唐津とその周辺から多くの俊才が全国へ、世界へと羽ばたいて行った。後に内閣総理大臣となる高橋是清が若き日に英語教師として唐津に赴任し、そこで辰野金吾（のちの帝国大学教授、建築家）、天野為之（のちの早稲田大学学長、経済学者）らを育てたことはある程度知られているが、あまり知られていない人々もいる。この本には高橋、辰野らと同時代を生きた十八人の生涯を記した。幕末、明治期に活躍した人々の評伝はすでに数多く書かれている。その中であえて十八人もの人をまとめて紹介することにどんな意義があるのか。私は以下の三点だと思う。

第一、明治維新と日本の近代化を、唐津という定点から観察したことである。この本に登場する人々は各々に課された制約のもとで自分の生き方を見つけ、社会に貢献した。近代国家の建設は全国規模で語られることが多いが、北部九州地方で何が起きたかを知ることで、歴史の理解も深まると思う。部分の詳細を知ることで、全体の理解が進むのである。

第二、明治維新は、当然のことだが、維新を推進した人々の立場で語られることが多い。いっぽう、徳川家の家臣たちや、唐津藩のような幕府とつながりの深い藩が辿った運命について語られることは少ない。この分野は明治維新の裏面史、側面史をなしており、その部分を補うこともまた、歴史の理解に深みと厚みをもたらすだろう。それに何より、この人たちの人生は味わい深い。

第三、明治維新後、わが国は西洋の学問と産業技術を急速に吸収し、短時日のうちに世界に比肩しうる水準に達した。その背景として、藩政時代に培われた学問と教育の伝統があることを、唐津藩を例として示そうと試みた。

この本が、これから人生を切り開こうとしている若い人をはじめ、多くの人に読まれることを願います。

時代を拓いた唐津の先人◉目次

I

耐恒寮の少年たち

1 幕末・明治維新と唐津

幕藩体制下の唐津藩

徳川家康が征夷大将軍に任命されて江戸に幕府を開いたのが一六〇三年。それから二六〇年余、徳川家が代々将軍職を務めた。この期間を江戸時代、あるいは徳川時代と呼ぶのが普通である。これに先立つ戦国時代は各地に戦国大名が割拠《かつきょ》し、領地と覇権をめぐって激しい戦闘を繰り広げた。戦争と混乱の時代を経て成立した徳川幕府は、幕府を最高の支配機関としながら、各地の有力な大名が自分の地域を支配することを認めた。各大名の支配地域は後に「藩」と呼ばれるようになり、この統治形態は「幕藩体制」と呼ばれている。幕府は徳川家の軍である幕府軍を持ったが、各地の大名もまた各藩の軍隊を持っていたから、近代国民国家に比べれば中央集権度の低い体制であった。

幕藩体制を安定させるために、徳川幕府は各地の戦国大名とは別に、徳川家と関係の深い高級武士たちを大名として全国各地に配した。彼らは「譜代《ふだい》大名」と呼ばれ、逆に譜代でない大名たちは「外様《とざま》大名」と呼ばれた。九州には徳川家に距離を置く有力な外様大名が多かった。福岡藩の黒田家、佐賀藩の鍋島家、薩摩藩の島津家などである。これらの藩では代々同じ大名家が藩主を務めるから、独立国家的な性格が強く、傾向としては幕府への忠誠心が弱かった。このことは幕府にとって脅威であった。

いっぽう、唐津藩は譜代大名の治める藩であった。藩主は寺沢（二代・五十三年）、大久保（二代・三十年）、松平（三代・十四年）、土井（四代・七十二年）、水野（四代・五十六年）、小笠原（五代・五十三年）という六氏（二十代・二七四年）によって務められた。寺沢氏は織田家、次いで豊臣家に仕えた大名だが、その後の五氏は皆、徳川家康が三河地方（今の愛知県）の一地方大名の子であった時代から仕えた武士の一族、いわゆる「三河武士《みかわざむらい》」と呼ばれる人々である。

唐津城の登城口付近にある歴代城主年表

唐津藩主には長崎の警備、朝鮮・中国に対する外交・防衛上の役目があり、防衛の要衝である対馬に米を送るための「対州領《たいしゅうりょう》」が藩内にあった。現在の唐津市浜玉町あたりである。唐津藩主にはまた、九州の有力な外様大名やキリシタンに対する監視、警戒の役目もあった。

譜代大名家の役割のひとつは、幕府の老中《ろうじゅう》を輩出することである。譜代大名家の中から優秀な人が選抜されて中央政府の執政官となる。歴史上の人物としては、水野家時代の最後の藩主・水野忠邦がいる。忠邦は唐津藩主を務めた後、遠州浜松藩（今の静岡県）の藩主となり、次いで幕府の老中となって天保の改革を推進した。

大名の転勤は「転封《てんぽう》」あるいは「移封《いほう》」と呼ばれ、家臣とその家族たちを含む数百人から数千人の規模で行われる引っ越しなので、

「従是東対州領（これより東対州領）」石柱（唐津市・虹の松原）

一大行事であった。唐津城では他藩へと出て行く大名は西の門から去り、新たに赴任する大名が大手門から入城したと伝えられている。唐津の庶民にとっては、徳川家の高級家臣が交代で転勤してやってくるのであるから、領主と藩民との結びつきが外様大名の藩ほどには強くない。遠いところから異質の文化が入ってくるので、文化的には土着性が薄く開放的である。面白いことの一例を挙げる。小笠原家は唐津藩に着任する直前は奥州棚倉藩（今の福島県）の藩主だったので、唐津城の城内とその近辺には関東・東北弁の名残りをとどめる「城内言葉」というのがあったという。今はそういう言葉を使う人は希だと思う。

小笠原長国と長行

幕末期の唐津藩主は小笠原佐渡守長国《ながくに》であった。天保十一年（一八四〇年）に着任して廃藩置県まで藩主を務めたが、このかん安政五年（一八五八年）から文久二年（一八六二年）までは小笠原壱岐守長行《ながみち》が藩主代行を務めた。長行は積極的な藩政改革に取組んで成果をあげたので、その力量を見込まれて文久二年に幕府の老中に抜擢され、外交を担当することになった。ここから長行の波乱の日々が始まる。

徳川幕府から明治新政府へと政治権力が劇的に移行したこの時期を、小笠原長行は旧体制の擁護者として振

幕閣時代の小笠原壱岐守長行
（『小笠原壱岐守長行』より転載）

舞う。慶応二年（一八六六年）の第二次長州戦争に幕府軍指揮官として参戦し、長州軍の前に敗北する。次いで慶応四年、鳥羽伏見の戦いを皮切りに、「戊辰戦争《ぼしんせんそう》」と呼ばれる内戦が始まる。薩摩軍、土佐軍などが江戸へと迫るなか、最後の将軍であった徳川慶喜《とくがわよしのぶ》は江戸城を退出し、東京に明治新政府が発足する。唐津藩主・小笠原長国も新政府に服従する。ここにおいて長行は徳川慶喜ならびに唐津藩と訣別する。

幕府軍は彰義隊《しょうぎたい》を中心に上野の森で新政府軍と衝突する。この時、長行率いる幕府軍は、炎上する上野寛永寺より脱出した輪王寺宮能久親王《りんのうじのみやよしひさ》を伴って東北に向かい、常陸国《ひたちのくに》（茨城県）平潟《ひらかた》から会津若松、次いで白石に達する。白石において、輪王寺宮を盟主とする「奥羽越列藩同盟」政権の樹立を宣言する。総督に仙台・米沢両藩主、参謀に小笠原長行と板倉勝静《いたくらかつきよ》がいた。東日本朝廷の誕生である。しかし明治政府の力は日増しに強まり、東北列藩は敗戦また敗戦という悲惨な戦いを余儀なくされ、奥羽越列藩同盟政権はわずか三カ月で崩壊する。会津若松城の落城に際しての白虎隊《びゃっこたい》の最期など、今に語り継がれる悲劇が次々に起こった。行き場を失った長行は榎本武揚《えのもとたけあき》の率いる幕府艦隊と合流し、海路函館へと向かう。幕府軍は箱館戦争において凄惨な最期を遂げた。長行はこの戦争で戦死せず、明治の時代を生きることとなったが、再び政治の表舞台に立つことはなかった。

戊辰戦争において新政府軍は唐津藩を一時は討伐の対象としたが、藩主・長国が佐賀藩を仲介者として新政府に降伏したので、唐津の街は戦火を免れた。徳川の家臣としての立場と、藩を戦禍から守ることとを両立させるために、小笠原家は自らを二つに割って対処した。長行は徳川の忠臣としての務めを果たし、長国は藩の平和を優先した。長行は長国の養子で、藩主後継者に指名されていたが、二人は親子の縁を切り、そのいっぽうで長行の生まれたばかりの赤ん坊である長生《ながなり》を藩主後継者に指名した。

耐恒寮

唐津藩が明治新政府に服従したことにより、小笠原長国は唐津藩知事に任命された。徳川親藩であった唐津藩を新政府のもとで運営するのは容易でなかったと推察される。長国は勉学を重視する方針を打ち出し、藩校に漢学、医学、洋学の三学部を設置し、併せてフランス式の軍隊を組織した。そして、洋学を担当する英語教師を捜すため、藩の大参事(旧家老職にあたる)友常典膳《ともつねてんぜん》を東京に派遣した。友常は内務省の渡辺次官、小花《おはな》万司《まんじ》らの協力を得て、米国公使館に勤務していた林董三郎《はやしとうさぶろう》に打診するが断られる。そこで小花の友人で、当時無職、放蕩中だった高橋是清が指名された。

明治四年(一八七一年)、唐津藩はまだ数え年十七歳だった高橋是清を破格の待遇で招聘し、「耐恒寮《たいこうりょう》」という英語学校を開いた。時代が激変するなか、将来に不安を抱いていた唐津の少年たちは、こぞってこの学校に入学した。米国から帰国して間もない高橋は、個性的で魅力的な人物だったので、生徒たちは高橋を慕い、共に学び、遊んだ。いろんな事情で耐恒寮は一年余りしか続かず、幻の学校となったが、ここに集った少年たちのその後の活躍ぶりを見れば、この学校がわが国の教育史に記録されるべき存在だということが分かる。幕末から明治にかけて、小さな唐津藩に起こった出来事だが、いろんな困難を乗り越えて成長する少年たちの足跡から、現代の若い人々が学ぶことがきっとあると思う。

『時代を拓いた唐津の先人』訂正とお詫び

	誤	正
14頁10行目・帯裏2行目	数え年十七歳	数え年十八歳
17頁7行目	橋利吉	橋和吉郎
71頁4行目	増田孝	益田孝
82頁12行目	増田孝	益田孝
138頁第5期③土木科	杉山輯吉	削除
第6期③化学科	林糾四郎	削除
139頁第7期③土木科	山内市太郎	削除
262頁[5]完成した戦艦大和	昭和6年（1931年）	昭和16年（1941年）
索引xii	増田孝	益田孝

以上、謹んでお詫びするとともに、訂正いたします。

2 高橋是清

晩年の高橋是清
（毎日新聞社提供）

古今東西、いろんな人の「自伝」があるが、高橋是清《たかはしこれきよ》の「自伝」ほど読んで面白いものはない。幼い頃「奴隷」として米国に売り飛ばされ、その生活から自力で脱出して日本へ密入国し、芸者の付き人、教師、相場師、畜産業、アンデス山中の銀山経営と破綻を経て、晩年は日銀総裁、大蔵大臣、そして内閣総理大臣となって両大戦間の世界恐慌の時期に日本の国家財政と国の進路を導いた。その人生は、波乱万丈そのものであり、「自伝」はまるで冒険物語である。

どんなに悲惨に思える境遇にあってもまっすぐ前を向いておおらかに生きることの素晴らしさを、この本と高橋是清の人生は教えてくれる。高橋が唐津で過ごしたのは青春時代の一年余りにすぎないが、唐津の少年たちが高橋から学んだものは計り知れない。

少年時代

高橋是清は安政元年（一八五四年）、江戸で生まれた。父は幕府のお抱え絵師・川村庄右衛門である。庄右衛門が自宅の侍女・北原きんとのあいだにもうけた子どもだった。生後わずか四日目に仙台藩の足軽・高橋家に養子に出される。その後、生母きんの姿を見たのは生涯一度きりで、言葉を交わしたことはないという。高橋家にもいろいろ事情があったので高橋の父母とも疎遠となり、事実上、養祖母によって育てられる。幼年期を江戸の仙台藩足軽住居で、次いで寿昌寺という寺の小僧として過ごす。不自然な境遇ながら元気な子どもであった。

開国へと向かう幕末、佐賀藩の副島種臣《そえじまたねおみ》や大隈重信が長崎で英学を学んだように、江戸では勉学好きな少年を横浜に送って学ばせることが行われていた。高橋は十二歳の時横浜に送られ、滞在中の外国人たちにボーイ（小間使い）として仕えながら、そこの婦人たちに英語を教わる。「ヘボン式ローマ字」で有名な宣教師・医師ヘボン（J. C. Hepburn）の奥さんが最初の先生であった。子どものくせに馬引きや車引きたちと酒を飲んだり、主人用の食器でねずみを焼いて食べたり、婦人にいたずらをしたりという素行の悪さゆえに、仙台藩からの米国派遣留学生には選ばれない。それでも向学心は強く、八方手を尽くして留学の可能性を探る。英国捕鯨船に乗り込んで捕鯨をしながら船員に英語を学ぶという案なども試みるが、結局、あるアメリカ人が米国で学校に通わせてやると口約束したので、書類に署名する。これが「奴隷」売買契約書であった。こうして数え年十四歳の高橋は船に乗せられ、北米大陸へと送られた。

米国での「奴隷」生活

サンフランシスコ、オークランドなど数カ所で米国人の家に住み込み、牛馬の世話、薪づくり、庭仕事、掃除、食事番など、「奴隷」としての日々を送る。仲間に中国人やアイルランド人がいた。勝気なので彼らと喧嘩するし、主人にも反抗して暴れ、家の物をいろいろ壊したりもする。しかし米国人から見れば小さな子どもなので、概ね可愛がられ、英語を教わったりする。

明治維新の報に接し、興奮する。祖国の一大事にあたり、何とか帰国して働きたいと思う。友人たちの協力も得て悪徳米国人と対決し、ついに「奴隷」売買契約書の破棄を勝ち取る。交渉過程で「私は agree（同意する）」なのか「私は angry（怒っている）」なのか混乱したという愉快な話もある。米国西海岸で仲間となった三人の日本人と共に帰国の途につく。ところが明治政府にとって仙台藩は賊藩らしい。いっぽう当時、外国人は治外法権の扱いを受けていたので、ここは外国人のふりをして入国しようと策を練る。横浜港では英語をしゃべり続け、何のチェックもなく入国する。東京では「橋利吉」と名を変えて隠れ家に潜む。

大学南校とフルベッキ

十五歳の高橋は身を隠して新時代の世の中を見ながら、自分に何ができるか考えていた。明治初期、英語が自由に使える人間の活躍の場はいたるところにあった。薩摩藩の実力者である森有礼《もりありのり》の紹介で、当時できたばかりの大学南校《だいがくなんこう》の英語教師となる。「大学南校」について説明しておこう。明治二年（一八六九年）、明治政府は、江戸時代から続いていた学問所である昌平坂学問所、開成所、医学所の三つを各々、大学校、大学南校、大学東校と改めた。この三校が母体となって、いくつかの変遷を遂げながら東京大学が形成される。大学南校は法学部、理学部、文学部の母体となった。

G. H. F. フルベッキ

オランダ生まれの米国人フルベッキ（G. H. F. Verbeck，英語発音ではバーベック）が明治政府のお抱え英語教師として大学南校に招かれた。フルベッキはこれに先立つ幕末期、長崎の佐賀藩英学塾・致遠館《ちえんかん》で副島種臣、大隈重信らを育てている。高橋はフルベッキ邸に居候し、書生として公私共に世話になりながら本格的な英語を教わる。米国で「奴隷」をしたことから推察されるように、高橋の英語はそれほど洗練されたものではなかった。ここでフルベッキに立派な英語を教わったことにより、高橋の英語の水準はおおいに上がった。ところでフルベッキは元来、宣教師であり、教材に好んで聖書を用いた。長崎の大隈、副島らは感化されなかったが、より幼い高橋はキリストの教えに打たれ、信徒となった。

放蕩

大学南校の生徒の中に金持ちの息子たちがいた。数え年十七歳の高橋は彼らにそそのかされて毎晩酒を飲み、芸者遊びを始める。フルベッキ先生には見つからぬよう用心していたが、ある晩、芸者と共に女装して酒を飲みながら芝居見物しているところを大学南校の教官に見つかり、辞職に追い込まれる。フルベッキ邸からも去る。フルベッキは黙って聖書を手渡して高橋を見送る。それで改心すればよいのだが、今度は遊び人の家に下宿して、誰に臆することなく遊び続ける。失業状態なので生活にも困り、書物も衣類も売り払い、裸同然で、最も懇意にしていた「東屋桝吉《あずまやますきち》」を名乗る芸者（本名お君）の家に転がり込む。毎夜、宴席に出る彼女を送り迎えするのが仕事となる。三味線、衣類、化粧道具など身のまわりの物を入れた箱を持って芸者の後をついて歩くので、「箱屋」という職業だそうだ。しばらくこんな日々を送っていると、放蕩の噂を聞きつけた養祖母が訪ねて来て「お前も、もう意見をされる年合でもなかろうから、よく考えて一生を過《あやま》たぬようにしなさい」と諭される。養祖母の立派な態度に桝吉も心を動かされる。

自らの体《てい》たらくに心底《しんそこ》愛想が尽きて、芸者の家の軒先で天を仰いでいると、横浜でのボーイ時代に知り合った友人・小花万司が訪ねてきた。「肥前の唐津藩が英語教師を捜している。行ってみないか」。こうして高橋の唐津行きが決まった。このさい気分一新するために再び名を変える。世話になった芸者の源氏名をとって、「東太郎《あずまたろう》」とした。

唐津の日々

明治四年（一八七一年）、高橋は、江戸から神戸、長崎と船を乗り継ぎ、長崎からは籠、次いで馬に乗って唐津城下に入る。唐津藩では道路に砂を盛り、箒目《ほうきめ》正しく掃き清め、藩士たちが裃《かみしも》の襟を正し整列して、数え年十八歳の若者を迎えた。当時の唐津藩知事（唐津藩最後の藩主）小笠原長国は進取の方針を打ち出しており、英学とフランス式騎馬隊の教育に乗り出していた。そして藩の未来を託する人材として、この新任英語教師を迎えた。

高橋には藩から一〇〇円の月給が支払われた。つい最近まで殿様であった知事自身の月給が三十円であることを思えば、高橋の給料はとんでもない額であり、藩の期待がいかに大きなものであったかが分かる。このような思い切った人事政策に、長国と藩の決意のほどがうかがわれるが、また、これが明治初期という時代の熱気というものだろう。高橋はこれによって、放蕩時代の借金を一気に返済する。唐津では京町の中川茶園さんの家に下宿した。

開明の知事ではあったが、藩士には攘夷《じょうい》気分が強く、高橋への反発もあった。ある夜、英学塾が放火で焼失する。しかし高橋はひるまない。折しも知事の江戸への引越しが決まったので直談判し、唐津城二の丸御殿を

明治８年、22歳の高橋是清
（『高橋是清自伝』より転載）

開放してもらい、そこを英学塾「耐恒寮《たいこうりょう》」に変えてしまう。

丸々と太っていた高橋は唐津赴任の夜、四十人の藩士を相手に酒の飲みっぷりで勝負し、おおいに評判となる。ふだんも朝の冷酒、昼一升、夜を入れて日に三升が日課だった。城内で鶏を飼育し、毎日二羽ずつ絞めて鶏鍋を作り、肴にした。学校の教師、事務員、用務員、生徒らがこの暴飲暴食に付き合わされた。正月休みには延々と飲み続け、ついに血を吐いて寝込んでしまう。医者に酒を止められ、一週間ほどは自分でもさすがに酒の匂いを嗅ぐのもいやになる。しかし周囲が余りに勧めるので、鼻をつまんで無理やり飲むと結構いける。二杯目からは鼻をつままなくても飲めるようになったという。

酒を飲んでいたばかりではない。高橋はかねてから、自分に漢文の素養が足りないことを感じていた。唐津城内には当時、中沢健作（見作、建作と書かれることもある）という碩学《せきがく》がいたので、彼に時々助けてもらいながら、毎晩三時間、辞書を片手に頼山陽の『日本外史』を読んだ。たらふく酒を飲んだ後なので眠い。そこで手の甲に自分でお灸をすえながら読む。読破するまでの三カ月、あちこちにお灸の痕が残り、人の目に付いて困ったという。

耐恒寮の少年たち

耐恒寮には五十人ほどの生徒が集まった。初めて学ぶ少年たちに、どのように英語を教えたのか、高橋自身は以下のように述べている。「耐恒寮における私の教授方針は、かつて大学南校でやったのと同じく、教室では一切英語で教えて、日本語はなるべく使わないようにした」。「その時の五十名の生徒は藩の青年中でも最も有望な一粒揃いであった。ゆえに一番初歩のＡＢＣから教えて半年経たぬうちに、私に代って初学の者を教えることのできるようになった者もある」（『高橋是清自伝』）。

生徒の一人であった辰野金吾《たつのきんご》の伝記によれば、「その授業法というのは」、「まずもって発音から稽古を始めた」「綴字から単語、リードル、文典、万国史に至るまで満一か年を費やした」（『工学博士辰野金吾伝』）とある。およその順序として、発音、綴字、単語、読み物、文法とされており、現代の教育とさほど違わない。興味深いのは、最後に万国史を教えたことである。教科書として「Peter Parley's Universal History, on the basis of geography（『パーレーの万国史』）」を使ったと推定される。この本は、ピーターおじさんが少年の質問に答えて世界の地理と歴史を語るもので、幕末から明治時代のわが国で広く読まれた。英語を学びながら、特に西洋における近代国家の成立の歴史を同時に学ぶもので、当時の知識人や学問に熱心な少年たちに、大きな影響を与えた。

生徒たちは教室で熱心に英語を学んだものの、当時の唐津に外国人はいなかったから、高橋の教える英語がほんとうに役に立つのかどうか不安だ。そこで唐津港に外国船が石炭を積みにきた機会に、船員たちと会話をしに出かける。耐恒寮で学んだ英語が外国人にちゃんと通じることを知って、彼らはおおいに喜び、高橋への信頼も確かなものとなる。吉原政道によれば、「東先生は英語は実に上手なもので、日本語の方が却って下手なくらいでした」（吉原政道自叙伝「金婚式のかたみ」）と語っている。

このクラスには、天野為之《あまのためゆき》（経済学者・早稲田大学学長）、辰野金吾（建築家・帝国大学教授）、曽禰達蔵《そねたつぞう》（建築家・三菱社顧問）、掛下重次郎《かけしたじゅうじろう》（大審院判事・大審院検事）、吉原政道（炭鉱家）、大島小太郎（銀行家）、

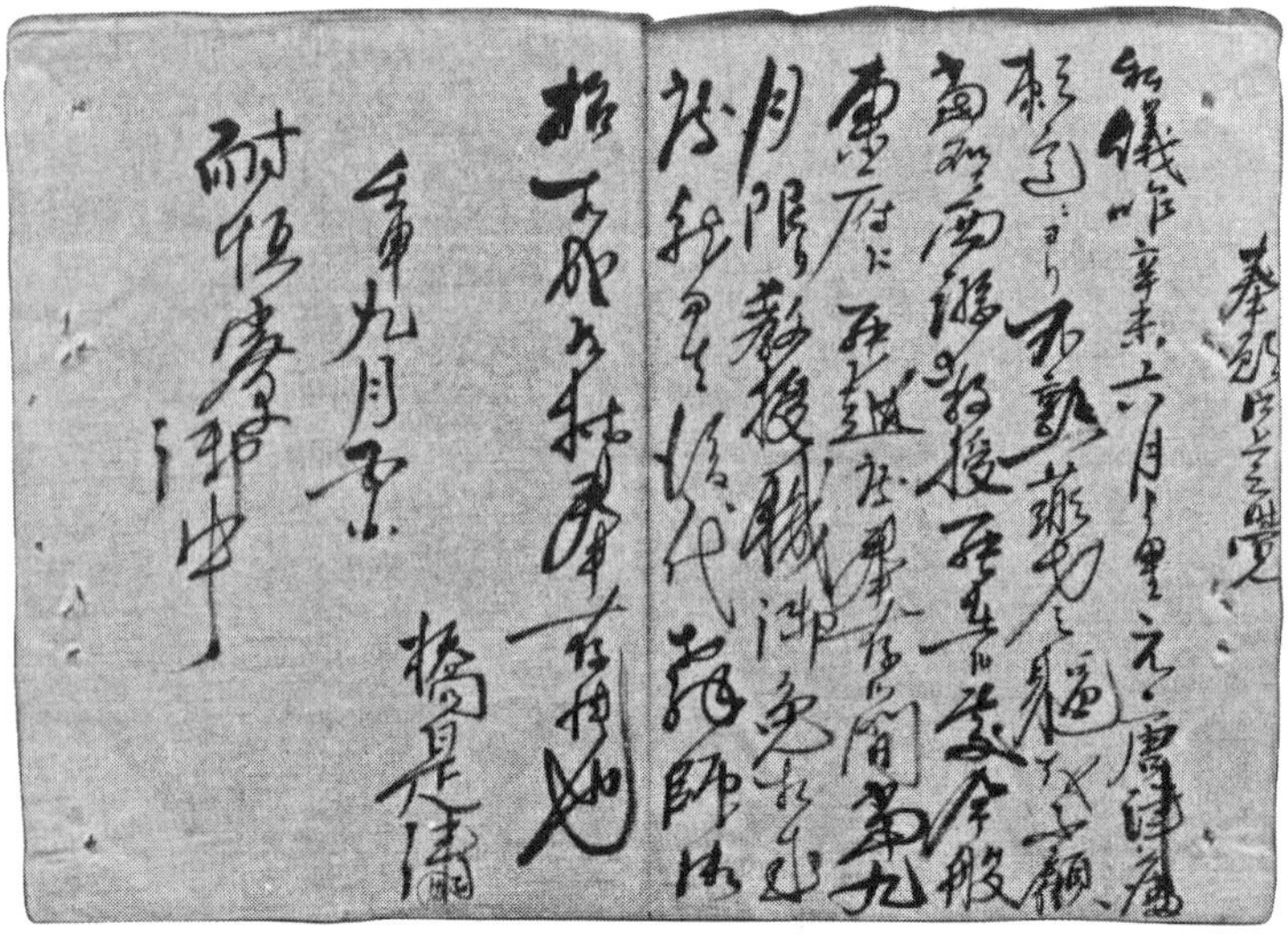

明治５年の高橋是清の辞職届。末尾に「橋是清　壬申九月五日　耐恒寮御中」とある（「教育に関する歴史的資料調査報告書」より転載）

麻生政包《あそうまさかね》（鉱山技師）などがいた。彼らは十一歳から十九歳くらいと年齢に幅があった。高橋も含めて多感な少年たちが、ひとつのクラスで共に学び、遊んだ。小さな唐津藩の英学塾の、しかも初年度の生徒から、これだけの人材が輩出したのは驚くべきことである。

耐恒寮は女子にも門戸を開いた。曽禰達蔵の妹・錫子《ようこ》、友常《ともつね》典膳《てんぜん》の娘たい、ふくなど、数名の女子が入学した。高橋は彼女らに期待し、将来の女子教育の基礎を築くため、女性教師として育てようとする。この時代の常識を超えた先見性であった。

耐恒寮の閉鎖

高橋が唐津に着任した明治四年（一八七一年）は廃藩置県が実施された年でもある。唐津藩は唐津県となったが、翌年、伊万里県へと統合される。そして、伊万里県から派遣された役人によって次々に粛清が行われた。藩営紙事業の利益金の使途に疑義があるとのことで友常典膳ら旧唐津藩の重臣たちは逮捕投獄され、学校は閉鎖された。キリスト教徒に対する弾圧も行われた。友常典膳は獄中で自殺を試みたが未遂であった。

この事件の時、高橋は東京出張中で、耐恒寮の今後についてフルベッキらに援助を要請していた。事件の報を受け、あわてて内務省に行って事態の鎮静化を要請した。内務省としても、伊万里県のやり方は余りに乱暴と認識しているようだった。高橋は唐津に戻って役人に談判し、学校の再開だけは許可してもらった。しかし行政の組織が変わり、耐恒寮の継続は資金的に困難との見通しだった。高橋がキリスト教徒であることを心配する人もいた。こうして高橋は東京に戻ることとなり、唐津での滞在は一年三カ月で終わった。耐恒寮もほどなく閉鎖された。

その後の高橋是清

東京に戻った高橋は再びフルベッキの世話になり、前島密《まえじまひそか》、井上馨《かおる》らの誘いで大蔵省に勤務した。通訳と翻訳が主業務だったが、蕎麦屋《そばや》から役所に食事と酒を届けさせて昼食時に飲酒するなど、相変わらずの乱暴ぶりだったので、ほどなく辞職に追い込まれる。いっぽう高橋を慕う唐津の若者たちが相次いで上京したので、自宅に住まわせたり、翻訳のアルバイトを紹介したり、進学や就職の世話など、熱心に面倒をみた。耐恒寮の生徒たちは高橋の愛情を受けて各々の道を歩み、高橋とは生涯にわたって強い結びつきを持った。

この時期の高橋の仕事として注目されるのは、共立学校の校長を務めたことである。明治四年（一八七一年）、加賀藩出身の佐野鼎《さのかなえ》が設立した学校だが、歩みは順調とは言えなかった。明治十一年から二十三年まで、高橋は

昭和９年の高橋是清
（毎日新聞社提供）

校長を務め、学校の再建を果たした。明治二十八年、東京府の管理に移る機会に校名は「東京府開成尋常中学校」と改められ、ほどなく私立に復して現在の開成中学校、開成高等学校へとつながる歴史を歩んでいる。

　高橋はその後、南米ペルーに渡って銀山の経営に乗り出して失敗するなど、相変わらずの波乱万丈ぶりだったが、若き日の様々な経験が糧となり、滋味豊かな人になっていった。専売特許局長として知的所有権保護に関する法整備の先駆者となり、後年は金融、財政の指導者として日銀総裁と大蔵大臣を務めた。特に大正から

卒業生の感謝
東京開成生みの親
故高橋翁の胸像
けふ盛大に除幕式

▽故 高橋是清翁の胸像除幕式が廿七日午後五時から荒川區日暮里の東京開成中學校で行はれる之は今年卒業した牛島徹次君外百六十九名が卒業を前に二・二六事件で同校の産みの親、高橋翁を喪つたので、相談の結果一同の醵金で故翁の胸像を學校に贈ることに一決、従来同校の近くに住む建畠大夢氏に製作して貰つたものである
除幕式を前にして二十六日同校講堂の一隅に置かれた胸像は生徒達に取囲まれ大人氣、胸像は高さ三尺、荒刻りのうちにも柔和な故翁の面影が表はれ、今日の除幕式には翁の遺族は勿論、その遺徳を慕ふ者多數が列席する筈である
▽この胸像が出來るまでの由來について同校理事大田澄三郎氏は感慨深げに語る
まだ本校が共立學校と云つた明治十年頃一時廢校になつたのを當時大學豫備門の教授であつた故翁の斡旋で復興したもので高橋さんは本校の産みの親と云つても良い、以來校長として同廿三年例のペルー行で辭める迄子弟の薫育に力を注がれました、退職後も本校の顧問として非常に援助して下さつたものです、大正十年現校舎改築の時にも翁は後援會を組織して資金の募集に骨を折つて下さいました、同窓會にもよく元氣な顔を見せられたものですが……今度のことは全然卒業生の自發的な行爲で故翁も地下で喜んで下さると思ひます

胸像の除幕式を伝える新聞記事
（昭和11年5月27日）

お札のデザインになった高橋是清

銅像（港区赤坂７-３-39
高橋是清翁記念公園内）

江戸東京たてもの園に移築された高橋是清邸
（小金井市桜町３-７-１、都立小金井公園内）

昭和にかけて、三人の首相の下で蔵相を七度務め、国家財政の再建、健全化という重責を担ったことが特筆される。

高橋は大正十年（一九二一年）、原敬首相が暗殺された後を受けて内閣総理大臣となり、その後、岡田啓介首相のもとで蔵相を務めていた時に、財政再建方針をめぐって軍部と激しく対立した。昭和十一年度（一九三六年度）の予算閣議において、八十一歳の高橋は命を賭して痛烈な陸軍批判を行い、戦争の拡大を阻止しようとした。そして二月二十六日、陸軍若手将校によって惨殺された（二・二六事件）。この事件を機に、日本は戦争の道を突き進んでいく。

高橋是清を顕彰するもの

高橋の暗殺を知り、多くの人が怒り、悲しんだ。開成中学校ではその年の卒業生たちが胸像の製作を決め、暗殺から三カ月後の五月二十七日に除幕した。そのことを伝える新聞の記事がある。

第二次世界大戦後の昭和二十六年（一九五一年）日本銀行が新しい五十円札を発行したさい、高橋是清の肖像が印刷された。日本銀行が発行するお札のデザインに日本銀行総裁経験者を使うの

「唐津近代教育揺籃の地」記念碑

は手前贔屓《ひいき》なので普通はやらないことだ。過去の日銀総裁でお札になったのは高橋だけだという。彼が日銀の人々を含む多くの国民にとっていかに特別の人であるかがうかがえる。

二・二六事件の舞台となった高橋邸は今の東京都港区赤坂にあった。故人の遺志により土地と建物は東京市に寄贈された。建物の一部は東京都小金井公園の中にある「江戸東京たてもの園」に移築され、内部を見学できるようになっている。

赤坂の土地は「高橋是清翁記念公園」として整備されている。森の中を小川が流れる都心のくつろぎ空間となっており、いちばん奥に銅像がある。

お城の中の学校

耐恒寮は閉鎖されたが、この場所には明治八年（一八七五年）唐津共立学校が建てられ、教員養成機関である唐津伝習所も併設された。これが唐津準中学校へ、次いで公立の唐津中学校へと継承された。明治三十三年、佐賀県立唐津中学校、昭和二十三年（一九四八年）新制の唐津第一高等学校、翌年には唐津高等学校、昭和三十一年には唐津東高等学校と変遷した。同校は平成十八年（二〇〇六年）に中学校を併設して佐賀県立の中高一貫校となり、平成十九年に市内鏡地区の新校舎に移転するまでこの地にあった。唐津東高等学校が郊外に転出した後、お城の中の学校はしばらく空き家になっていたが、平成二十二年、ここに早稲田大学系属の早稲田佐賀中学校・高等学校が開校され、再び活気を取り戻した。
高橋是清がお城の御殿を学校に開放するよう進言したことで、この地は唐津における近代教育の揺籃の地となった。その後も地域の人々の教育への熱意を受けて、常に教育の中心地であり続けている。平成三十年三月、ここに石碑が建てられた。

＊　＊

高橋と開成学園との関係については、神山利氏（開成学園校史史料室）、松本英治氏（開成中学校・高等学校）らにご教示いただいた。

参考文献

高橋是清著・上塚司編『高橋是清自伝』上・下、中公文庫、１９７６年
木村昌人著『高橋是清と昭和恐慌』文春新書、１９９９年
「開成小誌」学校法人開成学園、１９８８年
杉谷昭、佐田茂、宮島敬一、神山恒雄著『佐賀県の歴史』山川出版社、１９９８年
「教育に関する歴史的資料調査報告書」佐賀県教育センター、２００１年

3 辰野金吾

明治五年（一八七二年）高橋是清は東京に戻り、耐恒寮は財政難を理由にほどなく閉鎖された。耐恒寮の生徒のうち、曽禰《そね》達蔵《たつぞう》、西脇乾三郎、山中小太郎らは高橋と共に上京する。辰野金吾《たつのきんご》、麻生政包《あそうまさかね》、吉原政道は少し遅れて後を追う。彼らは東京で学問を積み、各々の道で成功をおさめる。こうして俊才たちが相次いで唐津を離れたので地元は人材難となり、「唐津からっぽ」などと揶揄《やゆ》されることともなるが、より大きな舞台で活躍する場を与えられたことは、少年たちにとって良いことであった。これから耐恒寮の生徒何人かの生涯を追うが、最初は辰野金吾である。日本銀行本館や東京駅を作った人として知られる建築家である。

少年時代

辰野金吾は唐津藩の下級藩士・姫松倉右衛門《ひめまつくらえもん》と妻オマシの次男として安政元年（一八五四年）唐津の裏坊主《うらぼうず》町に生まれた。足軽よりも身分の低い、最下層の武士の家である。戦場にあっても武器を手にすることはなく、物資の輸送や雑役《ざつえき》を担った。倉右衛門は常々、「せめて足軽なみに武器を持って戦いたいものだ」と嘆いていたという。辰野金吾は厳格で勤勉な人として知られるが、その性格形成には実母オマシの厳しい教育が影響していると言われている。

倉右衛門の弟に辰野宗安《むねやす》という武士がいて、江戸の唐津藩屋敷詰であったが、明治維新に伴い唐津に帰ってきた。金吾は宗安の養子となり、辰野姓となる。相撲が好きだったが身体はさほど頑強ではなく、軍事教練は苦手であった。勉強に活路を見出した。

辰野は九歳の時、藩の御勘定組頭であった戸田源司兵衛の主宰する寺子屋に入り、四書五経の教育を受ける。唐津藩には優れた民間教育の伝統があり、そのレベルは藩校をしのぐと言われた。戸田塾での学習に飽き足らず、近所に住む岡田鶴蔵、いとこの渡辺七郎にも教わり、次いで野辺英輔《のべえいすけ》、矢田牧太、交野六郎などの塾にも通った。野辺英輔は特に人々の信望を集めていた先生で、漢籍の素読だけでなく、将来の実用を意識した教育を行うことに特徴があった。辰野は藩校・志道館《しどうかん》にも通い、十四歳の時、中国の古典「五経」を習得したことを証明する「五経済」の資格を得た。この時のご褒美により、『日本外史』を購入した。

明治四年（一八七一年）、耐恒寮が開設されると入学し、高橋是清の薫陶を得たが、翌年、高橋は東京に戻り、耐恒寮は閉鎖された。辰野らはしばしば茫然とするが、高橋を追って東京へと向かう。

辰野金吾（国立国会図書館ウェブサイトから転載）

東京での勉学

辰野金吾、吉原政道、麻生政包、竹林峰松の四人は明治五年（一八七二年）十月、唐津を後に東京へと旅立った。満島《みつしま》（今の東唐津）への渡し場で見送りの皆さんに別れを告げ、博多まで歩いた。博多に一泊し、下関から汽船満珠丸《まんじゅまる》に乗って大阪安治川口《あじかわぐち》に上陸し、そこから東海道を箱根を越えて横浜まで歩き、神奈川駅から新橋駅までは、この年運転を開始したばかりの汽車に乗った。唐津を発って十二日目、やっと東京木挽町の旅館に到着した。十代の少年四人によるこの長旅は、見る物すべてが珍しく、楽しいものであったと、後に吉原政道が記している。

耐恒寮の仲間のうち、曽禰達蔵、西脇乾三郎、山中小太郎、渡辺鉄二郎らが東京に先着していた。辰野らは西脇の紹介で山久知文次郎《やまくじぶんじろう》という唐津藩士に会った。同氏は麴町五丁目の備州邸内に「耐恒学舎」という塾を開いていた。渡辺と麻生は塾生となったが、辰野と吉原は年齢が上だったせいか、「食客」という身分だった。学舎の門番をしながら下級生の授業もする役割だ。ほどなく英国人教師モーリスが山久知邸に入居することになったので、辰野は昼間はモーリス夫妻のボーイとして掃除などして働き、夜は夫妻から英会話を教わるという生活を一年半ほど続けた。夫妻はとても人柄が良かったので辰野は気持ちよく過ごし、英語が上達した。

明治政府に工部省という新しい行政機関が設置され、その傘下に全寮制の工学教育機関である工学寮が作られることになった。明治六年四月、第一回の入学試験が行われることになった。東京での高度な勉学機会を渇望していた耐恒寮出身者たちにとって、これは千載一遇のチャンスと思われた。曽禰達蔵、山中小太郎、吉原政道、麻生政包、辰野金吾の五人が受験した。秀才の曽禰と麻生は合格した。合格者二十人は「官費生」と呼ばれ、政府から当時としては破格の待遇を受け、勉学に専念できた。山中は不合格であった。辰野と吉原は中間で、入寮できないが私費での通学を許可される「通学生」という立場を与えられた。貧しい二人にとってこれでは学業を継続できないから、二人は背水の陣で四カ月後の再試験に臨んだ。受験生は四〇〇人だそうだから、辰野は今回も結果に自信が持てず、自らの学力不足を恥じた。もはやこれ以上山久知の厚意に甘えることはできぬと考え、山久知邸を出て横浜で生計を立てようとする。山久知は「未だ結果も分からない。横浜に飛び出すとは早計ではないかね」と諭して引き止めた。

工部大学校本館と学生たち
(『旧工部大学校史料』[多久市郷土資料館所蔵]より転載)

合否発表の日、辰野は見に行く勇気を持てず、吉原が行った。十人が官費生に追加されることとなり、辰野は十人中十番目で合格、吉原は不合格であった。こうして辰野は第一期生の最下位で入学を許可され、吉原は通学生として学ぶことになった。ただしこの制度は後に改められ、学生たちの待遇はより平等になったと言われている。いずれにせよ、東京での最初の一年間、耐恒寮の少年たちは厳しい選別を体験した。

わが国の大学の始まりと工部大学校

明治維新に伴う中央での学制改革について、少し説明しておこう。江戸にあった幕府直轄の教育機関のうち、代表的なものは昌平坂学問所、開成所、医学所であった。新政府はこれらを各々、大学校、大学南校、大学東校と改めた。この三校が母体となって、いくつかの変遷を経ながら帝国大学が形成される。大学南校は途中、開成学校、東京開成学校と呼ばれた時期もあり、今の東京大学法学部、理学部、文学部の母体となった。大学南校ではフルベッキ（J. H. Verbeck）と高橋是清が英語教師として教鞭を執っている。大学東校は医学部となったが、幕府の中心的な官僚養成機関であった昌平坂学問所の流れをくむ大学校は廃止された。このことは、わが国の高等教育が漢学を中心とする伝統的な学問から、西洋の学問を学ぶ方向へと舵を切ったことを象徴している。

以上は幕府の伝統を受け継ぐ教育機関だが、辰野が入学した工学寮はこれらとは別に、明治維新後、新たに設立された高等教育機関であった。明治三年（一八七〇年）、政府は工部省を設立し、鉄道、電信電話、造船、鉱山など、わが国の近代化に必要なインフラ整備と工業振興に乗り出した。明治政府にあって工部省の運営に尽力した伊藤博文、山尾庸三、井上勝らは英国滞在の経験があり、産業革命発祥の地である英国を模範として工学の高等教育機関を作ろうとした。グラスゴー大学で機械学を修めたヘンリー・ダイエル（Henry Dyer）に学校の設計が委ねられた。まだ二十歳代の青年だったダイエルはその期待に応えた。

当時の世界では工学という学問がまだ確立していなかった。欧州大陸（主としてドイツとフランス）では天文学、物理学、化学といった純粋学問の伝統が強く、英国にはそうした大学以外に職業教育的な学校があったものの、日本政府が求める高度で総合的な工学教育をする機関はなかった。模範にできそうなのはスイス連邦工科大学（ETH、Eidgenössische Technische Hochschule）だった。

ダイエルはETHの諸規定を調べ、それに自分の考えを加味して、理論と実験、基礎と応用のバランスのとれた学校のプランを作り上げた。学科は土木、機械、造家（建築）、電信、化学、冶金《やきん》、鉱山、造船の八つ、予科二年、本科二年、実地二年、計六年間の教程とした。こうして工学寮は明治六年に開校し、同十年、工部大学校と改名した。教授陣は全員英国の新進気鋭の学者たちとし、授業はすべて英語で行う。ヘンリー・ダイエル（機械学）、エドワード・ダイバース（Edward Divers, 化学）、ウィリアム・エドワード・エアトン（William Edward Ayrton, 電気学）、ジョン・ペリー（John Perry, 機械学・土木学）、ジョン・ミルン（John

Milne, 鉱山学・地震学)、ジョサイア・コンドル(Josiah Conder, 造家学)など、素晴らしい陣容が揃った。彼らは東洋の新興国に近代科学の精神と技術を植え付けることに強い使命感を持って臨み、短時日《たんじじつ》のあいだに工部大学校を世界的なレベルに育て上げた。工学という新しい学問分野の、しかも男女共学の高等教育機関として、工部大学校は世界でも稀有の存在であった。明治の奇跡のひとつと指摘する人もいる。

工部大学校の教授陣と彼らが行った教育がいかに優れていたかは、様々な形で伝えられている。エアトンとペリーが築いた電気学の教育研究設備はヨーロッパのどの大学より優れているとされ、近代電磁気学の父マクスウェル(J. C. Maxwell)が「世界の電気学界の重心が日本にシフトした」と語ったとも伝えられている。ジョン・ミルンは鉱山学者であったが、来日後間もなく地震を体験したことがきっかけで地震計を開発し、地震学という学問を世界で初めて構築したと言われる。

明治政府も英国式の教育を歓迎した。試験、レポートだけでなく届出書類等もすべて英語で書かねばならず、服装、食事、入浴なども可能な限り西洋式で行われた。入学試験を優秀な成績で突破すれば授業料は無料、食費、寮費も無料、衣類などは下着まで支給、卒業後は官吏か工学関係の就職が待っているという、夢のような身分であった。

工部省は明治十八年に廃止されたので、この機に工部大学校は文部省の管理する帝国大学に組み込まれ、こんにちの東京大学工学部へと歩みを進めた。工部大学校(初期の工学寮時代を含む)は明治六年から十八年までの十三年間しか存在せず、卒業生は明治十二年から十八年までの七期合計二一一人だが、彼らがわが国の近代工業の発展に果たした役割は大きい。厳しい教育が行われた模様で、そのせいか十三年間で一〇〇人以上が退学している。

工部大学校第１期生の集合写真（部分。同前書より転載）。後列左より、栗林廉、佐立七次郎、麻生政包、小花冬吉、辰野金吾。前列左より、高峰譲吉、片山東熊、志田林三郎、曽禰達蔵、今田清之進

工部大学校での勉学

辰野は晴れて官費生として工学寮に入寮し、東京での生活と勉学の基盤を得た。当初は造船学を目指したが、のちに造家学に転じた。曽禰達蔵、片山東熊《かたやまとうくま》、佐立七次郎《さたちしちじろう》を加えた四人が造家学科のクラスメートだった。片山東熊は長州藩の出身で、後に奈良国立博物館、京都国立博物館、東宮御所（現在の迎賓館赤坂離宮）を設計するなど、宮廷建築を得意とした。佐立は讃岐の出身だった。辰野が造家学科を選ぶにあたっては、年長で秀才の誉れ高かった曽禰の影響があったかもしれない。

当初、造家学科は教育環境が整っておらず、他学科に比べて精彩を欠いていたが、明治十年（一八七七年）、英国人ジョサイア・コンドルが教授として着任してからは一変した。コンドルは鹿鳴館、島津邸（今の清泉女学院）、古川邸（今の大谷美術館）などを設計した人だが、教育にも熱心で、人格的にも学生たちの信望を集めたので、造家学科は俄かに活気づいた。辰野は学校での勉学に励んだだけでなく、コンドルが設計した上野博物館や元老院の建設現場に通い、実地の建築術を学んだ。東京で地震を体験したことから耐震の意義を感じ、中央気象台に通って地震計などについて学んだ。こうした努力により、年を追うごとに辰野

工部大学校第1期生、卒業36年後の集合写真（大正4年5月9日撮影。同前書より転載）。後列左より、岸眞次郎（化学）、杉山輯吉（土木）、辰野金吾（造家）、曽禰達蔵（造家）、小花冬吉（冶金）、今田清之進（機械）。前列左より佐立七次郎（造家）、片山東熊（造家）、石橋絢彦（土木）、森省吉（化学）

の成績は向上した。

明治十年、校名が工部大学校と改められ、同十二年十一月、第一回卒業生を出すことになった。辰野の卒業論文は「日本将来の建築」で、卒業製図には学校建築を選んだ。筆記試験にあたって、辰野は猛勉強をした。午前二時に就寝、四時に起床ということもあった。「これほどまで勉強して好成績を得ないとすれば、それは天命である。この上は我が力の及ぶところではない」という境地に達したそうである（常安弘通『郷土史に輝く人びと』）。こうして辰野は造家学科の主席として工学士の称号を得た。

辰野は麻生を誘って唐津に帰り、しばしの休暇を楽しむことにした。わが国初の工学士の称号を、しかも学科主席の成績で得たのであるから、地元は大騒ぎで迎えた。幾度も祝宴が開かれた。しかも唐津滞在中に、官費英国留学生に選ばれたとの知らせが届いた。一度は入学試験に落ちて、追加募集の最下位で入学した自分が、猛勉強の末このような栄誉を手にした。辰野の喜びはいかほどであったろう。

これから数年間の英国滞在となり、親に心配をかけるので、このさい結婚し、妻となる人を両親の許に置いて旅立ちたいと考えた。周囲に相談すると鳥羽秀子さんという方を紹介された。あっという間に話がまとまって、十二月一日に結婚式を挙げた。

英国留学

官費による英国留学は、工部大学校第一期卒業生の中から、各分野の主席生十一人に贈られる特典であった。南《みなみ》清《きよし》（土木学）、三好晋六郎《みよししんろくろう》（造船学）、志田林三郎《しだりんざぶろう》（電信学）、近藤貴蔵《こんどうたかぞう》（鉱山学）、高峰譲吉（化学）、栗《くり》本廉《もとれん》（地質学）、高山直質《たかやまなおただ》（機械学）、荒川新一郎（紡績学）、辰野金吾（造家学）、石橋絢彦《いしばしあやひこ》（燈台学）、小花《おばな》冬吉《ふゆきち》（冶金学）の十一人であった。志田は現在の佐賀県多久市の出身で、帰国後、帝国大学電気学科教授となる人である。高峰はのちにアドレナリンの結晶化、酵素剤タカジアスターゼの発明などに成功し、世界的な生化学者となる。富山藩の出身だが、幕末期には長崎に遊学し、佐賀藩の英学塾・致遠館で大隈重信、副島種臣らと共にフルベッキの教えを受けている。明治十九年（一八八六年）に米国から一時帰国した時、当時の専売特許局局長をしていた高橋是清が欧米視察に出かけたので、その留守番として局長代理を務めたこともある。その後は米国に永住したが、唐津との関係では、ニューヨークの高峰研究所に竹尾年助（唐津鐵工所の初代所長）がしばらく勤めた記録がある。

明治十三年二月八日、わが国初の工学エリート十一人はフランス船ボルガ号に乗って横浜を出港した。国の期待を背負い、使命感と希望にあふれる留学であった。彼らの行程を見ると、当時の欧州がいかに遠かったかが分かる。一行は香港で船を乗り換え、六週近くかけてフランスのマルセイユに上陸。陸路パリへ向かってそこで二泊。ドーバー海峡を渡ってロンドンに到着。横浜を出て四十三日間の旅であった。

辰野は「洋行日誌」を記している。私はこれを手にしたことがないのだが、『郷土史に輝く人びと』に引用されているものを少し転載させていただく。辰野の研究熱心さがうかがえる内容だ。香港の建築に対する印象を辰野は以下のように述べている。「家屋は多くは煉瓦石にて積立て、石灰を以て塗り、また時としては御影石を持ちいたるもあり。土台石は総て同石を用いたり。家の高きものは五、六階、低きものも三階を下らず。構築方はすべて間に合わせ仕事なり。概して美にあらず。只ブコツ（ソリッド）なるのみ」。

フランス領西貢《サイクン》は香港に隣接する貿易港だ。「川幅一丁半（約一六〇メートル）位、両岸樹木森々たり。漠然たる平地なり。家屋の作り方等はすべて香港と大同小異なり。道路は中央に馬車道、両側を人道とす。かなり清潔なり」

西貢では漢詩をしたためている。

拾里長江興海運
雨澤草木潤森然
黒蛇如矢揚波浙
忽見深淵幾箇船

長い船旅だが、行く先々での印象を、希望に満ちた青年らしい筆致で綴っている。

辰野はロンドン大学のロイヤル・アカデミー・オブ・アーツで一年半、建築学を学び、「建築学構造全科卒業」の証書を得た。またこのかん、コンドル教授の従弟スミスの紹介で、キュービット建築会社に五カ月間通勤して実地研修を受けた。更に、当時ロンドン建築界の指導者だったウィリアム・バルジスの実地見習生となり、同氏の事務所に通って親しく指導を受けた。このように留学先に民間企業を加えたのはコンドルのアイデアだったが、ここでの経験が辰野のその後の人生に大きな影響を与えたと思われる。ロンドン大学を卒業後の明治十五年三月、辰野はフランス、イタリアの旅に出た。一年かけてヨーロッパの優れた建築を見て回り、たくさんのスケッチを携えて帰国した。

大学教授か建築家か?

明治十六年(一八八三年)五月、帰国した辰野は工部省に採用された。十月の工学会通常会において「家屋装飾論(House Decoration)」と題する講演を行っており、その全文が「工学会誌」に掲載されている。翌年には工部省営繕局に出仕し、諸官庁の建築を統括する任務にあたった。ところがこの年、コンドル教授の在任期間が切れたので、辰野は工部大学校の教授として招聘された(明治十七年十二月)。ひと足先に志田林三郎が電気学の教授として着任していた。辰野は大学校に戻り、コンドル教授の後任としての務めを果たした。しかし実は学生生活と英国留学を通じて、自分は学者や大学教授として生きるより、建物を作ることに強い関心と適性があると気付いたようだ。自分で建設会社を作るため、工部大学校教授を約一年で辞職した。この頃、煉瓦造り二階建ての「銀行集会所」を設計しており、これが処女作とされている。ところが民間会社設立の計画はうまく進まず、数カ月で大学に呼び戻されている。

明治十八年、工部省が廃止されたのを機に工部大学校は帝国大学に吸収され、帝国大学工科大学となった。工復職した辰野の肩書は帝国大学工科大学造家学教授である。今度はすぐに辞めるようなことはしなかった。工科大学の教育は西洋建築を基本とするが、日本古来の伝統を継承することも必要だと考え、日本建築の新講座を開設し、日本建築と東洋建築の教育研究を推進した。明治二十一年、工学博士となり、明治三十一年、工科大学学長となった。建築家としての作品には、明治二十一年に竣工した工科大学本館、兜町《かぶとちょう》の渋沢栄一邸などがある。

このかん、辰野は建築学会の設立に尽力し、会長を務めた。「学会」というのは多くの場合、大学に籍を置く学者を中心とした組織なのだが、辰野はこれを好まず、設計者、施工業者、大学教員を三位一体とするわが国独自の組織体を構想し、実現した。これが現在の日本建築学会である。

明治三十五年、辰野は四十七歳になった。帝国大学教授として十六年間、わが国の建築学の基礎を固め、多くの後継者を育てた。ひととおりの責務を果したと考えたのか、あるいは真にやりたい仕事を始めるためのタイムリミットと考えたのか、この年、帝国大学工科大学の学長を辞職し、野に下った。

大学を去った辰野は、明治三十六年、東京の京橋に葛西万司《かさいまんじ》と共に「辰野葛西建築事務所」を、次いで明治三十八年、大阪の中之島に片岡安《かたおかやすし》と共に「辰野片岡建築事務所」を開く。東西の二大都市に事務所を構え、ひろく一般の注文に応じて建物を設計、施工する。建築家として念願の仕事場を得たことにより、この後の辰野の活躍は目を見張るものがある。今も日本各地に残る赤レンガの建物など、二〇〇以上の建造物を手がけた。

こうして辰野は、フリーの建築家という、それまでわが国に存在しなかった職業を確立した。

日本銀行本館

辰野の初期の代表作とされるのが、明治二十九年（一八九六年）に完成した「日本銀行本館」（国の重要文化財）である。わが国が欧米諸国に追いつこうと、精一杯背伸びをしていたこの時代、堂々たる日本銀行本館を建てることは、国家の威信を内外に示す一大事業であった。辰野は大学教授の職務の傍ら、設計から竣工まで九年の歳月をかけ、威風堂々たる建築物を作って期待に応えた。今も日本橋本石町《にほんばしほんごくちょう》に勇姿を見せるその作品

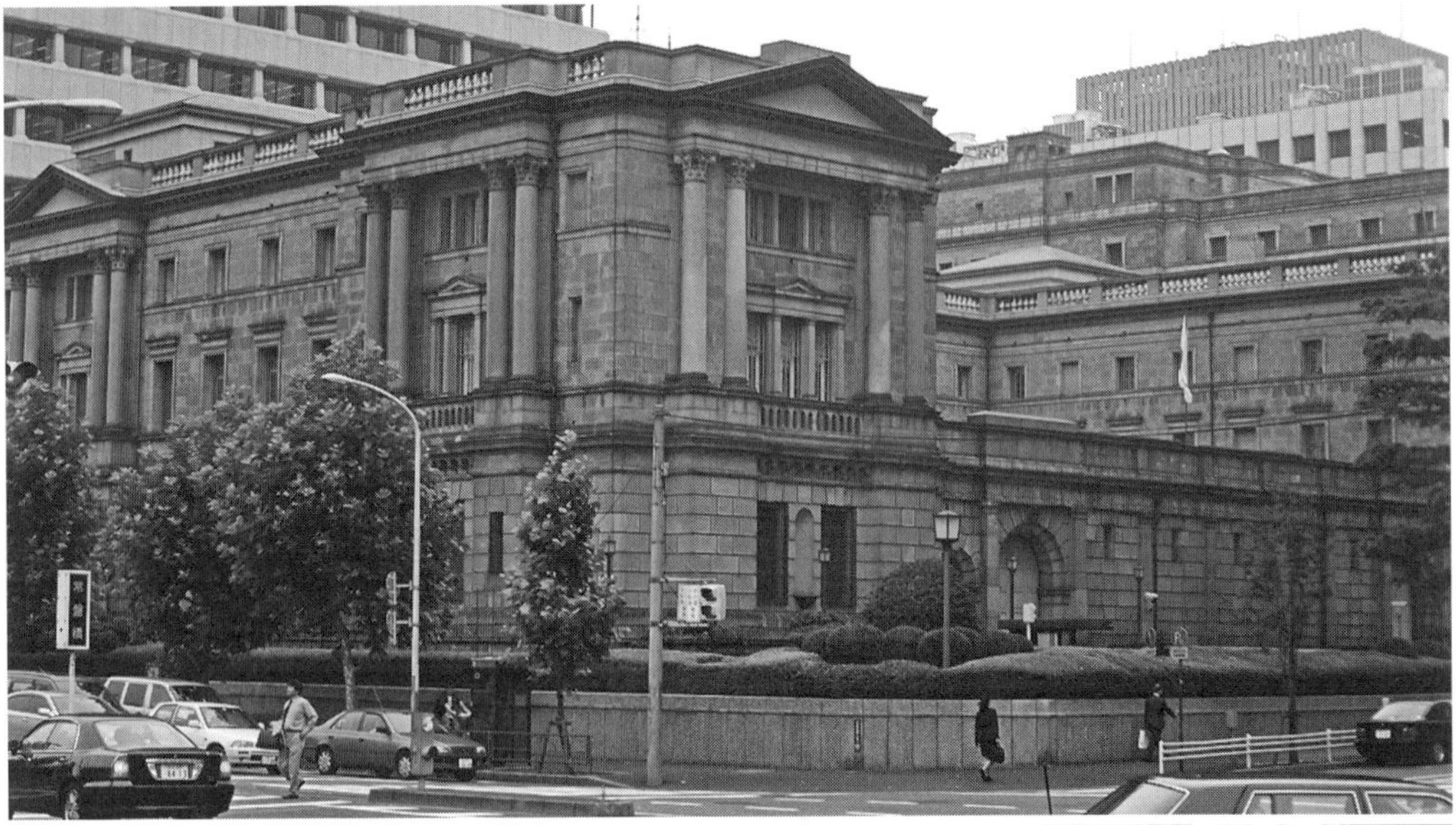

日本銀行本館

右上：日本銀行本館玄関
右下：玄関のテラス
下：回廊

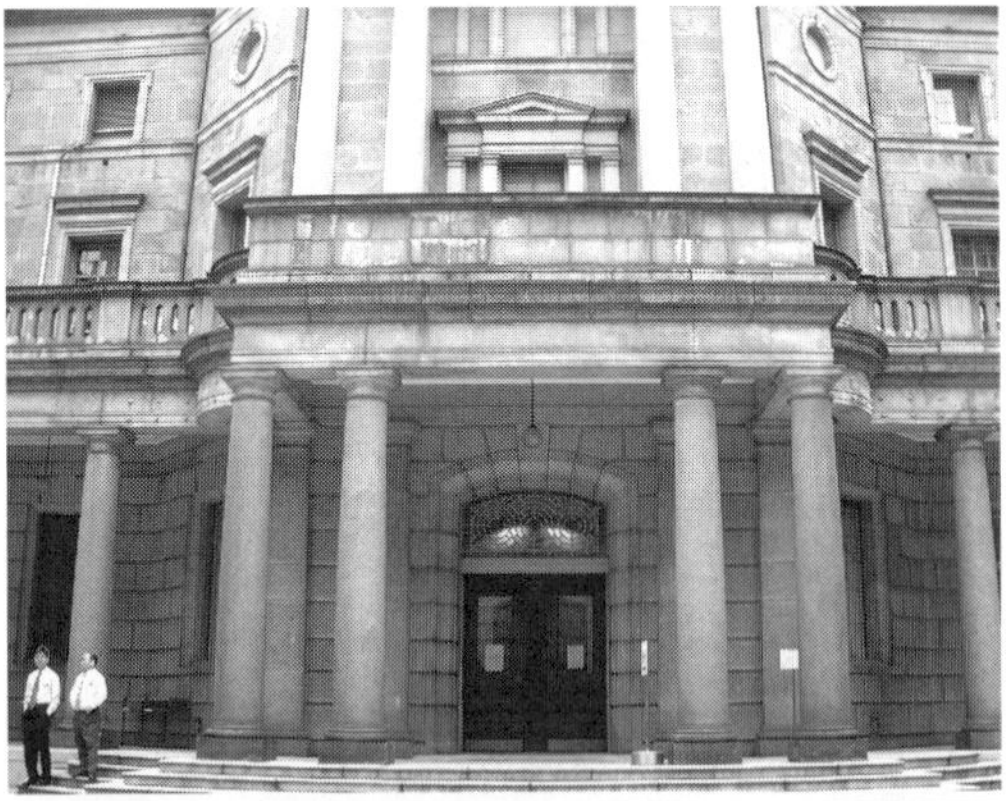

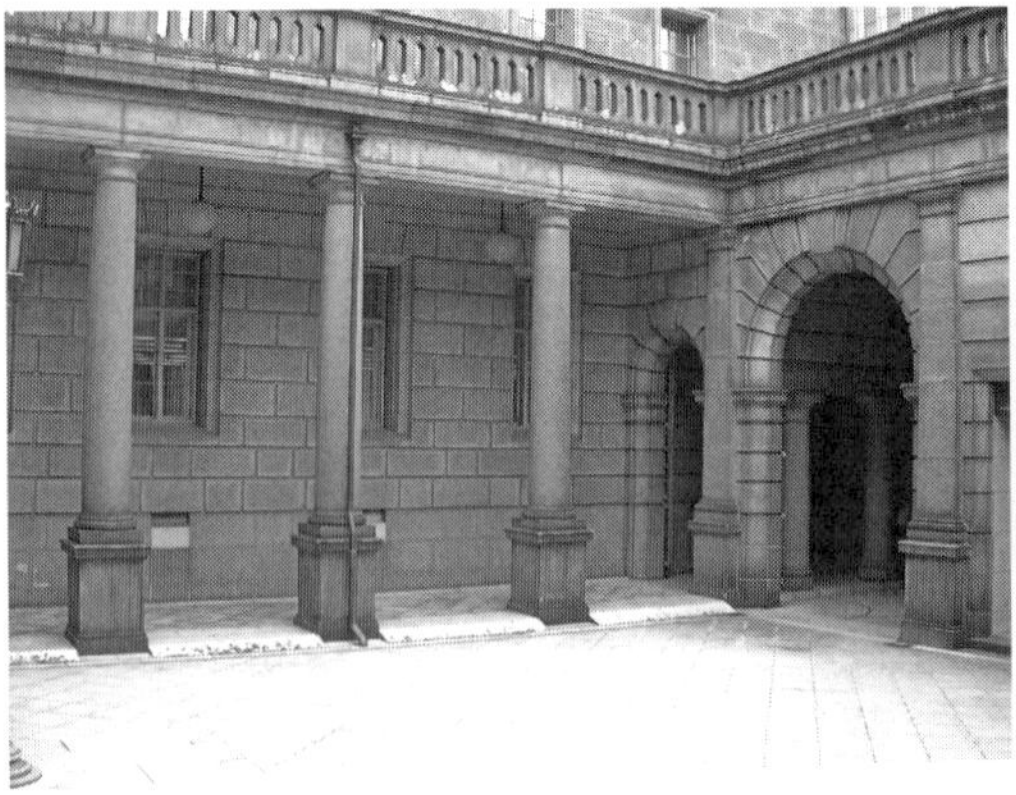

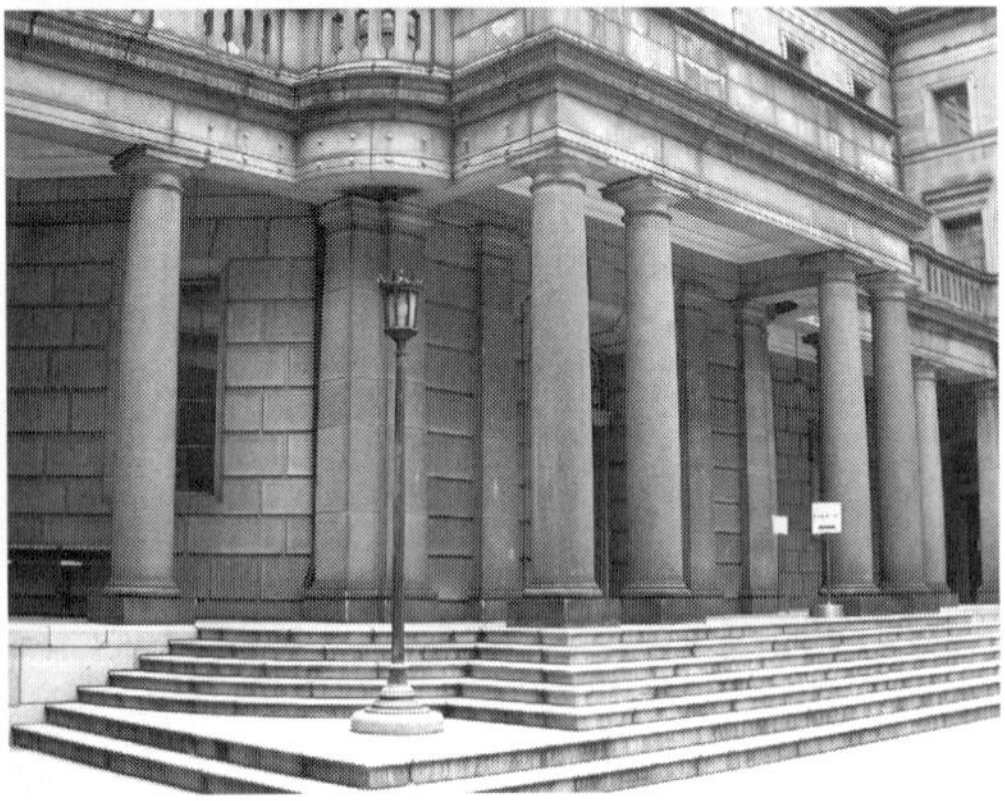

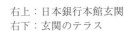

は、余りの重厚さゆえに、「相撲取りが仕切りをしているような」とか、「辰野堅固」などと評されることもある。稀代の名作と見るか、必要以上に仰々しいと見るか、見解の分かれるところだろうが、この姿こそ当時の国家の意志だったのだ。日本人による初めての本格的な近代建築であり、明治の時代精神を伝える作品である。

日本銀行本館の建設にあたっては、いろんなエピソードがある。いくつか紹介しよう。明治二十一年、国の命を受けて辰野は欧米の銀行建築の視察に出かけた。イングランド銀行、ベルギー国立銀行などを詳細に研究し、現地の建築学界の指導者たちの意見も聞き、図面作成の手伝いまでしてもらって、滞欧中にほぼ原案ができた。辰野はこれらの図面を直径五―六寸（十五―十八センチ）の亜鉛板製の大筒に入れ、厳重に密閉して持ち帰った。この筒は浮袋を兼ねていたそうだ。万一船が遭難した時には、この筒を抱えて海に飛び込み、図面と運命を共にする覚悟だった。航海が今ほど安全でなかった時代、与えられた任務を何としてもやり遂げる辰野の決意がうかがえる話だ。

高橋是清とのあいだにエピソードがある。高橋は明治二十二―二十三年、アンデス山中の銀山経営に乗りだすが、買い取った銀山がとんだ廃鉱で、大損して撤退する。帰国後すっかり反省して謹慎中であったが、それを見かねた当時の日銀総裁・川田小一郎《かわだこいちろう》が日銀で働くことを勧める。高橋は「丁稚《でっち》奉公からやり直したい」と辞退する。それではというので、日銀本館建設プロジェクトの事務部門で準社員として働くよう勧められる。こうして高橋はかつて自分の生徒であった辰野の下で働くこととなる。上下関係の逆転を周囲は心配するが、当人たちは、さして気に留めなかったようである。もともと二人は同い歳だから、師弟というよりは対等に近い感覚だったかもしれないし、それに、出世した教え子の下で働くというのは、教師冥利に尽きる面もあっただろう。

高橋は辰野の下で才覚を発揮する。鉄鋼資材の在庫管理を改善して仕入れにおける無駄を省く。輸入材料の為替差益を商社がごまかしていることを見抜いて改善させる。石工の親方衆相手に信賞必罰の競争原理を導入して労働生産性を上げる。このあたり、現代にもそのまま通じる経営手法であり、実務家高橋の面目躍如たるものがある。資金難と工事の遅れに苦しんでいた辰野はおおいに助けられる。

建物の材料選びも大きな問題だった。日銀の川田総裁は権威と風格を重んじて、総御影石《そうみかげいし》造りにこだわる。そこで辰野は瀬戸内海の北木島《きたぎしま》から、日本一硬くて重いと言われる花崗岩を取り寄せる。しかし明治二十四年の岐阜地震被害を見て、辰野は構造力学上の問題に悩む。二階、三階を石造りにすると、上部が重すぎて地震に耐えられないのだ。総石造りだと費用も高すぎる。しかしレンガでは重厚さがないから総裁が納得しない。実直な辰野は上司の意向と現実との板挟みに苦しむ。見かねた高橋が、内部をレンガで作り、表面に石板を貼って、接合部を上手に処理して、見かけは総御影石造りと違わないように仕上げるという提案をして、それで総裁を説得する。融通の利かない男と才人との、よいチームワークぶりである。

東京駅

晩年の代表作の中で有名なのは、明治四十一年（一九〇八年）に着工、大正三年（一九一四年）に完成した東京駅である。当時、東京の鉄道停車場は、西に向かう新橋駅と東に向かう上野駅があり、都心部には線路が延びていなかった。東西を結んで、文字通り東京の玄関口を作る計画が持ち上がり、仮に「中央停車場」と呼ばれていた。これをどこに作るかが問題だった。実用性を考えれば、江戸時代から続く商業の中心である日本橋あたりにするのが妥当なのだが、結局、首都の象徴としての性格が重んじられ、皇居前が選ばれた。そのため、駅舎にも単なる交通運輸の拠点ではない格式が求められ、皇居を含む周辺全体との調和が考慮された。

創建当時の東京駅（国立国会図書館ウェブサイト『明治大正建築写真聚覧』より転載）

平成24年に復原竣工した東京駅

辰野が設計したのは、皇居和田倉門に正対し、お堀に沿って全長三二〇メートル、三階建ての巨大な建造物だった。駅というより小都市である。巨大ではあるが、日本銀行と比べるとずいぶん肩の力が抜け、都会的な華やかさをたたえた建物である。アムステルダム駅舎を参考にしたと言われるが、そんなに似ているわけではない。赤レンガの壁に白い石の帯を配することで、重々しさより軽やかさを演出している。この手法は「辰野式」と呼ばれる作風のひとつで、辰野の多くの作品に見られる。

耐震性を十分考慮した設計で、建物の基礎には一万八〇〇〇本の松の丸太が打ち込まれている。大正十二年の関東大震災にも立派に耐えたことで、辰野の名声は一層高まった。第二次世界大戦の空襲で三階部がなくなり、両サイドのドームも失われるなど、制作当時とは異なる姿となってしまった。平成十九年（二〇〇七年）から復原工事が行われ、同二十四年、ほぼ制作当時

天井の干支図（猪）

東京駅のドームの天井

の姿に戻された。外観も素晴らしいが、新装されたドームの天井など、息を呑む美しさだ。

復原されたドームの天井には、中央に菊の御紋があって、天皇の駅であることを示している。列車の車輪を思わせる図形だが、円ではなく、建物の形に合わせた八角形だ。明るい黄色の背景に、八羽の白い鳥が今にも飛び立ちそうに羽根を広げており、これから旅に出る人の、晴れやかに浮き立つ気持ちを表現しているようだ。この図形の外に、八つの動物レリーフが彫られている。肉眼ではよく見えないが、十二支の干支だそうだ。そうだとすると四つ足りない。平成二十四年の復原時にこのことが話題になり、残る四つが佐賀県武雄温泉の辰野金吾が設計した楼門に木彫りの像として彫られていることが初めて分かった。同時期に作られた作品に、辰野が合計十二の動物を配したのだ。真面目一筋と思われていた辰野に意外な遊び心があったのだと話題になった。

大正期、中央停車場の完成が近づいた頃、正式の駅名をどうするか、関係者のあいだで議論となった。八重洲とか丸の内とか、駅の立地する地名にするのが普通なのだが、皇居の前、天皇の駅、この国の中心駅という意味で「中央駅」などの候補もあがった。「東京」だと新橋駅や上野駅が東京の外にある印象を与えるという反対意見もあった。しかし最終的に「東京」に決まった。この余波で大阪の梅田駅が「大阪」に、京都の七条駅が

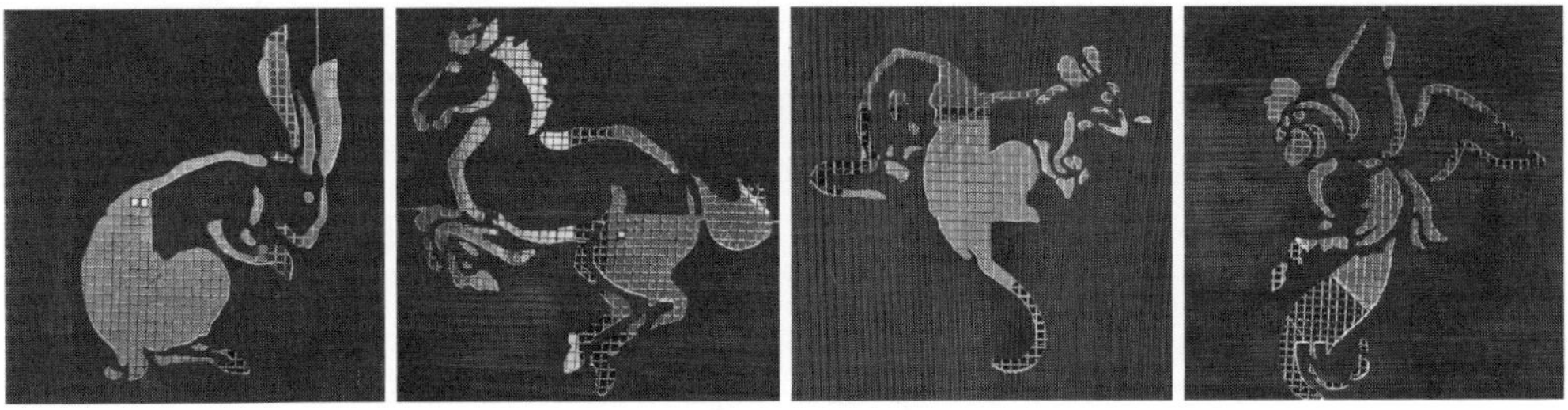

武雄温泉楼門に彫られた４つの干支図。東京駅の８つと合わせて干支が完成する
（武雄市観光協会提供）

される。

「京都」に改名されるなど、都市の中心となる駅が都市名を名乗るのが一般的になったと

旧唐津銀行

日本銀行や東京駅という国家プロジェクトだけでなく、辰野は日本各地に、もっと小さな建物をたくさん作った。ふるさと唐津の地には唐津小学校と唐津銀行を残した。残念ながら唐津小学校は解体され、今は跡地が市庁舎になっているが、明治四十五年（一九一二年）に完成した旧唐津銀行（県・市指定重要文化財）は健在である。辰野の監修のもと、愛弟子・田中実が設計した。赤レンガに白い石でアクセントがつけられ、屋根にはドームと突き上げ窓が配され、辰野式フリークラシック様式と呼ばれる作風をよく伝えている。少しごちゃごちゃしすぎているようにも感じるが、今見ても結構おしゃれだから、明治の唐津の街にこれが出現した時は、さぞ新鮮な驚きをもって迎えられたことだろう。

この建物はのちに佐賀銀行唐津支店となり、平成九年（一九九七年）まで現役の銀行として使われた。その後、佐賀銀行から唐津市に寄贈され、市は平成二十年から二年余りかけて大規模な保存修理工事を行い、外装、内装とも建設当時の姿をよみがえらせた。今は一般に公開されており、辰野金吾や耐恒寮の少年たちの展示がある。各種イベントにも貸し出されており、末永く市民に愛されることだろう。

明治のはじめ、わが国の近代建築の技術は、ほとんどゼロから出発した。辰野金吾は強

旧唐津銀行の外観
（佐賀県観光連盟提供）

旧唐津銀行の内部
（唐津市提供）

旧唐津銀行の内部
（唐津観光協会提供）

烈な使命感に支えられて、学界、官界、民間にまたがる事業をリードし、この分野を育て上げた。その努力と奮闘ぶりにはほんとうに頭が下がる。大正八年（一九一九年）、六十四歳で亡くなったが、臨終の床でも、傍らにいる曽禰達蔵に「帝国議会議事堂のことを頼む」と語っている。明治以降の日本は「東洋の奇跡」と言われる成長を遂げたが、その影に、各分野で国家の発展のために文字通り生涯を捧げた多くの人々がいた。辰野金吾は間違いなくその一人であり、明治という時代を代表する気骨の人であった。

参考文献

白鳥省吾編『工学博士辰野金吾伝』辰野葛西事務所、1926年
鈴木熙著「辰野金吾略伝」（「末盧国」第127号、1996年）
田中艸太郎・常安弘通著『郷土史に輝く人びと――大木喬任・辰野金吾』佐賀県青少年育成県民会議、1971年
藤森照信著・増田彰久写真『日本の建築　明治大正昭和3　国家のデザイン』三省堂、1979年
吉川盛一・水野信太郎編『東京駅と辰野金吾――駅舎の成り立ちと東京駅のできるまで』東日本旅客鉄道株式会社、1990年
赤レンガの東京駅を愛する市民の会編『赤レンガの東京駅』岩波ブックレットNo.258、1992年
高橋是清著・上塚司編『高橋是清自伝』上・下、中公文庫、1976年
旧工部大学校史料編纂会編『旧工部大学校史料』虎之門会、1931年
辰野金吾著「家屋装飾論」（「工学叢誌」第25巻、507頁、1883年）

4 曽禰達蔵

明治四年（一八七一年）に唐津藩校英学塾「耐恒寮」ができた時、英語教師・高橋是清は十八歳、生徒のうち辰野金吾は十八歳、ほかの学生の多くはそれより若かった。曽禰達蔵《そねたつぞう》は高橋より二歳年上であった。しかし曽禰が耐恒寮の中にあって落ち着いた雰囲気を漂わせていたのは、単に歳のせいばかりではなかったろう。下級武士階級の出身であった高橋や辰野と違って上級武士の出だったし、それに、二十歳にして人生をやり直そうと耐恒寮の門をたたいた時、曽禰にはすでに常人の何倍もの人生経験があった。

時代に翻弄された少年時代

曽禰達蔵は嘉永五年（一八五二年）、江戸城下丸の内、大名小路の唐津藩邸に生まれた。父まさはるは藩主の傍に仕えて文筆を担当する役職（祐筆《ゆうひつ》）だった。当時の唐津藩主は小笠原長国で国もとにあり、その世子（後継者）である長行《ながみち》が江戸にあって幕府の役人を務めていた。曽禰達蔵は小笠原長行に気に入られ、十歳の頃から長行の小姓となる。長行は当時、徳川幕府の老中として、外交を担当する幕閣を務めていた。今の外務大臣にあたる。後年、曽禰が記すところによれば、幕末の数々の外交事件、つまり生麦事件、下関砲撃事件、薩英戦争などに際して外交交渉が頻繁に行われたが、江戸城内には外国人を入れなかったので、これらの交渉事はもっぱら外務担当幕閣邸で行われた。英国公使パークス（H. S. Parkes）、フランス公使ロセス（L. Roches）などが頻繁に丸の内の唐津藩邸を訪れたのを、曽禰少年は記憶している。

小笠原長行は慶応二年（一八六六年）の第二次長州征討に幕府軍指揮官として参戦し、長州軍の前に敗北する。翌年、将軍・徳川慶喜が政権の返上を明治天皇に奏上し、江戸幕府は終焉を迎えるのだが、小笠原長行は幕府軍を率いて戦闘を続け、上野から東北地方へと転戦する。曽禰達蔵はこの軍勢の中にいた。しかし、敗走を続ける幕府軍が最後の決戦の地、北海道へと向かった時、曽禰は軍を離れ、唐津へと向かった。長行がそう命じたと言われている。幕府軍の最期を悟った長行が曽禰の才能を惜しんだのだろう。主君から生きよと命じられた曽禰にとって、反政府軍指揮官の側近としての過去を持ちながら新政府の下で身を立てるという、生きにくい人生の始まりであった。

曽禰達蔵

耐恒寮から工学寮・工部大学校へ

明治四年（一八七一年）、唐津藩が藩校として英学塾・耐恒寮を開設し、東京から高橋是清を招いた時、曽禰達蔵は入学する。高橋は仙台藩の出身だったから、曽禰の立場を理解した。翌年、高橋が東京に戻るに際し曽禰は同行し、高橋家に住み込みとなる。翻訳などのアルバイトを紹介してもらいながら勉学を続ける。明治六年、工学寮（のちの工部大学校、東京大学工学部の前身）の第一期生入学試験が行われ、曽禰はこれに合格して寮生となる。

ジョサイア・コンドル
（国会図書館ウェブサイト『建築学会五十年略史』より転載）

若くして歴史の激動を体験した曽禰は、歴史家になることを夢見た。しかし、実家の貧窮のなか、ぎりぎりの生活をしていた曽禰にとって、食住完備、官費支給のうえ、卒業後の工部省勤務も保証されるという破格の待遇が用意された工学寮は魅力的だったろう。工学寮に進むことを決心し、その中では最も芸術性、人文性の高いと思われた造家学科（今の建築学科）を選んだ。

明治十年、英国から若き建築学者ジョサイア・コンドル（Josiah Conder）が来日する。工学寮は工部大学校と改称され、コンドルが造家学科初代教授となる。造家学科はにわかに活気づき、辰野金吾、片山東熊《かたやまとうくま》、曽禰達蔵、佐立七次郎《さたちしちじろう》らが厳しい教育、訓練によってめきめき力をつける。コンドルと曽禰は同い歳であり、特に深い友情と師弟関係を持つに至る。

曽禰の卒業論文「Thesis on the Future Domestic Architecture in Japan（日本における将来の国内建築）」を私は手にしたことはないのだが、建築史学者・石田潤一郎氏によれば、たいへん優れたものだという。わが国の住宅史に見られる各種建築様式を検討した結果、すべてを否定。また西洋建築の直写《ちよくしや》はわが国の高温多湿の気候風土に馴染まないと否定。更に地震の多い国土の特徴に言及する。そして特定の建築様式、あるいはその背後にある精神、伝統、規範にこだわらず、わが国の気候風土に合った合理的な建築を目指すとしている。建材としては木や石に比べてレンガに優位性があり、広い窓とベランダを備えるのが望ましい。既存のモデルとしてはイタリア建築が最も参考になるとしている。コンドルは絶賛した。「論文はこれ以上ない位によく配慮され、熟考されています。日本のための新しい様式の提案を導き出す芸術的考察、およびすべての実地上の面は、実によく考えられております」（藤森照信氏訳）。

卒業設計は「Lunatic Asylum（瘋狂医院）」、精神科の病院である。自分で選んだ題材だとしたら少々変わった選択と思えるが、当時のコンドルは各方面からいろんな設計を依頼されていたから、それらを学生たちに割り振ったのかもしれない。石田氏によれば、こちらの出来は芳しくない。どんな様式にも縛られない日本独自の建築を目指すと意気込んだものの、実際の設計となると、余り良いアイデアとデザインが浮かばなかったのだろう。

曽禰は普段から秀才と言われていたし、素晴らしい卒業論文も書いた。それなのに首席卒業の座をなぜ辰野に譲ったのだろう。辰野の設計（学校建築）に比べて曽禰の病院設計が劣ったのだろうか。学科試験に辰野は寝る間も惜しむ猛勉強で臨んだのに対し、曽禰はそこまでやらなかったのだろうか。そもそも首席で卒業することに意義を見出していなかったのかもしれない。いずれにせよ、耐恒寮の時代からずっと曽禰の後を追っていた辰野が、おそらく初めて曽禰を上回った。造家学科四人のうち辰野と片山が第一等及第、曽禰と佐立は第二等及第とされた。このことは二人のその後の人生を決めるほどの大きな出来事だった。

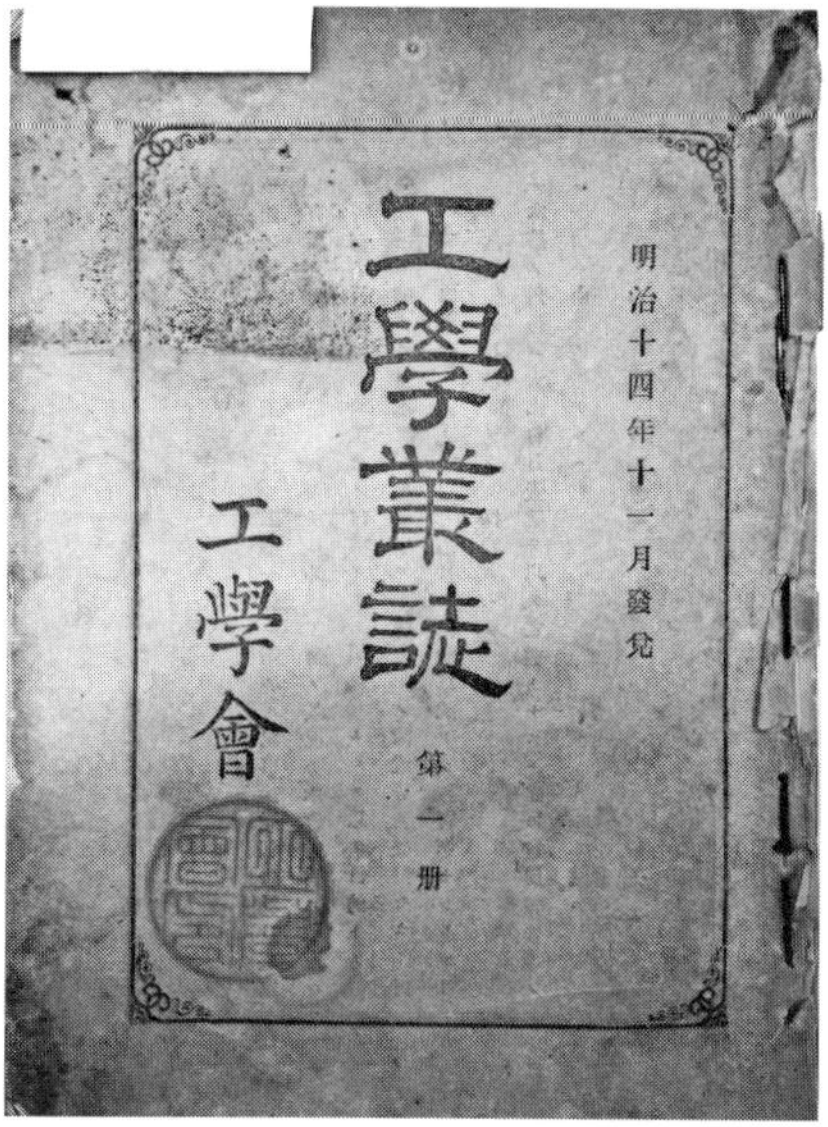

「工学叢誌」（工学会事務所刊）
第1巻の表紙（九州大学所蔵）

工学会と虎の門会

明治十二年（一八七九年）十一月、工部大学校は初めての卒業生二十三名を送り出した。この人々が中心となってわが国初の工学系学協会組織が誕生した。その様子を曽禰が記している。

「工部大学校第一期の卒業生が明治十年（引用者注・明治

十二年の間違いであろう）十一月八日卒業すると間もなく、一夜一同すなわち二十三名が生徒館の一階の喫煙室に集合して相談した。それは六年間同じ建物内にて寝食を共にした我々は今後時々会合して知識を交換し、工学を研究し、かつ親睦を厚ふしやうではないか。それには一つの団体を組織するのがよからずや。かつ今後年々若干名の卒業生が加はるのであるから、その団体の名前を定め、またその会の規則を作らうではないかといふ相談に移り、……かくして練りに練った末、ついに満場一致して工学会といふ会名に決定したのである」（「工部大学の思ひ出話」）

こうして工学会が組織され、高峰譲吉が初代の幹事に、石橋絢彦《いしばしあやひこ》が主記に、曽禰達蔵が主計に選出された。この人事にも見られるように、「真面目が裃《かみしも》を着たような人」（小笠原長行の曽禰評）だった曽禰は、いろんな組織で「長」のつく地位に就くよりは、几帳面な性格を活かして実務面で組織を支えることが多かった。

工部大学校卒業生たちは各自の研究成果と情報交換のため同人誌「工学叢誌」を翌年六月から隔月で発行した。明治十四年八月の第八号までこの形式で出版されたが、同年十一月、工学会の事務所ができたのを機に同所が発行する月刊誌とし、この号を改めて第一巻とした。わが国の工学関係学会誌の始まりであった。明治十七年七月には誌名を「工学会誌」と改め、大正十年（一九二一年）十月まで、全部で四五二巻が刊行された。曽禰は工学会の主計、常議員、「工学叢誌」・「工学会誌」の編集委員として活躍した。自身の寄稿としては、第二十巻から二十二巻にかけて「暖炉論」を連載している。暖炉には火災の危険があるので、家屋に暖炉を設置するにあたって、土台、煙突などを含めて設計上、運用上の留意点と法制化について詳細に述べている。

発足したばかりの工学会の幹事報告には当時の苦労が述懐されていて微笑ましい。「会員十一名留学により雪下春陽を待つ草芽（明治十二年幹事報告）」の如き状態から、第二期卒業生を迎えて「草芽の初めて春暖に向かう（明治十三年幹事報告）」こととなり、明治十六年には留学組が続々と帰国し、そのうち志田と辰野が

「工部大学校址」記念碑（東京都千代田区霞が関３丁目）

母校の教授に就任し、工学会は活気づいてゆく。当時の「工学叢誌」・「工学会誌」を読むと、わが国工学の揺籃期と彼らの青春が同期していたという印象を受ける。明治十八年、工部省が廃止されたのを機に工部大学校は文部省の管轄となり、帝国大学工科大学と名を変えて今の東京大学に吸収されることになった。工部大学校が卒業生を送り出したのは七年間だけであったが、わが国工学の出発点にいた卒業生二一一名の名簿を章末に付録として掲載する。

工学会は初めは工部大学校卒業生のみを会員としたが、後に東京大学の卒業生はじめ産業界の人々にも門戸を開き、明治三十三年には一八〇〇名の会員を擁する組織となった。工学会が母体となって各分野の学協会が生まれた。日本鉱業会（明治十九年）、電気学会（明治二十年）、造船協会（明治三十年）、機械学会（明治三十年）、工業化学会（明治三十一年）、土木学会（大正三年）、日本鉄鋼協会（大正四年）、電信電話学会（大正六年）、照明学会（大正五年）などである。工学会は初期の同人組織的な役割を終えたとして、大正十一年（一九二二年）八月、

「工部大学校址」記念碑の碑文末尾。「工部大学校出身虎之門会作之　虎之門会員工学博士曽根達蔵撰」と記されている

個人会員制を廃し、各分野の学協会を会員とする連合体として再出発した。これがこんにちの「日本工業会」へとつながる。

工部大学校卒業生の同窓会だった工学会の性格が前記のように変わっていったので、卒業生たちは別に同窓会「虎の門会」を組織した。曽禰はここでも活動の中心にいた。工部大学校のあった虎の門地区には、後に東京女学館などが立地したが、今は文部科学省、文化庁など政府機関のビルが建てられている。その一角に「工部大学校址」記念碑が建てられており、その裏面に曽禰達蔵が書いた銘文が刻まれている。

工部大学校卒業の後、曽禰は工部大学校（教授補、助教授）と海軍省（海軍兵学校建築掛、技師）に勤務した。大学と海軍を兼務したり転勤したりして、後進の指導と海軍施設の建築にあたった。呉、佐世保と東京を行ったり来たりの生活が明治二十三年まで続いた。このかん、明治十四年、高橋是清の妹・金子《きんこ》と結婚した。

三菱と丸の内都市計画

曽禰が少年時代を過ごした丸の内の武家屋敷街は、明治五年（一八七二年）の大火により焼失し陸軍省用地となったが、一帯は雑草生い茂る荒れ地と化していた。明治二十三年、三菱社の岩崎弥之助は三十五万平方メートルというこの広大な土地をまるごと買い取り、世間をあっと言わせた。価格は当時の東京市の年間予算の

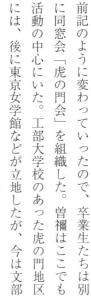

三倍という金額であった。「何に使うのか」という記者の問いに、弥之助は「虎の放し飼いでもしようか」ととぼけてみせたという。この買い物は、三菱の二代目大番頭・荘田平五郎《しょうだへいごろう》が英国から弥之助に送った「マルノウチカイトラレルヘシ」という電報が決め手だったと伝えられている。欧米のビジネス街を知る荘田は、世界にその存在を発信できるビジネスセンターがわが国にも必要だとの思いを抱き、皇居と中央停車場（現在の東京駅）に挟まれる丸の内こそ、その場所だと確信していた。

帰国した荘田は早速、コンドルに助力を求め、コンドルは曽禰を呼び寄せた。曽禰は海軍を退職して三菱社に建築技師（丸の内設計事務所所長）として入社する。こうして、荘田平五郎、ジョサイア・コンドル、曽禰達蔵という強力なチームがこの年のうちに結成され、首都の中心街の建設がスタートする。曽禰にとって、思い出の地の再開発計画を、恩師と共に任されることは嬉しいことであったろう。ロンドンの銀行街であるロンバート・ストリートがモデルとされ、軒高五十尺、レンガと石造り、屋根を架すという原則が決められた。一−三号館はコンドルが、四−七号館を曽禰が設計した。こうして明治四十三年頃には丸の内煉瓦街が完成した。わが国に初めて出現した西洋風ビジネスセンターは「一丁倫敦《いっちょうろんどん》」とも愛称された。「文化の香りを」との思いから計画された帝国劇場も明治四十四年に竣工した。

荘田平五郎
（国会図書館ウェブサイト
『財界人物我観』より転載）

丸の内煉瓦街は、震災、戦災を経て、すべて取り壊された。残された写真で見ると、赤レンガに尖がり屋根の建物が整然と並び、落ち着いた風格をたたえたオフィス街である。街全体の格調と調和を求めたところに、コンドルと曽禰の主張が感じられる。この街全体が三菱の所有物であり、三菱はオフィスビル賃貸業をひとつの事業として成立させた。

明治・大正時代の丸の内煉瓦街

三菱一号館美術館（東京都千代田区丸の内２－６）

曽禰はこのかん、自社ビルの建設にも精力的に取り組んでいる。三菱社大阪支店、三菱銀行神戸支店、三菱合資会社門司支店などを設計し、ふるさと唐津には三菱合資会社唐津支店を残した。造家学科一期生のうち、辰野金吾は日本銀行、東京駅など国家を代表する建築物に情熱を注ぎ、片山東熊は宮廷建築家として東宮御所（現在の迎賓館赤坂離宮）を手がけるなど、目覚しい活躍ぶりだった。同期生二人に比して曽禰達蔵は海軍時代、やや不遇に見えたが、三菱の社員建築家という、自分にあった生き方を手にしたことで、その才能を開花させた。

第二次大戦後、丸の内煉瓦街はいったん姿を消したが、せめて一号館だけでも元の場所にコンドルの設計どおりに復元しようとの取り組みが進められた。人々の期待を背に進められた復元工事は平成二十一年（二〇〇九年）に竣工し、翌年「三菱一号館美術館」として公開された。私は、現在の東京における最も美しい建築のひとつだと思う。

曽禰中條事務所

明治三十九年（一九〇六年）、五十五歳になった曽禰は三菱合資会社を定年退社し、同社建築顧問となる。同時に東京九段に曽禰建築事務所を開設する。二年後には十六歳年下の俊才・中條《ちゅうじょう》精一郎《せいいちろう》（宮本百合子の父）を招いて曽禰中條事務所と改める。以後の活動は中條との共同作業となり、またひとつ充実した創作の時期を迎える。学校、会社、庁舎、私邸など、たくさんの作品が生み出された。現存する慶應義塾創立五十周年記念図書館（大正元年、一九一二年）、小笠原伯爵邸（昭和元年、一九二六年）などが名作として知られる。

人柄と生涯をめぐって

曽禰を知る人々は口々にその真面目さを語る。同窓の辰野金吾とはいつも比較される運命にあるが、常にリーダーシップを発揮した辰野は周囲に緊張を強いる存在だったのに対して、曽禰は真摯《しんし》、篤実《とくじつ》そのもので、誰からも信頼され、慕われた。辰野の生涯は国家を代表するという気概に貫かれていたが、曽禰は少年期の痛切な体験を経て、そうした意識を捨てていたようだ。辰野は時代精神を体現した記念碑的な作品を好んだが、曽禰はより技術志向で、建築には合理性、機能性、品位を求め、荘厳さにこだわらなかった。辰野の人生は分かりやすいが、曽禰のそれは複雑だ。真面目一徹で仕事一筋の人生だったことは二人に共通しているが、辰野の

小笠原伯爵邸玄関の内装

慶應義塾創立50周年記念図書館

性格は激しく、曽禰は穏やかで慎重だった。だから曽禰は組織の中で働くことに向いているように見えた。三菱の社員を定年まで勤めたのも、個性派ぞろいの明治建築界のリーダーたちの中にあっては珍しいことだった。

曽禰には「ナンバー2」というイメージがつきまとう。辰野が建築学会会長を務めた十九期のうち十期間、曽禰は副会長としてその活動を支えた。辰野の引退後、まるで辰野の事業の後始末をするかのように三期だけ会長職を務めた。辰野が教授を務めた工部大学校においては、年下の辰野の下で助教授を務めた。丸の内都市計画においても、主要な期間、指導者はコンドルであり、曽禰は二番目だった。曽禰中條事務所では自らが指導者だったが、ほどなく若き俊才中條の補佐役に廻り、むしろ後進の指導に尽力した。

スタープレーヤーの協力者として、あるいは会社員として主要な時期を過ごした曽禰は、明治のそうそうたる知識人群像の中にあって、ややひ弱に見える。『日本の建築　明治大正昭和』第7巻において、石田潤一郎氏は曽禰を「庇護される人」と特徴づけ、「曽禰にはおそらく、そうした甘えを許してもらえるような人徳が備わっていた」と述べている。また、「彼は時代との折り合いの悪さを、自らの人間性で補っていく」とも述べている。

確かに小笠原長行、高橋是清、コンドルという人々は曽禰の才能と人柄を愛し、不遇にならぬよう心を砕いた。曽禰の仕事は、こうした尽力に支えられていた面もある。しかし、これは人望ある人にはよくあることだ。曽禰が建築界のリーダーとなることを避けたことは、別の側面からも見る必要がある。

少年期に武士として彰義隊、白虎隊の凄惨な最期を身近に体験し、敗軍から脱出して生き延びた曽禰にとって、かつての敵軍である明治新政府のもとで陽の当たる地位に就くことには抵抗があったのではないか。曽禰は自らを権威と名誉ある地位から意識的に遠ざけ、地道に責務を果すことに自らの人生を限定していたように思える。

「歴史家になりたかった」と繰り返し語っていた曽禰は、生活のために建築家となった。自分ではそのことを終生、悔いていたという。それでもくさらず誠実に生きて、数々の名作を残し、後進を育てた。建築界に残した人格的影響は大きい。元東京大学教授・藤森照信氏は、共感をこめて次のように記している。
「明治の建築家としての曽禰達蔵の作風は異色である。明治という国家の時代に、彼は国家の大礼服であるネオ・バロック様式の影響を全く受けるところがなかった。明治の四人の建築家即ち、辰野金吾、片山東熊、妻木頼黄《つまきよりなか》、曽禰達蔵の中で、彼だけは国家を建築で飾っていない。曽禰は活動の場を民間に求め、曽禰中條建築事務所という戦前における最良の設計組織を育て上げてゆく。そして、大仰・華美・生硬・威圧を激しく嫌い、気品と堅実を所員に求めた。これは、明治という時代から最も遠い質である。大正期の質といってよいかもしれない。時代への深い違和感がそうさせたのであろう。曽禰達蔵は、心の底で、江戸の大名小路を駆け続けていたのかもしれない」(『日本の建築　明治大正昭和』第3巻より)

小笠原家と曽禰家

曽禰達蔵が少年期、幕府の老中・小笠原長行の小姓を務めていたことは先に述べた。長行の甥である小笠原胖之助《はんのすけ》は曽禰と同年代で、幼い頃から兄弟のように育てられた。曽禰が戊辰戦争の戦線を離れて唐津へと向かった時、胖之助は残り、箱館戦争において戦死した。唐津の近松寺《きんしょうじ》にある胖之助の墓には曽禰が建てた灯篭がある。

小笠原家との縁はこれにとどまらない。慶応三年(一八六七年)小笠原長行に長男が生まれると、その翌日、長行はわが子を曽禰家に預けた。「大名の子は大名屋敷の奥座敷では立派に育たない」という信念に基づくものであった。赤ん坊は長生《ながなり》と名付けられた。曽禰家には達蔵を含めて四人の子どもがいたが、末っ子（三女）で十歳になる鍚子《ようこ》に子守役が命じられた。「人形のような」と評される美少女で、優しく、明晰で、殿様の世子の子守役を健気に務めた。

兄・達蔵が戊辰戦争の戦線を離れて唐津に行くさいに鍚子も同行し、耐恒寮に最初の女子生徒として入学した。十六歳で唐津の人と結婚するが、ほどなく離婚。以後は東京に戻り、一心に小笠原家と長生に献身した。長生は後に海軍中将、東宮御学問所幹事、宮中顧問官などを歴任し、皇室と関係の深い華族軍人として生涯を送ったが、晩年、「恩人曽禰鍚子を憶ふ」と題する長文の記録を残して彼女を讃えた。

曽禰鍚子
（『小笠原長生と其随筆』より転載）

小笠原長行に対する明治政府の懲罰も解かれ、耐恒寮の少年たちも東京に集ってきたので、明治十一年（一八七八年）麹町区番町にあった小笠原長行邸の一室を借りて「久敬社《きゅうけいしゃ》」が設立された。旧唐津藩士を中心に唐津にゆかりの人々が毎月集まって情報交換と勉強を兼ねた茶話会を営んだ。曽禰はここでも中心的な役割を担った。東京で勉学に励む若者はその後も増え続けたので、明治十八年、長行は自宅の一画に寄宿舎「久敬社塾」を開設した。長生の孫にあたる中川和子氏によれば、発足当時の役員は、社長に小笠原静《しずか》、幹事に天野為之、委員に辰野金吾、曽禰達蔵、麻生政包、掛下重次郎であったという。久敬社はその後、小石川、西大久保と場所を変え、昭和四十一年、川崎市麻生区に移って今に至っている。昔も今も唐津にゆかりの人々の首都圏での勉学の拠点となっている。

三菱合資会社唐津支店

ふるさと唐津の地に、曽禰の形見が残されているのは嬉しいことである。三菱合資会社長崎支店唐津出張所は明治四十一年（一九〇八年）九月に完成し、二年後に唐津支店に昇格した。曽禰は明治三十九年、三菱社丸の内設計事務所の所長を定年退職しており、竣工時は顧問であった。三菱社の社内事業なので、この建物の設計施工に所長、顧問としての曽禰がどこまで深く関わったかは定かでないが、「曽禰達蔵の故郷でもあり、曽禰の関与も考えられる」（内田青蔵『日本近代建築家列伝』）など、随所に曽禰の作風が宿ることが多くの建築家によって指摘されている。

この建物は唐津西港妙見埠頭の付け根部分にある。明治末期の唐津西港は国内外への石炭積出港として栄えており、三菱合資会社は石炭の取引で利益を上げていた。大正八年（一九一九年）頃が全盛期で、パナマ運河を経由して東西を結ぶ世界一周の貨客船も唐津港に寄港していた。現在は唐津市歴史民俗資料館（県重要文化財）として保存されている。近年まで公開されており、石炭を中心とした郷土の産業に関する展示があった。しかし、展示物の何よりも、建物こそが素晴らしい文化遺産である。

白をモチーフとしたこの木造洋館は、とても愛らしく気品に満ちて、海辺の風景によく映える。現役で活躍していた頃は「三菱御殿」とも呼ばれていたという。海側の広々としたバルコニーが心地よい。そこに立つと、かつては右に唐津漁港、左に妙見埠頭、正面には湾内を行き交う船が見えた。海風と建物が一体化したような開放感が訪問者を包み、明治という時代の権威主義、事大主義とは別の、曽禰達蔵の愛した世界が感じられた。ところが平成十四年（二〇〇二年）、目の前にコンクリートの橋が架けられ、この景観を台無しにした。建物

唐津市歴史民俗資料館（旧三菱合資会社唐津支店本館）。上：南面、下：東側

自体も傷みが激しく、現在は閉館中で、改修工事が待たれている。

＊　＊

本稿を書くにあたり、曽禰達蔵の孫である曽禰昭氏にご教示いただいた。久敬社については中川和子氏と長﨑浩氏（当時佐賀県立名護屋城博物館学芸員）から史料をご提供いただいた。小笠原家とその周辺のことについて種々ご教示いただいた中川和子氏は平成三十年、亡くなられた。慎んでご冥福をお祈りします。

参考文献

旧工部大学校史料編纂会編『旧工部大学校史料』虎之門会、1931年

曽禰達蔵著「工部大学の思ひ出話」（旧工部大学校史料編纂会 編『旧工部大学校史料』66頁、虎之門会、1931年）

曽禰達蔵著「暖炉論」（「工学叢誌」第20巻286頁、第21巻346頁、第22巻402頁）

日本工学会創立100周年記念事業実行委員会編著『我が国工学100年の歩みと展望――日本工学会100周年記念論文集』日本工学会、1979年

藤森照信著・益田彰久写真『日本の建築　明治大正昭和　第3巻　国家のデザイン』三省堂、1979年

石田潤一郎著・益田彰久写真『日本の建築　明治大正昭和　第7巻　ブルジョワジーの装飾』三省堂、1980年

『曽禰達蔵詩歌集』曽禰武発行、1967年

小笠原壱岐守長行編纂会『小笠原壱岐守長行』1943年

日本経済新聞社編『20世紀日本の経済人』日経ビジネス人文庫、2000年

小笠原長生著『小笠原長生と其随筆』小笠原長生公九十歳祝賀記念刊行会、1956年

丸山雅子監修『日本近代建築家列伝』鹿島出版会、2017年

5 麻生政包

耐恒寮卒業生の一人である麻生政包《あそうまさかね》は、鉱山技術者としてわが国の石炭事業の開拓期に先駆的な足跡を残した。三池鉱山など各地の炭鉱の開発に従事し、エネルギー供給という面から明治期の国力発展を支えた。特に、発明からまだ日の浅かったダイナマイトを、わが国で最初に鉱山に応用した人として歴史に名をとどめている。

少年時代・東京への旅

麻生政包は安政四年（一八五七年）、唐津藩士、麻生芳助《あそうほうすけ》の長男として唐津城下に生まれた。藩士の子どものための教育機関として藩校・志道館があったが、下級武士の子だった政包はそこに行かず、私塾に通った。大名小路に住む野辺英輔《のべえいすけ》が、藩校で学ぶことのできない子どもたちのために私邸で開いていた塾である。

明治三年（一八七〇年）に英学塾・耐恒寮が開かれると、そこに入学した。まだ十三歳、掛下重次郎と同年であった。二十歳の曽禰達蔵、十八歳の辰野金吾らに比べれば、ずいぶん幼かった。それでも、高橋是清の上京に同行した曽禰らより一年遅れて、明治五年の十月、辰野金吾、吉原政道、

麻生政包（明治30年代。麻生家提供）

竹林峰松と共に、四人で東京に向かった。

この旅のことは、後年、吉原が詳細に記している。唐津から歩いて博多に出て、下関から小型汽船に乗って大阪に上陸し、陸路東海道を歩いて横浜に至り、横浜（神奈川駅）からはできたばかりの汽車に乗って東京（新橋駅）に乗り込んでいる。東海道を徒歩での道中は、木賃宿に泊まり、昼は一膳飯や焼芋で済ますという倹約ぶりであったが、向学心に燃える若い彼らのことゆえ、見る物すべてが珍しく、ずいぶん楽しい旅でもあったと記されている。とりわけ十五歳の麻生にとっては、毎日が冒険であったことだろう。

横浜－新橋間の鉄道はこの年、開通したばかりだった。当時、汽車は危険だという噂が伝わっていた。汽車に乗るとあまりの速さに眼が回るという。それに、貧しい彼らにとっては切符代も安くはなかったことだろう。しかし恐る恐る、びくびくしながらも好奇心に衝き動かされて乗ったという。また、汽車の運転は非常に危険で、未熟な日本人には無理だというので、運転手は外国人ばかりであったともいう。

工学寮・工部大学校

明治六年（一八七三年）四月、工学寮（東京大学工学部の前身）の第一回入学試験が行われた。耐恒寮の生徒たち五人が受験したが、曽禰達蔵と麻生政包の二人だけが官費生として合格し、入寮した。ずいぶん年長の面々に混じって受験し、立派に合格するのだから、かなりの秀才であったことがうかがわれる。前に記したように、辰野金吾は追加募集に合格した。

工学寮は虎ノ門、金刀比羅神社近くの旧延岡藩邸に設置された。現在は文部科学省、文化庁などの政府機関がある一帯である。教師は英国人を中心に、外国人ばかりであった。数学の教師はマーシャル、理化はベレー、

元工部大學校卒業生麻生政包
右工學士ノ稱號ヲ
認許ス
明治二十年九月廿七日
帝國大學總長従三位勲三等渡邊洪基

学士称号認許（明治20年。麻生家所蔵）

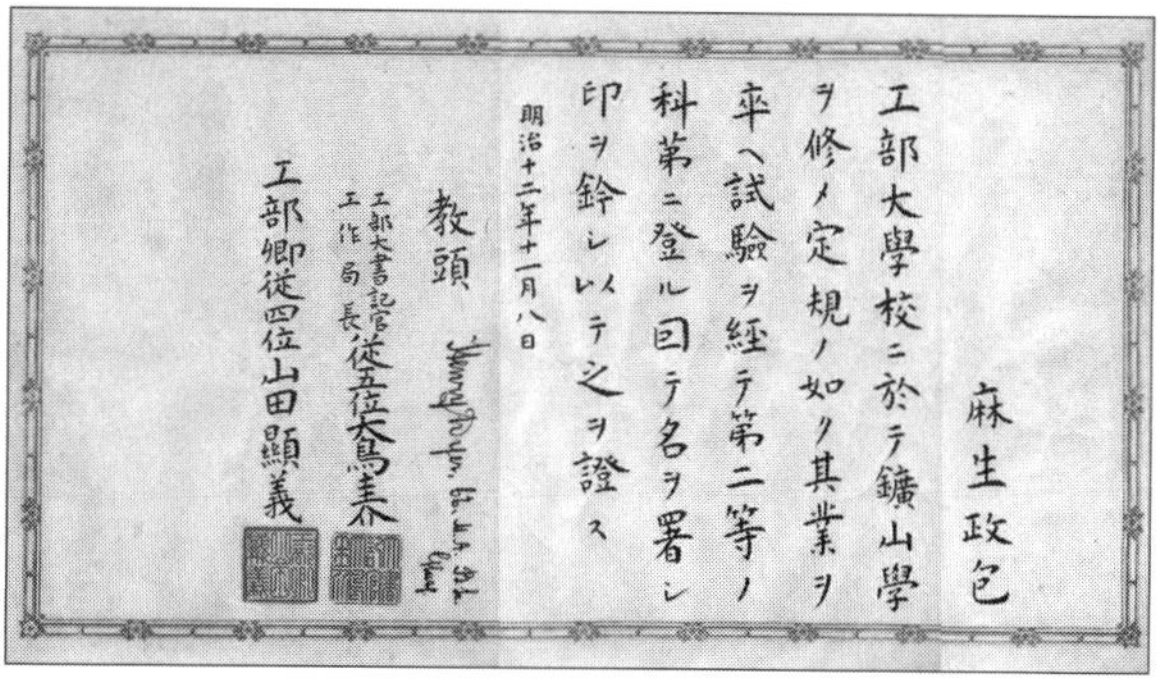
麻生政包
工部大學校ニ於テ鑛山學
ヲ修メ定規ノ如ク其業ヲ
卒ヘ試驗ヲ經テ第二等ノ
科第ニ登ル因テ名ヲ署シ
印ヲ鈐シ以テ之ヲ證ス
明治十二年十一月八日
教頭
工部大書記官
工作局長 従五位大鳥圭介
工部卿従四位山田顯義

工部大学校第一回卒業証書（明治12年。同家所蔵）

化学はダイバース、鉱山学と地質学はミルン、製図はモンデーといった名が記録されている。発足時の工部卿は伊藤博文、工部大輔《たいふ》は山尾庸三、工学寮長官は大鳥圭介であった。

入寮した麻生は鉱山学科に進学する。明治十年、工学寮は工部大学校と改称される。麻生は明治十二年十一月八日、工部大学校の第一回卒業生となった。東京大学工学部は今日まで何万人もの卒業生を送り出しているが、その前身の最初の卒業生である。その意味で卒業証書と学位認許証も記念すべきものなので、麻生家の許しを得て、今回、撮影させていただいた。

卒業証書には、教頭としてヘンリー・ダイエル（Henry Dyer）、工部大書記官として大鳥圭介、工部卿として山田顕義《あきよし》（日本大学の創始者）の名がある。学位認許は、明治二十年に帝国大学（のちの東京大学）が発足した時のものである。この年、「学士」称号の制度が始まった。帝国大学では、工部大学校など、その前身の卒業生にも学士称号を発行することにした。麻生は「元工部大学校卒業生」と記されている。

ダイナマイト研究

麻生は卒業と同時に工部省に勤務する。最初の仕事は福岡県鉱山監督局の技手として九州の炭鉱開発を担うことであった。大牟田の三池鉱山を本拠地として、九州各地で調査、試掘、監督の業務にあたっている。

若き日の麻生の仕事のなかで非常に明瞭な形で残っているのは、ダイナマイトの応用に関する研究である。ダイナマイトはスウェーデンのアルフレッド・ノーベル（Alfred Nobel）が一八六七年（慶応三年）に発明した実用爆薬である。当時、鉱山やトンネル掘削において、堅い岩盤を砕くのに、主として黒色火薬が用いられていた。しかし黒色火薬はわずかな刺激で爆発するので、誤爆による事故が絶えなかった。また、爆発後に有害ガスが発生するので、鉱山やトンネル工事においては、中毒事故も多かった。硝酸カリウム、硫黄、木炭で作る黒色火薬とは別に、ニトログリセリンという有機液体が強力な爆発力を持っていることは知られていたが、これは黒色火薬よりも更に小さな刺激で爆発するので、実用化は困難であった。ノーベルの発明は、このニトログリセリンを珪藻土《けいそうど》に染みこませて整型することにより、安全に取り扱える強力な実用爆薬を実現したことだった。

ノーベル社のダイナマイトは明治十二年（一八七九年）、英国人モリソン（James Pender Mollison）によって初めてわが国に輸入された。起爆用の雷管は、英国のグラスゴー・ノーベル社とドイツのハンブルク・ノーベル社製のものであったようだ。三池鉱山の指導にあたっていた麻生は、これらを早速入手し、文献上の調査と実地試験を行ったうえで、それを工部大学校卒業生が隔月で出していた同人誌である「工学叢誌」に発表した。明治十四年六月に刊行された第七号に掲載され、「『ダイナマイト』用法　麻生政包」とある。二十四歳の時である。

この年十一月より「工学叢誌」は工学会事務所の刊行する月刊誌となり、十一月号が改めて第一号とされた。このためややこしいことに、第一号から第八号までは二種の「工学叢誌」が存在することになった。明治十三年六月（第一号）－明治十四年八月（第八号）の「工学叢誌」は隔月刊の同人誌、明治十四年十一月（第一号）

以降の「工学叢誌」は工学会事務所刊の月刊誌である。麻生がダイナマイトに関する論文を発表したのは「工学叢誌」が工部大学校卒業生の同人誌として発行されていた時期である。その要点は以下のようなものである。

1　雷管（起爆装置）を使って起爆した時のダイナマイトの爆破力は、従来の火薬に比べて非常に大きい。しかしマッチで火を点けるなど、普通の扱いにおいては爆発せず、ただ燃えるだけである。このため、安全性と爆破力が両立している。

2　爆発後の有害ガスが発生しない。

3　いっぱんに鉱山やトンネル掘削にかかるコストは、火薬そのものの代価よりは、火薬を埋めこむ穴（発破孔）を岩にうがつ際の労力とコストの方が大きい。ダイナマイトを使えば必要な発破孔の数が少なくて済み、また、孔の直径も小さくてよいから、労力とコストが著しく削減される。

4　使用法を工夫すれば、堅い岩盤の爆破だけでなく、柔らかい岩、亀裂の入った岩、濡れた岩などにも有効に使える。

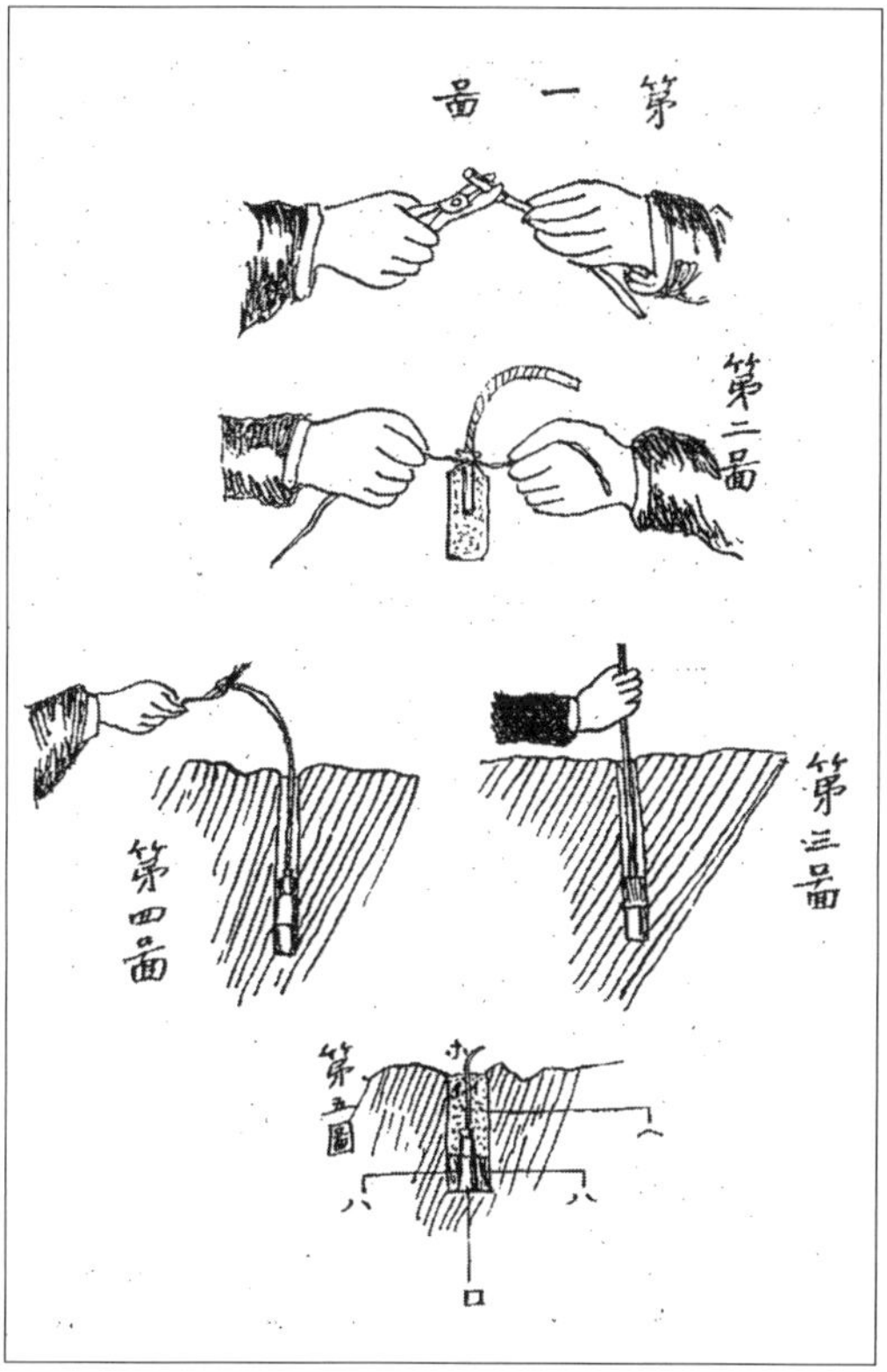

「工学叢誌」第１巻第７号（明治14年６月）に描かれた「『ダイナマイト』用法」の図

これらの解説に続いて、具体的な使用法、安全のための留意点などが、図解を交えて丁寧に書かれている。

ノーベルの発明から十四年後、欧州ではすでに鉱山で用いられていたようだが、わが国では麻生のこの研究報告が、ダイナマイトを産業用に用いた最初の記録とされている。読んでみると、「学術論文」という水準のものではないが、若き鉱山技術者が外国産の新しい技術をいち早く取り入れようと努力している様子が分かる。これ以後、九州はじめ日本各地の炭鉱においてダイナマイトが活用され、わが国の国力を支えるエネルギー供給能力は増大する。麻生はその実践指導にあたった。

ところでダイナマイトの国内販売については、当初、モリソン商会が総代理店であったが、鉱山におけるダイナマイトの有効性が明らかになるにつれ、国内の事業家が相次いで販売権の取得に乗り出した。渋谷商店（関東）が明治十五年に販売権を得たのに続いて、明治三十年代までに三田商店（東北）、粟屋商店（大阪）、宮島商店（九州）、牛尾商店（九州）が相次いで参入した。七世宮島傳兵衛がダイナマイト販売を開始したのは明治二十九年であり、その息子・宮島徳太郎が清水荘次郎らと協力して唐津市東町に「唐津火工品製作所」（電気雷管工場）を建設したのは大正五年（一九一六年）のことであった。

初期九州炭鉱における経営主体

当時、九州の炭鉱の経営主体は様々で、いろんな変遷もあった。長崎の高島炭鉱は幕末期に英国商人グラバー（Thomas Blake Glover）によって経営されたが、鍋島直正が安政六年（一八五九年）これを佐賀藩直轄とした。その後、明治維新の混乱期に様々な投機的な動きもあったので、政府は明治六年（一九七三年）、「日本坑法」を制定して高島炭鉱を買い取った。こうして発足した官営炭鉱の初代技師として派遣されたのが高取伊《たかとりこれ》好《よし》である。ところが明治政府はもともと本格的に炭鉱を経営する意思はなかったので、これを土佐藩出身の後藤象二郎に譲渡した。後藤と高取は協力して経営にあたったが、結局行き詰まった。そこで高取の兄・鶴田《つるた》皓《あきら》（法学者）の人脈を使い、福沢諭吉を仲介者として、後藤と同じ土佐藩出身の岩崎弥太郎（三菱財閥の創始者）に売却した。高島炭鉱が三菱社のものになったのは明治十四年のことである。

大牟田の三池鉱山は明治初期、工部省管轄の官営鉱山として出発し、麻生政包、吉原政道らが活躍の場を得たが、のち大蔵省管轄に移り、明治二十二年には民間への払い下げが決まり、増田《ますだ》孝《たかし》（三井物産の創業社長）率いる三井が経営権を取得した。こうして三菱、三井がわが国の二大鉱山を手中にしたことで、財閥資本主義の時代が幕を開けたと言える。高取、麻生、吉原ら、唐津の関係者たちはこの時期に三池と高島を去っている。

唐津地方では江戸時代後期より、領内に石炭の産出することが知られていたが、唐津藩は石炭事業を独占する路線を採らず、幕府や九州各藩に採掘権を与え、その権利金収入（ライセンス料）を得る政策を採った。このため藩領内に御領山（幕府直営）、薩摩山、肥後山、筑後山（久留米山）などと呼ばれる鉱山があった。明治六―七年、薩摩藩が唐津地区に所有していた鉱山を海軍省に譲渡したので、海軍省は松浦川の河口に「唐津海軍石炭用所」を設置した。ここは今、唐津城直下の駐車場になっている。明治十年頃の資料では、唐津の出炭量の十五％ほどが海軍御用炭としてここに納められている。この「石炭用所」というのは全国でもほかに例がない。海軍は、主として軍艦の動力源確保のための石炭備蓄基地として位置付けていたようだ。

海軍御用山以外の旧藩営鉱山は順次、民間に払い下げられていった。地元の吉原、高取らがこぞって経営権を取得し、炭鉱経営に乗り出すものの、資金力がないので財閥相手に悪戦苦闘する。高取が泣く泣く相知《おうち》炭鉱を三菱に売却したことはよく知られている。それでも高取はひるまず、杵島《きしま》炭鉱をわが国有数の鉱山に育て上げ、「肥前の炭鉱王」と呼ばれるほどの成功を収める。六世及び七世宮島傳兵衛は北波多《きたはた》、高串《たかくし》などで炭鉱経営に乗り出すが成功せず、事業の中心を石炭の輸送と火薬事業へと移していった。

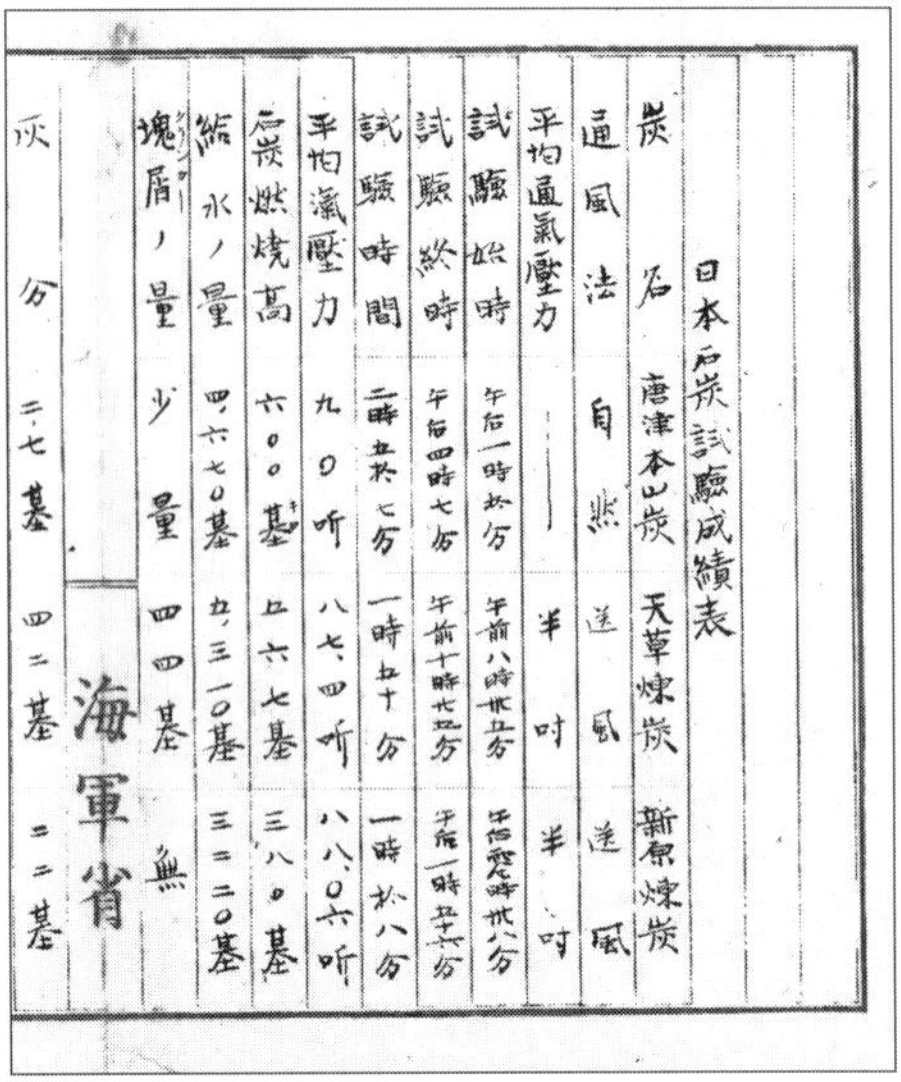

日本石炭試驗成績表			
炭石	唐津本山炭	天草煉炭	新原煉炭
通風法	自然	送風	送風
平均通氣壓力	—	半吋	半吋
試驗始時	午后一時廿分	午前八時卅五分	午后零時卅八分
試驗終時	午后四時七分	午前十時廿五分	午后一時五十六分
試驗時間	二時四十七分	一時五十分	一時十八分
平均汽壓力	九〇听	八七、四听	八八、〇六听
石炭燃燒高	六〇〇基	五六七基	三八〇基
給水ノ量	四六七〇基	五三一〇基	三三二〇基
塊層《クリンカー》ノ量	少量	四四基	無
灰分	二七基	四二基	二二基

海軍省

日本石炭試験成績表の下書き
(明治20年頃。麻生家所蔵)

鉱山技術の指導者として

三池鉱山の経営が三井資本に移る頃、麻生は三池から遠ざかっている。明治二十年（一八八七年）に工部省から海軍省に移り、以後は主として「海軍二等技手　石炭調査委員」という肩書きで仕事をしている。工部省時代から引き続く仕事として、各地の炭鉱や候補地を回って調査や試掘をしているが、その範囲は九州だけでなく、茨城、青森、北海道へと広がっている。

麻生が残したノートを見ると、地層の観測、埋蔵量の推定、石炭の化学組成の分析、燃焼エネルギーの測定といった理学的、技術的な研究があるいっぽう、新たに鉱山を興す場合に必要な設備のリスト、その費用の見積り（起業予算書）など、経営的な仕事もある。軍艦の運転試験結果の報告などもある。麻生のメモには、これらの内容がしっかりした毛筆で、和紙でできた海軍省の罫紙にしたためられている。厳格で精力的な人柄と仕事ぶりが偲ばれる。

麻生自身が新しい炭鉱を開拓した例として、長崎県の香焼島《こうやぎじま》炭鉱と北海道の文殊《もんじゅ》炭鉱が知られている。また、後にわが国最大の炭鉱群となる筑豊炭田の発展に尽くした功績も大きく、炭鉱主であった貝島太助、麻生太吉、安川敬一郎らは、麻生政包を技術顧問として、常に頼りにしたと言われている。

麻生の海軍省時代のメモは、唐津出身の海軍中将・松下東治郎（大正天皇侍従武官）によって保管され、孫の麻生博之氏に伝えられた。政包の娘ヨシが松下東治郎に嫁いだ縁もあって、松下が戦火を避けて保管したも

麻生政包・ギン夫妻
（大正３年正月、唐津市城内二の門の自宅）

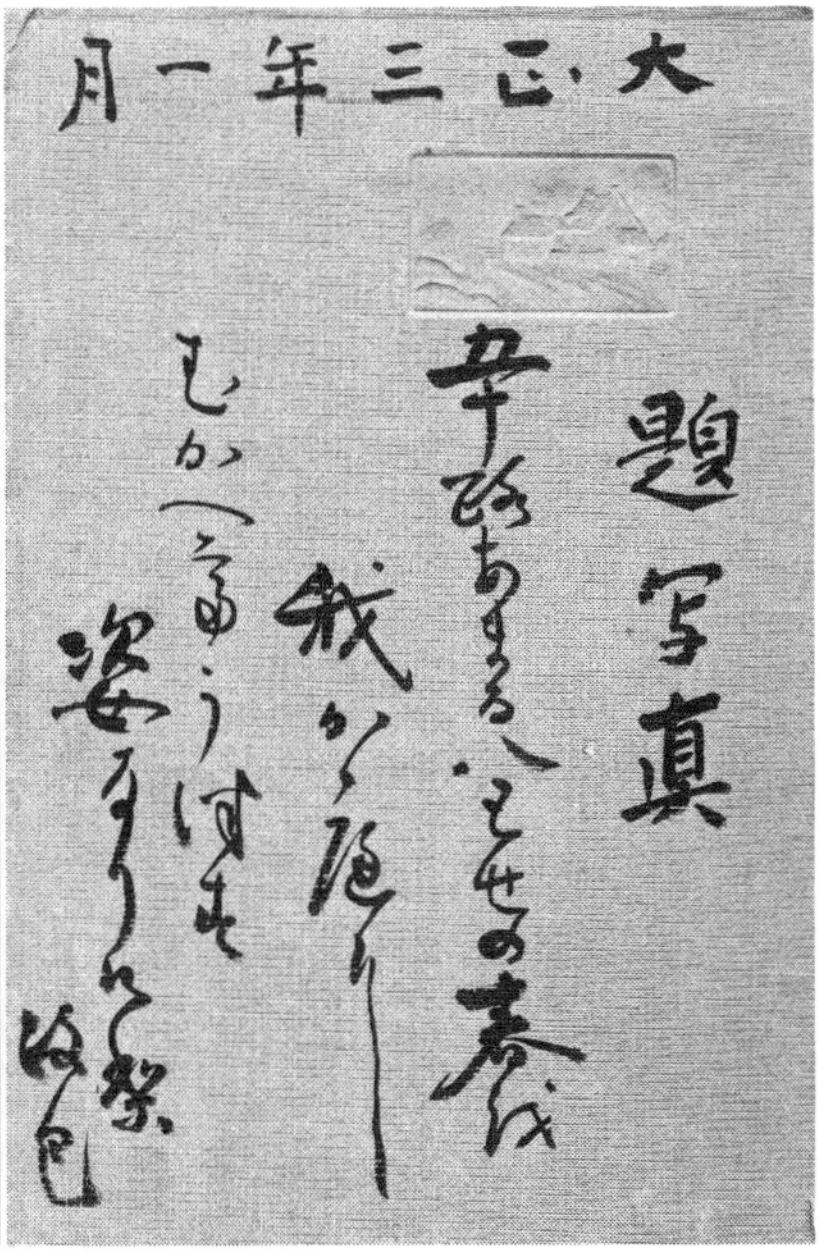

政包自筆による写真解題
（麻生家所蔵）

のである。これらは平成十九年（二〇〇七年）九州大学記録資料館に寄贈された。

大正三年正月の写真

大正三年（一九一四年）の正月、麻生は唐津城内二の門にあった自宅の庭で、ギン夫人と二人で記念撮影をしようと言い出した。数え年五十八歳の正月であった。きちんと正装し、できた写真には表紙をつけて、「大正三年一月　写真に題す。五十路あまる八とせの春を　我が庭にむかへてかはす姿なりけり　政包」と達筆でしたためた。こんなことはかつてなかった。そしてこの年の八月二十八日に世を去った。鉱山技術者としての仕事はもちろん立派だったが、人生の締めくくり方もまた、武士の子らしい折り目正しさである。

各地の炭鉱を飛び回り、調査研究と技術指導に奔走する麻生だったので、妻ギンは留守宅を預かることが多かった。茶の湯と唐津焼の趣味を楽しんだ。また、家事や家庭農園について、こと細かに記録したものが残されている。みかんの煮方、芋やブロッコリーなど野菜の育て方、百合の種類とその育て方、一年の種まきスケジュールなど、当時の中流階級の夫人の生活を知るうえで貴重な資料である。

＊　＊

この稿を執筆するにあたり、麻生政包のお孫さんである麻生博之氏と順子夫人を唐津市埋門《うずめもん》小路のご自宅に訪ねた。故人の残された写真、卒業証書、石炭と鉱山技術に関するたくさんの自筆メモ、ギン夫人の残された家事に関する記録など、数々の貴重な、そして興味尽きない資料を閲覧させていただいた。また、その一部を電子化して保存、公表することを許していただいた。

麻生政包の生涯と業績については、郷土史家の富岡行昌氏によって発掘されたものが多い。本文で紹介した『ダイナマイト』用法」は同人誌として発行されていた「工学叢誌」に掲載されていたもので、大学図書館などにも殆ど所蔵されていない。この貴重な論文の原文も富岡氏が入手してくださった。麻生博之氏は平成十八年（二〇〇六年）、富岡行昌氏は平成二十七年に亡くなられた。感謝をこめてご冥福をお祈りする。

参考文献

麻生政包著「『ダイナマイト』用法」（「工学叢誌」第7号、1881年）
富岡行昌著「唐津の麻生政包　終生を炭鉱開発」（「末盧国」第78号、1985年）
大木洋一著「石炭産業の構造」（有沢広巳編集『現代日本産業講座Ⅲ　各論Ⅱ　エネルギー産業』第三部、岩波書店、1960年）
井手以誠著『佐賀県石炭史』金華堂、1972年
坪内安衛著『石炭産業の史的展開』文献出版、1999年
吉原政道著「金婚式のかたみ」（「末盧国」第58－63号、1977―78年）

6 吉原政道

耐恒寮出身者のうち、吉原政道《よしはらまさみち》は、その生涯と業績が比較的詳細に分かっている一人である。晩年、自叙伝を書いたし、論文や著書も残っている。前項の麻生政包と同じ鉱山技師だが、途中から麻生とは違う人生を送り、鉱山開発の事業家となった。超人的な努力で、牟田部《むたべ》炭鉱、杵島《きしま》炭鉱など九州と中国地方の各地で炭鉱を開拓した。

下級武士の子

晩年の吉原政道
（唐津市提供）

吉原政道は嘉永六年（一八五三年）一月二十二日、唐津城下桜《さくらの》馬場《ばば》で生まれた。父・正信は唐津藩の下級武士、母は千代と言い、政道は七人きょうだいの長男だった。祖父は殿中大広間詰の家臣だった。隣町の裏坊主町に生まれた辰野金吾は吉原より一歳年下だが、この坊主町、桜馬場一帯には、下級武士の住まいが集まっていた。小笠原家が棚倉藩（福島県）から唐津藩に移封になった時、主君と共に移ってきた人々（及びその子孫）なので、

「棚倉組」とも呼ばれていた。

吉原は自叙伝の中で、当時の子どもたちの様子を活き活きと描いている。山で木の実を取って食べ、川では「さで」という網で魚を掬《すく》って遊んだ。柿、山桃、筍などを盗んでは持主に叱られ、毎晩のように坊主町組と桜馬場組に分かれて、各々二十人くらいの武士の子どもたちが竹ざお片手に「叩き合い」をし、相撲、木登り、大名行列遊びなど、元気で楽しい少年時代を送ったという。

藩の御勘定組頭で漢学者でもあった戸田源司兵衛が吉原の二軒先に住んでいたので、吉原は九歳の時、戸田の主宰する寺子屋に入る。そこで読み書きを習う。堀木猪之蔵、丸山銅二郎、三沢善太郎、清水亀之助など二十人ほどが学んでいた。辰野金吾ものちに合流する。

ところで、武士というのは、その階級に応じて藩から「禄《ろく》」を貰う。今で言えば公務員の給与だが、お金だけでなく、いろんなものが現物支給される。土地と家が支給品の代表格だが、それ以外に、米、薪《たきぎ》、木炭、紙、灯油など日用品もある。下級武士の場合はそれらの支給量が少ないから貧しいのだが、別の見方をすれば、藩から生活水準自体が指定されるわけで、その水準に甘んじている限り、衣食住に格別困ることはない。適齢期に達した吉原も、そういう武士生活に入る。

少年武士として唐津城に勤務

慶応二年（一八六六年）、父・正信が長州征討のため出陣する。当時の江戸幕府老中・小笠原長行《ながみち》（唐津藩主・小笠原長国の世子）が長州征討の指揮官であり、唐津藩は幕府の指示により出兵した。お城詰めの若侍が不足するので、この機に吉原政道は唐津城に勤務することになった。十四歳での初出勤である。籠かきや人夫頭などが勤める「御旗組《ごはたぐみ》」という部署の見習役として、城内の「水の御門」の門番をした。まだ背が低かったので、背伸びして門のかんぬきの開け閉めをするのがたいへんであった。悪戦苦闘していると御家老が手伝ってくれたこともある。二日に一回の宿直にも緊張した。

翌慶応三年、元服《げんぷく》（武士の成人である数え年十五歳）を迎え、藩の家老や御用人たちの給仕をする「表坊主役」という職を与えられる。この時初めて給料を貰う。更に翌明治元年（一八六八年）には、殿様の側近の給仕をする「奥坊主役」となり、御殿の掃除、殿様の食膳運び、風呂の世話などの仕事を貰った。奥坊主をやる少年武士たちは皆、頭をくりくりに丸め、いわゆる「坊主頭」となって先輩から順に仕事の手順を教わる。

風呂に関する苦労話がある。殿様の好みに合わせ、奥坊主は「ぬるからずあつからず」の湯加減をマスターせねばならない。これに二週間の訓練を要する。殿様が湯に入られると、御手を何回、御足を何回、御背中は何回こする、というようにちゃんと規定があって、その通りにせねばならない。そして湯から上がられると、綺麗な「おか湯」を大柄杓《おおひしゃく》で何遍かけるという定めがある。殿様と奥坊主とでは身分が違いすぎるので、直接に会話をしてはいけない。風呂場では双方無言を通し、視線を合わせてもいけない。吉原少年にとって、それはたいそう窮屈なものだったという。

耐恒寮、そして上京

吉原は御殿勤務となってからも戸田塾での勉学を続けていたが、明治元年（一八六八年）、十人町の大草庄兵衛《おおくさしょうべえ》の塾に移る。大草は漢学者だったが、同時に砲術大草流の元祖でもあって、藩内のおもに庄屋の子弟が通っていた。唐津藩はこういう私塾が充実しているのが特徴であった。明治三年フランス式三番小隊訓練兵となり、御見馬場《ごけんばば》で毎日訓練に励んだ。次いで文学修行御助勢扶持となった。若侍として順調にキャリアを積んでいった。

明治四年、耐恒寮が開設されることになり、吉原は「東太郎へ随身、耐恒寮へ入寮　英学修行仰せ付けられる」という辞令を受ける。吉原は他の多くの少年たちと違い、すでに御殿勤務の若侍だったので、藩から東太郎の随員を命じられ、耐恒寮に入学した。間もなく「耐恒寮官試補」の辞令を受け、寮内の監督と、一部女子生徒への英語教育を担当した。翌明治五年には「耐恒寮寮官」となった。吉原の記すところによれば、高橋先生の英語はたいしたもので、日本語の方がむしろ下手なくらいだったという。

高橋が辞職して耐恒寮が閉鎖された時、吉原はいたく落胆する。折角学びかけた英学が無駄になることを残念に思い、自分も東京に出て勉学を続けたいと両親に相談する。家計の苦しいなか、両親は承諾しないが、繰り返しの嘆願に折れて、父は三十円の旅費を工面した。武士として大切な衣類や刀剣の類を父が売り払ったことを知った吉原は「この三十円の外は、どんなに困ったことがあっても、後になって一銭でも金をねだってよこすようなことは致しませぬ。また自分の志願が達せられるまでは何年かかっても帰国いたしませぬ」と誓いを立てて東京に出発した。辰野金吾、麻生政包、竹林峰松が同行した。

東京への旅のことは、前項に詳しく記した。同行者の中でも吉原と辰野は気性が激しく、よく口論になった。歩いて箱根を越えた時など、口論の果てに街道の真ん中で二人が摑み合い、組みつもつれつの騒ぎとなり、たまりかねた麻生と竹林に分けられたという。こういう風だから、身体はいつも傷だらけだったと自ら記している。少年時代の「叩き合い」の延長だったのだろう。

東京に着くと、唐津藩士である山久知文次郎宅に住み着き、山久知が開いていた英学塾の塾僕として働く。東京で教育の仕事だけでなく、門番、掃除、食事の世話、馬の世話など、あらゆる雑役をした。東京で火事があればどこへでも出かけ、火事見物を楽しんだと記している。「楽しんだ」というのは不謹慎だと思うが、当時、危険を顧みず活躍する火消し衆は若者のヒーローだったのだ。

工学寮・工部大学校とジョン・ミルン

明治六年（一八七三年）八月、工学寮の第一回入学試験が行われ、二十人の官費生が選抜された。わが国初の工学エリートの誕生である。高峰譲吉、志田林三郎らに交じって、耐恒寮出身者からは曽禰達蔵と麻生政包の二人が選ばれ、入寮した。生活費と学費のすべて、及び将来の工部官僚としての就職までもが保証された。いっぽう他の者は苦学生としての毎日が始まる。吉原は通学生として及第したが、生活費と学費を自分で工面せねばならない。金策は全くあてがないので、勉学をあきらめて傘職人になることを考え、岡田という寮監に相談するが、引き留められる。そこで唐津藩ゆかりの西脇丹治宅で食事をさせてもらい、大蔵省勤務の篠崎欣二に六カ月間毎月五十銭の補助を受け、鈴木乗政の紹介を受けて小笠原家から大学卒業後に返済する約束で十円を借りるなど、苦心惨憺しながら勉学を続けた。着る物にも不自由するほどだったので、高橋是清に袴を借りたこともある。努力のかいあって明治七年四月、吉原は工学寮官費生試験に合格した。こうして数え歳二十二歳にして東京での生活基盤を得た。

ジョン・ミルン（John Milne
東京大学工学・情報理工学図書館提供）

明治九年、英国から鉱山学者ジョン・ミルン（John Milne）が来日し、工学寮教授となった。まだ二十五歳であった。翌年、工学寮は工部大学校と名を変え、教育機関として充実してゆく。

ジョン・ミルンは工部大学校で鉱山学と地質学を教えた。六年の教育課程のうち、最後の二年間は徹底した現場教育、実用教育が行われた。ミルンの現場主義は徹底している。吉原はミルンに率いられて日本全国を歩き、鉱山や地質、地形の調査研究を行った。明治十年春から十三年春にかけての吉原の実地研修記録が残っている。

明治十年四月：上州中小坂鉄山《なかおさかてつざん》、下野国《しもつけのくに》草津、足尾鉱山、日光

明治十年六－七月：浅間山頂、越後長岡、新潟、佐渡、下諏訪、甲府、三島地方、大磯、箱根、江ノ島

明治十一年四月：富士山裾野、京都、大阪、名古屋、四国別子銅山《べっしどうざん》、土佐国高知、豊後国別府、生野銀山、天橋立、伊勢地方

明治十一年八月－十三年四月：上州中小坂鉄山、但馬《たじま》生野銀山、筑後三池鉱山、佐渡金山、羽後《うご》院内銀山、羽後阿仁銅山《あにどうざん》、陸中釜石鉄山

この実地研修記録を見ると、卒業までの最後の二年間の多くはフィールドワークに費やされたことが分かる。特にたいへんだったのは卒業前の最後の大遠征であった。明治十一年夏、吉原は同学の山田欽一、牧相信《まきまさのぶ》、小鹿島果《おがしまはたす》らと共に大阪から日本列島を横断して佐渡に渡る旅に出た。この年の夏から秋にかけて、コレラが大流行していた。一行は行く先々で全身を消毒されながら旅を続けた。佐渡に辿り着いたはよいが、そこは毎日数十人の死亡者が出る惨状だった。鉱山は操業停止しており研修ができない。しばらく滞在しているうちに頑強な吉原もついに激しい下痢に遭うが、辛うじて回復する。以後は感染を避けるために鉱山を離れて山寺にこもり、外界との交渉を絶った。一カ月余、自炊生活をしているうちにコレラの猛威がやや治まったので山を下り、羽前油戸炭山、羽後院内銀山、羽後阿仁銅山、陸中釜石鉄山などで研修して、明治十三年の春、帰校した。

この遠征中、生野、三浦、佐渡の鉱山では坑内に入り、地底での採鉱作業に長時間従事している。この旅か

ら帰ると間もなく卒業だった。机に向かって勉強する時間が十分にあったのだろうかと心配になるが、卒業後に吉原が書いた論文や報告書を読むと実に立派なものだから、吉原自身の素養、努力、そしてミルンの教育はたいしたものだったと感心させられる。

ミルンは日本で幾度か大きな地震を体験した。その研究により、地震学の世界的権威となった。地震計の発明者としても知られる。

三池鉱山

明治十三年（一八八〇年）春、吉原は工部大学校を卒業し、工部省勤務となった。勤務地は三池鉱山分局。二十七歳であった。着任を前に奈津子夫人と結婚した。三池での吉原の業績の第一は、七浦炭鉱の開拓とされている。七浦鉱は出水が多く、再三にわたって水の事故が発生するので、採炭困難と言われてきた。小林秀和鉱山局長のもとで坑長となった吉原は不眠不休で働き、三年を費やして竪坑《たてこう》の完成をみた。この時期の論文として、吸水ポンプの研究・試作報告がある。

吉原の働きぶりはすさまじかった。「どんな朝でも五時前には必ず起床し、冷飯に冷水をかけて食し、まだ本当に夜の明けないうちに七浦鉱に出勤し、夜も真夜中に折々坑場を巡視して、若い元気に任せ大層無理をした」。このため胃を病んでしまう。病気療養中も毎日のように馬に跨がり大牟田近郊を駆け巡った。少年侍時代に唐津の御見馬場《ごけんばば》で鍛えた乗馬術が体力強化に役立った。気骨の人たる面目躍如である。

三池時代の吉原は、鉱山監督局員として各地の炭鉱を調査研究し、その結果を「工学会誌」に寄稿している。明治二十年に長崎県と福岡県の炭鉱に関する四十七ページにわたる総合報告、翌二十一年には豪州ニューサウ

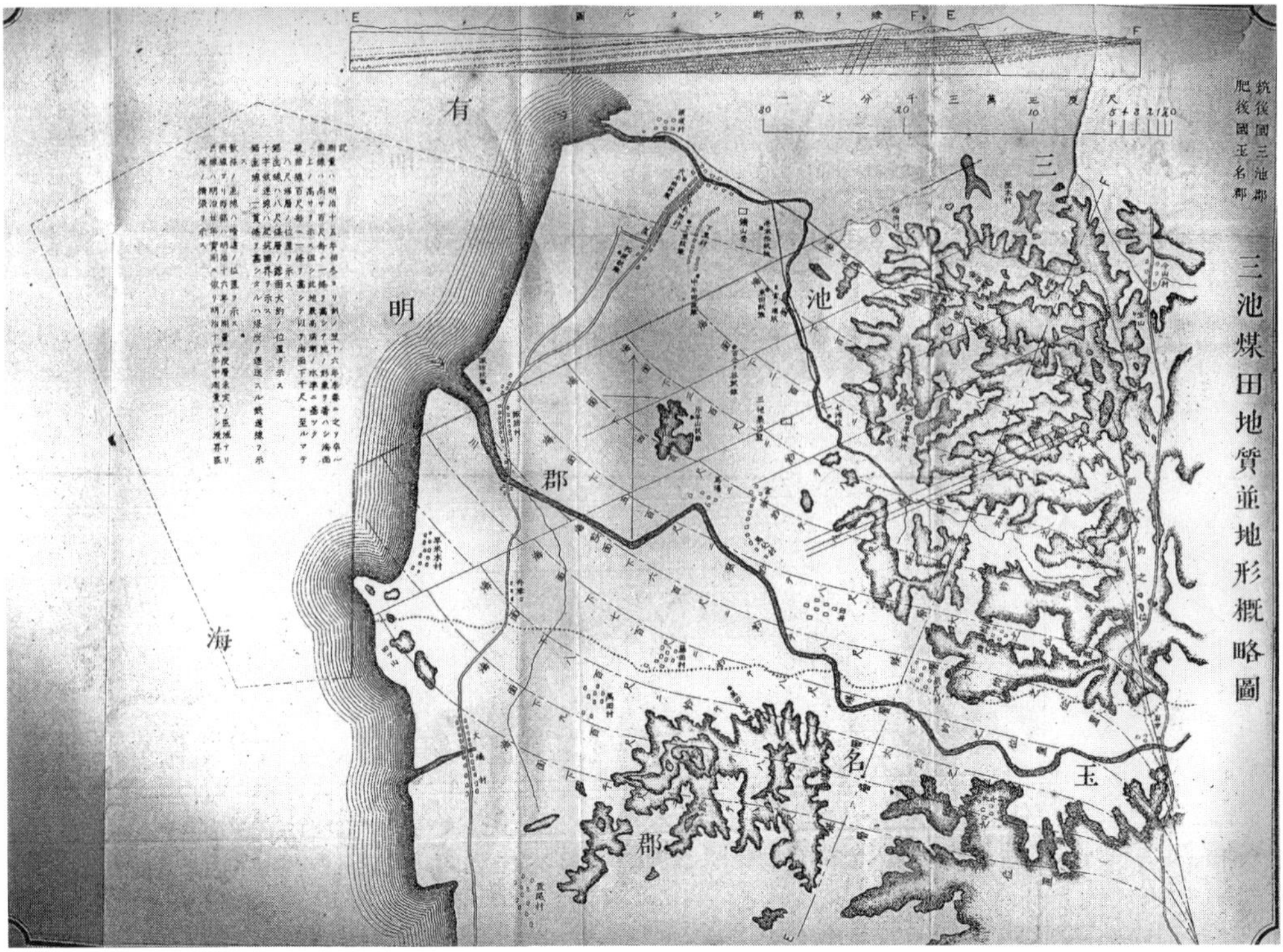

明治21年、吉原が「三池鉱山景況」に掲載した「地質並びに地形概略図」
（「工学会誌」より転載）

スウェールズ炭鉱に関する十七ページの報告、及び三池鉱山に関する三十三ページの報告がある。これらの研究報告はたいへん充実したもので、吉原が鉱山技術者、経営者として、当時のわが国の第一人者であったことを示している。明治二十年には小林局長と共に上海、香港、シンガポール、厦門《アモイ》、福州、汕頭《スワトウ》などを視察し、「支那及び新嘉坡《シンガポール》紀行」を発表した。

三池鉱山は明治二十二年、国営鉱山から民営へと変わることになった。三菱との激しい入札競争の末、三井が経営権を握る。三井物産の創業社長である増田孝《ますだたかし》が三池鉱山の経営者として派遣され、三井が巨利をあげて大財閥へと成長する基礎ができた。

いっぽう、技術陣のトップとしては団琢磨《だんたくま》が着任した。団は福岡藩士で、明治四年、岩倉使節団に随行して渡米し、米国マサチューセッツ工科大学で鉱山学を学んだ。帰国後は帝国大学助教授として天文学を教え、日本美術の復興で有名なフェノロサとは無二の親友という多才の人である。技術者ながら後に三井物産の社長となる。鉱山技術のうえでの団の功績は、デーヴィーポンプなど揚水ポンプの技術革新にあった。出水の多い三池鉱山の技術指導者にこの人物を据えたことは、的確な経営判断だったと思われるが、吉原には快くなかったようだ。三井側は吉原に団と共に三井鉱山で働くことを求め、吉原もしばらくそれに応じたが、いろんな行き違いが生じて、明治二十二年、吉原は三井鉱山を辞して故郷唐津に帰った。

団琢磨（国立国会図書館ウェブサイトより転載）

牟田部炭鉱・杵島炭鉱・長門炭鉱

故郷に帰った吉原は、かねてより計画していた牟田部《むたべ》炭鉱の開拓に着手する。唐津の南郊外、現在の地名では唐津市相知町牟田部という所にある。非常に燃焼効率の高い石炭、いわゆる一等炭が発見されていた。吉原と小林は東京と九州を往復して資金調達に奔走し、小林秀和、杉本正徳、宮部久、永井松右衛門、辻金五郎、吉原政道の六人を出資者として明治二十二年（一八八九年）十月、牟田部炭鉱の事業をスタートさせた。吉原は技師長として実質的に全事業を統括した。

しかし出資者六人の結束は必ずしも固くなく、必要な資金をなかなか送金してくれない。催促しても適当にあしらわれ、「安定した地位を捨てると周囲はかくも冷たくなるのか」とほぞを噛む思いをする。大晦日も近づき、いよいよ年を越せないと半ば覚悟を決めながら、唐津経済界の重鎮であった河村《かわむら》藤四郎《とうしろう》に資金援助をお願いすると、河村は自身の経営する唐津物産会社が牟田部炭を一手販売するという条件で、当座の資金援助をしてくれた。

当時は石炭が生産過剰気味だったので、投資家たちは炭鉱への投資に消極的だった。三井と吉原の確執の一因もここにある。牟田部炭鉱の開拓を急ぐ吉原を、当時の三井は警戒した。積極的な事業家にとっては、逆にこういう時こそ事業拡張のチャンスでもある。吉原は友人である長谷川芳之助のアドバイスを受け、「現在の牟田部炭鉱の負債をすべて吉原が引き受ける」という条件で、ほかの出資者たちに手を引いてもらった。こうして「負債付きの山を一人で背負うて血を吐くような苦しみを受け」て立つ吉原を、長谷川と河村が支援する形ができた。

牟田部炭鉱は炭質が素晴らしい代わりに坑内ガスの発生量が非常に多い。坑内爆発や火災が相次ぐ。吉原の在任中、三十―四十人が火災や爆発で命を落とした。吉原自身も、明治二十四年の大爆発時には坑内で遭難し、殆ど絶望的な状況から奇跡的に救出された。高級炭を産するが事故が多いので牟田部炭鉱の経営は苦しく、炭鉱労働者に支払う賃金や米に困り、吉原は借金取りに追われる日々を送る。労働者が暴動を起こし、事務所が襲撃される。職員の家族は裏山に逃げ、大雨のなか、藪に隠れて一夜を過ごしたこともある。吉原は懐に護身用の拳銃を隠して出勤していた。牟田部時代が最も苦しい時代だったと、後年、回想している。

牟田部でこれだけの苦労をしても吉原の情熱は衰えず、明治二十八年、杵島《きしま》炭鉱を開拓する。今の佐賀県武雄市北方町にある。小林秀和、田島信夫、木村正幹《きむらまさもと》の出資を受け、経営の全権を吉原が持ち、同時に坑長として現場を指揮した。翌明治二十九年、山口県美祢《みね》郡大嶺村に無煙炭を発見。明治三十年に試掘と測量をした結果、大炭田を発見。事業化のために奔走する。渋沢栄一を社長として、浅野総一郎、渡辺治右衛門、唐崎恭三、それに吉原が取締役、小林秀和と尾崎梯助が監査役となって長門無煙炭坑株式会社を発足させた。技師長は吉

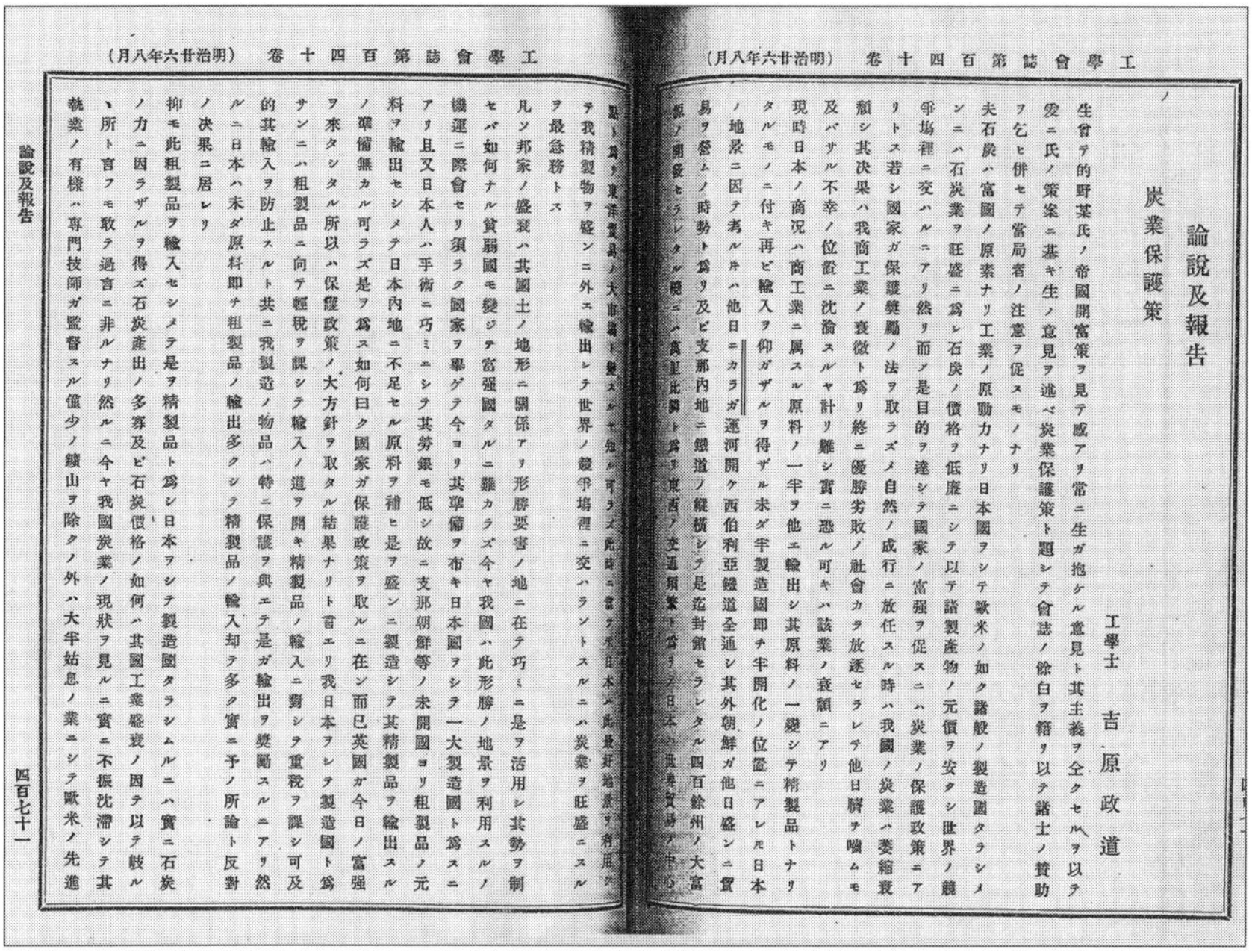
工學會誌第百四十卷　（明治廿六年八月）

論説及報告

炭業保護策

工學士　吉原政道

生曾テ的野某氏ノ帝國開富策ヲ見テ感アリ常ニ生ガ抱ケル意見ト其主義ヲ全クセルヲ以テ爰ニ氏ノ策案ニ基キ生ノ意見ヲ述ベ炭業保護策ト題シテ會誌ノ餘白ヲ藉リ以テ諸士ノ贊助ヲ乞ヒ併セテ當局者ノ注意ヲ促スモノナリ

夫石炭ハ富國ノ原素ナリ工業ノ原動力ナリ日本國ヲシテ歐米ノ如ク諸般ノ製造國タラシメンニハ石炭業ヲ旺盛ニ爲シ石炭ノ價格ヲ低廉ニシテ以テ諸製産物ノ元價ヲ安クシ世界ノ競爭場裡ニ交ハルニアリ然リ而シテ是目的ヲ達シテ國家ノ富强ヲ促スニハ炭業ノ保護政策ニアリトス若シ國家ガ保護獎勵ノ法ヲ取ラズシテ自然ノ成行ニ放任スル時ハ我國ノ炭業ハ萎縮衰頽シ其決果ハ我商工業ノ衰微ト爲リ終ニ優勝劣敗ノ社會カラ放逐セラレテ他日臍ヲ噬ムモ及バザル不幸ノ位置ニ沈淪スルヤ計リ難シ實ニ恐ル可キハ該業ノ衰頽ニアリ

現時日本ノ商況ハ商工業ニ屬スル原料ノ一半ヲ他エ輸出シ其原料ノ一變シテ精製品トナリタルモノニ付キ再ビ輸入ヲ仰ガザルヲ得ザル未ダ半製造國即チ半開化ノ位置ニアレ𪜈日本ノ地景ニ因テ考ルトキハ他日ニカラガ運河開ケ西伯利亞鐵道全通シ其外朝鮮ガ他日盛ンニ貿易ヲ營ムノ時勢ト爲リ及ビ支那内地ニ鐵道ノ縦横シテ是迄封鎖セラレタル四百餘州ノ大富源ノ開發セラレタル曉ニハ萬里比隣ト爲リ東西ノ交通頻繁ト爲リ又日本ハ世界貿易ノ中心點ト爲リ東洋貿易ノ大市場ト變スルヤ知ル可ラズ此時ニ當テ日本ハ此最好地景ヲ利用シテ我精製物ヲ盛ンニ外エ輸出シテ世界ノ競爭場裡ニ交ハラントスルニハ炭業ヲ旺盛ニスルヲ最急務トス

凡ソ邦家ノ盛衰ハ其國土ノ地形ニ關係アリ形勝要害ノ地ニ在テ巧ミニ是ヲ活用シ其勢ヲ制セバ如何ナル貧弱國モ變ジテ富强國タルニ難カラズ今ヤ我國ハ此形勝ノ地景ヲ利用スルノ機運ニ際會セリ須ラク國家ヲ擧ゲテ今ヨリ其準備ヲ布キ日本國ヲシテ一大製造國ト爲スニアリ且又日本人ハ手術ニ巧ミニシテ其勞銀モ低シ故ニ支那朝鮮等ノ未開國ヨリ粗製品ノ元料ヲ輸出セシメテ日本内地ニ不足セル原料ヲ補ヒ是ヲ盛ンニ製造シテ其精製品ヲ輸出スルノ準備無カル可ラズ是ヲ爲ス如何曰ク國家ガ保護政策ヲ取ルニ在ン而巳英國ガ今日ノ富强ヲ來タシタル所以ハ保護政策ノ大方針ヲ取タル結果ナリト言エリ我日本ヲシテ製造國ト爲サンニハ粗製品ニ向テ輕税ヲ課シテ輸入ノ道ヲ開キ精製品ノ輸入ニ對シテ重税ヲ課シ可及的其輸入ヲ防止スルト共ニ我製造ノ物品ハ特ニ保護ヲ與エテ是ガ輸出ヲ奬勵スルニアリ然ルニ日本ハ未ダ原料即チ粗製品ノ輸出多クシテ精製品ノ輸入却テ多ク實ニ予ノ所論ト反對ノ決果ニ居レリ

抑モ此粗製品ヲ輸入セシメテ是ヲ精製品ト爲シ日本ヲシテ製造國タラシムルニハ實ニ石炭ノ力ニ因ラザルヲ得ズ石炭産出ノ多寡及ビ石炭價格ノ如何ハ其國工業盛衰ノ因テ以テ岐ルヽ所ト言フモ敢テ過言ニ非ルナリ然ルニ今ヤ我國炭業ノ現狀ヲ見ルニ實ニ不振沈滯シテ其執業ノ有様ハ專門技師ガ監督スル僅少ノ鑛山ヲ除クノ外ハ大半姑息ノ業ニシテ歐米ノ先進

論説及報告　四百七十一

「炭業保護策」の冒頭（「工学会誌」より転載）

原が務めた。後にこの事業は、鉄道の敷設を含む、あまりに大掛かりなものとなったので、海軍省に譲られた。

炭鉱事業に寄せる吉原の情熱は、明治二十六年、「工学会誌」に寄せた「炭業保護策」という論説によく表現されている。

……わが国が欧米諸国と伍して行くためには、製造業立国を国の方針とすべきだ。アジア各国から原料を輸入し、製品を世界中に輸出する。加工工業の生み出す付加価値によって富を蓄積する。そのためのエネルギー源が石炭だから、石炭産業振興策を国家として採用すべきだ。具体的には優遇税制、石炭銀行の設置など。いっぽう鉱業家、炭鉱資本家は、国の基幹産業を担う自覚を持たねばならない。しかし現状を見ると、乱掘、廉売競争、不正や賄賂の横行、坑夫の安全対策の遅れなど、恥ずべき事例が多すぎる。また、事業における技術者の役割を高めるべきである……。

読めば今でも教えられることが多く、吉原の鉱業家とし

吉原山入口から松浦川、虹の松原、唐津湾方面を望む

吉原山頂上、鶴林寺住職の住まい（かつての吉原政道邸。改築されているが、門柱は吉原邸時代のもの）

吉原山鶴林寺本殿

ての烈々たる思いが伝わってくる。

吉原山

現在の唐津市和多田百人町、松浦川を見下ろす高台は「吉原山」と呼ばれている。明治二十四年（一八九一年）から三十四年間、吉原政道はここに住んだ。吉原はこの高台と住まいをたいそう気に入り、苦労多かった牟田部炭鉱にもここから通った。明治三十七年、五十一歳で杵島炭鉱を退職してからは、ここで専ら座禅の日々を送った。七十歳を過ぎてここを去る時、真言宗の僧侶・秋月秀憲にこの山と住居を譲った。秋月は山号を「吉原山鶴林寺」と命名して吉原政道の遺徳を称えた。

耐恒寮の出身者は唐津を離れた後、活躍の場を中央に求める人が多かったが、吉原は故郷に帰って事業を起こした。四歳年下の麻生政包は一貫してエリートコースを歩み、海軍技師として悠々たる人生を送った。吉原は工学寮への入学に苦労し、在学中も結構たいへんで、やっと安定したかに見えた官僚生活も鉱山の民営化によって終わり、三井財閥との関係には自分で終止符を打った。そして事業家となり、借金取りに追われながら、地を這うような苦労をして郷土の産業振興に尽くした。「官民格差」という言葉が頭をかすめる。しかし吉原のような気骨の塊りのような人には、そういう人生の方が相応しかったようにも思える。昭和二年（一九二七年）三月十七日、七十五歳で没した。幕末武士の心を持った明治の事業家であった。

参考文献

吉原政道著「金婚式のかたみ」（「末盧国」第58－63号に再録、1977－78年）

吉原政道著「象皮吸挙管新製ノ効用」（「工学叢誌」第10巻、489－495頁、1882年）
吉原政道著「長崎県下高島、中島、端島、松島炭山、福岡県下新入、下境、目尾、鯰田炭山報告」（「工学会誌」第63巻、142－188頁、1887年）
吉原政道著「濠州ニウサウスウェルス石炭山実況」（「工学会誌」第74巻、95－111頁、1888年）
吉原政道著「三池鉱山景況」（「工学会誌」第80巻、716－748頁、1888年）
吉原政道著「炭業保護策」（「工学会誌」第140巻、470－476頁、1893年）
大木洋一著「石炭産業の構造」（有沢広巳編集『現代日本産業講座Ⅲ　各論Ⅱ　エネルギー産業』第三部、岩波書店、1960年）
日本経済新聞社編『20世紀日本の経済人』日経ビジネス人文庫、2000年
日本経済新聞社編『20世紀日本の経済人Ⅱ』日経ビジネス人文庫、2001年

7 掛下重次郎

掛下重次郎《かけしたじゅうじろう》は司法省法学校に進み、法律家、法学者として生きた。大審院判事（今の最高裁判所判事）、大審院検事（今の最高検察庁検事）を務め、教育者としては明治大学はじめ多くの大学で教鞭をとった。

生家周辺と少年時代

晩年の掛下重次郎

掛下重次郎は安政四年（一八五七年）八月十五日、唐津藩士・掛下従周の二男として、唐津城北三の丸、埋門小路《うずめもんこうじ》に生まれた。このあたりは唐津城三の丸を囲む北側城壁に近く、下級武士の住居が集まっていた。城壁沿いには「五間丁馬場《ごけんちょうばば》」と呼ばれる馬の訓練、練習コースがあり、そこから海岸（西の浜）へ出る門が「埋門《うずめもん》」である。掛下家はこの埋門のすぐ近くにあった。三の丸城壁は今もよく原型をとどめているので、掛下家の場所も特定できており、今の住所表示では唐津市北城内七番地にあたる。

このあたりは現在、唐津城内の往時をしのぶ散策の中心となっている。二の丸と三の丸を隔てる二の丸堀（薩摩堀）、そこから西の

埋門の跡

五間丁馬場の跡

二の丸堀
（薩摩堀）

埋門の館

時の太鼓櫓（復元物）

三の丸北側城壁の跡

三の丸北城内には時の太鼓櫓《たいこやぐら》、河村美術館、埋門の館、西の門館などの文化施設があり、北側城壁の外には、国の重要文化財である旧高取邸がある。旧三の丸南側敷地には、唐津神社、曳山展示場、唐津市民会館、旧大島邸などがあり、南端の大手門付近が現在、大手口と呼ばれる市の中心部である。なお、馬場名は「五軒町馬場」、あるいは「御見馬場《ごけんばば》」と表記されることもある。

耐恒寮に入学した時、掛下重次郎はまだ十四歳であった。辰野金吾や曽禰達蔵に比べると若かったので、高橋の上京に際して同行せず、十九歳になった明治九年（一八七六年）四月、唐津藩江戸詰であった親戚を頼って上京する。上京後すぐに司法省法学校の入学試験に合格し、司法省法学校正則科に入る。第二期生であった。明治十年に司法省法学校学校課より公表された「法学生徒初年一期考課表」によると、一〇一名の学生中、掛下の成績席次は十三位だから、なかなかの秀才ぶりである。同級生には原敬《はらたかし》、福本日南《ふくもとにちなん》、古賀廉造《こがれんぞう》、富谷鉎太郎《とみたにしょうたろう》、陸羯南《くがかつなん》がいた。第二期生は、主としてフランス人教師ジョルジュ・アペールに法学を学んだ。

裁判官・法律学者・教育者

明治十七年（一八八四年）、司法省法学校を卒業すると直ちに判事補となり、最初の任地は広島始審裁判所であった。その後、福岡、長崎、名古屋の各始審裁判所で判事を務め、東京控訴院の検事を経て、明治二十三年に名古屋地方裁判所部長、明治二十七年には東京控訴院判事、大阪控訴院部長判事となった。そして明治三十一年、四十一歳の時、大審院判事の職に就いた。次いで明治四十三年には会計検査官、懲戒裁判官、大正二年（一九一三年）には大審院検事という経歴を歩んだ。優秀な裁判官であったことを示す経歴と言えるだろう。職業柄、とりたてて波乱万丈であろうはずもなく、立派な人物であったようだ。

裁判官としての人生以外に、掛下には法律学者、教育者としての顔がある。明治二十七年に三十七歳で関西法律学校（今の関西大学）の講師となったのを皮切りに、明治法律学校（今の明治大学）、和仏法律学校（今の法政大学）ほかで民法などを教授した。また、こうした特質から、国の実施する各種資格試験の委員を永きにわたって務めた。ざっと列挙するだけでも、公證人登用試験委員、執達吏登用試験委員、判事検事登用試験委員、弁護士試験委員などである。

明治大学図書館長

掛下は晩年、教育者としての性格を強め、明治大学と深く関わる。明治大学の校友会理事、経緯学堂評議員、終身商議員、学友会副会長、理事、学監などの要職を経て、明治四十二年（一九〇九年）に明治大学の第二代図書館長となり、十二年間にわたってこれを務めた。少し余談になるが、この時期の明治大学には高取伊好《たかとりこれよし》の兄である鶴田皓《つるたあきら》も深く関わっており、刑法などを講義している。

当時、政府は大学の設置基準を厳しくする方向で法令の改正を準備していた。明治大学に対しても、「新大学令」に合致する教育研究環境の整備が求められていた。掛下は蔵書の充実に努めた。なかでも、大正七年（一九一八年）にステルンベルヒ博士の蔵書三〇〇〇冊を入手したことが特筆される。鵜沢聡明《うざわふさあき》教授より寄贈されたものだが、図書館長としての努力もあったことだろう。ステルンベルヒ蔵書の中心は、法律、経済、哲学、文学に関するもので、カント著作の初版物の揃もあり、貴重なものであった。しかし惜しいことに、この蔵書はすべて、関東大震災によって焼失した。

大正九年には神田猿楽町から駿河台袋町にかけて一七〇〇坪の土地を購入し、新図書館の設計に取り掛かる。

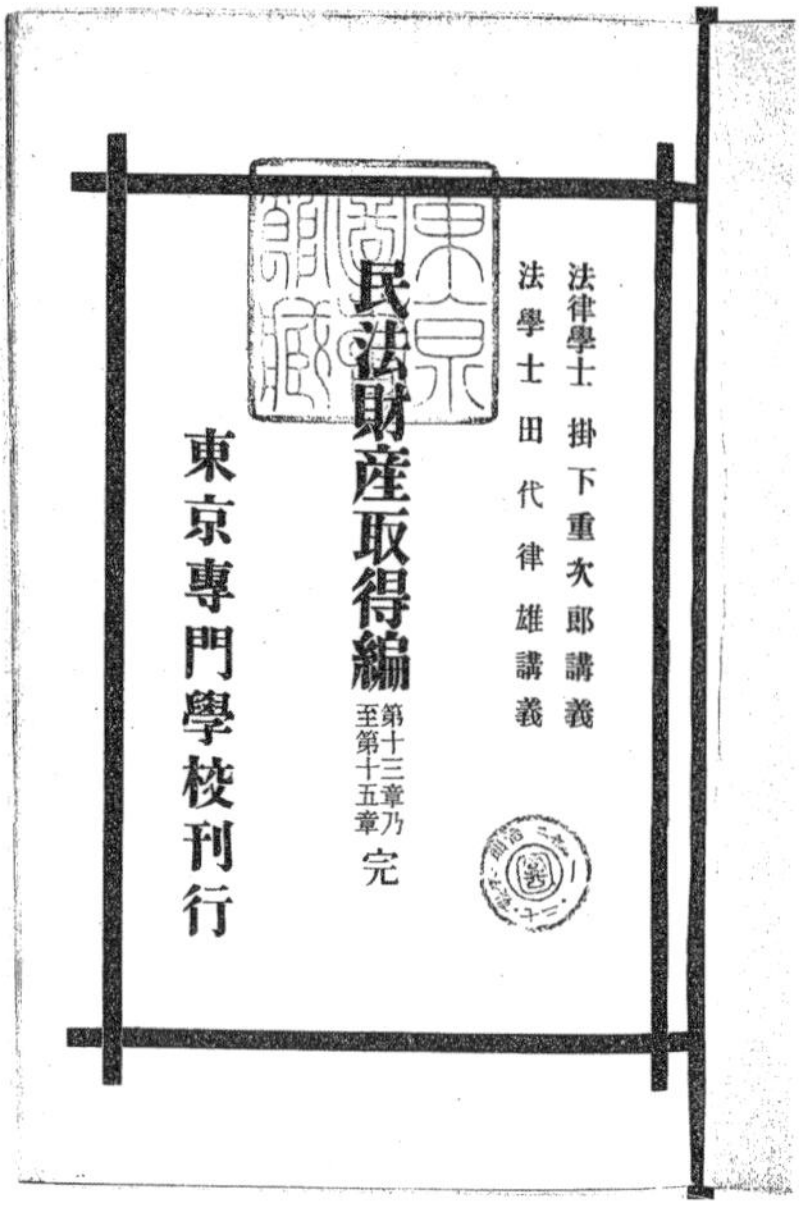

掛下重次郎の講義録「民法財産取得編」東京専門学校（国立国会図書館ウェブサイトより転載）

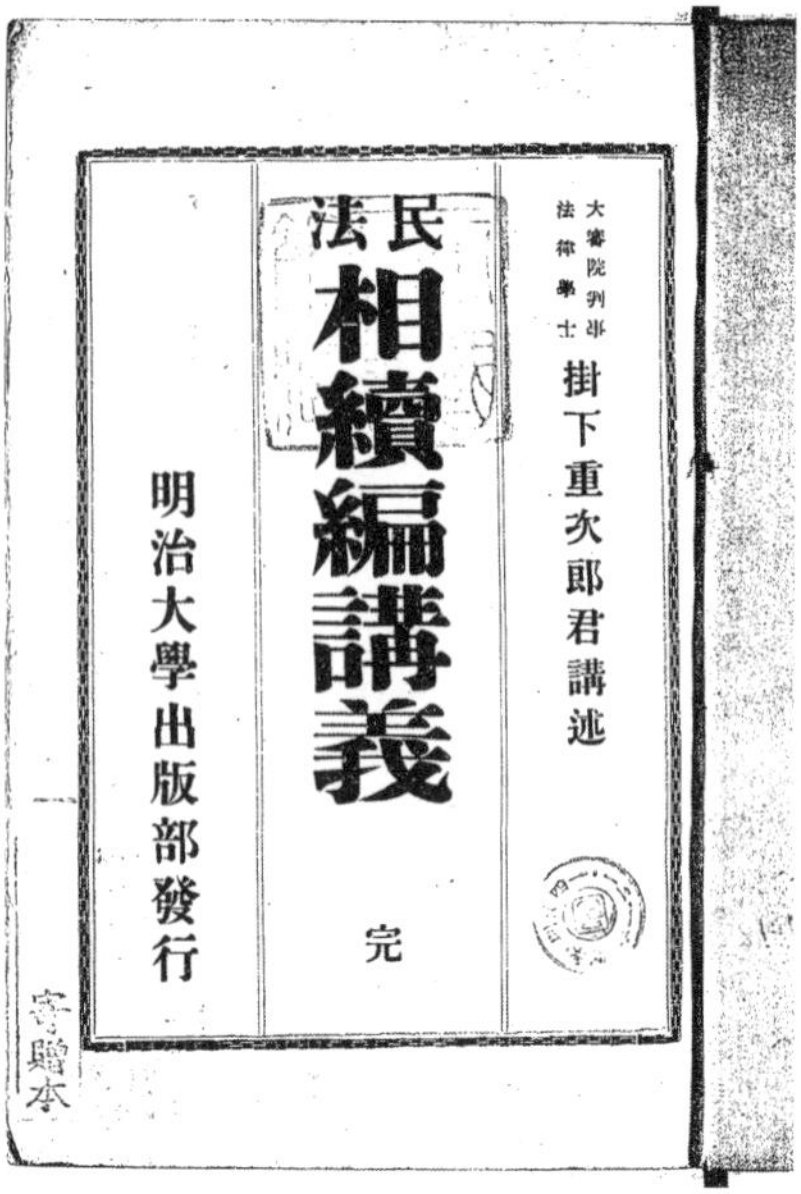

掛下重次郎の講義録「相続編講義」明治大学（国立国会図書館ウェブサイトより転載）

当時の蔵書数は一万九二七六冊、うち洋書が二七九一冊と記録されている。こうした努力の甲斐あって、同年、明治大学は新大学令による大学として認可された。

翌大正十年、当時学生に人気のあった植原悦二郎、笹川臨風《ささかわりんぷう》両教員が解雇されたことに対して、学生たちが騒動を起こし、負傷者が出た。この件で掛下図書館長ほか理事四名が引責辞任している。

掛下は昭和六年（一九三一年）、新宿区西大久保一丁目の自宅で没した。七十五歳であった。このあたりは現在、歌舞伎町の繁華街になっている。後述する平《ひら》沼騏一郎《ぬまきいちろう》も住んでいたので、重次郎の曾孫である掛下禎一氏によれば、当時は「大臣横丁」と呼ばれていたそうだ。稲荷鬼王神社《いなりきおうじんじゃ》（新宿区歌舞伎町二丁目一七－五）にかつての住宅の様子が記録されている。掛下家の墓は唐津市十人町の法蓮寺《ほうれんじ》にあるが、重次郎自身がここに埋葬されているかどうか不確かである。

小笠原家と久敬社

小笠原長生が宮島家に滞在した時の写真（大正13年11月）

首都圏で学ぶ唐津の人々のために、小笠原長行が作った久《きゅう》敬社《けいしゃ》において、掛下はその発足時から委員を務めた。長生の孫にあたる中川和子氏によれば、発足当時の役員は、社長に小笠原静《しずか》（長生の異母弟）、幹事に天野為之、委員に辰野金吾、曽禰達蔵、麻生政包、掛下重次郎であったという。

掛下重次郎の姉トヲは同じ唐津藩士である増田家に嫁ぎ、ツルという娘があった。重次郎の姪にあたる。ツルは宮島徳太郎（七世傳兵衛の長男で宮島醤油の二代目社長）の妻となった。甲子郎（九世傳兵衛）の母であり、現在の（十世）傳兵衛の祖母である。たいへん心のやさしい女性であったという。宮島家には、ツルが毎日の暮らしを綴った日記や和歌が遺されている。重次郎も頻繁に宮島家を訪れている。

大正十三年（一九二四年）十一月、小笠原長生《ながなり》は唐津を訪れ、宮島家に八日間滞在した。この時、宮島家中二階座敷の北庭で撮影された写真がある。軍服を着た小笠原長生が前列中央にいて、その右に宮島徳太郎とツル、左に九世傳兵衛とスナ、後列左より掛下藝《シナ》（平沼騏一郎の妹で重次郎の妻）と掛下重次郎がいる。

掛下重次郎・藝夫妻
（大正11年５月、西大久保の自宅）

平沼騏一郎のこと

掛下の周辺には、たくさんの法曹仲間がいた。平沼騏一郎もその一人である。掛下は三十三歳の時に騏一郎の妹・平沼藝と結婚する。ここで、掛下が生涯親しくしていた騏一郎のことを記しておこう。堅実そのものだった掛下とは対照的に個性が強く、数奇な生涯を送った人である。

平沼騏一郎は慶応三年（一八六七年）岡山県美作《みまさか》に生まれた。掛下より十歳若い。明治二十一年（一八八八年）帝国大学法科大学校（現在の東京大学法学部）を首席で卒業し、司法省に入る。司法界きっての秀才で、司法省民刑局長などを経て、明治三十八年には大審院検事、大正元年（一九一二年）に検事総長となる。このかん、日本製糖汚職事件、大逆事件、シーメンス事件などの捜査を陣頭指揮する。大逆事件とは、明治四十三－四十四年、明治天皇の暗殺を計画したなどの容疑で、全国から数百人の社会主義者、無政府主義者が検挙された事件である。大審院は一審だけの非公開公判で幸徳秋水《こうとくしゅうすい》から二十四人を死刑にし、わが国の社会主義運動に大打撃を与えた。

本来、検察官僚というのは政治的中立性と公正さが求められる立場なのだが、平沼は皇国思想に基づいて「国本社《こくほんしゃ》」、「修養団」を結成するなど、独自の思想運動、教育運動を積極的に展開し、社会主義者を敵視する。リベラリストの西園寺《さいおんじ》公望《きんもち》などは平沼のこうした国粋主義的傾向を嫌い、「迷信家だ」、「神がかりだ」と批判する。大正デモクラシーとは対極にあった人物だが、検察官僚としての辣腕《らつわん》ぶりが認められ、政界においてもしだいに力をつけてゆく。

いっぽう平沼には、対米戦争を避けるために、米国のグルー国防長官代理と密かに接触して関係打開の道を探るなど、現実主義者の面もあった。このため「米英への密通者」として右翼に狙撃され、至近距離から顔面と首に六発も銃弾を打ち込まれる。それでも回復して不死身、不屈ぶりを発揮するところなど、やはり只者ではない。教育者としては、日本大学と関わった。日本大学の創立者である山田顕義《やまだあきよし》は法学者、法務官僚であったから、人的なつながりがあったのだろう。山田に続いて二代目の学長、総長を引き受けている。

大正十二年、平沼は第二次山本権兵衛《やまもとごんのひょうえ》内閣の司法大臣となる。昭和十一年には、天皇の最高諮問機関である枢密院の議長に就任した。昭和十四年（一九三九年）、第一次近衛文麿《このえふみまろ》内閣の総辞職を受けて内閣総理大臣となる。しかし当時、ナチスドイツが日独伊防共協定を結びながら、いっぽうで独ソ不可侵条約を結ぶという二面作戦をとることを、日本政府は予知できなかった。こうしてわが国の外交政策は行き詰まり、その責任をとる形で平沼首相は短命のうちに辞職する。

終戦をめぐって

平沼は首相の座を降りた後も、戦時下、国策の遂行に責任ある立場にあった。昭和二十年（一九四五年）、ポツダム宣言（連合国による対日降伏勧告）の受諾を決めた八月九日深夜の御前会議にも、枢密院議長として出席した。ソ連軍が満州との国境を越え、日本軍への激しい攻撃を開始し、長崎に原子爆弾が投下された日の深夜十一時三十分、皇居内の地下防空壕で、この会議は開かれた。陪席した迫水久常《さこみずひさつね》内閣書記官長の証言によ

平沼騏一郎（国立国会図書館ウェブサイトより転載）

れば、この御前会議には通常の最高戦争指導会議の構成員六人に加えて平沼が召集され、合計七人で行われた。内閣総理大臣・鈴木貫太郎、外務大臣・東郷茂徳、陸軍大臣・阿南惟幾《あなみこれちか》、海軍大臣・米内《よない》光政、陸軍参謀総長・梅津美治郎《うめづよしじろう》、海軍軍令部総長・豊田副武《とよだそえむ》、それに枢密院議長・平沼騏一郎を加えた七人。つまり軍人対非軍人の比は通常の最高戦争指導会議の四対二でなく、この日は四対三であった。陪席者は迫水ら四人。

会議は以下のように進行した。迫水書記官長がポツダム宣言を読み上げ、次いで東郷外相がこの宣言を受諾して戦争を終結させるべきであると発言。これに対して阿南陸相が反対し、戦争継続を主張。米内海相は外相の意見に全面的に同意。平沼枢密院議長は軍関係者に種々質問した後、外相の意見に同意。いっぽう梅津参謀総長と豊田軍令部総長は陸相と同意見であった。ここまで諾否同数であった。双方相譲らぬまま日付も変わって午前二時過ぎ、鈴木首相が「まことに畏れ多いことですが、天皇陛下の御意思を伺って、それによって私どもの意見をまとめたい」という趣旨の発言をした。そこで天皇がポツダム宣言を受諾するとの意思を表明された。この時、わが国の敗戦と第二次世界大戦の終結が事実上決まった。

翌十日から十五日の終戦の詔勅に至るまでの六日間、戦争終結のさせ方と終結後の日本の統治形態について、詰めのやり取りが行われた。連合国には天皇の退位あるいは天皇制の廃止を求める声が強く、いっぽう、わが国の指導部は天皇制の維持を骨格とする「国体の護持」を求めた。連合国は最終的に天皇制に関する断定を避けることで、事態の収拾を図った。この文書は米国国務長官J・F・バーンズの名をとって「バーンズ回答」と呼ばれる。この回答における最重要箇所は以下の二点である。

戦争終結時には、①「天皇と日本政府の統治権は連合国軍最高司令官の支配下に置かれる（the authority of the Emperor and the Japanese Government to rule the state shall be subject to the Supreme Commander of the Allied Powers）」こと、②「日本国政府（引用者注・あるいは統治）の最終的な形態は、ポツダム宣言に則り、日本国民の自由に表明される意思により決定される（the ultimate form of the Government of Japan shall, in accordance with the Potsdam Declaration, be established by the freely expressed will of the Japanese people）」。

国民主権をうたったこの回答には、鈴木や平沼と交流のあったグルー米国防長官代理の尽力があったとも言われている。わが国指導部の大半はこれを了としたが、平沼は「天皇の御地位は神ながら決まっているのである。国民の意思によってこれを決めるというのは国体に反する」という独自の主張をした。ここでも最終的には天皇の意思によりこの回答を了承した。

戦争の終結を自らの任務として、そのための段取りを周到に整えてきたのは鈴木首相であった。平沼は鈴木の提案によって八月九日の御前会議に召集されたので、徹底抗戦を主張する軍隊の一部は鈴木と平沼を「国賊」と断罪した。八月十五日の早朝、つまり終戦の詔勅がラジオ放送される数時間前、二人は軍部によって襲撃される。平沼邸を襲撃したのは佐々木武雄憲兵大尉率いる部隊であった。平沼邸は炎上したが、襲撃の危機が迫っているとの鈴木邸からの電話により、騏一郎本人は間一髪、難を逃れた。このあたりのいきさつは、騏一郎の孫（養子）である平沼赳夫氏が詳細に記録しておられる。赳夫氏は当時六歳で、幼い身でこの焼き討ちと暗殺未遂事件を体験された。

襲撃により焼け出された平沼一家は、騏一郎を含めて、しばらく西大久保の掛下家に身を寄せた。重次郎はすでに没していたが、ご子息たちがおられた。昭和二十三年、極東国際軍事裁判（いわゆる東京裁判）において平沼はA級戦犯の判決を受け、終身禁錮刑を言い渡された。裁判では殆ど口を開かなかった。巣鴨の監獄につながれたが、獄中で健康状態が悪化し、八十五歳という高齢のため一時出所を許されて治療中の昭和二十七年、死亡した。

平沼は独立独歩の人であった。筋金入りの国粋主義者だったので、民主主義、社会主義、共産主義、ファシズム、ナチズムのどれも外来思想として排斥し、誰とも似ていない生き方をした。政治家には敵がつきものだが、それでもこれほど敵の多かった人は珍しい。左翼運動の弾圧者でありながら右翼のテロを受け、皇国主義者なのに終戦時には軍部に命を狙われ、最後は連合国の手で牢獄につながれた。掛下重次郎のような堅実無比な人の傍にこういう人がいるところが、人間という存在の多様性を表しているようで興味深い。

＊　＊

掛下重次郎の業績については「明治大学図書館史」によるところが多い。重次郎の曾孫である掛下禎一氏には親しくお目にかかってお話を伺った。久敬社と小笠原家については小笠原一憲、中川和子、加登紀一各氏に種々教えていただいた。

参考資料

浮塚利夫、吉田千草、梅田順一編「明治大学図書館史１８８６－１９４５――年譜編」（「図書の譜」「明治大学図書館紀要」９号、２００５年）

迫水久常著『大日本帝国最後の四か月――終戦内閣〝懐刀〟の証言』河出文庫、２０１５年

迫水久常著『機関銃下の首相官邸――二・二六事件から終戦まで』ちくま学芸文庫、２０１１年

半藤一利著『「昭和天皇実録」にみる開戦と終戦』岩波ブックレット、２０１５年

平沼赳夫著「平沼騏一郎邸炎上す」（「文藝春秋」第47巻10号、１９２－２００頁、１９６９年）

8 大島小太郎

大島小太郎《おおしまこたろう》は、東京で学んだ後、若くして故郷唐津に帰り、地元経済界の指導者として佐賀銀行の前身である唐津銀行を創立した。また、唐津と佐賀・博多・伊万里を結ぶ鉄道（現在のＪＲ唐津線、筑肥線）や道路の敷設、市街地の電化、唐津港の整備など、地域産業の振興と郷土の近代化に大きな足跡を残した。

父と子

大島小太郎は安政六年（一八五九年）、唐津城内で生まれた。父・大島興義《おきよし》は、幕末唐津藩の御金奉行兼元方といって、藩財政を統括していた重臣である。耐恒寮の生徒の多くは下級武士階級の出身だったが、大島の父は最上級の武士で、小太郎はその長男だった。明治四年（一八七一年）に耐恒寮ができた時、入学して高橋是清の指導を受けるが、まだ十一歳だったから、最も若い世代に属した。小太郎は耐恒寮を卒業後、東京に出て、二松學舍《にしょうがくしゃ》、三菱商業学校で学んだ。耐恒寮の生徒の多くは、学業を終えた後も東京はじめ各地に働きの場を求めたが、大島は卒業後間もなく唐津に帰国した。眼をわず

大島小太郎
（『佐賀銀行百年史』より転載）

らったためとも言われるが、それよりも父・興義《おきよし》の影響が大きかったと思われる。

大島興義は幕末唐津藩の財政を掌握していたので、廃藩置県や諸制度改廃に伴う移行実務や小笠原家の財産処分を一手に引き受けていた。また、その地位を活用して、明治初期の地元経済界を指導していた。例えば和紙の販売は唐津藩の専売事業だったが、興義はこれを引き継いで和紙販売会社を経営した。「武家の商法」とは商売の下手な武士について言われる言葉だが、興義の場合はかつての地位を活用し、実業家として巧みに新時代に適合した。小太郎はそういう父の後継者として生きる道を選んだ。

唐津地域経済の困難と魚会舎の再建

大島小太郎が東京から帰国した時、唐津地方の経済は沈滞していた。小太郎には、地元の活性化を担う若きリーダーとしての期待が集まる。小太郎は郷土の産業振興プランを考える中で、まず唐津港の将来性に着目した。水産、製紙、炭鉱など、地場の有望産業を育てるうえで、まずは水揚げ基地、輸送基地としての唐津港を整備することが重要だと考えた。江戸時代の唐津藩は魚介類の水揚げと販売を監督する部署として「浦方役所」というものを持っていたが、廃藩置県によって消滅した。父・興義は共に唐津藩の重臣であった草場三右衛門と協力して、明治六年（一八七三年）、唐津魚市場の原型となる「魚会舎」という組合を設立した。しかしこの経営は容易でなかった。

明治初期の唐津地方の経済が沈滞した理由のひとつとして、廃藩置県をめぐる混乱がある。明治四年、旧藩領地は唐津県とされたが、ほどなく伊万里県に、次いで佐賀県に統合された。同時期、藩と県の公金を巡る不正を理由に、大参事・友常典膳《ともつねてんぜん》が逮捕拘束された。耐恒寮の閉鎖は財政難のためとされているが、そもそも唐津藩や唐津県が消滅する一連の出来事の中で、学校の存続が難しくなったものと思われる。

譜代藩の伝統を持つ「唐津県」を消滅させて伊万里県や佐賀県に組み入れるのは、明治政府にとって好ましかったと思われるが、今度は明治七年、江藤新平ら旧佐賀藩士を中心とする人々が佐賀の乱を起こした。これが鎮圧されると、佐賀県もまた統廃合の対象となった。明治九年、今の佐賀県全域と福岡県南部の久留米、柳川、大牟田地域が統合されて「三潴県《みずまけん》」とされる。ところが数カ月後にはこれが解体され、久留米、柳川、大牟田地域は福岡県に、今の佐賀県のほぼ全域は長崎県へと編入された。その後、人々による佐賀県復活の運動が実り、明治十六年に佐賀県が復活するのだが、明治九–十六年の七年間、行政区としての佐賀県は存在せず、唐津地方は「長崎県唐津町」とされていた。明治政府による、首尾一貫性のない頻繁な県の統廃合は、地域の政治経済に悪影響を及ぼしたと思われる。

こうした政治的混乱に加えて、数度の暴風災害によって、魚会舎の経営は苦しくなった。明治十六年、魚会舎はついに倒産寸前にまで追い込まれた。そこで大島興義は、帰郷した息子小太郎に再建を託す。小太郎は縦横に腕を振るって会社再建を軌道に乗せ、声望を高めた。

唐津銀行の設立

魚会舎は、漁業者に対する小口の融資に端を発した貸金部門を持っていた。しかし回収がままならず、この部門は会社全体の足を引っ張る存在だった。再建の過程で、小太郎はこの部門を整理して魚会舎から切り離し、ここを母体とする地元銀行の設立を企画する。

石炭を中心とする海外貿易など、唐津港を国際貿易港として発展させるためには、それを担う地元企業を育

上：創立当時の唐津銀行本店（『佐賀銀行百年史』より転載）
下：大島小太郎頭取（同前書より転載）

てる必要があった。三菱商業学校で学んだ小太郎にとって、本格的な金融機関の設立は急務と思えた。この企画は地元有力者の賛同を呼び、明治十八年（一八八五年）、唐津銀行が発足した。弱冠二十六歳の小太郎が頭取に就任した。豪商が集まっていた大石町（大字唐津一八二番地）に本店を開いた。

やや余談になるが、唐津くんちの主役である十四台の曳山のうち、大石町の鳳凰丸《ほうおうまる》は最も豪華で、重量も最大である。この曳山は弘化三年（一八四六年）に作られたが、当時の豪商たちがその権勢を誇示すると共に、この豪勢な宝船に彼らの理想を込めたのだと言われる。大石恵比寿様のある四つ角が、江戸時代から明治初期にかけて、唐津随一の繁華街だった。

明治四十五年、唐津銀行本店は大石町から本町に新築移転した。この時、辰野金吾監修、田中実設計による、記念碑的な本店建物

松浦川の「ひらた舟」（佐賀県立図書館提供）

が完成した。

唐津銀行は大正期から昭和初期にかけて、糸島銀行（福岡県糸島市）、相互銀行（唐津市）、栄銀行（佐賀市）などを次々に吸収合併して規模を拡大し、佐賀県内最大の銀行となる。次いで昭和六年（一九三一年）、西海商業銀行と合併し、佐賀中央銀行となる。大島が初代頭取となった。

佐賀県内には、大島の経営する佐賀中央銀行とは別に、明治十五年に開業した伊万里銀行が母体となって成長してきた佐賀興業銀行があった。第二次大戦後の昭和三十年、この二行が経営統合して、現在の佐賀銀行が生まれた。

鉄道の敷設と地元経済の発展

大島らの熱心な運動が実って、唐津港は明治二十二年（一八八九年）、国の特別輸出港に指定された。輸出品の中心を占める石炭は、従来、内陸の産炭地から松浦川を「ひらた舟」（帆掛け舟）に載せて唐津港まで運ぶのが常であった。これではいかにも輸送力に乏しいが、松浦川は水深が浅いので大きな蒸気船は使えない。そこでいよいよ鉄道敷設の気運が高まってきた。明治二十年に私設鉄道条例が公布され、すでに全国各地で私鉄会社が設立され始めていた。

明治二十七年、唐津銀行の大島小太郎頭取、同役員であった草場《くさば》猪之吉《いのきち》、平松定兵衛《ひらまつさだべえ》らは、本格的な鉄道敷設運動を起こした。唐津の地方経済は急速に成長しようとしていた。そうした時代の熱気を伝える話が、鉄道建設の事業にはある。

中町高徳寺に生まれ、住職の娘であった奥村五百子《おくむらいおこ》は教育者、社会運動家として、当時、朝鮮の光州に実業学校を開設するなどの仕事をしていたが、鉄道敷設の運動にあたっては自ら株主となって運動に奔走し、人々をおおいに激励した。東松浦郡長であった加藤海蔵は鉄道敷設運動に専念するために、あえて郡長の公職を辞した。加藤は大阪での行政経験があったので、大阪の金融資本家たちの出資をとりつけた。近郊の炭鉱家たちも争いを超えて協力した。

明治二十九年、唐津興業鉄道株式会社が設立された。専務取締役に加藤海蔵、取締役には大島小太郎ら地元資本家と石崎喜兵衛ら大阪資本家が名を連ねた。大株主及び経営陣には大島小太郎、草場猪之吉など唐津銀行役員、高取伊好《たかとりこれよし》、古賀善兵衛など炭鉱資本家、醤油醸造家の七世宮島傳兵衛などがいた。工事は厳木町《きゆうらぎまち》からスタートし、三年後の明治三十二年、唐津《からつ》妙見《みようけん》駅（今の西唐津駅）までの線路がつながった。こうして、内陸の炭田地帯と唐津港を結ぶ近代的陸送路が完成した。民間の力で、しかも地元の人々から起こった運動によって、三年間で鉄道を完成させたこの事業は、唐津の産業史における大きな出来事だった。

鉄道の完成により、唐津港は急速な繁栄を見せる。大正三年（一九一四年）にパナマ運河が開通したが、この運河を通って最初に日本に来航した西洋船は英国のボルトンキャッスル号、第二船は同じ英国のエヴァナ号だったと記録されている。両船とも、太平洋を渡って最初に寄港した港が唐津港であり、そこで石炭を補給して上海やマニラに向かった。昭和元年（一九二六年）の一年間に、唐津港には三四三隻の外国船が寄港したという記録もあり、パナマ運河を通って日本に向かった船の三分の一が唐津港に入港したとも言われている。

唐津興業鉄道は明治三十六年には長崎本線とつながった。この頃、同社は地元企業という性格をしだいに失い、全国版の経済に巻き込まれてゆく。北浜銀行、阪神電鉄、貝島鉱業が相次いで大規模な資本投下をし、次いで明治四十年に制定された鉄道国有化法によって日本国有鉄道（ＪＮＲ）に組み込まれた。唐津地方の炭鉱でも、三井、三菱、貝島らによる財閥支配が進み、これら財閥企業の支店が西唐津港に置かれた。こうした動きは日本資本主義経済の歩みをそのまま反映している。鉄道自体は昭和六十二年に再び民営化されて今の九州旅客鉄道（ＪＲ九州）唐津線となった。

いっぽう、福岡方面への鉄道敷設は難航した。まず奥村五百子らの奮闘により明治二十九年に木製の松浦橋が完成し、浜崎からこれを渡って唐津市街に至る馬車鉄道が運行された。草場猪之吉、岸川善太郎らは大正八年に北九州鉄道株式会社を作って汽車鉄道の完成を目指すが、浜崎－福吉間のトンネルなどたいへんな難工事が相次ぎ、やっと昭和十年に伊万里－東唐津－博多を結ぶ鉄道（筑肥線）が完成した。十六年もの歳月をかけた大事業だった。

北九州鉄道株式会社はバスも運行していた。昭和十二年、鉄道事業が国有化されるにあたり、バス部門は切り離されて民営を維持した。この事業は昭和十六年、昭和自動車株式会社に売却された。昭和二十年、佐世保出身の金子道雄が社長に就任し、この事業を大きく発展させた。少し余談になるが、宮島徳太郎が北九州鉄道の経営に携わっていた頃、同社の本社が今の宮島商事本社（唐津市船宮町）に置かれていたことがある。たぶんそのせいだろう。宮島醤油本社工場には、かつてバスの車庫として使われていた一角がある。

唐津の経済発展を支える二つの鉄道建設運動を常にリードし、大島のよき協力者、理解者でもあった草場猪之吉は、昭和五年、筑肥線の完成を見ずに死亡した。東京に出張して資金調達に奔走していた旅先でのことであった。二つの鉄道が地元経済と文化の発展に果たした役割は計り知れない。特に銘記したいことは、これらが共に国の事業としてではなく、民間事業として企画され、地域の人々の努力によって実現したということで

鉄道建設の功労を称えてJR唐津駅北口広場に作られたレリーフ像。
左より、草場猪之吉、大島小太郎、平松定兵衛、岸川善太郎

ある。

JR唐津駅の北口広場に、鶴が舞う彫刻があるが、その台座に、四人の肖像のレリーフが埋めこまれている。草場猪之吉、大島小太郎、平松定兵衛、岸川善太郎の各氏である。鉄道建設に献身した有名無名の人々を代表する四人であり、唐津市民が決して忘れてはならない恩人である。

市街地の電化と電気製鋼事業

明治四十一年（一九〇八年）、大島は自ら社長となって唐津電灯株式会社を設立し、郷土に初めて電気をもたらす事業に乗り出す。今の唐津市船宮町に石炭を用いた火力発電所を作るべく、建設工事に着手する。明治四十三年には六十キロワット火力発電機二基が稼動、開業した。この年の六月一日は、唐津の街に電灯が灯った記念すべき日となった。

大島は次いで西唐津に、当時の先端産業であった電気製鋼所を建設する。唐津電気製鋼株式会社は大正六年（一九一七年）、大島を社長として発足した。県内の有力実業家や銀行主に呼びかけて株式を募り、資本金五十万円の近代的な株式会社であった。最盛期の大正八年には従業員二〇〇人以上を数え、西唐津駅に隣接した三五〇〇坪の土地に八五〇〇坪の工場を擁した。転炉、溶銑炉《ようせんろ》を持ち、鋳鋼《ちゅうこう》、鍛鋼《たんこう》、鋼塊《こうかい》その他特殊鋼を作り、これ

を素材にして鉄道線路と車輌材、船体、船具、各種歯車、発電機材など多種多様の製品を作った。品質が優れていたので、満州鉄道、三井鉱山など有力な得意先を獲得し、海軍佐世保工廠の指定工場にもなった。東京、大阪、大連（中国遼寧省）に代理店を置いた。

最後の大仕事

郷土の発展のため、金融、工業、運輸、教育という幅広い分野で大島は活躍した。実業家としての力量は卓越したものだった。しかし事業には苦しい時期もある。佐賀中央銀行は昭和六年（一九三一年）に発足し、比較的順調な滑り出しだったが、世界恐慌を経て第二次世界大戦へと向かう情勢のなかで業績が悪化し、昭和十一年にはついに赤字転落した。すでに七十七歳になっていた大島にとって、この再建が最後の大仕事となった。経営再建のため、佐賀中央銀行は資産の売却、預金の増強、不良債権の整理、諸経費の節約に努めた。翌年より、常勤役員の給与を一割削減し、頭取である大島自身はすべての報酬を辞退した。再建は長期戦となった。昭和十六年には日本銀行より佐治仲太郎を専務取締役に迎え、いっそうのテコ入れをした。

行員と役員の努力によって昭和十七年七月、佐賀中央銀行は黒字化し、配当を回復した。このかん、赤字銀行の経営者として四年五カ月のあいだ、大島は一円の給与も受け取らなかった。そして配当を回復したこの月、頭取を佐治に譲って引退した。

頭取を辞して五年後、大島小太郎は死去した。八十八歳であった。郷土の発展のために捧げた生涯だったと言えるだろう。

旧大島邸の玄関（「大島家」の表札がある）

旧大島邸

大島興義と小太郎は、唐津市西城内に大きな邸宅を構えて住んでいた。小太郎の没後、いろんな変遷を経て敷地は切り売りされ、大志《たいし》小学校の南の一帯だけが旧大島邸として唐津市の資産になっていた。地元の人々による茶会などに使われてきたが、家屋の老朽化が激しく、市ではいったん取り壊しを決めた。その後市民による保存運動が起こり、市もそれに応じて移築復元を決めた。市によれば、母屋の建築年は明治二十六年（一八九三年）頃と推定され、家屋、茶室、庭園を含めてほぼ完全な図面が残っていた。明治中期の和風建築の特徴を示す貴重な文化財として平成二十九年（二〇一七年）四月に復元が竣工し、公開されている。

平成十四年十一月に撮影した移築復元前の写真を示す。

参考文献
唐津市史編纂委員会編『唐津市史』１９６２年
杉谷昭、佐田茂、宮島敬一、神山恒雄著『佐賀県の歴史　県史

母屋と中庭

庭

41』山川出版社、１９９８年
佐賀銀行編『佐賀銀行百年史』１９８２年
東定宣昌著「唐津海軍炭坑の設定とその経営」（「経済学研究」第59巻、81－１０９頁、１９９４年）
東定宣昌著「唐津炭田の輸送体系の近代化――唐津興業鉄道会社の成立と石炭輸送」（「比較社会文化」第１巻、49－60頁、１９９５年）
富岡行昌著「加藤海蔵と唐津鉄道」（「末盧国」第１３１号、１９９７年）

9 天野為之

天野《あまの》為之《ためゆき》は、明治期を代表する経済学者である。東京専門学校（のちの早稲田大学）の創設と初期の教育を担い、早稲田大学の二代目学長、早稲田実業学校の二代目校長となった。教育者、研究者としてだけでなく、衆議院議員としての政治活動、政治経済評論など多彩な分野で活躍した。

生い立ち

昭和12年の天野為之
（唐津市提供）

天野為之は、万延元年（一八六〇年）十二月二十七日、唐津藩の藩医であった天野松庵《しょうあん》の長男として、江戸麻布桜田町の唐津藩主・小笠原邸で生まれた（のちに述べる理由で、本人は一年早い安政六年［一八五九年］生まれと称していた）。幼くして父を亡くしたので、明治二年（一八六九年）、母・鏡子、弟・喜之助の三人家族で唐津に帰って来た。生活はかなり苦しかった。翌々年、唐津藩英学塾・耐恒寮が開設されると、そこに入学した。まだ十歳の子どもだった。以来、年齢の近い掛下重次郎、先輩の曽禰達蔵とは終生の交流を持った。

耐恒寮の教師であった高橋是清は明治五年、東京に戻った。天野もそれを追うように明治六年、上京し、父の遠縁にあたる下條通春の日本橋の家に身を寄せて勉強した。東京外国語学校を経て明治八年九月、東京開成学校に入学する。

学士会館（上）と、学士会館の玄関前に建つ「東京大学発祥の地」記念碑
学士会館は東京都千代田区神田錦町の一ツ橋交差点にある。ここにかつて大学南校・東京開成学校があった

　この学校は幕府の教育機関であった開成所の流れを汲むもので、開成学校、大学南校と呼ばれた時期もある。今の東京大学法学部、理学部、文学部の母体となった。フルベッキ（J.H. Verbeck）と高橋是清が大学南校の英語教師として教鞭を執っている。唐津藩士としては、耐恒寮生に先行して明治五年、長谷川芳之助が東京開成学校に入学している。長谷川は幼少の時代は辰野金吾らと共に唐津で学んだが、幕末期に大阪に遊学し、大阪洋学校からのルートで進学した。抜群の秀才で、在学中にコロンビア大学（米国）とフライブルク大学（ドイツ）に留学した。海外で理学から工学へと転進し、帰国後は国内鉱山の開拓と技術革新、官営八幡製鐵所の開設などに貢献した。

天野は東京開成学校で英国人を中心とする教師陣の薫陶を受けた。主な教師と科目は、アリーン（H. N. Allin, 英語）、ザイユ（E. W. Syle, 歴史と哲学）、ウィルソン（H. Wilson, 算術・代数・幾何）、マッカーティ（D. B. McCartee, 生理学・解剖学・ラテン語）、ヴィーダ（P. Veeder, 物理学）、ホートン（W. A. Houghton, 英文学）、パーソン（W. E. Parson, 数学）らであった。日本人教師の中には山岡次郎（化学概論）、狩野友信（図画）らがおり、多彩なスタッフである。

優れた教師陣から学んだことは多かったに違いないが、天野の生涯に決定的な影響を与えたのはむしろ友人たちであった。加藤高明、高田早苗、坪内逍遥、市島謙吉、山田一郎、田原栄、岡田兼吉らと知り合う。

東京帝国大学文学部

明治十一年（一八七八年）、天野は東京帝国大学文学部に進学する。当時の文学部は今の文科系分野のほぼすべてを包含しており、政治学も経済学もここで教えられていた。一年次に哲学、政治学、理財学（経済学）、史学（ギリシャ・ローマ史）、和文学、漢文学、作文、英文学（作文と批評）などが教授された後、哲学・史学コースと政治経済学コースに分かれている。天野は後者に進んだ。

経済学を教えたのは米国人フェノロサ（E. F. Fenollosa）であった。指定された教科書はミル（John Stewart Mill）の理財論綱、マッキアン・ケレーの世態論、ケアルンスの理財論法と理財新説、

E. F. フェノロサ
（日本フェノロサ学会提供）

大隈重信（同左）

小野梓（国立国会図書館ウェブサイトより転載）

ゼーポンスの貨幣論、ボーエンの米国理財論などであった。このほか、文学と哲学についても引き続き充実した教育が行われている。中村正直から漢文の教育を受けたことも特筆すべきことだ。中村はミルの『自由論（On Liberty）』やスマイルズの『自助論（Self Help）』の翻訳者であり、天野の自由主義経済学者としての思想的骨格に影響を与えた。

小野梓との出会い・政治への道

明治初期のいわゆる藩閥政治に対する民衆の不満と、西洋から持ち込まれた近代民主主義の思想とが結びついて、この頃、自由民権運動が起こっていた。明治七年（一八七四年）、土佐藩、佐賀藩出身者らが中心となって「民撰議院設立建白書」（選挙によって選ばれた議員による国会の開設願い）が出された。明治十二年に板垣退助によって自由党が結成され、明治十四年には「明治二十三年に国会を開設する」との詔勅が出された。

小野梓《おのあずさ》は土佐藩出身の法律家・政治家で、明治四－七年の英米留学から帰国後、政治運動に身を投じた。英米流の合理主義者とされる。嘉永五年（一八五二年）の生まれだから、天野より八歳年上である。明治十四年、高田、天野らは小野と出会い、その独立自尊の思想と政治改革の志に、たちまち感化されてしまう。小野と、彼を慕う七人の帝国大学生による「鷗渡会《おうとかい》」が結成された。七人とは、岡田兼吉、市島謙吉、山田一郎、砂川雄峻《すながわかつたか》、山田喜之助、高田早苗、天野為之である。小野の住まいの近くにあった「鷗《かもめ》の渡し」という渡船場からとった名だという。当時、小野は親友である大隈重信と共に新しい政党の結成を準備しており、最新の学問を身につけた帝国大学生の知識をそこに投入したかったようだ。翌明治十五年、大隈を党首とする立憲改進党が結成される。「七人組」は結党宣言の作成にも関わったので、事実上の結党メンバーだが、まだ在学中ゆえ公式には参加せず、卒業と同時に入党した。

明治十五年十月二十八日、天野らは東京帝国大学卒業の日を迎えた。当時の帝国大学生は超エリートであり、国家の要職めざして任官するか、海外留学などを経て学問の道を歩むのが当然と考えられていた。七人もの帝大生が徒党を組んで、反政府的色彩の濃い政治運動に身を投じるのは衝撃的な出来事であり、大学関係者を驚かせ、嘆かせた。卒業式において、加藤弘之総長とフェノロサ教授は「浅薄な風潮を正すべき者が逆に時流に振り回されている」、「国家の運営を担うべき者が国家を誤らせる道を歩もうとしている」などと慨嘆し、遺憾と不満と心配を並べ立てる、異例の祝辞を述べた。

東京専門学校の開校

七人組が小野と出会った頃、政府中枢では別の事件があった。国会開設の日が近づくなか、政府の中心にいた大久保利通が明治十一年（一八七八年）に暗殺され、国体の設計をめぐって政府内に意見対立と混乱があった。おおまかに言えば、岩倉具視《ともみ》、井上毅《こわし》らがプロシア流の王権国家、つまり君主大権を維持した国体を想定したいっぽうで、福沢諭吉の指導を受ける慶應義塾卒業生たちと大隈重信らは英国流の議院内閣制による立憲君主国家を想定した。対立は激しくなり、明治十四年秋、ついに岩倉、井上らが大隈とその同調者たちを政府から追放し、中庸派であった伊藤博文に憲法草案の作成を委ねた。

創成期の東京専門学校

政府中枢を離れた大隈は、この機に、かねてより温めてきた計画に着手する。帝国大学とは別に、独立自由の学府を建て、学問の自由な発展と文化の醸成を図るというものだ。小野梓も同じ意見だったので二人で学校設立の準備にかかった。大隈の養子・英麿が米国で天文学を学んでいるので、当初は彼を中心とした理科学校を考えたが、「七人組」との交流を通じて、むしろ文科中心の学校へと方向転換した。校名は東京専門学校と決まり、高田と天野が専任講師、他の五人はほかに職業を持ちながら教壇に立つことになった。天野の重厚で真面目な人柄が、とりわけ教育者に向いていると評価されたようだ。

明治十五年十月二十一日、開校式が行われた。大隈英麿校長の開校宣言に続いて、小野、高田、天野が講演した。小野は、①日本語で高等教育を行う大学をめざす、②学問の独立によって国民精神の独立を図る、③学校を政党の外に置く、という建学の原則を述べた。高田と天野は卒業式を一週間後に控え、まだ学生の身であったが、来賓として招かれた福沢諭吉や帝国大学教授たちの前で、初めて公式の場での講演を行った。天野の講演原稿はほぼ完全な形で残っている。自作の詩を交えるなど、若者らしい感激に満ちた文語調の講演である。

創成期の東京専門学校

講義は小野、高田、天野を中心に「七人組」と外部講師によって行われた。とにかく講師の人数が足りないので、一人で多くの科目を担当した。小野は日本財政論など、高田は租税論、貨幣論、憲法、公法など、天野は経済原論、経済沿革史、貿易論などを担当した。週三十時間以上の講義をした時期もあった。私生活も学校財政も苦しく、また、この学校は革新的政治運動の拠点とみなされていたので、官憲によるスパイ活動や妨害が絶えなかった。こうした困難な日々を通じて、講師陣、特に天野と高田は深い友情で結ばれていった。開校の翌年、坪内逍遥が文学担当の講師として加わった。こうして後年、「早稲田の三博士」、「早稲田三尊」と呼ばれる、高田、天野、坪内の陣容が揃った（なお、現在の早稲田大学は市島謙吉を加えた四人を「早稲田四尊」としている）。

「早稲田三尊」
左から、高田早苗、天野為之、坪内逍遥

多忙を極める教育活動を通じて、天野は幅広い学識を備えた学者・教育者へと成長していった。授業でも再三にわたってＪ・Ｓ・ミルやベンサムを取り上げたように、自由な経済活動による社会発展を重んじた。初期の天野の哲学上の立場は、人間の行動原理を宗教や倫理に求めず、欲望の充足に求める功利主義、プラグマティズムであった。神の存在を否定し、キリスト教を批判するいっぽう、進化論に感動し、その紹介と普及に努めた。

『経済原論』の出版

東京専門学校での講義を基礎に、明治十九年（一八八六年）、天野は二十五歳の若さで名著『経済原論』を刊行する。この著作の意義については、石橋湛山《いしばしたんざん》（第五十五代内閣総理大臣）が「日本人により日本語で書かれた最初の経済原論である」と述べたことがよく知られている。

第一部生産論、第二部分配論、第三部交易論という構成をとっており、天野自身が挙げている参考文献の多くは、J.S. Mill 著「Principles of Political Economy」をはじめ、帝国大学においてフェノロサが教科書として使ったものだった。ミルに代表される当時の最新の経済理論を中心にしながら、天野自身の言葉で経済学を体系的、系統的に述べた名著であった。

石橋湛山は更に次のように述べている。「博士は単に外国の学問思想を日本に翻訳輸入する態度はとらず、これを自分のもの、日本のものとして咀嚼《そしゃく》消化し、博士独自の経済学を打ち立てた。福田徳三博士は明治前期の三大経済学者として、福沢諭吉、田口卯吉、天野為之の三人を挙げているそうであるが、もしその中で自己の経済体系を持つ学者を言うならば、天野為之一人に止めをささなければならないであろう。天野博士には、この点において日本の経済学者として何人の追随も許さぬ特色があった」（『石橋湛山全集』第十三巻）。

この本の出版について、天野自身が書いたものがあるので、現代語で要約してみる。

「当時の知識人たちが西洋の学問を学ぼうとする場合、西洋の言葉で書かれた書物しかなかった。東京大学でも外国の本を使って教育が行われていた。翻訳書も出始めてはいたが、それらは非常に難解で不評だった。いっぽう学者のあいだでは、日本人が自国語を使って西洋の科学的哲理を著述することが果たして可能かどうかという議論が行われていた。自分はそれを可能だと信じ、早稲田で実践してみたところ、非常にうまくいった。外国語を十分に習得していない学生にも、私の経済学講義はよく理解してもらえた。これに意を強くして、早稲田における講義をまとめて世に出したのが『経済原論』である。実は私も友人たちも、出版社の冨山房《ふざんぼう》も、この本がたくさん売れるとは思っていなかった。ところが予想外に売れたので、私は処女作に成功し、冨山房も処女出版に成功したわけである」（天野為之『黎明期の冨山房』）。

実はこの年正月、小野梓が三十五歳の若さで病死していた。冨山房は、小野の遺志を継ぐ弟子たちが始めたばかりの新しい出版社だった。『経済原論』は一円三十銭という決して安くない価格で、明治三十年までに二十二版を重ね、三万部が売れた。当時の公務員初任給が八－九円で、大学は帝国大学のみだったので、経済学を学んだ人はごくわずかだった。この本の専門性、価格、そして当時の読書人口を思えば驚くべき部数である。封建制を打破して近代資本主義の歩みを始めたわが国の人々が、英国における封建制の崩壊と近代市民社会の成立、そして新しい経済社会の構築原理を真剣に学ぼうと

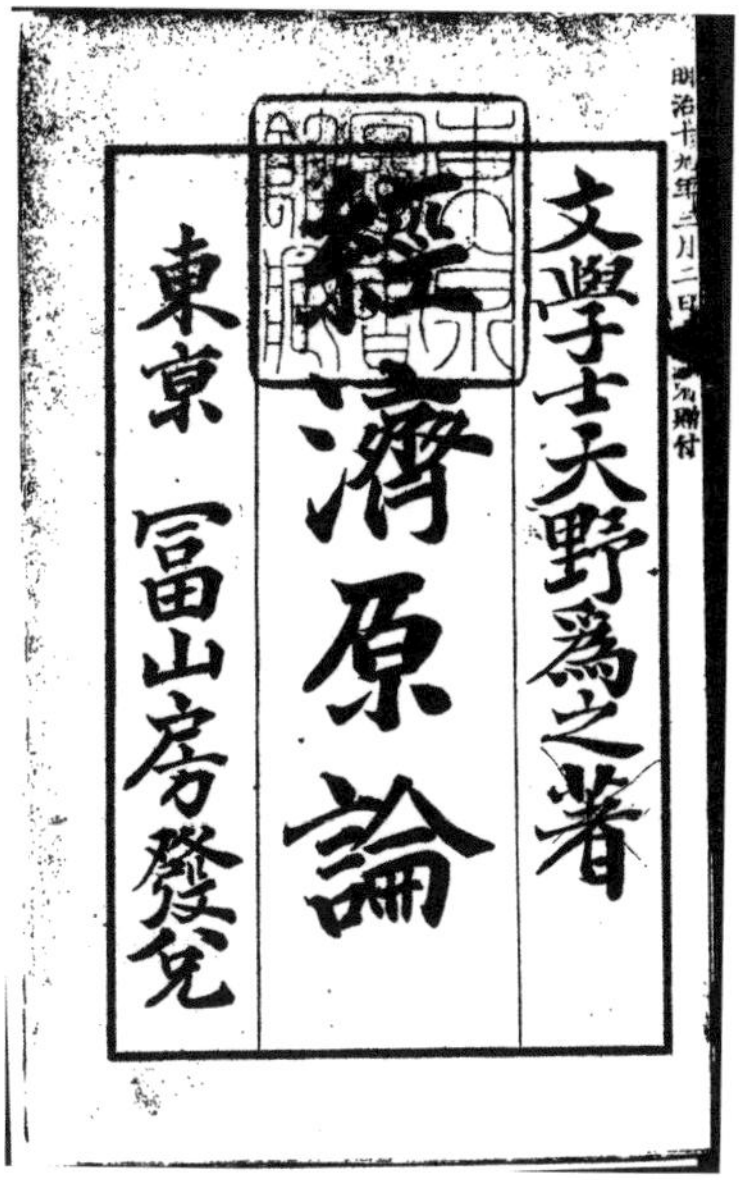

『経済原論』天野自筆の扉（国立国会図書館ウェブサイトより転載）

していた、その熱意に改めて驚かされる。天野は改版の都度、周到な改訂増補を加えた。

その他の経済学関係著作

天野は明治十九年（一八八六年）、『商政標準』を出版した。書名の意味は「経済と政治の関わりについての基準」である。『経済原論』では自由主義経済の原理を述べたが、実際の経済活動においては何でも自由というわけにはいかない。政治がどう関わるべきかについて、実例に即して論究している。政治権力が介入すべき分野は主に三つとしている。

①知的所有権の保護：発明者、著作者の努力に報いるため、公表後の一定期間、発明者、著作者に独占権、版権を認めるべきである。

②新規事業の保護育成：資本主義が活力を維持するには新規事業が不可欠である。しかし新規事業にはリスクが大きく、失敗も多い。大いなる意欲、決意、覚悟を持って起業する人を、公権力が保護・支援しなければならない。

③国営ないし地域独占が望ましい分野：鉄道、電信、郵便、道路、橋梁、渡船場、瓦斯供給、飲用水供給、港湾、掘割、灯台、馬車道、電灯などは公権力を使って整備し、その土台の上で自由な経済活動を促すのが望ましい。

そのほか自由貿易に対する保護貿易の主張をどう考えるかなど、今も昔も変わらぬ諸問題について、学者の見地から述べている。純粋学問と社会政策の双方に深い関心を寄せる天野の特質がよく現れている。

天野によれば、経済学の対象には、自然現象に似た普遍法則の成り立つ部分と、個別国家、地域、歴史において考察されるべき部分がある。生産活動に関する部分は主として前者、富の分配に関する部分は主として後者だ。大まかに言えば前者の部分は自由主義、後者の部分は社会改良主義的なので、天野の立場は二元論的、折衷的である。これもミルから学んだことだ。明治三十五年には早稲田大学で「分配問題とミル」と題する講演を行っている。ただし、ミルとの相違点が指摘されることもある。ミルは後年、社会主義への傾斜を強めていったが、天野は社会主義に対して理解を示しつつ、実現不可能な理想論として退けた。

『経済原論』の後年における改訂版とも言うべき『経済学綱要』を明治三十五年に発刊した。また、より現実社会の諸問題に即した著作も多く残している。明治十七年の『徴兵論』、明治二十三年の『銀行論』、明治三十三年の『勤倹貯蓄論』などがある。明治三十二年、法学博士の学位を受けている。

天野為之の著した経済学書（小笠原記念館所蔵）

政治活動

東京専門学校の運営が軌道に乗り始めた頃から、天野は活動の幅を学外に広げている。各地に演説に出かけ、普通選挙の実施など、市民的権利の拡張のために奔走した。ついに明治二十三年（一八九〇年）、わが国最初の衆議院議員選挙が実施されることになった。天野は当然、立候補したいのだが、被選挙人の年齢が三十歳以上と定められたので、年齢が足りなかった。そこで実に大胆な行動に出る。唐津に帰り、出生届の年を間違っていたとして戸籍を訂正したらしい。こうして三十歳と「なった」天野は唐津地区で、立憲改進党系の郷党会から立候補し、当選した。

この選挙においては、当時の品川弥二郎内務大臣の指示で激しい選挙干渉が行われた。反政府勢力の重要人物であった大隈、天野の出身地である佐賀県と、板垣退助の出身地である高知県では特にその選挙妨害がひどかった。佐賀県では死者四名を数えた。

二年後、第二回の選挙が行われた。ここでも選挙妨害は甚だしかった。伊万里の演説会へと人力車で出かける天野を暴漢が襲った。海士町《あままち》の路上でのことである。天野と支持者たちは路上に引きずり出されて暴行を受け、動けなくなった。知らせを聞いて駆けつけた女傑・奥村五百子が暴漢どもを叱りつけ、退散させた。天野は奥村を命の恩人と讃えた。しかし天野はこの選挙で落選し、それ以後、議員活動を再開する姿勢は見せなかった。

天野の政治活動に対するスタンスを考えるうえで、自身が後年語っていることは参考になる。学者の中には原理原則を研究する者と、それを実際の社会に応用しようとする者の二種があると述べたうえで「第一種の人、すなわち学問を学問として研究する人といえども、社会の実際に通じなければ、真正の学者となることはできぬと思う」と述べている。そして「私が衆議院に入ったというのも、その一の目的は、帝国財政の実際と接触したい為でありました」（『経済策論』）と述べている。プロの政治家を目指したのではなく、学者として国政を知りたかったのだというのは、落選議員の負け惜しみの匂いもするが、ある程度は本心だろう。在学中に政治家を志したものの、議員活動を経験してみると予想以上に出費がかさみ、継続が難しかったようだ。また、二十歳代の経験を通じて、自分が政治家よりは学者、教育者、評論家に向いていることを自覚したのだと思う。

東洋経済新報

純粋な学問を志す学者といえども、現実社会の諸問題を深く知る必要があるとの信念に基づき、天野は『経済原論』の印税収入を元手に、明治二十二年（一八八九年）、「日本理財雑誌」を刊行する。次いで明治二十八年、英国から帰国した町田忠治《まちだちゅうじ》が「東洋経済新報」を発刊すると、客員執筆者として協力する。天野はこの雑誌に第一号から継続的に時事評論などを投稿し、明治三十年からは町田のあとを受けて二代目編集主幹となる。こうして天野は経済学者、教育者としての職務以外に、時事評論家として、もうひとつの活躍の場を得る。

天野が編集主幹に就任したことにより、早稲田大学の教え子たちがこぞって入社し、東洋経済新報社は活気ある時期を迎える。天野が陣頭指揮した期間は約十年だが、この間に自身が執筆した署名入り社説、論説は二五九編、ペンネーム「牛中山人《うしなかさんじん》」の名による記事が一〇〇編前後、無署名のもの不詳とされている。新たな時事評論という分野に対して、たいへんな労力と情熱を注ぎ込んだことが分かる。「牛中山人」とは、天野の住まいのあった牛込区中町からとった名だそうだ。

明治四十三年、天野は増田義一の勧めにより数多くの論考の中から一四九編を自ら選んで『経済策論』として出版した。天野の膨大な量の評論を読み通すのは大変だが、主な項目を記すと、

1、金本位制の主張、それによる外資導入の促進
2、株式・米穀・証券等取引所の改革
3、勤倹貯蓄のすすめ
4、経済学教育の推進（中等学校における経済学教育、東京高等商業学校の大学昇格、東京・京都両帝国大

学における経済学部設置）
5、保護貿易論に対する自由貿易主義の立場からの立論
6、日露戦争前後における対露関係論
7、地租増税反対
8、円滑な労使関係の主張
9、官業（政府事業）拡大反対
10、徴兵制における現役免除税の創設
11、共済組合・信用組合創設の主張
12、医学校増設・医師育成の主張

などである。

天野の論説内容は『東洋経済新報社百年史』にある程度まとめられており、「週刊東洋経済」二〇〇四年十一月二十日号にも増田弘氏（東洋英和女学院大学教授）が整理しておられる。

早稲田大学の開校

明治三十五年（一九〇二年）、東京専門学校は早稲田大学と改称し、わが国を代表する私立大学としての歩みを始めた。十月十九日の開校式において、大隈重信は今日に至るまでの功労者として、特に小野梓、高田早苗、天野為之、坪内雄蔵（逍遥）はじめ、市島謙吉、小川為次郎、砂川雄峻《すながわかつたか》、山田一郎を挙げ、その不断の努力を賞賛した。校友会が感謝状を贈るに際し、天野については学識だけでなく、「備寛厚之徳」（寛厚の徳を備

初期の早稲田実業学校校舎

えている）と書かれたところが彼らしいところだろう。記念演説会において、天野は「学理と実際」という演説を行った。

明治三十七年、天野の長年の努力が実り、早稲田大学に商科が発足した。天野は初代商科科長として、大正四年（一九一五年）に学長となって退くまでの十一年間、商科の充実に尽くした。

早稲田実業学校と「去華就実」

若年層への経済学教育、学理と実用のバランスのとれた教育をかねてより主張してきた天野は、新しい実業学校の開設を企画した。この事業は早稲田全体の事業となり、明治三十四年（一九〇一年）、大隈英麿を初代校長として早稲田実業学校が開校された。開校の挨拶において天野は、非常な援助をいただいた諸氏として、大隈重信、山本達雄、高橋是清、加藤高明、森村市左衛門、岩崎弥之助の名を挙げている。ふだんは無口で不精な天野が、この事業については学内だけでなく政官財界の有力者に積極的な働きかけ

宮島醤油本社にある小笠原長生の書額「去華就実」

をしたことがうかがわれる。耐恒寮以来、陰に陽に天野を支えてきた高橋の名が挙げられているのも印象深い。

翌明治三十五年には二代目校長となって、中等教育に情熱を燃やした。後述する事情で、晩年の天野は早稲田大学本体との関係を断ち、実業学校で英語や経済学を教えることに専念した。教科書の編纂にも携わり、七十歳を超えても自ら教壇に立ったとされる。精神面では「敬」の心を説き、「事物を敬い、人を敬い、己れを敬う」という三敬主義を唱えた。

早稲田実業学校に対する天野の貢献の中では、校是「去《きょ》華《か》就実《しゅうじつ》」を定めたことも注目される。この言葉は中国にその淵源を持つようだが、わが国では明治四十一年に出された明治天皇の詔書に見られる。この年の干支《えと》が戊申《つちのえさる》だったことから、この詔書は「戊申詔書《ぼしんしょうしょ》」と呼ばれている。「華やかなことを捨て、実りあることに専念せよ」と説くこの言葉を、少年たちの教育に最適と天野が認め、校是に定めたものと思われる。

宮島醤油株式会社はこの言葉を社是としているので、時々、「宮島醤油と早稲田実業には何か縁があるのですか?」という質問を受ける。宮島醤油の場合は、小笠原長生《ながなり》が七世宮島傳兵衛に贈った書額に由来する。戊申詔書が出された明治四十一年、小笠原長生は軍令部参謀から海軍大佐となり、その後、学習院御用掛《ごようがかり》、宮中顧問官を務めている。華族軍人の中でも皇室に近いところにいた人で、後年、戊申詔書との関わりを次のように述べている。「時代も変わりましたし、今皆様にこのようなことをお話しましてもいいと思いますので申し上げますが、日露戦争の旅順攻撃以降の明治陛下の御詔勅は全部私が拝稿致したものでございます」（昭和二十九年［一九五四年］伊豆長岡にて）

天野為之は唐津藩藩医の息子として江戸小笠原邸で生まれており、唐津での短い少年期を経て東京で活躍するようになってからも小笠原長生と交流があった。天野が「去華就実」を学校の校是と定めるにあたっては、小笠原の影響があったと考えるのが自然であろう。

戊申詔書が出されて以降、大正時代にかけて、この教育的な言葉はあちこちで活用された。岡山市にある就実学園の前身は明治三十七年に設立された岡山実科女学校だが、戊申詔書の発表後、去華就実を校訓と定め、明治四十四年には校名を就実高等女学校と変えている。

早稲田騒動

早稲田大学は明治四十年（一九〇七年）、創立者・大隈が務める総長職とは別に、大学の実質的経営責任者としての学長職を設け、初代学長に高田早苗が就任した。天野は大正四年（一九一五年）、二代目学長に就任した。

高田から天野への学長交代は、第二次大隈内閣の文部大臣としての高田の入閣に伴うものだった。二年後の大正六年、内閣が総辞職したので、高田は学長への復職を願った。天野はこれに応じず、天野を支持する学生も多かったので学園紛争となり、学生が建物を占拠するなど、「早稲田騒動」と呼ばれる騒ぎとなった。大隈は高田、天野、坪内の三人を呼んで事態の収拾を図る。大隈が天野に学長辞任を勧めるも天野が拒否したとも伝えられ、しばらく紛糾が続いたが、最終的に高田は復職せず、天野は辞任、三代目学長に平沼淑郎《よしろう》が就任す

天野為之の胸像
（小笠原記念館所蔵）

ることで決着を見る。

早稲田は建学の精神として「学問の独立」を掲げ、官学に対する民衆の学問を標榜《ひょうぼう》した。そして創成期の早稲田を支えた人々は政治にも深く関わってきた。立憲改進党が野党のうちはよかったが、与党となって、大隈や高田の立場は難しくなったように思える。この頃高田は経営手腕を発揮して早稲田を急成長させたが、それに反発する人々もいたようだ。天野は政治志向が弱く、地味な学者肌と見られていたので、反高田勢力の神輿《みこし》に乗せられたようにも思える。

後年、この事件について天野はほとんど語らなかったが、「自分のあのときの立場は、西南戦争における西郷のようなものだ」と語ったことが、娘婿の浅川栄次郎によって伝えられている。

学生時代からずっと共に歩んできた高田と天野がこうした問題で袂を分かったのは残念なことだ。後年、高田と坪内は早稲田大学において顧問的な立場を務めたが、天野はこの時大学を去って以後は二度と戻ることなく、早稲田実業学校で教鞭をとることに専念した。こうした経緯から、早稲田大学と早稲田実業学校の関係も疎遠となり、実業学校が大学の系列に復帰するまでしばらく時間がかかることになる。

天野為之の人物像

天野為之はその実力や業績の割には、後世に余り知られていない人だと思う。創成期の早稲田をリードした大隈重信、小野梓、高田早苗、坪内逍遥らは明治知識人の中にあってひときわ華やかなスタープレイヤーだが、その中で天野の存在は地味に見える。経済学者として、石橋湛山は天野を明治期随一と評したが、有名さでは福沢諭吉や田口卯吉に劣る。東洋経済新報でも創業者・町田忠治に比べれば知名度は低い。

早稲田大学の二代目学長、早稲田実業学校の二代目校長、東洋経済新報の二代目編集主幹というように、創業者を助けて実質的に創業を担い、二代目として事業を安定軌道に乗せる役割を担った。

この原稿を書くために天野の業績を調べていて感じたのは、非常に幅広い分野で活躍し、そのどの部分でもきちんとした仕事をしたということだった。学問や時事評論における立場は、中庸でバランスの良いものだった。人柄は朴訥《ぼくとつ》ながら強い信念と情熱を持ち、教育者として特に後進に慕われた。自ら実業学校の校是と定めた「去華就実」を、身を以って示した知識人だったと思う。

＊　＊

天野の評伝で最も信頼されるのは、浅川栄次郎・西田長寿著『天野為之』である。本稿もこの本に基づいている部分が多い。浅川氏は天野の娘婿だが、私情に流されず、極めて冷静に生涯と業績を記述しておられる。

本文中の写真のいくつかは小笠原記念館所蔵のものである。小笠原記念館は唐津市西寺町の近松寺境内にある。天野為之の墓と頌徳碑は東京都立多磨霊園九区一種九側一番にある。

多磨霊園にある「天野為之先生頌徳之碑」（題字は小笠原長生による）

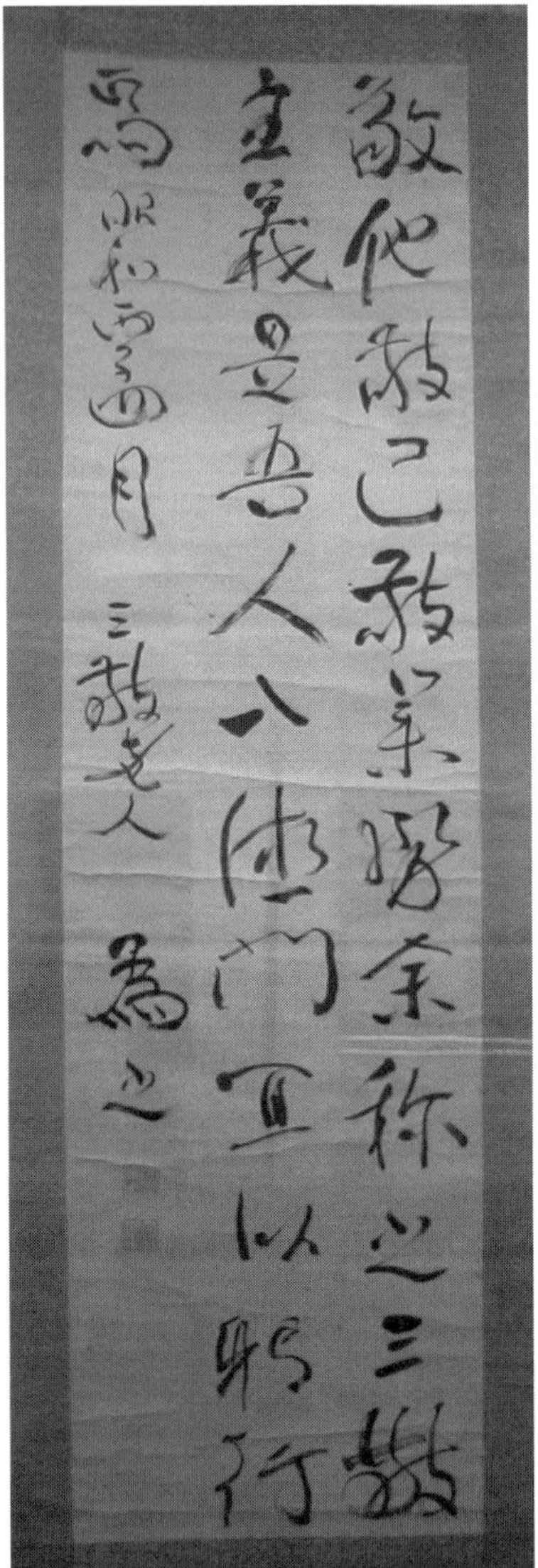

天野為之の書
（小笠原記念館所蔵）

参考文献

浅川栄次郎・西田長寿著『天野為之』実業之日本社、１９５０年
岡田純一著「経済学者としての天野為之――日本における経済科学の創始」（『早稲田商学』第２４９号、43－66頁、１９７５年）
増田弘著「創刊記念特別論文　天野為之と『東洋経済』」（『週刊東洋経済』２００４年11月20日号、１３２－１３４頁）
天野為之生誕１５０周年記念冊子「去華就実――天野為之が遺したこと」唐津早稲田交流推進協議会、２０１２年

10 耐恒寮の成功要因

耐恒寮の成功要因は何かと問われるたびに、私は三つの事を挙げている。

第一、唐津藩の優れた少年教育の伝統

唐津藩では特に十八世紀初頭の土井政権の時代以降、少年教育、特に優れた民間教育の伝統が形成された。中でも吉武法命《よしたけほうめい》は一七三〇年代から一七五〇年代にかけて藩内各地に私塾を開き、多くの門下生を育てた。唐津藩は成果をあげた庄屋を積極的に登用したので、庄屋たちが人材育成に熱心で、少年教育を競ったという背景もある。吉原政道が師事した大草庄兵衛は吉武門下の人である。吉武門下以外にも、辰野金吾や麻生政包が師事した野辺英輔、辰野金吾と吉原政道が通った寺子屋の主宰者・戸田源司兵衛など優れた教育者が藩内各地にいた。耐恒寮の少年たちの多くはこうした民間教育機関で学んでおり、耐恒寮に入学する時点で、すでにある程度の学問を身につけていたと言える。高橋是清は唐津では毎晩、眠い目をこすりながら漢文の勉強をした。耐恒寮の生徒の中には漢学を身につけている者が多かったので、彼らに馬鹿にされぬよう努力したと「自伝」の中で述べている。

第二、明治という逆境の時代

徳川幕府を支える立場にあった唐津藩は、幕末期の争いにおいて旧体制を維持するために戦った。最終的には明治新政府に降伏したが、唐津の若者たちにとって明治という時代は逆風の時代であった。仙台藩出身の高橋是清にとっても事情は同じで、彼らが各々の才能を開花させて新時代を生きて行くためには、倒幕運動を推進した藩の人々と比べると何倍もの努力が必要だった。「逆境が人を育てる」という事例のひとつがこの時代の唐津の若者にあったと思う。

第三、高橋是清の人間力

高橋是清が唐津の耐恒寮で教鞭を執ったのは一年三カ月に過ぎないが、高橋が去った後、耐恒寮の少年たちは相次いで師を追って東京へと向かった。高橋は彼らを自宅に住ませたり、友人宅に預けたりした。アルバイトを世話し、受験や就職の相談に乗るなど、細やかに面倒をみた。辰野金吾が日本銀行本館の建設にあたって悪戦苦闘していることを知り、高橋が部下となって辰野を助けたこともよく知られている。この本で紹介する少年たちは学術、法律、金融、産業などの分野に進んで各々の才能を開花させた。政治と軍事の中枢が薩摩、長州の出身者に占められていた明治時代、高橋による周到な進路指導が行われたものと推察される。

藩主だった小笠原家の人々が教育熱心だったことも少年たちには幸いした。小笠原長行は番町の小笠原邸内に久敬社塾を開いて少年たちを支援した。長行の息子・長生もその志を継いだ。

ここに一枚の写真がある。昭和三年（一九二八年）二月二十一日、高橋是清を小石川偕楽園に招いて開かれた会合とされている。久敬社塾発足時の役員や当時の役員が並んでいるので、久敬社関係の集いと思われる。前列左から渡辺鼎、天野為之、曽禰達蔵、高橋是清、小笠原長生、掛下重次郎、山﨑久太郎、伊藤多兵衛の姿が見える。高橋と小笠原を中心に、人々が強い絆で結ばれていたことをうかがわせる写真である。

昭和３年２月21日、小石川偕楽園で開かれた久敬社関係の集い
（久敬社提供）

付録：工部大学校卒業生

期	第1期 明治12年（1879年）11月 23名			第2期 明治13年（1880年）5月 40名		
等級	①	②	③	①	②	③
土木科	南清	石橋絢彦	杉山輯吉	小林八郎	達邑容吉 太田六郎 千種基 渋谷競多 寺内義眞 飯塚義光 佐伯敦崇	
機械科	高山直質 三好晋六郎 荒川新一郎	今田清之進 宮崎航次		安永義章 原田虎三	坂湛 佐立次郎 竹田関太郎 野上由貞 藤田重道 岡助作(1) 吉見九郎 早田喜勉 家入安	
電信科	志田林三郎			岩田武夫	中山信順	
造家科	辰野金吾 片山東熊	曽禰達蔵 佐立七次郎		藤本壽吉	渡邊譲	
鉱山科	近藤貴蔵	麻生政包		沖龍雄 桑原政	吉原政道 小鹿島果 松下親業 仙石亮 狐埼富教 山田欽一 近藤陸三郎 荒川巳次 牧相信	
化学科		高峰譲吉 森省吉 中村貞吉 深堀芳樹 岸眞次郎 鳥居休夫			築山鏘太郎 今井善一 二宮正 田邊英之助	林糾四郎
冶金科		小花冬吉 栗本廉			高島米八	
造船科						

卒業時の等級：①第一等及第、②第二等及第、③第3等修業

(1)のちに実康と改名

第4期 明治15年（1882年）5月 35名			第3期 明治14年（1881年）5月 38名		
③	②	①	③	②	①
	植木平之允、伊藤隆三郎、吉川三次郎、神原伊三郎	大島仙蔵、野邊地久記、笠井愛次郎	山内市太郎	香取多喜、足助好生、江森盛孝、屋代傳、高田雪太郎	佐藤成教
	齋藤恒三、香坂季太郎、栗塚又郎	井口在屋、中原淳蔵、川井清三郎		須田利信、内藤政共、栗屋新三郎、子安雅、田中林太郎	臼井藤一郎、服部俊一、眞野文二、貴志泰
	坪井孚、岩垂邦彦	大井才太郎、山川義太郎、森島剛太郎、五十嵐秀助		飯田格之助、磯部四郎	藤岡市助、熊倉興作、中野初子、浅野応輔
	宮原石松、新家孝正、鳥居菊助、河合浩蔵、中村達太郎			久留正道、小原益知	坂本復経
	神田禮治、三田守一、大島六郎、小杉轍三郎、春原隅次郎	宮崎可吉、的場中、石田収		藤野聿造、張房健、菅田繁、世良梯造、都野豊之進、林頼次郎、石橋政信、永井久太郎、佐藤通	
小幡塚十	乾立夫			塀和為昌	河喜多能達、松平忠太郎
	喜多村寛治			野邊七郎	

期	第5期 明治16年（1883年）5月 35名			第6期 明治17年（1884年）5月 22名		
等級	①	②	③	①	②	③
土木科	渡邊嘉一 田邊朔郎 河野天瑞 宮城島庄吉 小田川全之	山口準之助 河野十三郎 上山基 清水保吉 船曳甲 勝間金太郎	杉山輯吉	久米民之助 吉本亀三郎	吉川阪次郎 小川東吾	
機械科	水上彦太郎 稲垣銓平 岩崎彦松	大竹多気 近藤基樹				
電信科	小高梅三郎	玉木辦太郎 永山廉太郎 長谷川廷 神田選吉			青木大三郎	
造家科		船越欽哉 瀧大吉 森川範一 吉井茂則				吉澤友太郎
鉱山科		山縣宗一 藤岡作二郎 鈴木録之助 松田栄一		大原順之助	大坪一郎 齋藤精一 島田研六 間宮伊賀次郎 阿部正義 日高偉太郎 笠原鷲太郎 山口四郎(3)	
化学科	清水鐵吉	藤井恒久 池田政正(2)		下瀬雅允	河浪虎太郎 志筑岩一郎 細川俊茂	林糺四郎
冶金科						
造船科	亀田末通 岩田善明	小山吉郎		福田馬之助	杉谷安一 青木恭	

(2)のちに高松と改姓、(3)のちに村瀬と改姓

第7期 明治18年（1885年）5月 18名 ①	②	③	累計卒業者数 全221名
吉村長策	相澤時正 友成仲 牧野実 福岡清一郎	山内市太郎	45名
進経太 菊地泰三	畑精吉郎		39名
			21名
	渡邊五郎		20名
	河相保四郎 黒田清暉 中村武治 水野勤一郎(4) 秋山長明		48名
	石川吉二郎 緒方三郎		25名
			5名
松尾鶴太郎	小西慎三郎		8名

(4)のちに石坂と改姓

出典：「旧工部大学校史料」（旧工部大学校史料編纂会編、1931年、虎の門会発行）

Ⅱ

学問と教育に生きた人々

1 志田林三郎

明治日本の理工学分野における最高の秀才は誰かと問われた時、志田林三郎《しだりんざぶろう》は最有力候補の一人であろう。電子立国と言われるように、こんにちわが国は世界をリードする電子科学と電子技術を誇っているが、その出発点を切り拓いたのが志田林三郎である。日本最初の工学博士となり、帝国大学電気学科の初代日本人教授として電気学会を設立し、明治初期の極めて短期間のあいだに、わが国の電気通信技術を世界に迫る水準にまで高めた。マルコーニが無線電信の実験に成功する十年も前、隅田川の河口において、水の性質を利用した世界初の遠隔地無線通信の実験を行った。三十六歳の若さで世を去ったことが惜しまれる天才技術者であった。

多久の天才少年

唐津から佐賀に向かう途中に、多久《たく》という地がある。山あいのひっそりとした郷である。佐賀藩に属しながら、多久家という地方豪族が永くこの地を治めてきた。多久家は代々学問を尊んだ。国の重要文化財となっている孔子廟（多久聖廟）を建立し、九州最古の学校といわれる東原庠舎《とうげんしょうしゃ》を建てて、村の人々に学問を奨励した。詳しくは高取伊好《たかとりこれよし》の項（Ⅲ－4）に記す。

志田林三郎は幕末の安政二年（一八五五年）、現在の佐賀県多久市東多久町別府に生まれた。父・志田重蔵は学問を好み、私塾を開いて子どもたちに勉強を教えていた。母はフミといい、この両親には娘が二人いて、林三郎は三番目に生まれた長男であった。翌年、父が亡くなったので、林三郎は父の面影を覚えていない。貧しい寡婦となったフミは、着物の仕立てや出稼ぎなどをして子どもを育てたが、ほどなく饅頭《まんじゆう》屋を始めた。志田の家は佐賀と唐津を結ぶ街道沿いにあり、また石炭を積み出す船着き場に近かったこともあって「志田さん饅頭」は繁昌した。林三郎も饅頭を船着き場や市場まで売りに行き、母を助けた。

林三郎の頭のよさは、饅頭の代金計算の速さと正確さという、実に素朴な分野において発揮された。饅頭屋に賢い少年がいるとの評判が立ったので、大人たちはわざと饅頭代をごまかし、それを林三郎が見破るのを見て楽しんだ。万延元年（一八六〇年）、五歳の時、地元の庄屋である木下平九郎に読み書きそろばんを教わり、次いで文久二年（一八六二年）、東原庠舎の分校である上田町学舎に学んだ。

上：志田林三郎（多久市郷土資料館提供）
右：志田林三郎の生家跡。生家跡には現在、石碑だけが立っている（平成16年１月撮影）

東原庠舎

慶応二年（一八六六年）、十一歳の志田林三郎は東原庠舎に入学した。本格的な勉強を始める年齢としては遅いが、こ

東原庠舎記念碑

れは身分が低かったためだ。志田を東原庠舎に入れるにあたっては、その天才ぶりを見込んだ多久家第十一代当主・多久茂族《しげつぐ》の意思が働いたと言われている。

ところで、幕末の多久郷が生んだ傑物と言えば鶴田兄弟がいる。兄の鶴田皓《つるたあきら》（別名斗南《となん》）は明治時代を代表する刑法学者であり、漢詩人でもある。弟の高取伊好は鉱山技術者で、後に肥前の炭鉱王と呼ばれた（高取伊好は鶴田家から高取家に養子に行って姓が変わっている）。志田林三郎は高取伊好より五歳若い。

志田が入学した頃、鶴田皓が教師として東原庠舎に在籍していたようである。鶴田兄弟の伯父に草場佩川《くさばはいせん》がいる。佐賀藩校・弘道館の教授でもあり、鶴田兄弟に漢学を教えた人である。志田は草場佩川の息子である廉《れん》（草場船山《せんざん》）に漢学を教わった。船山は鶴田兄弟の従兄弟であり親友でもあった。こうして、志田林三郎は多久の誇る学者一族と交わり、生涯失うことのなかった礼節と漢学の素養を身につけた。

明治四年（一八七一年）、十六歳の林三郎は佐賀藩校・弘道館に進学した。そして翌明治五年十月、明治政府によって設立された工学寮に入寮するために、東京へと向かった。

工学寮・工部大学校

明治政府は明治三年（一八七〇年）、工部省を設立し、その傘下に工学寮という寄宿舎付きの学校を設置した。明治六年八月、第一回の入学試験が行われ、二十人が官費生として選抜された。今の東京大学工学部の出発点であると共に、生活費と学費のすべて、及び将来の工部官僚としての就職までも保証される、工学エリート教育の始まりであった。土木、機械、造家、電信、化学、冶金《やきん》、鉱山の七学科（のちに造船が追加されて八学科）からなり、第一期官費生二十人の中には、高峰譲吉（化学）、志田林三郎（電信学）、曽禰《そね》達蔵《たつぞう》（造家学）、麻生政包《あそうまさかね》（鉱山学）、南清（土木学）らがいた。志田が佐賀藩出身、曽禰と麻生は唐津藩出身で、高峰は越中の出身だが、工学寮に来る前は佐賀藩校・致遠館の学生であった。このように工学寮では「肥前組」と呼ばれる肥前出身者が多かった。唐津藩出身の辰野金吾と吉原政道は第一回入試に失敗したが、のちに入学を果たし、造家学科と鉱山学科に各々進んだ。

どんな学問でも、揺籃期には分野がまだ細分化されず、そういう時期特有の気風がある。生まれたばかりの工学寮では、寮で生活を共にする中から、寮生たちのかけがえのない交流が生まれた。興味深いことは、部屋割りが成績順に行われたことである。このため、常に成績優秀であった高峰譲吉、志田林三郎、南清、荒川新一郎の四人がいつも同じ部屋で寝起きを共にすることとなった。入学試験では高峰が首席だったが、在学中ほどなく志田が首席となった。彼らは輪講などを開いて共に勉強したが、志田は友人たちに数学を教えることが多かった。今田清之進（機械学）の評によれば「至って淡白な人格者で学才は優秀で有名」とある。東原庠舎仕込みの漢学の趣味があり、同期の石橋絢彦《いしばしあやひこ》の証言によれば、諸葛孔明《しょかつこうめい》の「後出師表《ごすいしのひょう》」を愛唱し、自らも漢詩を作った。囲碁が強かった。

工学寮は明治十年、工部大学校へと改組され、教育機関として充実していく。工部大学校はスイス連邦工科大学（ＥＴＨ、Eidgenössische Technische Hochschule）をモデルとして作られ、教授として若い英国人科学者が選抜された。ヘンリー・ダイヤー教頭（土木・機械）、エアトン（物理・電信）、ミルン（鉱山・金属）、

虎の門地区の政府庁舎が改築される前（平成16年１月）の工部大学校記念碑。かつての会計検査院敷地内にあった

工部大学校記念碑の説明板。昭和14年４月にこれが建立されたさいの、曽禰達蔵による碑文が再録されている

コンドル（造家）、ダイバース（化学）、ペリー（土木）などだが、いずれも優秀で熱心な科学者・教育者であった。彼らは東洋の新興国に近代科学の精神と技術を植え付けることに強い使命感を持って臨み、短時日《たんじじつ》のあいだに工部大学校を世界的なレベルに育て上げた。当時、欧州には理学・自然哲学の高度な教育機関はあったが、工学分野の、しかも男女共学の高等教育機関として、工部大学校は世界でも稀有の存在であった。

少し余談になるが、明治十年、西郷隆盛らが九州で蜂起し、明治政府とのあいだで戦争状態になった。西南戦争と呼ばれる。この時、陸軍省は熊本城周辺の敵味方の状況を把握するために、繋留軽気球の試作を工部省に委嘱した。工部省は工部大学校の学生たちに作らせることにした。気球製作の実例が全くなかった時代のことである。リーダーに指名された志田は、高峰ら五人の学生を選んでチームを編成した。制作費三〇〇円という条件のもと、約二週間でこれを完成させた。美濃紙で直径一五〇センチメートルほどの気球を作り、表面に塗料を塗ったうえで水素を充塡し、陸軍高官たちの前で飛ばしてみせた。実際に気球がどう使われたかは分からないが、学生時代の志田が、実務面のリーダーとしての資質を発揮した例として知られている。

エアトン教授と電信学科

英国人電気科学者エアトン（William Edward Ayrton）は一八六七年（慶応三年）にロンドン大学数学科を卒業した後、グラスゴー大学のケルビン卿（Lord Kelvin）のもとで電気学と物理学を学んだ。技術者としてインド電信庁に就職し、一八七二年（明治七年）まで送電試験などに従事した。またケルビン卿のもとで大西洋海底ケーブルの通信実験に参加し、大西部鉄道会社（Great Western Railway）での実務経験もある。明治六年、工学寮の物理学と電信学の教授に抜擢されて日本に渡った。

エアトンは猛烈な研究者で、日本に着任するや一刻も無駄にせず朝早くから夜遅くまで働き、自ら学生たちの模範となった。余りに厳しいので学生たちからは煙たがられた。しかし、二年遅れて来日した土木学科教授ジョン・ペリー（John Perry）は、エアトンの物理実験室を見て、世界に類例のない素晴らしさだと感嘆した。エアトンの物理実験の特徴は、高度な電気技術を生かした精密測定であり、気体の誘電率測定、誘電液体の粘度測定、天体の磁気などと幅広い。「魔鏡」の研究でも知られる。魔鏡とは青銅などで作った鏡で、鏡面を直接に見たところ普通の鏡だが、これに光を当てて反射光を壁に投影すると、そこに仏像などが浮き上がるように細工された工芸品である。中国に起源を持つ技術である。

ペリーもまたケルビンの門下生だったので、二人は学生の教育の傍ら、協力して最新の電気実験と電気技術の開発に熱中した。彼らは、つるまきばね電流計、電力計などの計器類を発明した。二人の電流計は、電流を正確に測定する世界初の計器と言われた。エアトンとペリーは、実験と発明の成果を、はるか東京の地から英国の学会誌に発表し続けた。近代電磁気学の父であるマクスウェル（James Clark Maxwell）が彼らの研究を評して「世界の電気学界の重心が日本の方向に動いた」と語ったという、伝説めいた逸話も残っている。物理学と電気電信実務の両面に素養を持つことは、エアトン、ペリー、志田というケルビン門下生に共通するものである。

明治十一年三月二十五日、明治政府は電信中央局を発足させ、伊藤博文の指揮のもと、工部大学校においてその祝賀式が行われた。外が暗くなった夕刻六時、エアトンに指揮された藤岡市助、中野初子《なかのはつね》、浅野応輔《あさのおうすけ》ら電信学科の学生たちが、五十個のグローブ電池をフランス製デュボスク式アーク灯につないだ。「パッと明るくなって万雷の拍手が鳴り響いた次の瞬間、スーと消えた」と記録されているが、これがわが国において公開の席で電灯が灯された最初の瞬間であった。今もこの日は「電気記念日」として祝われている。後年、初の国産

W. E. エアトン（「旧工部大学校史料」［多久市郷土資料館蔵］より転載）

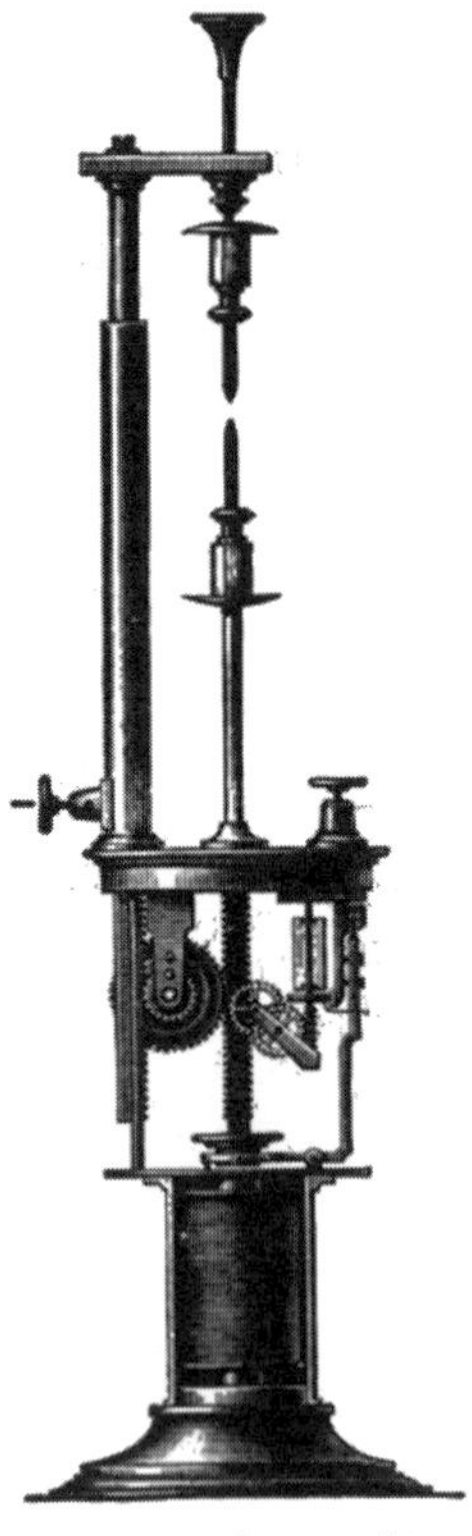
デュボスク式アーク灯

白熱電球を作った藤岡市助がこの実演に参加していたことには、感慨深いものがある。この実験のように「スーと消え」ない藤岡の長寿命型真空白熱電球は、明治二十三年、エジソンの発明に遅れること十一年で完成し、現在の株式会社東芝の事業の出発点となった。

エアトンは明治十一年、英国に戻ったが、帰国の日も実験に熱中して汽車に乗り遅れてしまった。すると次の汽車を待つまでのあいだ、再び工部大学校に戻って実験を続けたという。エアトン夫人（M. Chaplin Ayrton）もまた科学者で、ロンドン女医学校で助産婦免許を取得したのち、パリ大学で理学士と文学士の称号を得て来日した。帰国後、日本での研究を論文「日本人の体格と身体の形成」にまとめ、医学博士となった。また、一八七九年には著書『日本の子どもの暮らしと日本の童話（Child-Life in Japan and Japanese Child-Stories）』をロンドンで出版した。若い学者夫婦が学生たちに与えた影響は、大きかったことだろう。

エアトンとペリーは英国に帰国後、フィンスベリー工科大学（Finsbury Technical College）などで共同研究を続け、そこでも数々の業績をあげた。鉄道の電化、発電などに貢献し、高圧送電を初めて提唱し、世界初の電気三輪車を作った。こうした業績により、エアトンは一九〇一年、王立協会賞（The Royal Medal）を受賞した。また後年、エアトンは女性研究者フェーベ・マークス（Phoebe Marks）と再婚し、協力して投光機の研究に従事した。マークスはエアトンの死後、アーク放電の権威となる。

卒業と留学

明治十二年（一八七九年）、工部大学校は最初の卒業生を出すことになった。志田が提出した卒業論文は

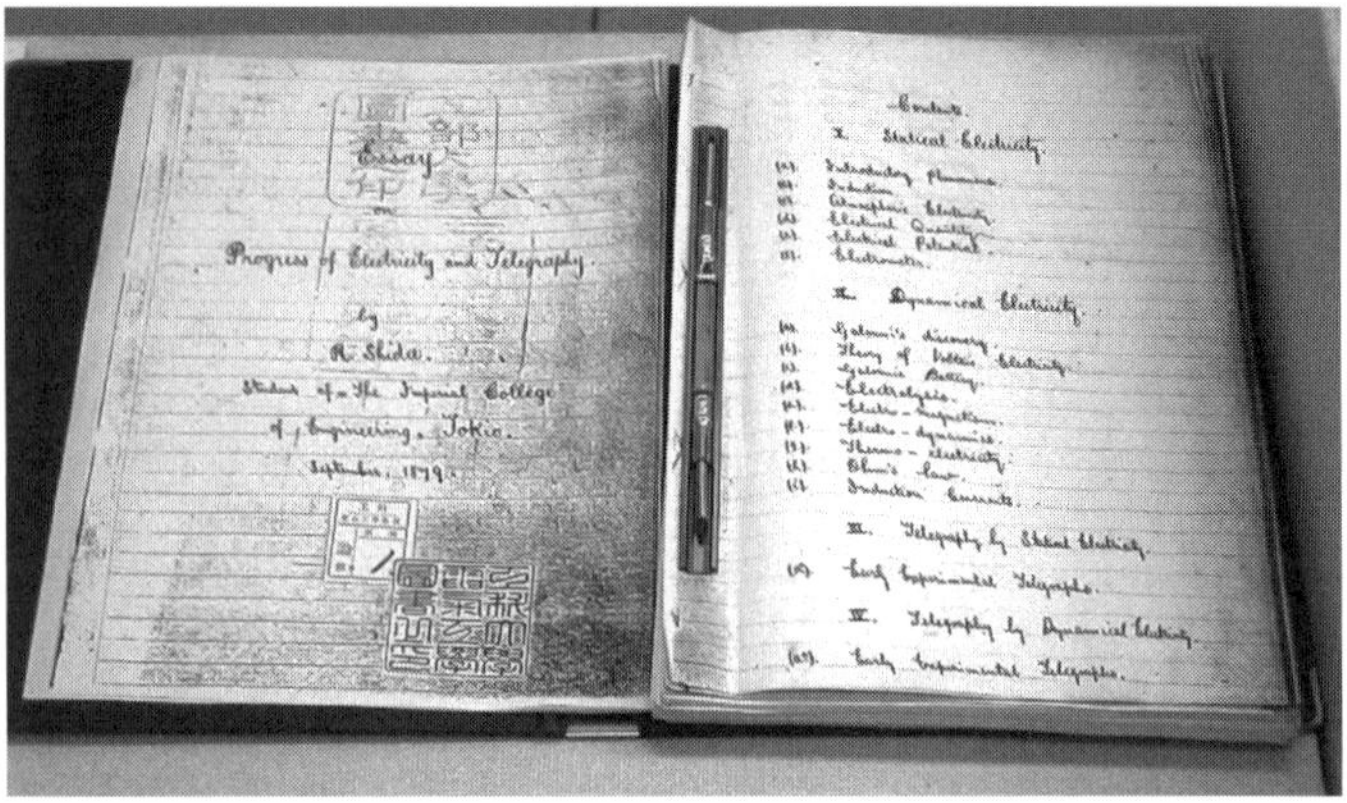

志田林三郎の工部大学校卒業論文「Essay on Progress of Electricity and Telegraphy」の写し（多久市郷土資料館所蔵）

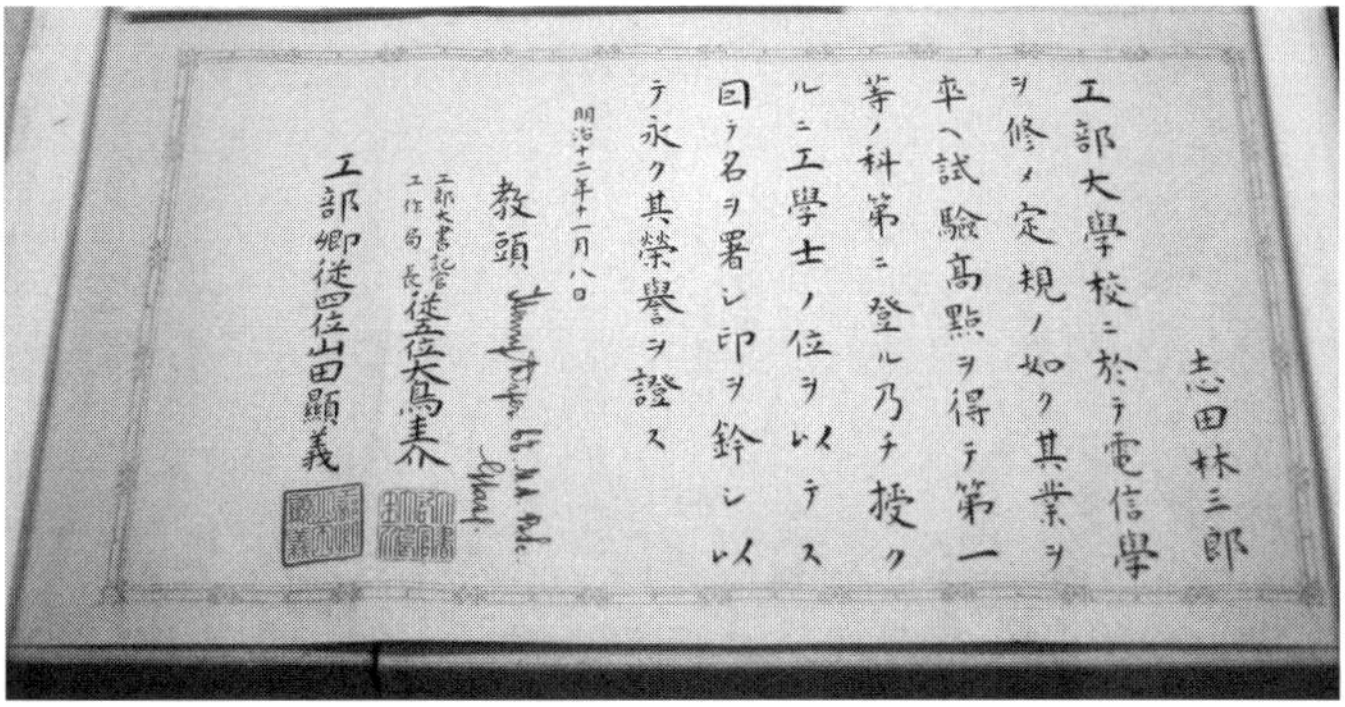

志田林三郎の工部大学校卒業証書（多久市郷土資料館所蔵）

「Essay on Progress of Electricity and Telegraphy」というもので、丁寧な手書きの英文で書かれている。題名を日本語で言えば「電気と通信の進歩に関する考察」だろう。電気学と通信技術の歴史的な経過と当時の到達点がまとめられている。六年間、恵まれた環境の中で充実した勉学の日々を送り、ほぼ当時の電気学の最先端に達していたことが分かる。

　工部大学校の第一期卒業生二十三人のうち、各分野の首席十一人が英国留学を命ぜられ、明治十三年二月八日、フランス船ボルタ号に乗って横浜を出航した。南清（土木学）、三好晋六郎（造船学）、志田林三郎（電信学）、近藤貴蔵（鉱山学）、高峰譲吉（化学）、栗本廉（地質学）、高山直質《なおただ》（機械学）、荒川新一郎（紡績学）、辰野金吾《たつのきんご》（造家学）、石橋絢彦《あやひこ》（燈台学）、小花冬吉《おばなふゆきち》（冶金学）の十一人であった。エアトンは前年、すでに英国に戻っていたが、志田はペリー教授の推薦を得て、スコットランド、グラスゴー大学のケルビン卿のもとへと向かった。

ケルビン卿

およそ物理学を学んだ人で、ケルビン卿の名を知らぬ人はないであろう。一八二四年（文政七年）、北アイルランドのベルファストに生まれ、本名をウィリアム・トムソン（William Thomson）という。十歳でグラスゴー大学に入学し、二十二歳で物理学科の教授となった。グラスゴー大学の構内に住み、人生の大部分をそこで過ごした。学術上の功績により、英国王室から一代貴族（Knight）の称号を贈られた。この大学の一帯は古くからケルビンの森（Kelvin Grove）と呼ばれていたので、晩年は「ケルビン卿（Lord Kelvin）」の愛称で呼ばれた。地元の人々の誇りだったのだろう。現代の物理学者のあいだでも、トムソンと呼ばれたり、ケルビンと呼ばれたりする。

ベルファスト植物園にあるケルビン卿（ウィリアム・トムソン）像

ケルビンは十九世紀における物理学全般を指導した巨人だが、その最も顕著な業績は熱力学におけるものであろう。ケルビンは「エネルギー」という概念を確立し、ヘルムホルツらと共に「エネルギー不滅の原理（熱力学第一法則）」を確立した。また蒸気機関に関する考察から、熱エネルギーには、有効に仕事に転化できるものとできないものがあることを示し、「トムソンの原理」あるいは熱力学第二法則と呼ばれる一般原理を確立した。こうした思索を

ケルビンの森公園から見た
現在のグラスゴー大学

もとに、ケルビンはこの世における絶対的な最低温の極限である「絶対零度」の存在を示し、絶対温度（ケルビン温度）概念を提唱した。こうした学説は今日では科学者の共通認識となっており、また一般の人々の思想にまで大きな影響を与えた。因みに、志田はエネルギーを「勢力」と翻訳して使っている。

ケルビンは、生まれて間もない星の発する光の源泉は星の収縮によって解放される重力エネルギーだとする理論（ケルビン・ヘルムホルツ収縮）を示し、また、流速の異なる流体界面に発生する乱流の理論（ケルビン・ヘルムホルツ不安定性）、粘弾性のケルビン模型などを提唱した。数理物理学にも大きな貢献をした。実験分野では、導体の小さな抵抗の精密測定法（ケルビン・ダブルブリッジ）、電流の精密測定法（ケルビンの電流天秤）、気体の膨張に伴う温度変化の測定とその理論（ジュール・トムソン効果）など、業績を列挙するときりがない。

このようにケルビンは文字通り古典物理学全体の指導者であったが、更に付け加えるべきことは、電気・電信分野の実務家としての業績である。英国の電信電話インフラの整備を指導し、大西洋海底ケーブルという一大国際事業を指揮した。自らの卓越した学識を産業振興に積極的に活用するというのは、エアトン、志田ら門下生にも受け継がれた資質であった。

光の速さを測る

横浜からの長い旅を経て一八八〇年（明治十三年）五月、二十四歳の志田林三郎はグラスゴーに到着した。同大学の別の学科には南清（土木工学）と高山直質（機械学）も進学した。志田がケルビンの研究室で指導を受けたのはわずか一年だったが、そこで彼は驚くべき研究成果を上げた。

マクスウェルが電磁気学の一般理論を発表したのは一八六〇年代から七〇年代で、志田が英国に滞在した当時は、マクスウェル理論の検証と、そこから導かれる新たな展開が物理学、電磁気学の中心テーマだった。特に注目されたのは、電気測定から得られ静電単位系で表される物理量と、磁力測定から得られ電磁単位系で表される物理量とのあいだを結ぶ比例係数として、「速度の次元を持つ普遍的な定数」が現れることだった。これが光の速度なのではないかとの指摘があり、それは「光の本性は電磁波なのか？」という問いに直結するものだったので、先端研究者たちの大きな関心事だった。来日したエアトンとペリーが工部大学校で電荷、電流、静電容量、電位差などの基本的物理量の測定に励んだのも、こうした研究を意識していたと思われる。

志田はグラスゴーに到着後間もなく、ケルビンが持っていた安定な電池を使って起電力を測り、正負の電荷を帯びた平行板コンデンサー間に働く力を測定した。次いで、コイルに正確な電流を流した時に生まれる磁力を測定した。これらの関係から光の速度と思われる比例係数 2.944×10^8 m/s を得た。

一八八〇年八月三十一日、スワンシー（Swansea）で開かれた「科学の進歩のための英国協会」（British Association for the Advancement of Science）の会合で、志田はこの実験結果を発表した。実験は七月に行ったと述べている。近代科学の歩みを始めたばかりの東洋の国からやって来た留学生の研究発表に、人々が驚嘆

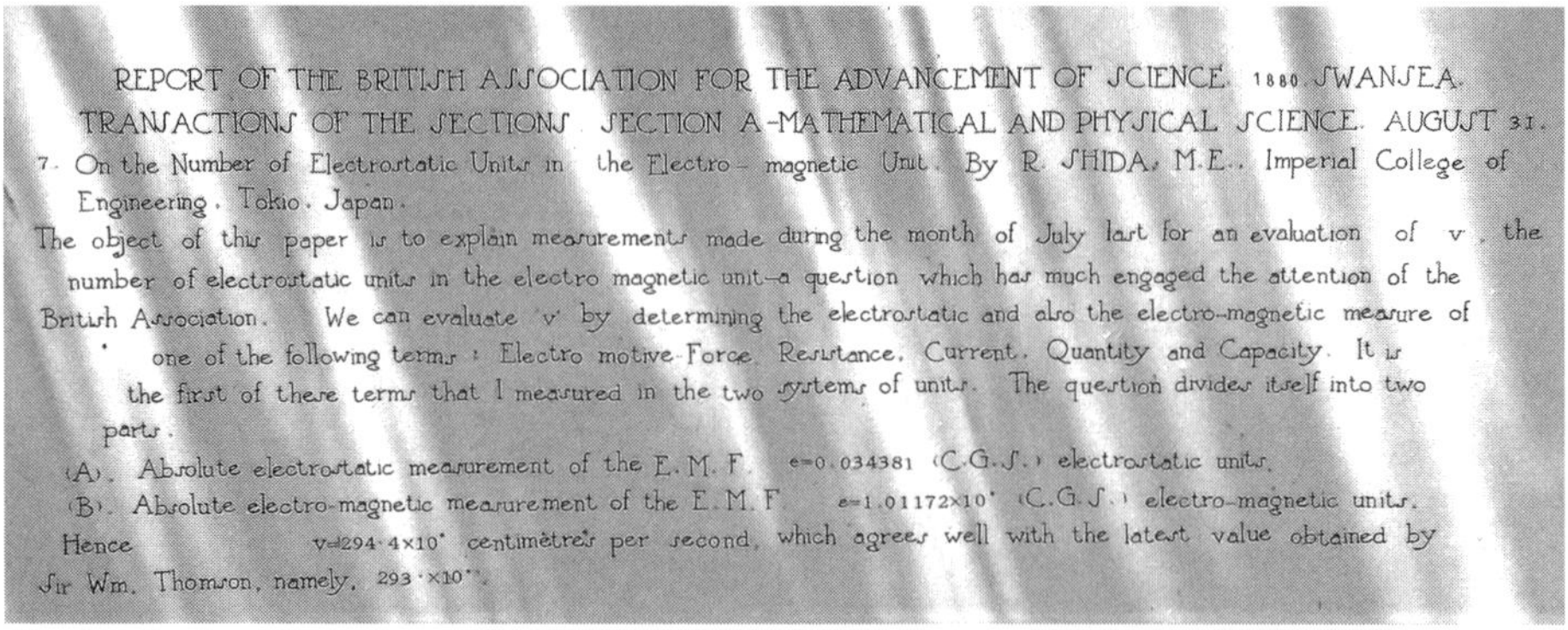
REPORT OF THE BRITISH ASSOCIATION FOR THE ADVANCEMENT OF SCIENCE. 1880 SWANSEA.
TRANSACTIONS OF THE SECTIONS. SECTION A-MATHEMATICAL AND PHYSICAL SCIENCE. AUGUST 31.
7. On the Number of Electrostatic Units in the Electro-magnetic Unit. By R. SHIDA, M.E., Imperial College of Engineering, Tokio, Japan.
The object of this paper is to explain measurements made during the month of July last for an evaluation of v, the number of electrostatic units in the electro magnetic unit—a question which has much engaged the attention of the British Association. We can evaluate 'v' by determining the electrostatic and also the electro-magnetic measure of one of the following terms: Electro motive Force, Resistance, Current, Quantity and Capacity. It is the first of these terms that I measured in the two systems of units. The question divides itself into two parts.
(A). Absolute electrostatic measurement of the E.M.F. e=0.034381 (C.G.S.) electrostatic units.
(B). Absolute electro-magnetic measurement of the E.M.F. e=1.01172×10⁸ (C.G.S.) electro-magnetic units.
Hence v=294.4×10⁸ centimètres per second, which agrees well with the latest value obtained by Sir Wm. Thomson, namely, 293×10⁸.
英国協会での志田の発表文が刻まれた陶板(多久市東原庠舎)

したであろうことは想像に難くない。ケルビンの仲介により、この研究は「フィロソフィカル・マガジン」(Philosophical Magazine)に掲載された。題名は「On the Number of Electrostatic Units in the Electromagnetic Unit」著者は「R. Shida, M. E., Imperial College of Engineering, Tokio, Japan」と記されている(M. E.はMaster of Engineering)。問題の係数が光の速度であることは、当時まだ確定的でなかったので、志田は「Number(数)」と表現している。また、十一月十八日付でコメントを追加している。英国協会での講演(八月三十一日)の後、より精密な実験を何度も繰り返した。特に、コイルに電流を流すことで生じる磁力を測るさい、正接検流計(Tangent Galvanometer)を使って針の振れ角の正接(Tangent)を測るのだが、今回は針を吊るしている絹の細糸のねじれの効果を補正した。そして先の「2.944」に該当する、より精確な数値として、2.999, 3.003, 2.994, 2.980, 2.999という五つの結果を得た。その平均値2.995を、この実験の結論とした。こうして、日本人による初めての光速の測定結果は2.995×10^8 m/s(秒速二億九九五〇万メートル)と発表された。二十一世紀のこんにち、最新の測定技術によって、光速は2.99792458×10^8 m/sとされている。志田の測定値はこれと0・098%の誤差しかない。一三〇年以上前に行われた、驚異的な精度の実験である。

多久の東原庠舎には、この実験の記念碑が建てられている。陶板に、英国協会での志田の発表文が刻まれている。

このように志田は、ケルビンのもとで、すでに学生の域を越え、研究者としての活躍を始めていた。東京でのエアトンとペリーの教育が世界の最先端であったことを示すと共に、志田の並外れた才能を証明するものでもある。

志田は学生としては数学と物理学のコースで学び、物理初級クラス一位、数学クラス上級試験二位、物理クラス上級数学試験一位という成績であった。独自の実験研究テーマとして与えられた「磁化率の研究」に対して、大学全体で毎年一人だけに与えられる最優秀論文賞である「クリーランド金賞」メダルを授与された。ケルビンは志田を殊のほか愛し、「私が出会った数ある教え子の中で最高の学生である」と称えた（デービット・ウィルソンの著した『ケルビン伝』に記されている）。

志田は一年間のグラスゴー大学滞在の後、グラスゴー市中央郵便局で半年間の研修を受けた。工部大学校を卒業後、官費留学をした学生の多くが、こうした実務経験を積んでいる。志田はそれから、パリ万国博覧会などを視察して帰国した。

グラスゴー大学で最優秀の論文に与えられる賞で1880年度は志田林三郎が「帯磁率の実験」で受賞した。この賞は1年に1人に与えられるもので、日本人では始めてである。

志田林三郎が受賞したクリーランド金賞（多久市郷土資料館所蔵）

工部大学校教授としての電気学研究

明治十六年（一八八三年）、志田は英国留学から帰国し、工部大学校電気工学科の初代日本人教授に就任した。二十七歳であった。明治十九年には帝国大学（現在の東京大学）が発足し、志田はその教授となった。明治二十一年、志田はわが国第一号の工学博士号を授与された。

帰国して活躍中の志田林三郎
（多久市郷土資料館提供）

この頃の志田の研究は、基本的にケルビン卿の与えたテーマを踏襲している。地磁気測定器の開発、液体の電気抵抗の測定などである。明治二十二年には電気学会雑誌に「液体の電気抵抗は温度と共に変動あるを表す試験及びその成績」を発表し、いっぽう地震学会雑誌には「地電気の説」を発表している。

河川を使った遠隔地無線通信実験

志田が師ケルビンの枠をはみ出して、独自の境地を開拓しようとした実験がある。水の性質を利用した、世界初の遠隔地無線通信の実験である。当時すでに、欧米では電信電話が実用化されており、電線によって電気信号を遠隔地へと運べることは明らかであった。いっぽうケルビンとマクスウェルは、電気の振動が波動となり、それが空間を伝って遠隔地へと伝わるはずだという説を唱えていた（電磁場説）。これとは別に、蓄電池などの研究から、水に電圧を加えると「分極（Polarization）」つまり電荷の偏りが生じることが知られつつあった。志田自身、液体の電気抵抗の研究をしていたので、実験の過程で水の電気分極現象に遭遇していた可能性もある。こうした背景の中で志田は、河川や海を媒介として、水の電気分極が遠隔地へと伝播するのではないかと考えたようだ。

この実験は明治十八年（一八八五年）、隅田川の河口において行われた。実験の結果を知りたいところだが、どうも明らかでない。こんにちの立場で考えると、指向性の強いアンテナ技術もなく、また分極した水分子自身の熱運動や水流など、電気信号を散逸させる要素が多すぎるから、この実験が成功した可能性は低いだろう。

しかし実験から三年後、電気学会設立にあたって志田が行った演説の中で、当面する技術課題のひとつに「電気分極を用いることによって、河川や海で隔てられた遠隔地との間で電線を用いずに電信電話の通信を行う方法」を挙げていることから、まだこの方法を諦めていなかったことが分かる。

電気の振動が空間に電磁場を生むという、ケルビン、マクスウェルの学説が実証されたのは、ドイツ人ヘルツが一八八八年に行った実験であり、志田の実験から三年後のことであった。これを実用化すべく、イタリア人マルコーニが、一〇メートルの距離にあるベルを無線で鳴らすことに成功したのは一八九五年のことで、これが世界における無線通信の始まりとされている。志田の実験から十年後のことであった。志田の実験は、技術としての発展可能性において、ヘルツ、マルコーニの実験に比べて劣っているが、全く独立した実験を先行して行ったことは事実である。こうした先見性、水の電気分極を使うという独創性、しかも河川や海を実験手段に使うという着想の壮大さにおいて、注目に値するものである。

通信官僚としての仕事

志田は欧州留学から帰国後、工部大学校教授に就任するよりも早く、工部省准奏任御用掛《じゅんそうにんごようがかり》として電信局に勤めた。次いで工部《こうぶ》権少《ごんのしょう》技長《ぎちょう》となって新国家の電信業務を指揮する立場となった。帝国大学教授と通信官僚を兼務しての多忙な日々が始まった。明治二十年（一八八七年）には逓信省工務局次長、二十二年には局長となり、東京電信学校の校長も務めた。従来から存在した碍子《がいし》試験場を拡張して電気研究所とし、後の通産省工業技術院電子技術総合研究所の礎《いしずえ》を築いた。

明治二十年には、「工学会誌」に「工業の進歩は理論と実験との親和に因る」という総説論文を書いている。

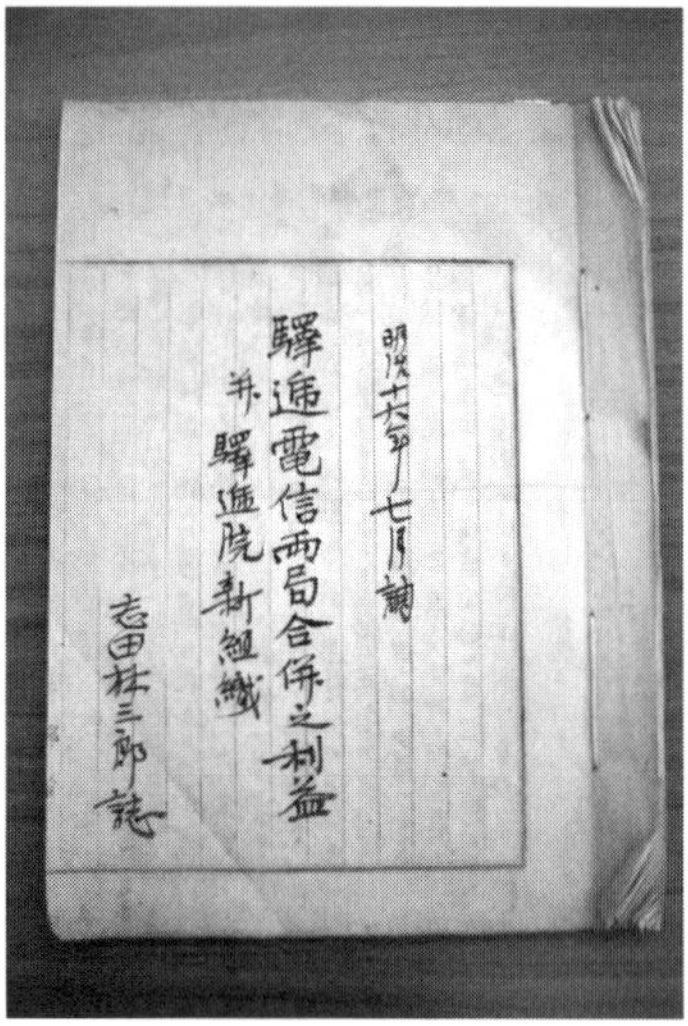

明治十六年七月調
驛逓電信両局合併之利益
并驛逓院新組織
志田林三郎誌

志田林三郎自筆の建議書「駅逓電信両局合併の利益並駅逓院新組織」（多久市郷土資料館所蔵）

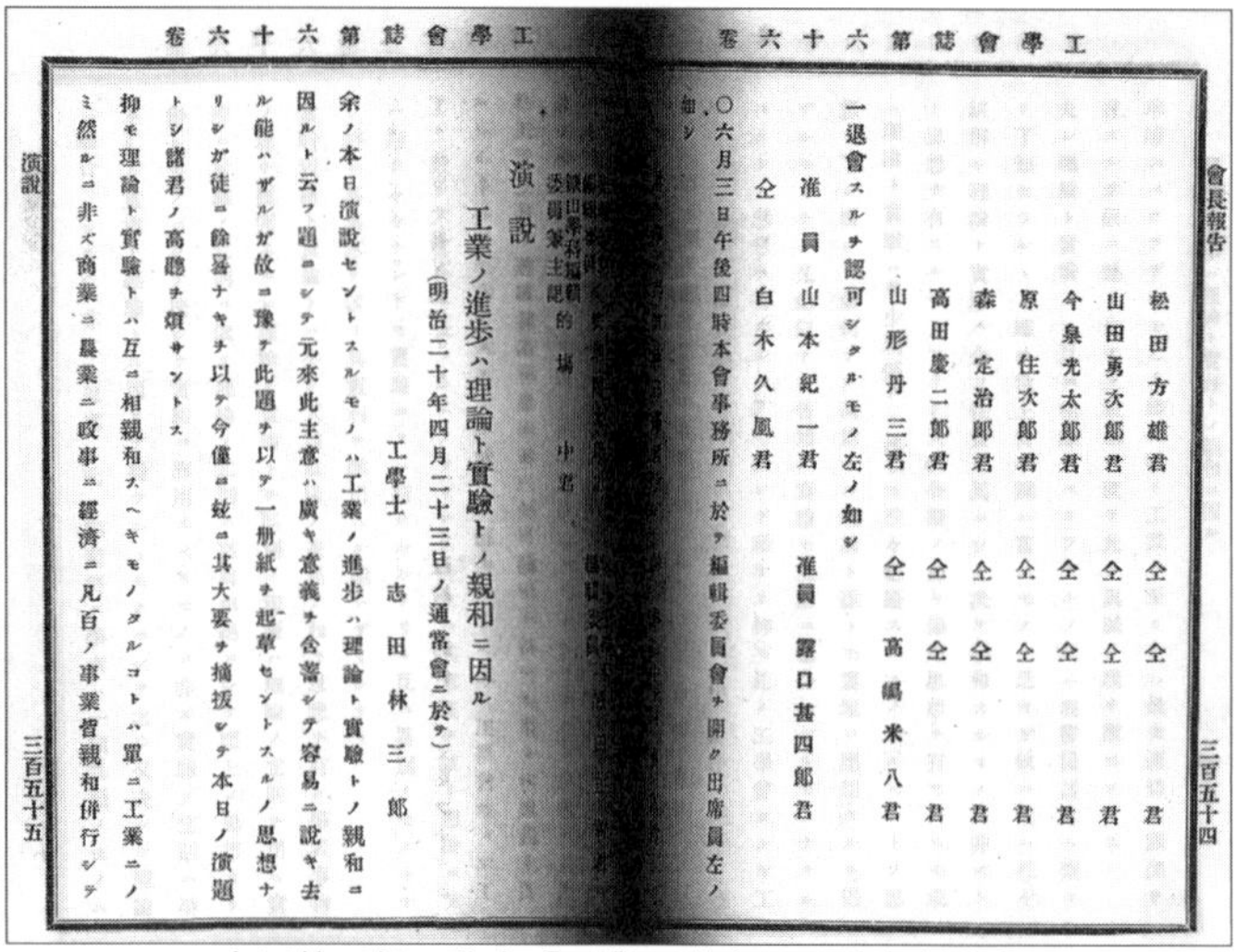

工學會誌第六十六卷

會長報告

松田方雄君　仝　仝　君
山田勇次郎君　仝　仝　君
今泉光太郎君　仝　仝　君
原住次郎君　仝　仝　君
森定治郎君　仝　仝　君
高田慶二郎君　仝　仝　君
山形丹三君　仝　高嶋米八君

一退會スルヲ認可シタルモノ左ノ如シ
准員　山本紀一君　准員　露口甚四郎君
仝　白木久鳳君

○六月三日午後四時本會事務所ニ於テ編輯委員會ヲ開ク出席員左ノ如シ

三百五十四

工學會誌第六十六卷

演説

工業ノ進歩ハ理論ト實驗トノ親和ニ因ル
（明治二十年四月二十三日ノ通常會ニ於テ）
工學士　志田林三郎

余ノ本日演説セントスルモノハ工業ノ進歩ハ理論ト實驗トノ親和ニ因ルト云フ題ニシテ元來此主意ハ廣キ意義ヲ含蓄シテ容易ニ説キ去ル能ハザルガ故ニ豫テ此題ヲ以テ一册紙ヲ起草セントスルノ思想ナリシガ徒ニ餘暑ナキヲ以テ今僅ニ玆ニ其大要ヲ摘抜シテ本日ノ演題トシ諸君ノ高聽ヲ煩サントス

抑モ理論ト實驗トハ互ニ相親和スヘキモノタルコトハ單ニ工業ニノミ然ルニ非ズ商業ニ農業ニ政事ニ經濟ニ凡百ノ事業皆親和併行シテ

演説　三百五十五

志田林三郎の論文「工業の進歩は理論と実験との親和に因る」。工学会での演説をもとにした総説論文である（「工学会誌」第66巻より転載）

純粋学問と工業との関わりを、専門の物理学、電気学だけでなく、幅広い分野において論じている。巨大橋建設における構造力学の役割、火薬、染料、医薬、ソーダ工業などにおける化学の力、蒸気機関と熱力学など、その博識ぶりはさすがである。

行政面での志田の仕事として、通信事業の経営形態の問題がある。当時、明治政府内部に、通信事業を民営とするか官営とするかの対立があった。多数派であった民営論を退けて官営路線を敷くにあたって、志田の主張が通ったと言われている。

電気学会の設立と記念演説

学術と実業、官、学、民を結んで、わが国の電気科学と電気事業を発展させるために、志田は電気学会の設立を構想した。時期尚早との反対意見が工学会などから寄せられたが、わが国の将来を展望した時、この時期の電気学会設立は必要との信念を曲げなかった。明治二十一年（一八八八年）五月、時の逓信大臣・榎本武揚《えのもとたけあき》を会長に据え、自らは幹事となって、電気学会の設立を宣言した。明治二十一年六月二十五日、京橋西紺屋町の地学協会会館において、電気学会第一回通常会が開かれ、志田は学会設立を記念する演説を行った。この演説は伝説となった。その内容の高さが驚くべきものだったからである。

志田は新しい学会の組織と運営のあり方を述べ、次いで電気の科学と技術に関する歴史と現状を概括する。学術面におけるアンペール、ファラデー、ケルビン、マクスウェル、エールステッドらの業績、技術面におけるエジソン、ベル、ジーメンス、モールスらの貢献を正しく評価するくだりは洞察に富み、今の学生が読んでもたいへん勉強になる。こうした進歩の行く先に、志田は電気の未来を語り、そこに到るために克服すべき課題を順次示す。なかでも圧巻は、将来実現するであろう技術として、次の九項目を予言したことである。

①高速度での音声多重通信。
②遠隔地との通信通話。
③海外で演じられる歌や音楽を同時受信して楽しめること（海外からのラジオ実況放送）。
④山間部の水力発電で得たエネルギーを長距離送電して、大都市で活用すること。
⑤黒煙白煙を吐かない電気列車や電気船舶が普及するであろうこと。
⑥電気飛行船に乗って空中を散策できること。
⑦光を電気磁気信号に変えることによって、映像情報を遠隔地に伝送し、遠くにいる人と自在に互いの顔を見ることができること（テレビジョン）。
⑧音声を電気信号に変えることによって機械に記録（録音）し、後で自由に再生できること（録音再生装置）。
⑨太陽黒点、オーロラ、気象などの観測を通じて、地電気、地磁気、空間電気の関係が明らかになり、地震

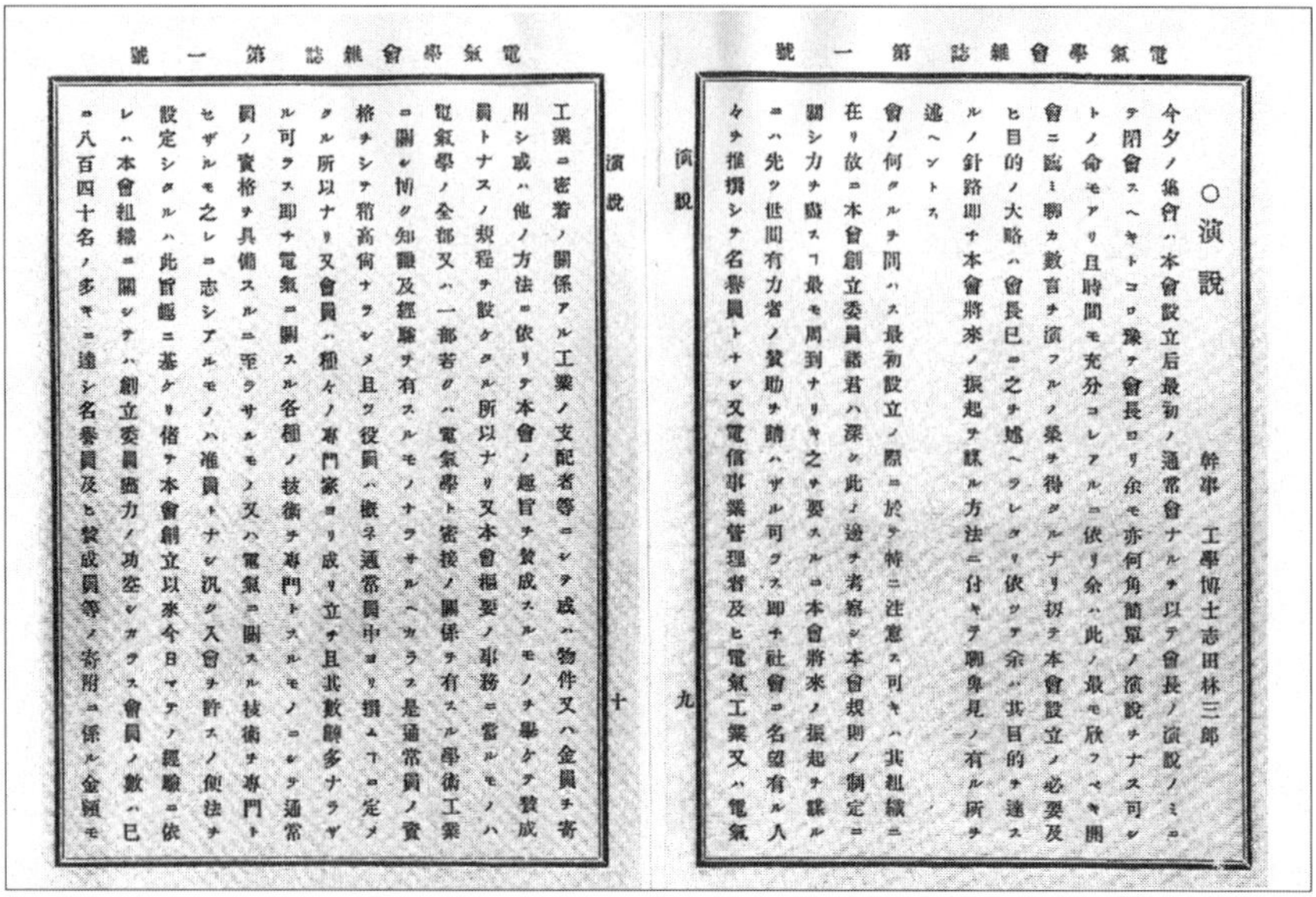
電氣學會雜誌　第一號

演說　九

○演說　幹事　工學博士志田林三郎

今夕ノ集會ハ本會設立后最初ノ通常會ナルヲ以テ會長ノ演說ノミニテ閉會スヘキトコロ豫テ會長ヨリ余モ亦何角簡單ノ演說ヲナス可シトノ命モアリ且時間モ充分コレアルニ依リ余ハ此ノ最モ欣フヘキ開會ニ臨ミ聊カ數言ヲ演フルノ榮ヲ得タルナリ扨テ本會設立ノ必要及ヒ目的ノ大略ハ會長已ニ之ヲ媾ヘラレタリ依ツテ余ハ其目的ヲ達スルノ針路即チ本會將來ノ振起ヲ謀ル方法ニ付キテ聊卑見ノ有ル所ヲ述ヘントス

會ノ何タルヲ問ハス最初設立ノ際ニ於テ特ニ注意ス可キハ其組織ニ在リ故ニ本會創立委員諸君ハ深ク此ノ邊ヲ考察シ本會規則ノ制定ニ關シ力ヲ盡スコト最モ周到ナリキ之ヲ要スルニ本會將來ノ振起ヲ謀ルニハ先ツ世間有力者ノ贊助ヲ請ハザル可ラス即チ社會ニ名望有ル人々ヲ推撰シテ名譽員トナシ又電信事業管理者及ヒ電氣工業又ハ電氣

電氣學會雜誌　第一號

演說　十

工業ニ密着ノ關係アル工業ノ支配者等ニシテ或ハ物件又ハ金員ヲ寄附シ或ハ他ノ方法ニ依リテ本會ノ趣旨ヲ贊成スルモノヲ擧ケテ贊成員トナスノ規程ヲ設ケタル所以ナリ又本會樞要ノ事務ニ當ルモノハ電氣學ノ全部又ハ一部若クハ電氣學ト密接ノ關係ヲ有スル學術工業ニ關シ博ク知識及經驗ヲ有スルモノナラサルヘカラス是通常員ノ資格ヲシテ稍高尙ナラシメ且ツ役員ハ槪ネ通常員中ヨリ撰ムコトニ定メタル所以ナリ又會員ハ種々ノ專門家ヨリ成リ立チ且其數餘多ナラザル可ラス即チ電氣ニ關スル各種ノ技術ヲ專門トスルモノニシテ通常員ノ資格ヲ具備スルニ至ラサルモノ又ハ電氣ニ關スル技術ヲ專門トセザルモ之レニ志シアルモノハ准員トナシ汎ク入會ヲ許スノ便法ヲ設定シタルハ此旨趣ニ基ケリ偖テ本會創立以來今日マテノ經驗ニ依レハ本會組織ニ關シテハ創立委員盡力ノ功空シカラス會員ノ數ハ已ニ八百四十名ノ多キニ達シ名譽員及ヒ贊成員等ノ寄附ニ係ル金額モ

電気学会設立にあたっての志田林三郎の記念演説
(「電気学会雑誌」第1号所収)

予知、気象予報、豊作凶作の予測などが可能となること(宇宙地球電磁気学の提唱)。

どれも驚くべき内容だが、なかでもテレビジョンの予言は驚嘆に値する。高柳健次郎が浜松の地でテレビジョンの原型となる画像伝送実験に成功したのが一九二六年(大正十五年)、米国のツヴォルキンが撮像管(アイコノスコープ)を発明してテレビジョン実用化の幕を開けたのが一九三三年(昭和八年)だから、志田は実に四十年も前にそれらを予言していたことになる。また、最後に挙げた宇宙地球電磁気学は、未だ実現していない大きな人類的課題である。

幸い、この演説は全文が活字として残されている。しかし一〇〇年以上も前の言葉で書かれているので、現代人には少し読みにくい。僭越ながら私が全文を現代語訳したものを本項の最後に添えるので、ぜひ多くの人に読んでほしいと思う。

志田の最期

明治二十三年(一八九〇年)、逓信省に政変が起こる。志田を登用し、官学両面にわたる活躍を支えてきた榎本武揚逓信大臣と前島密《まえじまひそか》逓信次官が共に辞職し、代わって後藤象二郎が逓信大臣に就任した。志田には「非職」の命が下り、逓信省を追われた。志田の部下たちは抗議のストライキを計画したが事前に発覚して失敗した。翌年、志田は帝国大学教授も辞職し、完全に失業した。一連の動きの背後に何があるのか分からないが、政府内部の権力闘争だと言われている。

明治二十四年一月、国会議事堂で火事が発生した。原因は電灯とされ、電気学会幹事である志田の責任が厳しく問われた。志田は電気事業に対する誤解や警戒心を解くために東奔西走した。当時、電灯は急速に普及し始めていたが、国会だけでなく各地で停電や事故が発生した。電気技術者が決定的に不足しており、時には志田が自ら修理現場の指揮を執ることもあった。

同年五月、ロシアから来日中のニコライ皇太子が、滋賀県の大津で日本人警察官に襲われて負傷し、国際問題となった（大津事件）。電気学会はこれを重視し、志田が代表して神戸にニコライ皇太子を見舞った。八月には再び関西に出張した。この頃から志田の体力は急速に低下した。翌明治二十五年一月、志田林三郎は死去した。まだ三十六歳の若さであった。このことを伝え聞いたケルビン卿は驚き、激しく悲しんだという。

志田は何故急に健康を害し、死にまで至ったのだろうか。死因は肺の病気とされているが、釈然としない。志田の生涯を研究されている信太克規《しだかつのり》氏（当時佐賀大学教授）は、心身ともに疲れ果てての過労死だろうと書いておられる。痛ましいことである。

学者として、官僚として、電気事業家として、志田はどの分野でも優秀な働き手だった。おそらくどれかひとつの職域に集中していれば、もっと長生きして、もっと多くの業績を残したことだろう。秀才の誉れ高い若者が、ケルビン卿という巨人に出会って憧れ、社会全体が活気に満ちていた明治の日本で、自分の限界を超える量の仕事を引き受けて猛烈に働き、散ってしまった。英国留学から帰国後、わずか八年間の大活躍だった。

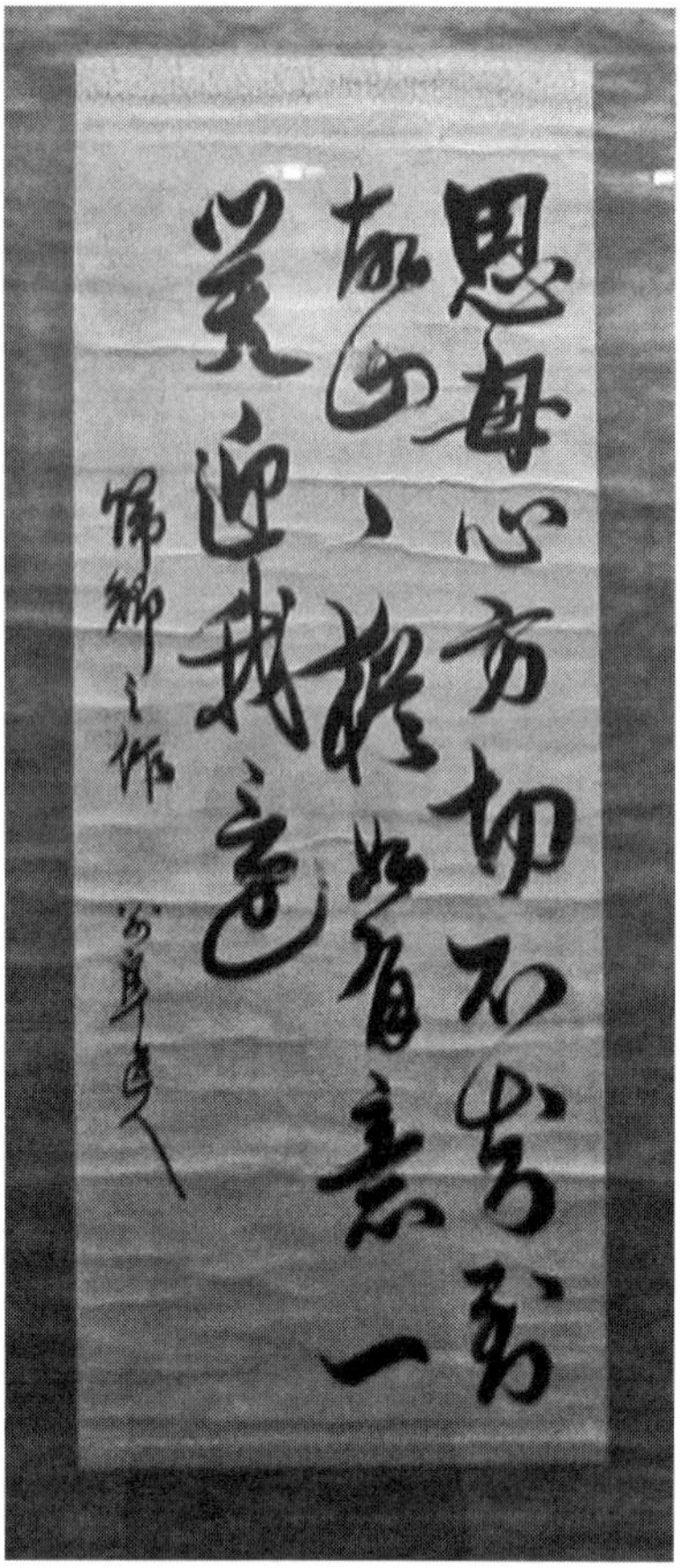

志田林三郎の漢詩「思母心方切不知到故山　山猶如有意一笑迎我意」。「帰郷之作」と題されている。「母を思う心は切なく、いつの間にか故郷の山に来てしまった。山にも意思があるかのように、笑って私の気持ちを迎えてくれる」（多久市郷土資料館所蔵）

志田林三郎を顕彰するもの

平成五年（一九九三年）、志田林三郎の没後一〇〇年を記念して、郵政省（現在の総務省）は「志田林三郎賞」を創設した。先端的、独創的な研究によって情報通信の発展に貢献した個人が選ばれ、情報通信月間事業のひとつとして、毎年六月一日の「電波の日」に表彰されることになった。こんにちの高度情報化社会の礎を築いた志田林三郎が、こうして人々の記憶に留められるのは嬉しいことである。

生誕地の多久には、志田林三郎を顕彰するものがいくつかある。

＊　＊

本稿を書くにあたって、多くの方のお世話になった。信太克規氏（当時佐賀大学教授）には志田の生涯全般について教わった。光速の測定実験について、私は若井登氏（元電波研究所所長）のエッセーでそれを知った。お二人は各々グラスゴーまで出かけて志田の足跡を丹念に辿られた。故深尾昌一郎氏（当時京都大学教授）とは、氏が平成十六年（二〇〇四年）の志田林三郎賞を受賞されたことがきっかけで、いっしょに志田の卒業論文を読むなど、様々な交流をさせていただいた。多久市にある資料の調査については、故尾形善郎氏（当時多久市郷土資料館館長）のご協力を仰いだ。

志田林三郎の墓
（佐賀県多久市の宝蔵寺）

参考文献

R. Shida 著 "On the Number of Electrostatic Units in the Electromagnetic Unit," The London, Edinburgh, and Dublin Philosophical Magazine and Journal of Science, vol. 10, issue 64, pp. 431-436 (1880).

志田林三郎著「工業の進歩は理論と実験との親和に因る」（「工学会誌」第66巻３５５－３６５頁、第67巻４２５－４５０頁、工学会、１８８７年）

志田林三郎著「演説」（「電気学会雑誌」第1号9－27頁、電気学会、１８８８年）

志田林三郎著「液体の電気抵抗は温度と共に変動あるを表す試験及びその成績」（「電気学会雑誌」第７号、電気学会、１８８９年）

若井登著「我が国の電気通信のパイオニア――志田林三郎」（「電子情報通信学会誌」第78巻第9号、９０７－９０８頁、１９９５年）

若井登著「電波の速さはどう測る?」（「ＡＲＩＢ機関誌」第6巻18－20頁、第7巻22－25頁、電波産業会、１９９７年）

信太克規著『先見の人　志田林三郎の生涯』ニューメディア、１９９３年

『我が国工学１００年の歩みと展望――日本工学会１００周年記念論文集』日本工学会、１９７９年

電気学会設立にあたっての志田林三郎の記念演説

明治二十一年（一八八八年）六月二十五日
電気学会第一回通常会において
幹事　工学博士　志田林三郎（現代日本語訳：宮島清一）

今夕の集会は本会設立後最初の通常会なので、会長の演説のみにて閉会すべきところ、私も何か簡単な演説をするようにと会長より命ぜられたので、また時間も十分にあるので、学会設立という最も喜ばしい機会にあたって、少しお話したい。さて本会設立の必要性と目的の大略は会長がすでに述べられたので、私はその目的を達成するための針路、つまり本会を将来において発展させる方法について、若干の意見を述べたい。

電気学会の組織

どんな会でも、最初の設立に際して特に注意すべきはその組織形態である。本会創立委員の諸君はその点を深く理解し、本会規則の制定にあたって周到に力を尽した。それはどういう点かといえば、本会の将来における振興を図るには、まず世間有力者の賛助を請わねばならない。社会に名望ある人々を推薦して名誉員とし、また通信事業の管理者及び電気工業あるいはそれに密接に関係する工業の経営者、また、物件や金銭を寄付するなどして本会の趣旨に賛同する人々を賛成員とする規程を設けた。また本会の基幹実務にあたる者は電気学あるいはそれと密接に関係ある学術や工業に関して広い見識と経験をもつ者でなければならない。そのため、通常員の資格を高く設定し、また役員は概ね通常員の中から選ぶことに定めた。いっぽう会員は種々の専門家より成り立ち、かつその数は多くなければならない。そこで電気に関する各種技術を専門とする者で、通常員の資格を持つには至らないものの、それを目指す志ある者を准員として広く入会を許可することにした。

本会設立以来今日までの経験によれば、本会組織に関する創立委員の尽力が実り、会員数はすでに八四〇名に達し、名誉員、賛成員らからの寄付金は二〇〇円に達した。これらは望外の好結果である。しかしながら、本会将来の振否盛衰は会員諸君が会務を処する方針如何によるから、私自身が今後どのあたりに意を注ぐかを、以下に論究したい。

電気学会の事業

そもそも学術工芸の進歩の速さというものは、理論と実験の調和如何による（「工学会誌」六十六、六十七巻に講演者が著した論文「工業の進歩は理論と実験との親和に因る」を参照）。従って本会は電気学術家と電気工芸家の媒介者となり、両者相互の知識交換を円滑で容易にするよう努めることが最も肝要である。つまり、学術家会員が自ら新しい学理を発明発見し、あるいは他人の発明発見を知った場合、事の大小を問わず直ちに演説あるいは通信してこれを本会に報道し、本会は直ちにこれを本会雑誌に掲載し、実地家たちがその学理を実地に利用する便を図らねばならない。いっぽう実地家は常にその実験事項について珍しいものは細大漏らさず速やかに演説もしくは通信し、本会はこれを本会雑誌に記載する。こうして会員たちがこれを実地の事業に応用し、あるいは学理研究することを促すこと、これこそが本会の要務である。

会員の中で電気の学理に明るい人や電気工学技芸の実験に精《くわ》しい人々を選び、相応の報謝を与えて学術工芸の講義を委託し、その内容を詳しく本会雑誌に掲載し、一般会員の便に供することも望ましい。

内外の新聞雑誌に掲載された電気学術工業や技芸の記事で会員の参考になるものは、事の軽重によらず会員が抄録抜粋して、本会雑誌の抜粋の部に掲載することもまた、多少なりとも本会の利益を増進するものである。

本会雑誌には問答の部（質問コーナー）を設け、理論家はその学理が実地経験に合うかどうかを実験家に問い、実地者はその実験が学術理論に合うかどうかを学術家に質問するなど、会員たちが事の大小を問わず自在に疑問を提出して自由に応答する場を設けることもまた、知識交換の一助となるであろう。なかでも地方会員にとってはたいそう便利なことであろう。

学術研究を奨励することもまた非常に肝要である。電気学に関する発明発見は特に貴重である。本会規則において、電気に関する重要な発明発見者には金員または褒状《ほうじょう》を贈り、名誉を称《たた》え、あるいはその研究に対して補助金を支払うよう定めたのは、このためである。それだけでなく、その発明発見者の名誉を広く世界に知らしめるよう、本会が政府あるいは外国の学会に対して働きかけねばならない。また、当人が専売特許を得ようとする場合は、それが達成されるよう本会は支援せねばならない。

電気学術または工芸の重要問題については、本会において会員の中から特定の人々を選んで委員とし、必要な費用を本会が負担して研究に従事してもらう。そして委員による研究結果報告を本会雑誌や海外雑誌に寄稿して、その仕事ぶりを公開する。これは学術研究を奨励する一方法であり、本会にとって大いに利益となることである。

その他、細事について種々所見があるが、一々挙げることはやめよう。しかし、本会研究の範囲に属する事柄の大綱を指し示すことは非常に重要なので、私はここに電気学の沿革を述べ、その将来を推察し、本会が特に注意して探求すべき科目事項について所見を述べたいと思う。

電気学の沿革

電気学を古く遡れば、およそ二四六〇年前、シャーレスによる摩擦電気の発見がある。それ以来、物体に導体と不導体の区別があることの発見や蓄電瓶の発明などもあったが、静電気は実用に適さなかったので、近来に至るまで著しい進歩が見られなかった。一八〇〇年、イタリアのガルバニとボルタが電気の流れることを発見したことは、電気学上、無比の発見と言うべきである。これに続く重要な進歩は、その原因がいろいろなので、今ここに一々説明することは控えるが、電気学の進歩における各段階を画した最も偉大な業績については、ここに略記しておきたい。

デンマーク人エールステッドが電気と磁気との関係を見出し、これは電信技術の基礎となった。フランス人アンペールは電流と電流との相互作用を見出した。これは近年最も有用な機器である起電力計や電流計に応用されている。ドイツ人オームは起電力と抵抗との関係を定める原則を見出した。これは電信学士や電気学家にとって一日も欠かすことのできない基本となった。ファラデーの見出した誘導電気現象は、こんにちの動力発電機及び電話機の淵源となった。英国のトムソンによる電気の波動に関する数理的研究は、海陸の別なく、数千里を隔てた地との電気通信を自在に行う道を拓いた。

電気通信技術の沿革

電信技術について述べる。ソンメリングが一八〇九年に初めて電信技術を発明した時には、三十五本の電線を用いても、その信号は甚だ不十分なものであった。しかし一八三七年、英国においてクークとホウィットンが磁針電信機を発明し、米国ではモールスが現字電信機（文字信号を送る電信機）を発明したことによって、電信技術が初めて実用化され、かつ電線はわずか二本で足りることになった。同じ頃ドイツでスタンヘイルが地球（アース）を電線の一本として代用できることを発見した。これによって一本の電線で十分に通信ができることとなった。

その後の電信技術は、一本の電線で同時に送受信する音信の数を増す方向においても、また送信速度を増す方向においても、着々と進歩している。同じ電線を使って一時に多数の音信を送受する方向での沿革をみると、ジントル、フリッヒン、スターンらの学才と労力とによって二重電信機が発明され、一本の電線を使って両端から同時に送信する道が拓かれた。続いてエジソン、スミスらによって四重電信機が発明され、一本の電線を使って両端から同時に各々二音信を伝送する方法が実現した。また、メイヨー、ボードット、グレイらは多重電信機を発明した。一本の電線を使って両端から同時に多数の音信を伝送する方法である。これはまだ広く用いられてはいないが、沿革中に記述しておくべき方法と思われる。デラニーの多重電信機は最近の発明だが、その方法はメイヨーらのものに比べて大いに優れているので、すでに広く実用化されている。今では通常機器の送信速度で以って、一本の電線を使って同時に六音信を送受信できるようになった。

送信速度について見ると、ヒュースの発明した活字電信機では送信速度がおよそ毎分六十ー七十語（欧語）であり、通常器械の二十三倍に及んだ。しかし高速電信機の分野で近年著しい進歩をもたらしたものは、ホウィットンの発明した自働機である。一八七七ー七八年頃においては、機械各部の構造がまだ精巧でなかったために、送信速度は毎分およそ七十ー八十語であったが、今では毎分二〇〇ー三〇〇語の速度で実地に通信が行われている。実に驚くべき進歩である。

電話機はベルの発明からわずか十年余だが、学術が日に日に進歩する時節にあって、近来非常に進歩している。ヒュースの顕微音響機やエジソンの炭素送話機などは、電話機の著しい進歩を生み出す原因となった。ベルの発明当時はわずか数百間《けん》（間は約一・八メートル）の距離を隔てて通話するのも困難だったが、今では数百里（里は約三・九キロメートル）の距離を隔てて通話できるだけでなく、音声が明瞭で全く困難を感じないほどのレベルに達した。ベルギー人（白義人）リッセルベルギーは電信と電話を同じ電線を使って伝送する方法を発明した。これは有益な方法で、特にわが国のように高速電信機を使っていない国において最も便利な方法である。

その他の電気技術の進歩

電灯技術は、ジーメンスとホウィットンが動力発電機を発明して以来、着々と進歩し、アーク灯、白熱灯共にその需要が広がっている。なかでもアーク灯は市街、停車場、製作所などに用いる場合、白熱灯に比べて少し利益があることが実験的に証明された。白熱灯は八十九年前、即ち発明から十二年後の時点では一燭力一時間あたりの価格は五－七厘（一銭の十分の一）であった。その後、ジーメンス、グラム、エジソン、ホプキンソンらの貢献によって発電機の能力が非常に高まり、スワン、エジソン、ジーメンスらの努力で白熱電灯の製造方法に多少の改良が加えられ、またエジソン、フォルブスらの学理と実験による研究によって、電気の配分法が一変されたことにより、今日では一燭力一時間の価格は二－三毛（一銭の一〇〇分の一）にまで下がった。こうして電灯の需要は高まり、今やガス灯を圧倒する勢いである。これは決して偶然のことではない。

　エネルギー伝送技術も近年では電車、電気船などに利用されて大いに好結果を生んだ。電車は一八七九年、ベルリンにおいてジーメンスが初めてこれを試験してからまだ十年しか経っていないのに、すでに数十カ所において電気鉄道が営業されている。また電気の作用によってエネルギーを遠隔地に伝送する方法もまた、実地試験で好結果を得た例が少なくない。なかでもフランス人デプレが行ったパリとクリルの二カ所間エネルギー伝送試験（その距離およそ十五里）は最も著しいものである。クリルにおいて汽機（蒸気機関）によって動力発電機を運転し、そこで発生した一一六馬力の電力を電線によって送り、パリに据えつけた発動機（電気モーター）を動かしたところ、伝わった電力は五十二馬力であった。生じた損失は四五％にとどまった。望外の好結果である。

航空技術の発明は数百年前に遡ると言われるが、種々の困難があって近年に至るまで著しい進歩がなかった。しかし、蓄電器の発明は航空技術を一変させた。一八八四年、フランスのレナーとクリブは電気飛行船を製作して試験した。同氏らは同年八月九日、シャレーにて飛行船に乗り、毎時およそ五里の速度で二十三分間、空中を航行した後、再びシャレーに戻った。その有様はまるで汽船が海を航海するようであったという。

その他、電気メッキ、電気製版、電気地雷、電気水雷、更に電気医術に至るまで、これらの技術が近来ますます進歩していることは疑いようのない事実である。

電気電信の未来予測

以上、電気学の沿革を考察し、将来を推測するに、電気に関する学術工芸の将来における進歩もまた大いに期待できる。今仮に予期すべきものをいくつか挙げれば、

①一本の電線で毎分数百語の速度で同時に数通の音声を送受信する時代が来るであろう。
②海や川で隔てられた数里の遠隔地間で自在に通信や通話をする時代が来るであろう。
③音声伝送の方法がますます進歩し、例えば大阪、長崎は言うまでもなく、上海、香港のように数百里離れた場所で演じられる歌や音楽を、東京において居ながらにして楽しむ日が来るであろう。
④エネルギー伝送技術も益々巧みになり、例えば大きくは米国ナイアガラの水力をニューヨークに伝送し、電灯に変えて全市街を不夜城とすること、小さくはわが国日光山華厳の滝のエネルギーを東京に伝送して

東京市街に電灯を灯し、あるいは馬車人力車等を運転するといった奇観を目にすることも、遠い日のことではないであろう。

⑤陸に電気鉄道、海に電気船舶を使うことが増え、黒煙白煙を吐かない鉄道列車や水路船舶を見る日が来るであろう。

⑥電気飛行船の改良により航空技術が高度化する結果、飛行船に乗って空中を散策し、山紫水明の地を訪ねたり、名所旧跡を探索したりする日も来るであろう。

⑦更に一歩を進めて学問的な思索を巡らせば、物理学者たちは、光もまた電気、磁気、熱と同様にエネルギーであり、ただその種類が異なるだけだと深く信じている。従って、電気や磁気の作用によって光を遠隔地に輸送し、遠隔地にいる人と自在に互いの顔を見る方法が発明されることも、あながち夢ではないであろう。

⑧電話機の原理によれば、どんな音声でもその音調性質はすべて電気の波動に変えることができる。またトムソンの毛管自記機の原理に照らせば、電気の波動を自記（自動記録）することも可能なはずだから、音声を自記（録音）して、演説談話その他いかなる音声でも機械仕掛けによってこれを記録する方法が発明されるであろう。

⑨地電気、地磁気、空間電気は互いに密接に関係しているだけでなく、地震、太陽黒点、極光（オーロラ）、及び地球上の気象等にも関係するものなので（「地震学会雑誌」第九巻に掲載された演者の論文「地電気の説」を参照）、地電気、空間電気の変動等を観測することによって地震を予知したり、穀物の豊作凶作を予知したりする方法が発明されることを期待するのも無謀なことではない。

当面の技術課題

以上で電気学の現在及び将来の概況を見たが、それをもとに深く考えれば、本会のように電気の学術と工業技術を進歩させることを任務とする組織にとって、今後研究すべきことを察知することは難しくない。以下にその大略を挙げて諸君の参考に供したい。

①最近、電気学者たちの注目を集めている特別の現象として、自己誘導（Self Induction）と相互誘導（Mutual Induction）がある。その性質と効果を試験して、それが電信機、電話機、動力発電機の動作にどんな影響を及ぼすかを研究すること。

②磁気力の変動し易さ（励磁、消磁の効率）は、鉄や鋼鉄の硬さ柔らかさ、緻密さ粗さとどんな関係にあるかを研究し、これによって各種電気機器の改良を図ること。

③静電誘導（Electrostatic Induction）と電磁誘導（Electromagnetic Induction）の現象を観測して、電話における妨害を停止または軽減する方法を定めること。

④電気分極（Electric Polarization）現象を研究して、蓄電器の改良に役立てること。

⑤電気分極を用いることによって、河川や海で隔てられた遠隔地との間で電線を用いずに電信電話の通信を行う方法を研究すること。

⑥炭素送信機における抵抗の変動が圧力によるのか、接点数の増減によるのか、もしくは分子レベルの微視的な働きによるのかを試験観測し、電話機の動作原理を詳しく研究すること。

⑦硫酸銅溶液や硫酸亜鉛溶液の濃度が電流の強弱動静にどのような効果があるかを試験し、電気メッキや製版の技術を改良すること。

⑧電気を流すことによって電線に発生する熱量と、電気の強弱とがどういう関係にあるかを試験し、電灯技術における危険を予防する方法を確立すること。
⑨今後、電灯、電気メッキ、電気製版において最も必要となる各種電気計器の原理と構造を研究し、実地において最も便利で精確な良機を作ること。
以上の諸項目は、実地電気学術上、目下緊急の事項である。

解明すべき学問的課題

純正電気磁気学の分野で最も重要な課題として、以下のものが挙げられる。
①熱が物体の電気及び磁気上の諸性質をどう変動させるかを研究し、熱と電気、磁気との関係を明瞭にすること。
②光がセレニウムなど電気導体の抵抗をどう変動させるかを研究し、スミス、アダムスらの発見した光と電気との関係を明らかにすること。
③磁気力が光の性質をどう変化させるかを探索し、ファラデー、ケルらの発見した光と磁気との関係を明らかにすること。
④張力、圧力など機械的な力が物体の電気的磁気的諸性質をどう変化させるかを研究し、力と電気、磁気との関係を明らかにすること。
⑤地電気、地磁気、及び空間電気の出没変動が、太陽や月の運動、極光(オーロラ)の出没、大気圧力の配分、気象の変動などにどう関係するかを観測し、宇宙諸現象間の関係を研究すること。

インフラ整備の問題

純粋な電信技術上の緊要問題として、以下の問題がある。

①わが国で使用する各種電気機器の得失はどうか。通信が頻繁に行われる電信線に使用する場合、高速電信機と多重電信機のどちらがよいのか。

②電信局において電報送受信のために電話機を使用するのはよいことなのかどうか。

電話技術においては、以下のような肝要問題がある。

①電話線を建設するには、単線にすべきか複線にすべきか、また空中線と地下線のどちらがよいか。

②電話交換法を制定するにあたって、どういう法律がよいのか。

③同じ電線を使って電信と電話を送受信する方法はどういう場合に利益があるのか。

電灯技術上の重要問題は以下のものである。

①電気灯はガス灯に比べてどんな場合に利益、不利益があるのか。

②市街や室内に電灯を設置するさい、どのような電気配分法を用いるのが最も有利か。変圧器（Transformer）を使用すべきかどうか。

③変圧器を使う場合、二次発電機（Secondary Generator）と蓄電器とではどちらが有利か。

エネルギー伝送技術上の緊要研究課題は以下のものである。

①電線によってエネルギーを遠隔地に電送し、これを実用に供するには、電線から直接に引いて使うべきか、いったん蓄電器に移した後に実地に利用すべきか、その利害得失はどうか。

②発電機と発動機とは、その構造がどんな点で共通で、どんな点で異なるべきか。

以上に説明したことをもとに考えれば、本会会務の範囲は非常に広大である。会員諸君が学理研究に基づき、あるいは実験結果に照らして研究すべき課題は決して少なくない。会員諸君の熱心な協力によって、将来、本会がその目的を達成し、この電気学会がわが国の世運を高め、人々の生活を幸福にするうえで不可欠の存在となることを熱望するものである。

2

吉岡荒太

唐津市の西部、肥前町に高串《たかくし》という漁港がある。吉岡荒太《よしおかあらた》はこの地に生まれ、東京に出て近代医学を勉強したが、途中からドイツ語教師へと転進し、東京至誠学院を設立した。この学校の生徒となった女医・鷲山弥生《わしやまやよい》と結婚してからは、教育と医療が夫婦共同の事業となり、東京至誠学院と東京至誠医院を経営した。更にわが国初の女医養成機関である東京女医学校（現在の東京女子医科大学）を設立し、女医の育成と女性の社会的地位の向上に貢献した。

50歳の頃の吉岡荒太
（東京女子医科大学提供）

少年時代

吉岡荒太は明治元年（一八六八年）、今の佐賀県唐津市肥前町の高串に生まれた。当時は入野村字高串《いりのむらあざたかくし》と言った。海岸線近くまで山が迫った小さな入り江で、唐津へは山越え五里（二十キロメートル）、伊万里へは海路六里（二十三キロメートル）という不便なところであった。今は道路が完備して便利になったが、美しい村の風景は昔のままで、釣り人たちが訪れる仙境である。

吉岡家は高串の旧家で、祖父の玄白と父の玄雄は共に医者であった。玄雄は個性的な人物だった。伝統的漢方医学を守り、往診したさいには、患者の家に酒を出させて飲んで帰った。「日本は神の国だから髪を切ってはならない」という信条（これは語呂合わせだろうか？）を頑固に守り通し、八十四歳で亡くなるまで髪を伸ばし放題だった。かなりの変わり者だが、それでも村の人々には信頼されていた。

高串の入江（上）と高串漁港（平成15年9月撮影）

荒太は玄雄の長男で、姉が一人、妹が一人と、弟が三人いた。次男は加津馬《かづま》、三男は松造《まつぞう》、四男は正明《まさあき》といった。変人の父を持つ六人きょうだいの長男として、早くから一家を支える責任を負わされた。入野村の小学校を出ると唐津の大《たい》成校《せいこう》に進み、次いで福岡県の前原中学校を卒業した。父は自分の後を継いで村の漢方医となることを勧めたが、荒太は東京に出て近代医学を学びたいと主張した。賢い祖母のとりなしで、明治十九年、やっと上京を許された。十九歳であった。

八坂神社の東隣にある吉岡荒太の生家跡（平成15年9月撮影）。家屋は1990年代に解体され、更地となっていた。石垣だけが残っている

苦学生

上京した吉岡荒太は、同郷の先輩である藤原秀穂の家に世話になった。藤原はフランス語の私塾を開いていた。荒太は第一高等中学校に入学したが、郷里からの仕送りが途絶えがちだったので、高等中学一年の時から、湯島新花町の私塾でドイツ語を教え、学資を稼いだ。東京に出る前から、かなり高度のドイツ語を身に付けていたようである。

高等中学校三年の時、荒太はチフスにかかって大学病院に入院する。治療費が払えないので困ったが、施療患者（経済的な理由で医療費を免除される患者）にしてもらって治療を続けることができた。チフスからの回復途上、こんどは脚気にかかり、ついに学校を退学せざるをえなくなった。住まいを千葉に移して病気の療養に努めながら、独学で医学の勉強を続け、内務省医術開業試験の前期試験に合格した。次いで後期試験の準備に入った。

このかん、郷里より弟（次男）の加津馬が、次いで三男の松造が上京して来た。加津馬は英語の勉強がしたいと言い、松造は医者になりたいと言う。病気がちの身ながら、弟たちの世話をせねばならない。荒太は、三人分の生活費と学資を稼ぐという課題に直面した。そして残念なことだが、医者になりたいという自分の希望

は、ほどなく諦めることとなる。ずっと後日のことになるが、三男の松造と、更に遅れて上京した四男の正明を立派に医者に育て上げた。

東京至誠学院、そして結婚

吉岡荒太はドイツ語の高い能力を持っていたので、これで生活費と弟たちの学費を稼ぐことにした。明治二十四年（一八九一年）、本郷金助町《ほんごうきんすけちょう》に東京至誠学院という私塾を開いた。東京には壬申義塾《じんしんぎじゅく》という私塾があってドイツ語が教えられていたが、それに続いて開設された新しいドイツ語塾は人気を呼び、しだいに生徒が増えていった。金助町の家が手狭になったので、二年後には本郷元町に移った。

本郷元町の東京至誠学院には三十人ほどの学生が通っていた。十畳くらいの座敷に机を並べて教室とし、それ以外に書生部屋兼個人教授の部屋、そして院長らの住まいがあった。院長の吉岡荒太が一人で教育を担当し、書生一人が身の回りの世話をしていた。これに二人の弟を加えた男ばかり四人が住んでおり、四人分の生活費と学費を荒太が一人で稼いでいた。

鷲山弥生
（東京女子医科大学提供）

明治二十八年六月、この東京至誠学院に、鷲山弥生という女性が入学してきた。二十四歳という若さだが、すでに医師国家試験に合格して二年半の開業経験もあった。次は近代医学の本場ドイツへの留学をめざして、ドイツ語の勉強にやって来たのだった。下宿が近いので毎朝早く通ってきて、書生部屋で荒太から個人教授を受けた。二人は勉強以外のことはほとんど話さなかった。

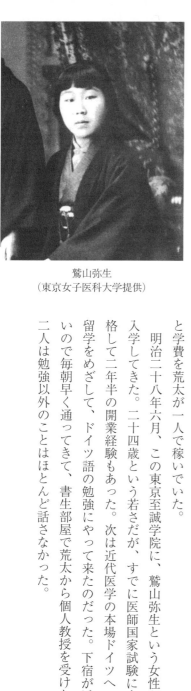

至誠学院の住人の中で最も気が利くのは、三男の松造だった。男所帯に飛び込んで来たちょうど良い年頃の女性を逃してはならじと、松造は弥生に対して、兄貴の嫁になってくれと頼む。弥生は、しばらく学院に通っているあいだに、一家の様子をだいたい理解していた。「とにかく吉岡が稀に見る弟思いで、また弟たちが吉岡を尊敬し頼りにしている様子は、はたから見ていて美しいものがありました」（『吉岡弥生伝』）と語っている。

こうして明治二十八年十月、吉岡荒太と鷲山弥生は結婚した。弥生が開業していた東片町の家に吉岡三兄弟が来て一緒にそばを食べながら、お祝いと誓いを立てるという、四人だけの結婚式であった。荒太二十八歳、弥生二十五歳であった。

至誠学院の発展

結婚後、東京至誠学院の事業は拡大する。荒太以外に数名の教師を雇って、ドイツ語以外に英語、漢文、数学を教えるようになり、学校の性格も高等学校受験者のための高等予備校とした。更に地方出身者のための寄宿舎を持つようになった。一四〇－一五〇人ほどの学生が集まり、一人前の学校らしくなった。弥生はしばらく医者生活を中断して、学院の実務面を担当した。

荒太は従来から、地方にいる勉強熱心な学生たちのために、至誠学院で自分が行っている講義の内容を謄写版刷りにして通信教育を行っていた。結婚の翌年、この講義録を活字にして、国文社から刊行した。『独逸学講義録』と題したこの本は三十六巻からなり、その序文には、通信教育にかける吉岡荒太の決意が述べられている。次いで大学に行かずに医者を目指す人々のために、日独対訳の『医書独習講義録』全十二巻を刊行した。

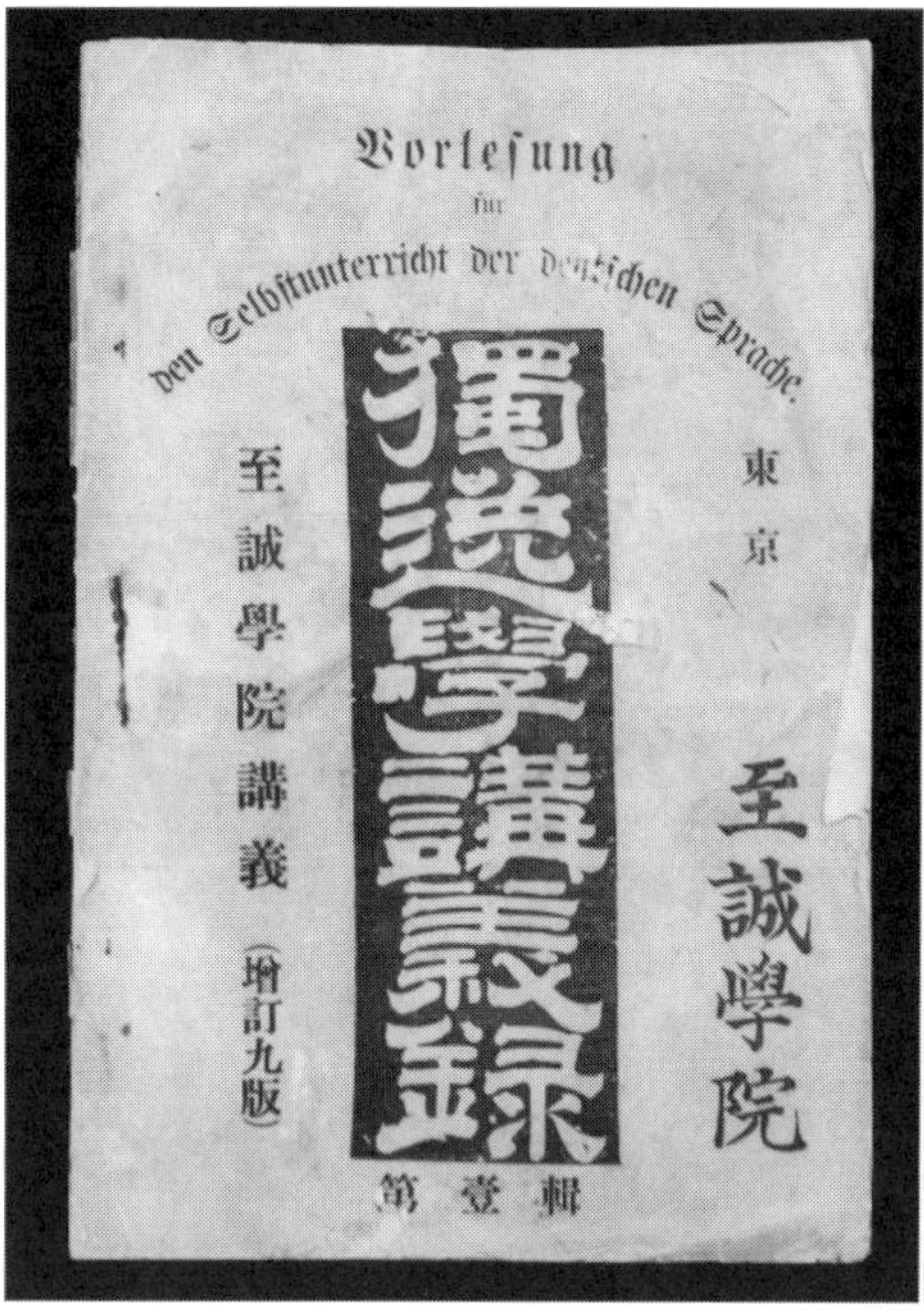

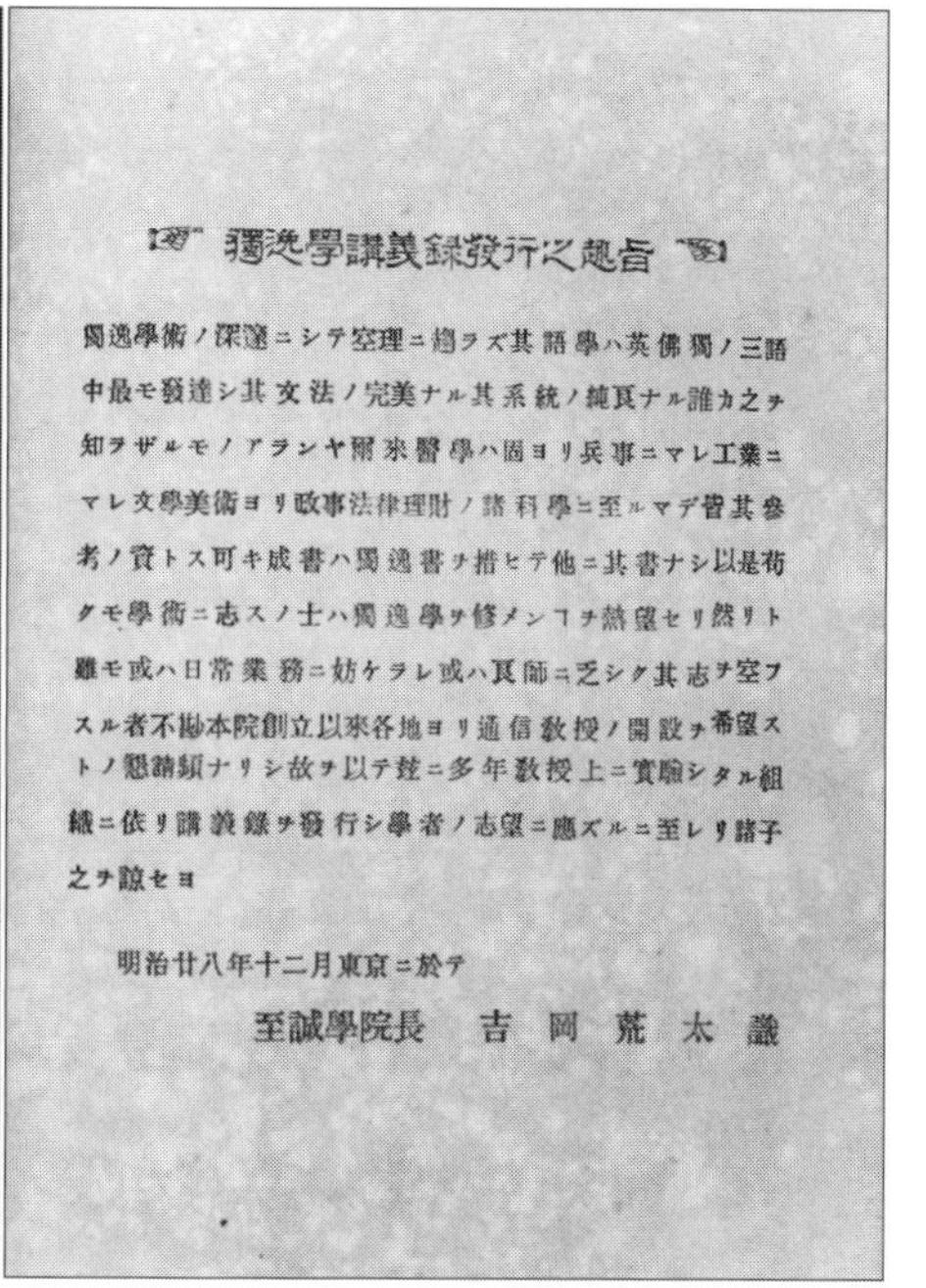
獨逸學講義錄發行之趣旨

獨逸學術ノ深邃ニシテ空理ニ趨ラズ其語學ハ英佛獨ノ三語
中最モ發達シ其文法ノ完美ナル其系統ノ純眞ナル誰カ之ヲ
知ラザルモノアランヤ爾來醫學ハ固ヨリ兵事ニマレ工業ニ
マレ文學美術ヨリ政事法律理財ノ諸科學ニ至ルマデ皆其參
考ノ資トス可キ成書ハ獨逸書ヲ措ヒテ他ニ其書ナシ以是苟
クモ學術ニ志スノ士ハ獨逸學ヲ修メンコトヲ熱望セリ然リト
雖モ或ハ日常業務ニ妨ケラレ或ハ眞師ニ乏シク其志ヲ空フ
スル者不尠本院創立以來各地ヨリ通信教授ノ開設ヲ希望ス
ルノ懇請頻ナリシ故ヲ以テ茲ニ多年教授上ニ實驗シタル組
織ニ依リ講義錄ヲ發行シ學者ノ志望ニ應ズルニ至レリ諸子
之ヲ諒セヨ

明治廿八年十二月東京ニ於テ

至誠學院長　吉岡荒太　識

吉岡荒太の『独逸学講義録』の表紙（左）と序文
（明治29年1月。東京女子医科大学所蔵）

学校の授業料と講義録の販売だけでは生活費が足りなかったので、この頃の荒太は、外務省、陸軍省、内務省などから持ち込まれるドイツ語文献や資料の翻訳をしている。荒太が口述して弥生が筆記した。

鷲山弥生の生い立ち

鷲山弥生（のちの吉岡弥生）は明治四年（一八七一年）三月、遠州国（今の静岡県）掛川の近郊にある土方《ひじかた》村《むら》に生まれた。鷲山家は土地の有力者で、代々造り酒屋（本家）と醤油屋（新家）を営んでいたが、地元で漢方医を営む江塚養斎を婿養子として迎えたので、醤油屋を廃業して医者の家となった。妻みせとのあいだに生まれた長女が弥生である。

弥生の父・養斎は医者の家に生まれ、漢方医としての修行を積んで開業したが、いっぽうで寺子屋を開いたり、江戸に出て漢学の修行をしたりと、積極的な生き方を志した男である。遊学先の江戸で明治維新と戊辰戦争を体験し、戦乱を逃れて郷里に戻ってからは再び医者として生きた。養斎の診察は医術半分、雑談半分という風で、最新の医学に明るかったわけではないが、村民との信頼関係のうえに医療活動を行った。弥生は後年、「医は仁術」ということを父から学んだと語っている。

弥生は十四歳の時、村の小学校を卒業した。裁縫教室にも通い、勉強だけでなく家事もよくできる子だった。自分で蚕を育て、絹糸をつむぎ取り、染色だけは紺屋に出したが、あとの機織《はたおり》、裁断、裁縫は全部自分でして、一枚の着物を作ることができた。家族の着物をたくさん作った。

いっぽう、帝国憲法の制定、議会の選挙など、新しい時代の到来を告げる出来事のなかで、弥生は、村と家からの脱出願望を持つ、血気盛んな少女に成長していった。丈夫な子だったが、十八歳の時、珍しく病気になった。その時、熱にうかされて「総理大臣は伊藤博文でなければいけない」、「〇〇の争議がいけない」などとしきりに政治に関するうわ言を言うので、周囲は驚いた。

二十七歳の時、医者になりたいとの願望を父に告げた。反対されたので、父に反抗する冷戦状態に入った。二年後、ついに父が折れ、親族会議が開かれた。すでに二人の兄が東京で勉強していたので、そこに世話になる形での上京が許された。明治二十二年四月、十八歳の弥生は東京での勉学生活に入った。

済生学舎

この時代、医者を目指す人々は、「内務省医術開業試験」という国家試験に合格することが条件であった。多くの人は大学で勉強して国家試験を目指したが、地方出身者にとっては、経済的な理由や学力不足のため、大学に入ること自体が困難だった。明治九年（一八七六年）、長岡藩出身の長谷川泰《はせがわやすし》は、大学に行かなくても

長谷川泰
（日本医科大学提供）

医者になれるルートを確保するために、東京本郷に「済生学舎」を設立した。入学試験も卒業試験もなく、授業料を支払えば誰でも入学して受講できる。講義の多くは大学の教師による出張授業であった。医術開業試験に合格した時が卒業で、合格するまで何年でも在籍できるという、ユニークな学校だった。現在の大学受験予備校と似ている。

大学が女性に門戸を開いていなかったこの時代、済生学舎も同様だった。明治十七年（一八八四年）、わが国における女医の草分けの一人である高橋瑞子《たかはしみずこ》は三日三晩、本郷の校門前に立って入学許可を訴えた。舎長の長谷川泰はその熱意に押されて彼女の入学を認めた。高橋瑞子は文字通り体当たりで新しい時代の扉をこじ開けたと言える。小学校しか出ていない弥生が医者への道を歩むことができたのは、こうした先輩の努力があったればこそである。

明治二十二年、弥生は済生学舎に入った。高橋瑞子はもう卒業していたが、十五人ほどの女子学生がいた。

弥生は自分で織った綾織りの羽織を着て通学した。朝六時に始まる授業に出て夜は遅くまでという、猛烈な勉強ぶりだった。まだ女子学生が珍しかった時代で、男子学生の冷やかしや悪質ないたずらが絶えなかった。勝気な弥生は「女医学生懇談会」を組織してこれらに反撃したり、講堂で演説したりと、どこへ行ってもリーダーであった。明治二十三年五月には、早くも国家試験の前期に合格した。前期試験合格記念に級友二人と向島堤の料亭で豪遊するなど、若い女性とは思えない豪胆ぶりを発揮した。明治二十五年十月、ついに後期試

明治23年５月の前期国家試験に合格し、浅草の江崎写真館で記念撮影する三人。左から中原篷、伊藤房野、鷲山弥生。三人はこのあと向島堤の料亭「八百松」で豪遊する（東京女子医科大学提供）

験にも合格し、二十二歳の医師・鷲山弥生が誕生した。

東京至誠医院の設立

弥生はしばらく郷里に帰って父の医院を手伝ったりしたが、ドイツ留学の希望を持って、明治二十八年（一八九五年）、再び上京した。こうして吉岡荒太と出会うことになった。結婚後しばらくは夫の事業を手伝うことを生活の中心に置いたが、病気がちな夫の稼ぎだけでは苦しいので、明治三十年、飯田町四丁目に再び医院を開業した。夫の経営する学園の名前を貰って、「東京至誠医院」の看板を掲げた。女医・吉岡弥生としての社会活動の再開であった。

荒太が院長を務める東京至誠学院は借金をしながらも活動していたが、講義、執筆、翻訳と多忙を極める中で荒太の健康は衰えた。明治三十二年、夫を診察した弥生は、糖尿病が深く進行していることに驚いた。このうえは治療を最優先すべきと主張し、学院は閉鎖された。この時以来、元気満々の弥生が事業の先頭に立ち、病身の荒太がそれを陰で支えるという、夫婦の役割分担が確立した。

東京女医学校の開校

明治三十三年（一九〇〇年）、弥生がかつて学んだ済生学舎は、女子生徒の入学を許可しないという決定を下した。男女間の風紀の乱れによる学園の混乱を、女子を締め出すという、一方的で安易な方法で解決したのである。様々な事情で大学に行けない女性たちにとって、済生学舎は唯一の教育機関だったので、この女性たちは行き場がなくなった。弥生はこの人たちを救いたいと思った。

男女共学がよいか別学がよいかという議論は、今も時々行われる。医学教育の場合、実習では学生が順番に患者役となって、様々な模擬診察や模擬治療を受ける。大勢の男子学生の前で女子学生が身体をさらすことの辛さを弥生は体験してきたので、かねてから、女子だけの医学教育の場を作りたいと考えていた。この考えを荒太に伝えると、荒太は即座に賛成した。明治三十三年、二人は至誠医院の一室に「東京女医学校」の看板を掲げた。

29歳の吉岡弥生
（東京女子医科大学提供）

わが国初の女医学校の誕生であり、また、第二次世界大戦後に至る長いあいだ、わが国における唯一の女医養成機関であった。初年度の生徒は四人だったが、入学者はしだいに増え、市ヶ谷仲之町、次いで河田町に専用の校舎を建てた。

根っからの教育者である荒太は、女医学校の事業に

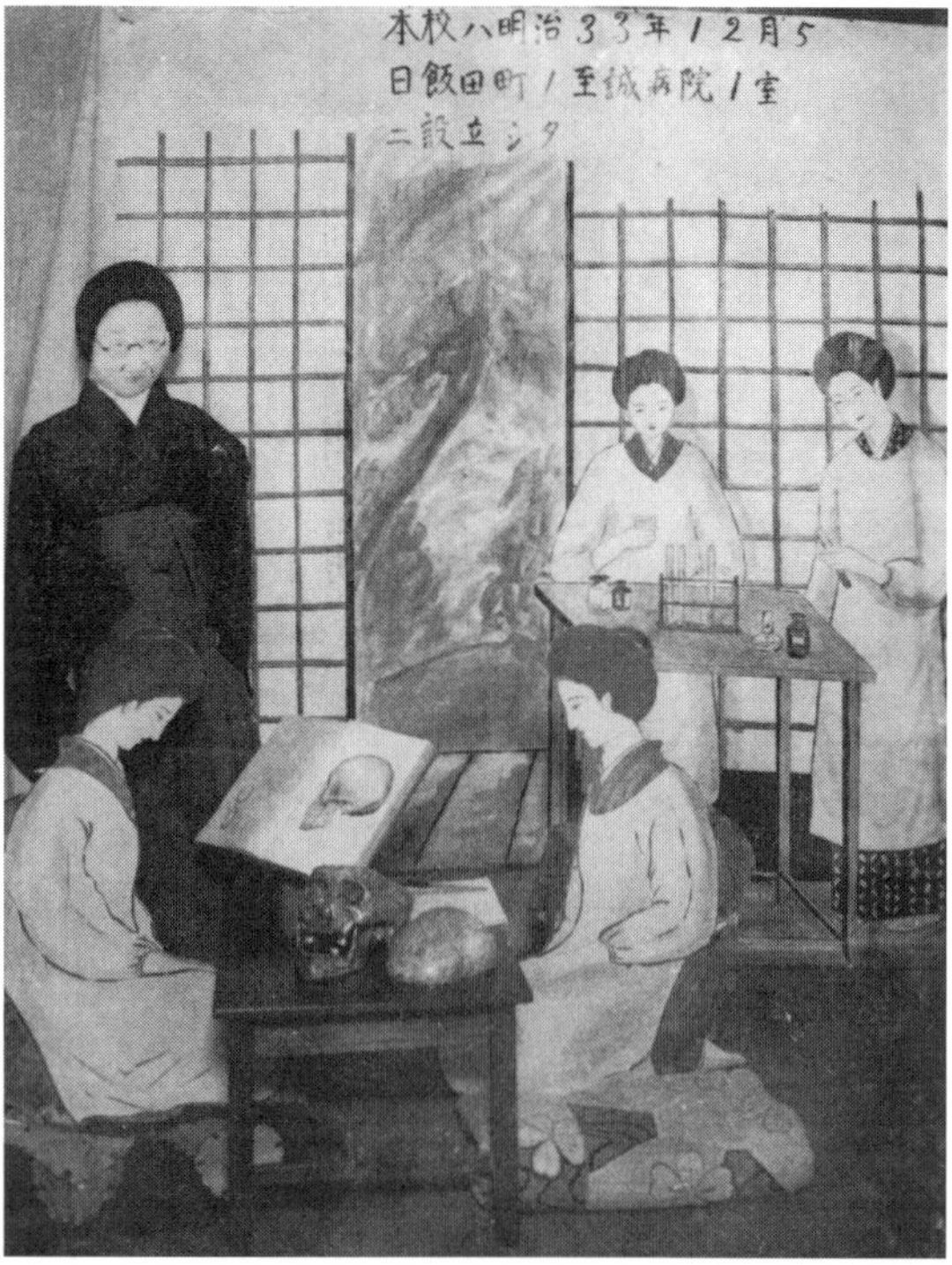

東京女子医学専門学校（上）と、創立当時の東京女医学校の様子（東京女子医科大学提供）

最後の情熱を燃やした。校長である弥生が対外的な活動を一手に引き受けたが、弥生は女医学校の校長（教師）と至誠医院の院長（医師）を兼務して多忙であった。そのため、女医学校内部では、荒太の存在がむしろ大きかった。教師としてドイツ語と生理学を教え、学校経営全般を指揮した。それだけでなく、仲之町時代は、寄宿舎の監督として約十年間、校舎で学生たちと寝食を共にした。「大先生《おおせんせい》」と呼ばれ、実の父親のように慕われた。

明治四十五年、東京女医学校は専門学校の認定を受けて東京女子医学専門学校（東京女子医専）となり、こんにちの東京女子医科大学へと発展した。

荒太の最期と、その後のこと

糖尿病をしだいに悪化させた荒太は、大正十一年（一九二二年）十月、五十五歳で死亡した。ずっと病気がちだった荒太としては、よく生きたと言えるだろう。教え子たちの強い希望により、東京女子医専の大講堂で学生たちだけによる通夜が行われた。次いで芝の増上寺に一七〇〇人が集って盛大な葬儀が営まれた。

東京女医学校が最初の卒業生（国家試験合格者）を出した時の記念撮影。左から吉岡弥生、竹内茂代（最初の卒業生）、吉岡荒太（東京女子医科大学提供）

地元からの要請で、郷里高串でも葬儀が営まれた。小さな漁村から出て社会貢献を果たした荒太に対する人々の尊敬の念は深く、この日は村じゅうの人が仕事を休んだ。遺骨を携えた弥生ら遺族を、三隻の船が伊万里まで迎え

吉岡荒太・弥生の墓付近から望む高串漁港（平成15年9月撮影）

高串にある吉岡荒太・弥生の墓（平成15年9月撮影）

に出て、高串港に着くと吉岡の生家までの道を人が埋めつくし、遺骨に頭を垂れた。葬儀は小学校の運動場で行われ、三〇〇〇人が集う一大行事となった。

荒太亡き後の吉岡弥生は、医師、教師、病院経営者、そして学校経営者という役回りを一人でこなさねばならなかった。病院と学校は共に関東大震災（大正十二年）の被害を受けた。これらの困難にくじけず、弥生は重責を果たし、医学、教育の世界において女性の力を見事なまでに実証した。後にドイツ留学から帰った吉岡正明（荒太の末弟）が副校長兼総務部長に就任し、荒太と弥生の息子・博人も事業に加わった。弥生は長生きし、昭和三十四年（一九五九年）、八十八歳で亡くなった。

吉岡荒太と弥生は、夫婦協力して数々の事業を成し遂げた。共に地方から出て、貧しさ、病気、性差別などで苦労した経験をもつゆえに、事業のすべてが社会的弱者への思いやりに満ちていた。元気いっぱいに表舞台で活躍する弥生と、それを陰で励まし支える病身の荒太は、美しい夫婦愛の姿として人々の記憶に刻まれている。男尊女卑の風潮が根強かった明治の時代に、極めて独創的な生き方をした二人だった。

参考文献

吉岡弥生口述・神崎清著『吉岡弥生伝』東京連合婦人会出版部発行、1941年（1989年「大空社伝記叢書57として復刻出版された）

吉岡弥生口述・神崎清著『吉岡弥生伝』（シリーズ人間の記録63）日本図書センター、1998年

3 林 毅陸

林毅陸《はやしきろく》は明治のはじめ、唐津の隣村である肥前町に生まれた。慶應義塾に学び、同塾の政治学科教授として『欧州近世外交史』を著すなど、わが国の近代政治学、特に憲法学と外交史学の開拓者となり、学者として最高の地位である学士院会員を務めた。福沢諭吉の思想と資質を受け継ぐ人物とされ、慶應義塾の塾長、慶應義塾大学の学長、及び愛知大学の初代総長を務めた。リベラリストの政治家としても知られ、パリ平和会議、ワシントン軍縮会議など、大正期の重要な国際会議におけるわが国全権代表団の一員として活躍した。第二次世界大戦後、その健全な民主主義思想ゆえに、天皇を補佐する枢密顧問官に任命され、新生日本の建設に貢献した。

慶應義塾大学の学長時代の林毅陸
(国立国会図書館ウェブサイトより転載)

田野の中村家

林毅陸は明治五年(一八七二年)、肥前町田野《たの》に生まれた。現在の行政区画では佐賀県唐津市肥前町田野である。吉岡荒太の出身地である高串は田野の隣村だが、林の生家と吉岡の生家はほんの一キロメートルくらいしか離れておらず、今の行政区画では高串も肥前町田野の一部となっている。吉岡の生家は高串漁港を見下ろす高台にあったが、林の生家は更に奥に入った裏頭《うらがしら》と呼ばれる入り江の裏山にあった。今の田野小学校裏山の山腹である。

　林毅陸（幼名・中村毅陸）は田野の造り酒屋である中村清七郎の四男として生まれた。母はトモといい、唐津藩士で医者の浦川喜右衛門の次女であった。中村家はこの地方の豪族として知られ、酒づくりだけでなく、

田野の風景（林毅陸の生家付近、平成15年9月撮影）

多くの田畑山林を所有し、炭鉱も経営するという繁栄ぶりだった。しかし明治期、清七郎の時代に入ると炭鉱の事故などで経営が傾き、毅陸の少年時代には没落の辛さを味わっていた。困難に追い討ちを掛けたのは長男・秀穂の行動であった。借金返済のため、中村家では書画骨董の類を売ったが、秀穂はその売却代金を手にしたまま遁走《とんそう》して長崎に向かい、そのまま東京に行ってしまったのである。ほどなく父・清七郎が死去し、母と残された子どもたちは貧窮の生活を余儀なくされる。家屋敷を売り払い、母子六人で、倉を改造した家に住んで暮らした。

　東京に出た秀穂は中江兆民の仏学塾に入ってフランス語を学び、次いで自ら神田猿楽町にフランス語塾を開いた。仏語辞典を著すなど著作もあった。秀穂は後に藤原家の養子となったので、藤原秀穂と記されることが多い。Ⅱ－2で記したように、吉岡荒太は秀穂を頼って上京し、そこにしばし住み込んだ。

　この困窮の時代に一家を支えた母トモを、毅陸は心から尊敬している。夫を失い、長男は家の金を持ち出して家出し、長女が嫁に出た後、十五

中村家の家族。左から母トモ、毅陸、妹サメ（『生立の記』より転載）

歳の次男を筆頭に五人の子どもを育て、学校に行かせるために、母はあらゆる苦労をした。せんべいを焼き、こんにゃくを作って売るなど、豪族の奥様から一変した生活の中で、運命を嘆くことなく、貧しくとも礼節を重んじ、いつも明るく働きとおしたトモは、裕福だった時代以上に、村の人々に敬愛された。

母トモは中村家再建の根幹は学問にありと心得ていたので、長男・秀穂のとった行動を責めなかった。父の死から三年後に一時帰郷した秀穂を温かく迎え入れただけでなく、末の弟である毅陸を託し、兄弟協力して東京での学問を成功させるよう励ました。田野小学校の三年生であった毅陸はこうして小学校を中退することになる。明治十四年十月、九歳の中村毅陸は兄と共に高串港より石炭運搬の和船（帆掛け舟）に乗って神戸に出て、そこから蒸気船で横浜に上陸し、汽車で東京新橋駅に着いた。

林竹堂との出会い

上京した毅陸は神田猿楽町にあった兄の仏学塾に住み、福沢諭吉の『世界国づくし』などを読んで過ごした。近所の神田西小川町に、讃岐《さぬき》の国高松から来た林滝三郎という漢学者がいて、「葆真学舎《ほうしんがくしゃ》」という塾を開いていた。滝三郎は竹堂《ちくどう》という号を持ち、竹堂先生と呼ばれていた。学識豊かなだけでなく豪放磊落な人格者だったので、周囲の尊敬を集めていた。兄・秀穂は明治十四年（一八八一年）の春から葆真学舎で漢学の教授を受け、竹堂とは親しい友人だった。

明治十五年二月、竹堂はかねての計画どおり、東京での勉学生活を二年で切り上げ、郷里高松に帰って漢学塾を開くことになった。秀穂は竹堂を自宅に招き、別れの宴を催した。毅陸は兄の命ずるままに食膳の給仕などをした。その宴席で突然、竹堂は秀穂に対し、「この子どもを私に五年間ほど預けてはどうだ、十分仕込んでやろう」と言い出した。よほど毅陸を気に入ったのだろう。また、秀穂の友情に報いる思いもあったかもしれない。秀穂は光栄なことと喜び、毅陸も即座に承知した。こうして宴席を終えて竹堂が自宅に戻るさいには毅陸も同行し、その晩のうちに林家の住人となった。

高松での修行時代

林滝三郎竹堂の肖像
（同前書より転載）

明治十五年（一八八二年）の春、十歳の中村毅陸は林滝三郎竹堂に連れられて四国の高松に渡った。竹堂はこの地に「葆真学舎」を開設し、少年たちへの教育を開始した。毅陸も生徒となり、竹堂からは主として漢文を習った。『国史略』、『十八史略』、『日本外史』、『日本政記』、『孟子』、『文章軌範』などを特に熱心に教わった。鳥羽から来た教師・栗原亮一からはスウィントンの『万国史』を教わった。竹堂は勉学について厳しかったが、毅陸はよく学んだので、

少年時代の毅陸と友人たち。左から富永梅太郎、中村毅陸、池袋秀郎。腕白そうである（同前書より転載）

十一歳の春頃からは学僕兼小先生として、ほかの生徒たちを教えるまでになった。私生活においても竹堂は毅陸を可愛がった。宴席に毅陸を呼び、『三国志』の「赤壁《せきへき》の賦《ふ》」を暗誦させて楽しんだりした。

自然豊かな高松では、川遊びや屋島登山などを楽しんだ。ある日、塾生たち皆で猫を捕まえ、煮て食べてしまったが、頭部の始末に窮して、隣家の庭に投げ込んでおいたところ、見つかってひどく叱られた。こうした、少年らしい乱暴ぶりも伝えられている。

竹堂の庇護のもとで幸せな修行時代を過ごし十七歳の青年となった毅陸は、明治二十二年の春、慶應義塾に入学するために高松を離れることとなった。子どものいなかった竹堂は別れを惜しみ、この機会に毅陸を養子にしたいと申し出た。こうしてこの年の五月、毅陸は戸籍上も林家の人となり、林毅陸となった。

慶應義塾の学生時代

慶應義塾に入った毅陸は、近代思想に基づく本格的な教育を初めて受けた。当時の日本には日本語で書かれた良い本がなかったので、教科書はすべて英語で書かれていた。政治経済学の分野ではフォーセット、ミル、スペンサー、バショットなど、アングロサクソン系自由主義思想家の書いたものが中心であった。通常の授業以外に毎月二回、「三田演説会」というのが開かれ、福沢諭吉が講話をした。

明治二十五年（一八九二年）、毅陸は慶應義塾の正科を首席で卒業した。二十七名の卒業生中、毅陸だけが大学部へと進学した。大学部文科の主任教授はカナダ出身の英国人ロイドであり、毅陸は先輩数人と共にロイド邸に住みこんで指導を受けた。毅陸は秀才であったが、自分では数学が苦手だったと語っている。その反対に、文章作りと朗読、それに演説の才能が抜群であった。大学三年生の時、福沢諭吉の還暦記念会が開かれたが、そこで毅陸は在学生を代表して祝文を作成し、これを朗読した。明治二十八年、大学部を首席で卒業した。卒業式では卒業生を代表して答辞を述べた。当時の毅陸の様子について、竹堂の友人・栗原亮一が竹堂に宛てた手紙の中で「令息は謹慎にて、幼きに似合わず老成の気風あり」と記している。

慶應義塾の英語教師

大学卒業後、毅陸は直ちに慶應義塾の英語教師として採用された。薄給ではあったがとりあえず生活の目途がたったので、父・竹堂を東京に招いた。しかし東京で暮らすこと一年にもならないうちに、竹堂は脳溢血で死亡した。

慶應義塾は大学部を抱えるなどしだいに大きな組織となっていったが、小さな私塾時代の習慣や機構を引きずっていたので、いろいろ弊害が出ていた。そこで機構改革を推進するために、明治三十年（一八九七年）八月から八カ月のあいだ、福沢諭吉が直接に塾務に復することになった。毅陸にとって、これは願ってもない幸運であった。毅陸ら若手教員は塾の将来像について福沢と頻繁に意見交換した。福沢の方針に毅陸らが反対することも珍しくなかった。明治三十一年、まだ二十六歳の毅陸は福沢から、普通科の主任として学務を指揮するよう命じられた。

明治三十三年（一九〇〇年）の大晦日は特別の日であった。十九世紀から二十世紀への変わり目にあたるこの日、慶應義塾では夜八時から、「世紀送迎会」という催しが行われた。会の中心は、林毅陸による「逝けよ十九世紀（世紀送迎の辞）」と題する演説であった。科学の進歩によって豊かな時代が来ると信じられた十九世紀は、貧富差の拡大という現実を生んで終わった。政治上、思想上の解放を求める市民革命によって十九世紀は幕を開けたが、現実には経済的、物質的な意味での新たな奴隷制度を生んで幕を閉じる。十九世紀の偉人たちが描き、実現できなかった理想を、新時代に結実させるのが、二十世紀を生きる我々の責務である。概略このような内容の演説は当時の学生たちを熱狂させ、演説が終わると大歓声が毅陸を包んだ。現代の感覚で見れば装飾過多の美文であり、内容もやや甘いものだが、福沢諭吉も上機嫌で毅陸の雄弁を賞賛した。

当時、わが国における文科系の学問分野は未成熟で、細分化されていなかった。その中で毅陸の関心はしだいに政治学へと向いていった。明治三十二年から三十四年にかけて、毅陸はアナトール・ルロア・ボーリュー（Anatol Leroy-Beaulieu）の名著「L'Empire Les Tsarset les Russes（ツァーの帝国とロシア人）」（原文はフランス語）の英訳本を読み、これを日本語に抄訳した。林毅陸の処女作である『露西亜帝国』はこうして明治三十四年、東京専門学校出版局から出版され、日露戦争に向かう時局のなかで歓迎された。

林毅陸の処女作『露西亜帝国』（唐津市教育委員会所蔵）

欧州留学

明治三十四年（一九〇一年）、欧州留学の命が下った。林毅陸はテーマに「欧州外交史」を選び、ルロア・ボーリュー教授の指導を受けるために留学地をパリと希望した。次いで義塾側の要望により、英国に渡って英国憲法を学ぶことを追加された。ところが、いよいよ普通科主任を辞して留学準備をしているさなかの一月二十五日、福沢諭吉が死去した。葬儀の準備や、福沢亡き後の義塾経営の段取りなど課題は山積していたが、林毅陸は留学の予定を変更しなかった。

二月三日には新橋を発って高松に帰り、学資などで世話になった高橋良平に感謝し、その娘サワと婚約した。次いで唐津で親戚縁者にあいさつし、二月十七日には門司港からフランスに向けて出航した。福沢の葬儀に参列さえもしなかったことについて、「当時、私の胸中には一種の運命観とも言わんか、事ひとたび動く時は、ただ直往前進すべきであるとの気持ちが、何処ともなく働いていた」と述懐している。

欧州留学時代の林毅陸
（『生立の記』より転載）

パリではボーリュー教授の助言を受け、エコール・リーブル・デ・シアンス・ポリティック（パリ大学政治学校）に入学した。主としてソレル教授の外交史講義を聴いた。法科大学の講義にも出席した。慶應義塾での勉強が役立ち、フランス語にはさほど困らなかった。

パリ滞在三年目の明治三十六年一月からは、パリ東洋語学校の日本語講師を嘱託された。後日、在東京フランス大使館の名通訳として知られることになるポンマルシャン、同じく司書官となるゲゼネック両氏は、この時の林毅陸の生徒である。いっぽう、英国の法制度や外交史に関する勉強には、主としてロンドンの大英博物館外交文書室を利用した。

毅陸は欧州滞在中、バルカン地方の政治に強い関心を寄せている。休暇を利用して南ドイツからオーストリア、ハンガリー、セルビア、ブルガリア、トルコ、ギリシャを経てイタリアに至る大旅行をした。トルコではサン・ステファノ条約締結の地を訪ねた。ブルガリアのソフィアでは、ロンドン・タイムズの通信員ムーアと会談し、その紹介を得てマケドニア革命党の首領サラフォフの自宅を訪問し、約二時間に及ぶインタビューをしている。その内容は、日露戦争中のロシアをマケドニア革命党が背後から攪乱する可能性についての議論を含んでいた。そこで得た情報を林毅陸はロンドンとローマの日本公使館に連絡している。毅陸が単に学問的探究心だけでなく、現実政治への積極的な関与を意識していたことは注目に値する。

明治三十八年、欧州からの帰途、米国に立ち寄り、ワシントンの国立国会図書館においてわが国の開国と明治維新関係の史料を調査研究して帰国した。帰国後すぐに、かねてより婚約中の高橋サワと結婚した。毅陸三十四歳、サワ二十二歳であった。ちょうど四年間の欧州留学であった。

『欧州近世外交史』

欧州留学から帰国後、林毅陸は早速、欧州での研究成果をまとめて著作とすべく執筆を開始した。名著として名高い『欧州近世外交史』は、上巻が明治四十一年（一九〇八年）、次いで下巻が明治四十二年に慶應義塾出版局から出版された。後に加筆されて上、中、下の三巻構成となった。十八世紀における国際情勢の概観から始まり、フランス革命以後の欧州列国の国際関係を詳細に述べるなかから、二十世紀初頭の国際関係の概観を与えている。後に加筆された下巻では、ベルサイユ講和条約の締結までの経緯を解明した。わが国における外交史研究の出発点と評価された作品である。

専門書であるから、ひととおり世界史を学んだ人を読者として想定し、欧州の歴史的事件や外交の流れの背後にある、政治家の思想や行動原理を解明する手法で書かれている。林自身は序文において、従来の政治史の手法を表面的に過ぎると批判し、「人体を研究するにあたって、服を着た人を観察するのでなく、その人の筋肉や骨格の実態を知りたいから、刀を執って解剖を試みるのだ」（現代語訳）と、その意気込みを語っている。

慶應義塾の教授・塾長・学長

明治三十八年（一九〇五年）に欧州留学から帰国した林は、直ちに慶應義塾大学政治科の教授となり、欧州外交史と英国憲法を担当した。雄弁で鳴らした人だけに、その名講義は学生たちの人気を集めた。教え子たちの証言のいくつかを紹介しよう。

「先生の外交史その他の講義は言わば名調子とでも言うべきものでした。一刀両断、結論に直入するというものではなく、一枚一枚、丁寧に紙を剝ぎ取って行く体のものでした。そして講義がいよいよ先生得意の段に入ると、名調子はますます名調子となり、どこか音楽的にさえなって行

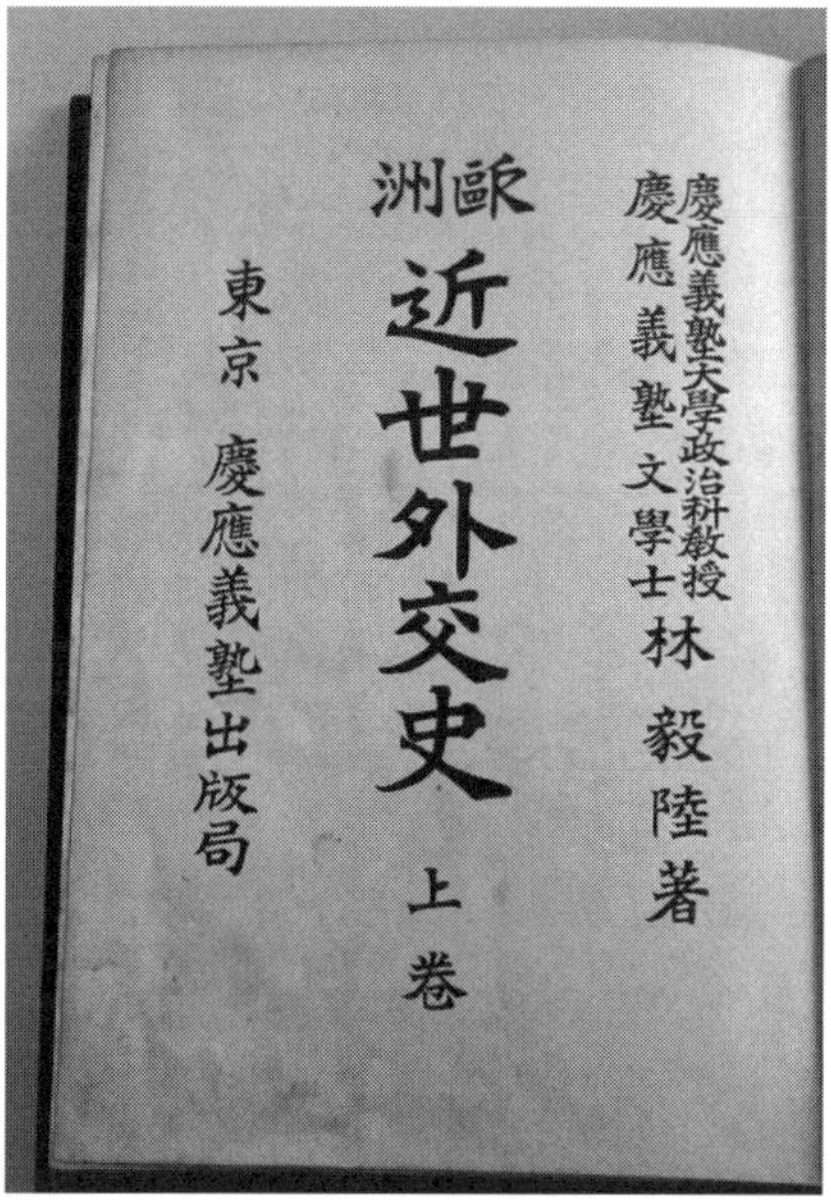

『欧州近世外交史』
（唐津市教育委員会所蔵）

くのでした」（及川恒忠氏）、「いまだに強く印象に残っている一事があります。それは、銀鈴《ぎんれい》を転がすような美しい声で、先生が満場の塾生たちを陶然とさせたことです。先生自身も何だかご自分の素晴らしい雄弁に酔われているように感じられました。私は、後にも先にも、三田山上の大ホールでの林先生のお話ほど、聴衆を魅了した大雄弁を聴いたことはありません」（藤原守胤氏）。……ちょっとやり過ぎという感じである。

大正４年の政治科卒業式。前列中央に鎌田末吉塾長、その左に林毅陸主任（『生立の記』より転載）

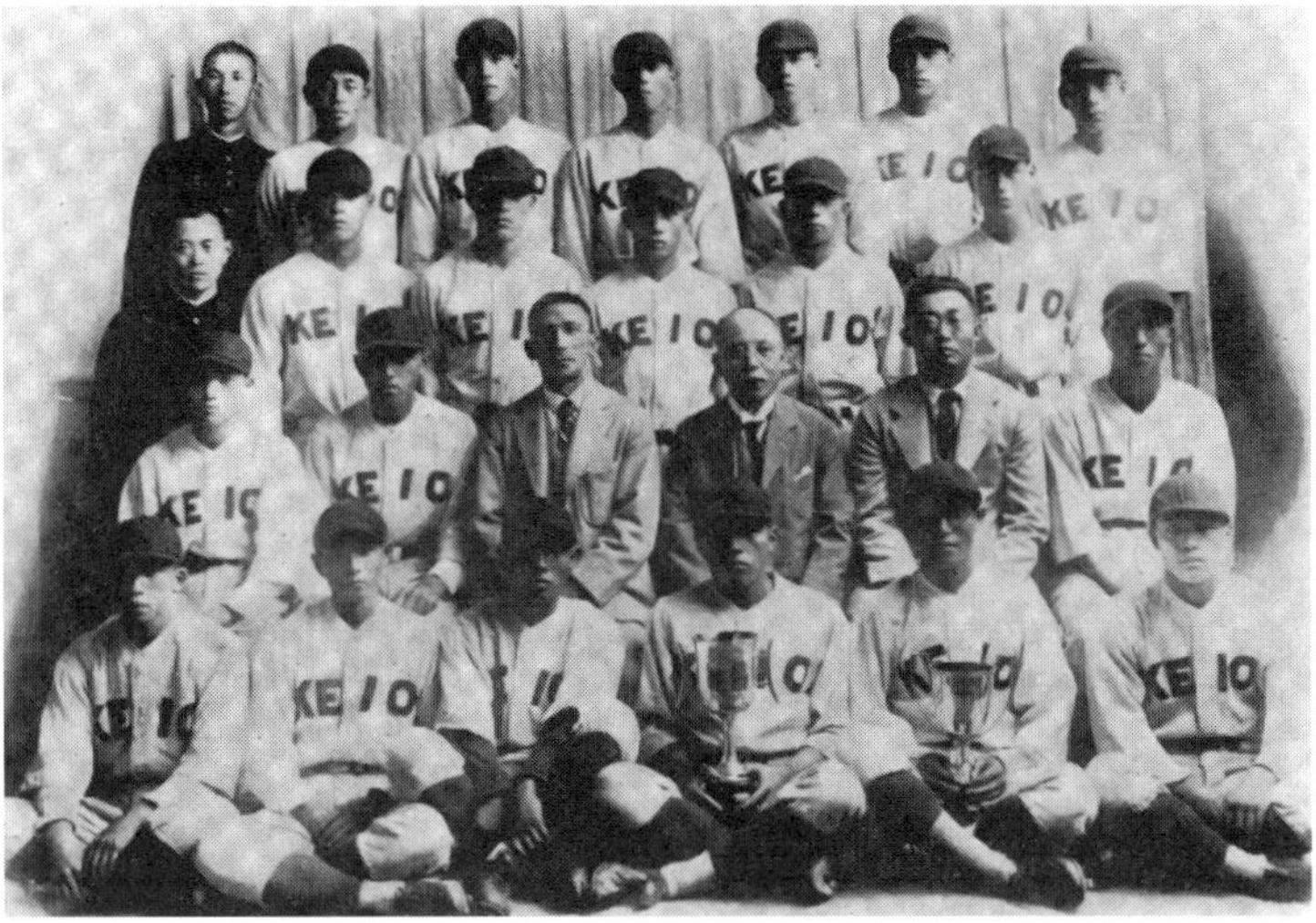

東京六大学野球春のリーグ戦を制した慶應義塾野球部と林塾長（昭和２年撮影。同前書より転載）

林毅陸は明治四十三年には政治科主任となった。この頃の政治科には小泉信三など優秀な学生が集い、慶應の看板と言われた。大正八年（一九一九年）、林は法学博士の学位を授与された。その後しばらく政治の世界に移ったが、大正十二年十一月、慶應義塾の塾長と慶應義塾大学の学長を兼務する指導者として大学に復帰し、十年間その任にあたった。林が着任したのは、九月の関東大震災によって図書館、大ホール、塾監局など重要な建物が崩壊した直後のことであり、震災からの復興が一大事業であった。それが一段落すると、建学の地である三田に次いで日吉台に新キャンパスを建設し、こんにちの慶應義塾隆盛の礎《いしずえ》を築いた。

林毅陸の思想と行動には、「健康」という言葉がよく似合う。事実、林はスポーツを愛し、振興した。大正十四年秋、東京六大学野球のリーグ戦が始まったが、林学長在任の十六シーズン中、慶應は優勝七回、準優勝五回を誇り、スポーツ全盛の時代を築いた。この精神は林の後継者として塾長・学長となった小泉信三にも引き継がれた。

衆議院議員時代の林毅陸
（同前書より転載）

政治と外交

休火山、死火山に対して活火山という言葉があるように、林毅陸は自分のことを好んで「活学者」と呼んだ。過去を分析するだけでなく、現実政治と切り結ぶ政治学者でありたいという態度である。これは父・林竹堂の教えでもあった。明治四十五年（一九一二年）、香川県から衆議院議員に立候補して一位で当選し、以後三期、衆議院議員を務めた。

林毅陸が立候補するきっかけとなったのは、明治四十五年の第一次護憲

外交使節時代の林毅陸（前列左端）。サンフランシスコでの撮影とされる（同前書より転載）

運動であった。明治政府を支配してきた薩摩・長州の藩閥を打破し、同時に急速に発言力を増しつつあった陸海軍の影響を押しとどめて、議会を中心とする政治、憲法に基づく政治を実現しようという運動である。この年の選挙に出て当選した林は、翌大正二年（一九一三年）の第三十議会において、政友クラブと国民党を代表して、わが国の憲政史に残る代表質問演説をした。

林の代表質問における最大の論点は、陸海軍大臣を現役大将・中将に限るとした当時の制度が立憲政治の精神に反するということであった。この制度によれば、内閣総理大臣が陸軍大臣・海軍大臣を任命しても、軍幹部が結束して大臣任官を拒否すれば組閣ができず、こうして軍部が自由に内閣の命運を決することができた。これを林は「憲法上においての重大問題」、「政治組織の主義の上から見た根本の大問題」と指弾した。

政界におけるタブーを正面から取り上げたこの代表質問に、当時の山本《やまもと》権兵《ごんのひょう》衛《え》首相は即答できず、重大な問題だからとの理由で三日間の答弁猶予を求めた。そして三日後、「相当の改正を施す」と約束し、陸海軍大臣の資格範囲を広げた。軍部の専横に歯止めをかけたこの事件は、わが国の憲政史上における大きな成果とされ、学者政治家・林毅陸の名は一気に高まった。しかし、昭和十一年（一九三六年）の二・二六事件の後、軍の圧力によってもとの制度が復活し、結局、わが国の政治家たちは戦争への道を阻止できなかった。

林は大正八年、ブリュッセル万国議員商事会議に団長として出席し、次いで第一次世界大戦の戦後処理を決めるパリ平和会議に日本全権代表団の一員として出席した。翌大正九年、原敬首相の要請により、外務大臣に対する助言者である外務省勅任参事官に任命され、翌大正十年にはワシントン軍縮会議に出席した。

戦中生活と『欧州最近外交史』

昭和十一年（一九三六年）十月、林毅陸は帝国学士院の会員に推挙された。学者として最高の地位に就いたことになる。

第二次世界大戦が激化するなか、林は政界復帰の意思は持たなかったが、各地での講演において、ドイツのヒトラー政権を批判した。「ヒトラーの末路を見届けるまでは死ねない」とも語っていたそうである。このため、昭和九年に日本放送協会（ＮＨＫ）の理事に就任したにも拘らず、ラジオ放送への出演を禁じられるなど、言論活動への制限を受けた。こうした不便に加えて、東京へは連日、米軍機が襲来して爆撃するようになった。

『欧州最近外交史』（唐津市教育委員会所蔵）

林は東京での仕事を諦めて四国の山中に疎開し、そこで『欧州最近外交史』を執筆した。ベルサイユ平和条約から説き始め、第二次世界大戦の終結までを述べている。

内容の大部分が戦争中に書かれたものでありながら、林はヒトラーの思想と行動を詳細に分析して批判し、それに同調して戦争へと向かった日本の外交を「無謀なる軍国主義の到達すべき所」と裁断した。そのいっぽうで、林は、こうした悲劇を生んだ大きな要因が、第一次世界大戦の戦後処理（ベルサイユ体制）の誤りにあったことを強調している。戦勝国が圧倒的な力を背景に敗戦国ドイツを侮辱し、満足な反論の機会すら与えず、到底実行不可能と思われる巨額の賠償金を課すなど、理不尽な制裁が行われた。また、平和条約の内容に首尾一貫性がなく、諸条項間に明らかな矛盾があったこと、そしてそのことが新たな紛争の火種となった事実も指摘している。戦勝国のエゴと無責任が次の戦争を生むという指摘は、深く心すべき教訓である。その後、ヒトラーの台頭によってベルサイユ体制は崩壊するが、そこでもヒトラーの暴力に対する英国の外交政策が定まらず、英国が悲劇を未然に防ぐ責任を果たさなかったことを批判している。

この本は現在、絶版となっており、大学図書館などでしか手にすることができない。読んでみると、二十世紀の歴史のダイナミズムが持つ迫力に、ぐいぐい引き込まれるものがある。小泉信三は林の後継者として慶應義塾の塾長となり、後に平成天皇の皇太子時代の教育係や文部大臣などを務めた人だが、この本について、「題の如く一巻の史書でありますが、先生の正義自由の精神と日本に対する愛国の至情とは、文字の面にも行の間にも感ぜられ、読者を動かさずにはおきません」と述べている。そのとおりである。

戦後日本の再建——枢密顧問官・愛知大学の創設学長

昭和二十年（一九四五年）、第二次世界大戦はドイツ・日本などの敗戦で終わった。軍国主義否定の上に新生日本を建設する必要があった。昭和二十一年一月、昭和天皇は「人間宣言」を発表した。狭隘《きょうあい》な愛国主義のもとで神格化されてきた自らの存在を否定し、天皇自ら新時代に対応する用意があることを示した。六月、幣原《しではら》喜《き》重郎《じゅうろう》首相は林毅陸に対して、昭和天皇の助言者である枢密顧問官への就任を要請した。枢密顧問官の最重要任務は、連合国主導で進められる「日本国憲法」の検討に関与することであった。特に、憲法における天皇の地位が大きな問題であった。この問題で林毅陸がどのような主張をしたかは明らかでないが、ともかく十一月には日本国憲法が公布された。天皇の地位は「日本国の象徴であり日本国民統合の象徴であつて、この地位は、主権の存する日本国民の総意に基く」とされた。天皇制を存続させながら、天皇自身の政治への関与は制限された。この激動の時期に天皇に助言するという、たいへんな重責であった。

戦前、上海に「東亜同文書院」という大学があった。明治三十四年（一九〇一年）、近衛篤麿《このえあつまろ》の指導のもとに建てられたものだ（近衛篤麿についてはⅢ－5参照）。日中友好を基礎に、国際的な視野を持つ学生を育てようという教育機関である。近衛篤麿の大東亜共栄圏構想を担う人材育成機関という性格があったが、いざ発足してみると優秀な教授陣が揃い、国際都市上海の持つ開放的な空気も手伝って、当時としては極めて高度な国際人養成教育が行われた。マルクス主義の文献が自由に学べるなど、リベラルな学風が培われていた。

愛知大学学長時代の林毅陸（昭和22年11月。『生立の記』より転載）

日本の敗戦によって東亜同文書院は中国に接収され、日本人学生と教職員たちは行き場を失った。最後の学長であった本間喜一は、書院の伝統を戦後日本に継承するために、愛知県豊橋市に私立の愛知大学を創設することを計画し、その創設学長を林毅陸に委嘱した。高齢の林はその激務に堪えないと固辞したが、本間らの熱意に押されてこれを承諾した。書院の学風に共鳴したこともあったろう。

「林毅陸先生誕生之地」記念碑（平成15年9月、唐津市肥前町田野）。上の写真の石碑の左奥に田野小学校の校舎が見える

昭和二十一年、愛知大学の創設学長となった林は、上海から引き揚げて来た東亜同文書院の学生五〇〇名を受け入れると共に、新しい私立大学を順調に船出させた。昭和二十五年の五月まで学長を務め、退任後間もなく、十二月に死去した。七十八歳であった。

人物

林毅陸は健全かつ温厚な思想家であり、民主主義者であった。過激で狭隘なことを嫌い、人間の善意と健全性を信頼する常識人であった。いつも悠然としているので、周囲に安心感を与える指導者だった。教え子で慶應義塾の塾長となった潮田江次《うしおだこうじ》の追想が、人々の想いを代表していると思う。「いつも御自分の主義に安心して確信を持たれ、日本の前途に希望を失わないと言われる楽天家であった。そこに一種の気風が感じられた。明治日本の文明躍進時代を象徴するひとつの型を、私どもは林さんによって見せられたように思う」（慶應義塾塾長・潮田江次『生立の記』所収「林先生の想い出」より）。

田野の記念碑

故郷である唐津市肥前町の田野に、記念碑が建てられている。小泉信三による「林毅陸先生誕生之地」の文字が刻まれた石板があり、吉岡荒太の弟である吉岡正明が建立したと記されている。田野小学校の裏手の山を五分ほど登ったところである。

＊　＊

林毅陸の著書は現在、入手しにくくなっている。この稿を執筆するにあたって、『生立《おいたち》の記《き》』は京都大学文学部図書館所蔵のものを、『露西亜帝国』、『欧州近世外交史』、及び『欧州最近外交史』は唐津市教育委員会所蔵のものを閲覧させていただいた。川添信介氏（京都大学文学研究科教授）と田島龍太氏（当時唐津市教育委員会文化課課長）には、格別のご配慮をいただいた。お二人とも佐賀県立唐津東高等学校のＯＢである。本文中の肖像写真は『生立の記』から転載した。

参考文献

林毅陸著『生立の記』林喜八郎発行、非売品、１９５４年

アナトール・レルア・ボリュー著・林毅陸訳『露西亜帝国』東京専門学校出版部、１９０１年

林毅陸著『欧州近世外交史（上下）』慶應義塾出版局、１９０８－１９０９年

林毅陸著『欧州最近外交史』慶應出版社、１９４８年

4 黒田チカ

黒田チカはわが国初の女性化学者と言われる。帝国大学に入学した最初の女性であり、化学の分野で顕著な業績を残した。特に紫根、紅花、ウニなどの持つ天然色素の研究に従事し、それらを単独の物質として取り出し、その分子構造を決定した。またその一部を工業的に生産する道をも開いた。化学分野で女性初の理学博士となり、数々の学術賞を受賞した。教育者としては、東京女子高等師範学校（以下「女高師」。お茶の水女子大学の前身）において、初の女性教授となった。科学者としての純粋で真摯な生き方は人々の尊敬を集め、明治、大正、昭和の三代にわたり、自然科学を志す女性たちの目標であった。

生い立ち

黒田チカは明治十七年（一八八四年）佐賀県佐賀郡松原町（現在の佐賀市松原）に生まれた。父親の黒田平八は佐賀藩諫早《いさはや》支藩の藩士であり、母トクとの間に生まれた三女であった。女性に学問をつけることは一般的でなかった時代だが、父・平八は非常に進歩的な考えを持っており、男女を問わず子どもたちに十分な勉学の機会を与えた。チカも恵まれた環境の中で勧興《かんこう》小学校から佐賀師範学校女子部へと進み、十七歳の時に卒業した。師範学校の規則に従って一年間、佐賀郡川副高等小学校の教師を務めた。次いで明治三十五年東京に出て、当時の女性としての最高学府である女高師理科に進学した。

東京女子高等師範学校

黒田はもともと文科にも興味があったので、女高師を受験するにあたって、どの分野を選ぶか迷った。文科の学問は独学でもできそうだが、理科の実験は学校でなければできないと考えて、理科を選んだ。在学中、平田敏雄教授の指導を受けるうち、しだいに化学の楽しさに夢中になった。特に酒石酸《しゅせきさん》の光学異性体などに見られる立体化学の現象に惹かれた。光学異性体とは、右手と左手のように、互いに鏡に映った映像の形をした一対を言う。このような一対が、分子の世界にもあるのである。また、染料や顔料の化学、染色の原理などにも興味を持った。明治三十九年（一九〇六年）に卒業した。

黒田チカ（黒田家提供）

女高師での勉学を通じて、黒田は化学研究に対する情熱を持ち始めていた。しかし当時の女子にとっては、この先へと学歴を積む道は閉ざされていたので、理科教師として福井県立女子師範学校に就職した。福井に行ってみると優秀な教師と生徒たちが揃っていて、そこでの教師生活は活気に満ちたものだった。しかし一年後、母校から呼び出しがかかった。当時、女高師では、女性研究者を育てる試みが始まっており、黒田より三年先輩にあたる理科第一期卒業生の中から、保井コノ（生物学）が第一回研究科生に選ばれて研鑽を始めていた。その二年後、黒田が第二回研究科生として推薦されたのである。黒田は福井での教師生活にも未練があったが、周囲の勧めもあり、明治四十年、官費研究科生として母校に戻った。教授の平田敏雄は、黒田に講義の下準備や実験の助手をさせるいっぽう、化学諸分野の教科書を選んで与えた。リヒターの無機化学、ホーンマンの有機化学、ターカーの理論化学、ミューターの分析化学、サットンの定量分析学など、すべて英語の教科書であった。黒田一人のために講義が行われるわけではないので、独学で学んだ。明治四十二年、昭憲皇后（明治天皇の妃）が女高師を訪問されたさい、黒田は理科四年生の実験を実演した。こうして二年間の研究科課程を修了し、明治四十二年、女高師の助教授となった。黒田チカ二十五歳の時である。

長井長義との出会い

黒田チカは女高師の助教授時代、長井長義《ながいながよし》という人物に出会う。このことが黒田の人生を大きく動かすこととなる。

長井長義は弘化二年（一八四五年）、阿波の国（徳島県）に生まれた。藩医を務める父・長井琳章《りんしょう》の家に生まれた秀才だったので、父から漢方医学を学ぶいっぽう、慶応二年（一八六六年）、西洋医学を学ぶために長崎に遊学した。精得館《せいとくかん》（長崎大学医学部の前身）という医学校でオランダ人教師から医学、物理学、化学などを学んだ。化学実験に魅了されたことがきっかけとなって、長崎在住の写真家・上野彦馬の下で写真技術を学んだ。銀の酸化還元反応を制御する技術をここで身につけた。その後、東京医学校（東京大学医学部の前身）に進み、明治三年（一八七〇年）、第一回欧州派遣留学生に選ばれてプロイセン（ドイツ）に渡った。ベルリン大学に入学し、そこで有機化学の大家・ホフマン教授に出会う。ホフマン（August Wilhelm von Hofmann）

長井長義（徳島大学薬学部提供）

ホフマン（A. W. Hofmann）

はベンゼンやアニリンの発見者であり、ホフマン転位と呼ばれるアミン合成法を確立したことでも知られる。英国ロイヤルカレッジの初代化学教授であり、のちベルリン大学に移ってドイツ化学会を創立した。長井はホフマンに出会って、医学から有機化学への転進を決意する。

　明治初期の官費留学生は一、二年間の欧州滞在の後、帰国して帝国大学教授など要職に就くのが常だったが、長井はホフマンにすっかり気に入られ、結局十三年間、ベルリン大学助手として勤務し、欧州において有機化学の第一線研究者となった。明治十七年、ドイツ人の妻テレーゼを伴って帰国し、帝国大学薬科大学教授となった。明治二十年には日本薬学会を設立して会頭となり、以後四十二年間、会頭職にあった。日本での研究としては、古くから漢方薬として使われてきた「麻黄《マオウ》」からエフェドリン（Ephedrine）を単離抽出して分子構造を決定し、合成法をも確立したことが特筆される。これによって、ぜんそくなど呼吸器系疾患の治療が格段に進歩した。これらの業績は日本の天然物有機化学と薬学の出発点とされている。

　長井は日本女子大学や雙葉学園の設立に関わるなど、女子教育にも熱心であった。女高師の中川謙二郎校長の熱心な勧誘によって大正元年（一九一二年）、女高師に講師として招聘され、黒田がその実験助手を務めることとなった。国際的に著名な学者のもとで働く機会を得た黒田は、「噂《うわさ》に承《うけたまわ》ったご風采に親しみと光栄を感じた」、「有機化学の大家に接する喜びがあった」と、若い女性らしい興奮を記している。

長井が黒田に課した実験は、有機化学反応のための試薬作成であった。特に純度の高いシアン化カリウム（青酸カリ）が要求され、そのためには実験室でフェロシアン化カリウム（黄血塩《おうけつえん》）に希硫酸を注いで新鮮なシアン化水素ガス（青酸ガス）を発生させることも含まれる。このような猛毒を扱う危険な実験を若い女性に任せることに、黒田は非常に驚いた。聞けば長井自身、ドイツで誤ってシアン化水素を吸って気を失い、周囲の人の手で一命をとり留めたことがあるという。その体験をもとに、長井は黒田に対して実験にあたる者の厳しい心構えと技術を伝授した。黒田は決死の覚悟で課題に立ち向かい、一人前の実験化学者としての技量をしだいに高めていった。後年、黒田は当時を振り返って「周到な注意を要すべき、尊き経験を得さしめんがため、先生がわざわざ真剣な態度にて厳しき実験を課せられたかと思うと、しみじみ印象し、忘れ難い有り難い思い出である」と記している。

初の帝国大学女子学生

明治十九年（一八八六年）に東京帝国大学（最初は単に帝国大学と呼ばれた）が設立されて以来、明治三十年の京都帝国大学に続く第三の帝国大学として、明治四十年、仙台の地に東北帝国大学が設立された。これらの帝国大学への入学資格は旧制高等学校卒業生に限るとされ、その高等学校は男子校だったので、帝国大学は自動的に男子のみの大学であった。明治四十五年になって、政府はようやく、帝国大学入学試験の受験資格を高等工業学校、高等師範学校の卒業生などにまで拡げた。これらの学校からの受験者は「傍系」と呼ばれた。

そこで女高師の卒業生にも受験資格があるかどうかが問題になったが、文部省は女子に入学を許可する考えは持っていなかった。

大正二年（一九一三年）、東北帝国大学の沢柳政太郎総長は、女子の入学を受け容れる用意があることを表明した。これを知った長井長義は、黒田チカら数名の女性に、東北帝大への願書提出を勧めた。このことが発覚し、新聞などでも取り上げられて話題となった。文部省は東北帝大総長に対して詰問状を送った。これは今も東北大学に保存されている。それによると「元来女子を帝国大学に入学せしむることは前例の無きことにて、すこぶる重大なる事件に有り」とある。東北大学側は文部省に出頭して事情を説明した。詳細なやり取りは明らかでないが、女子の願書を受け付ける旨、改めて説明したものと思われる。

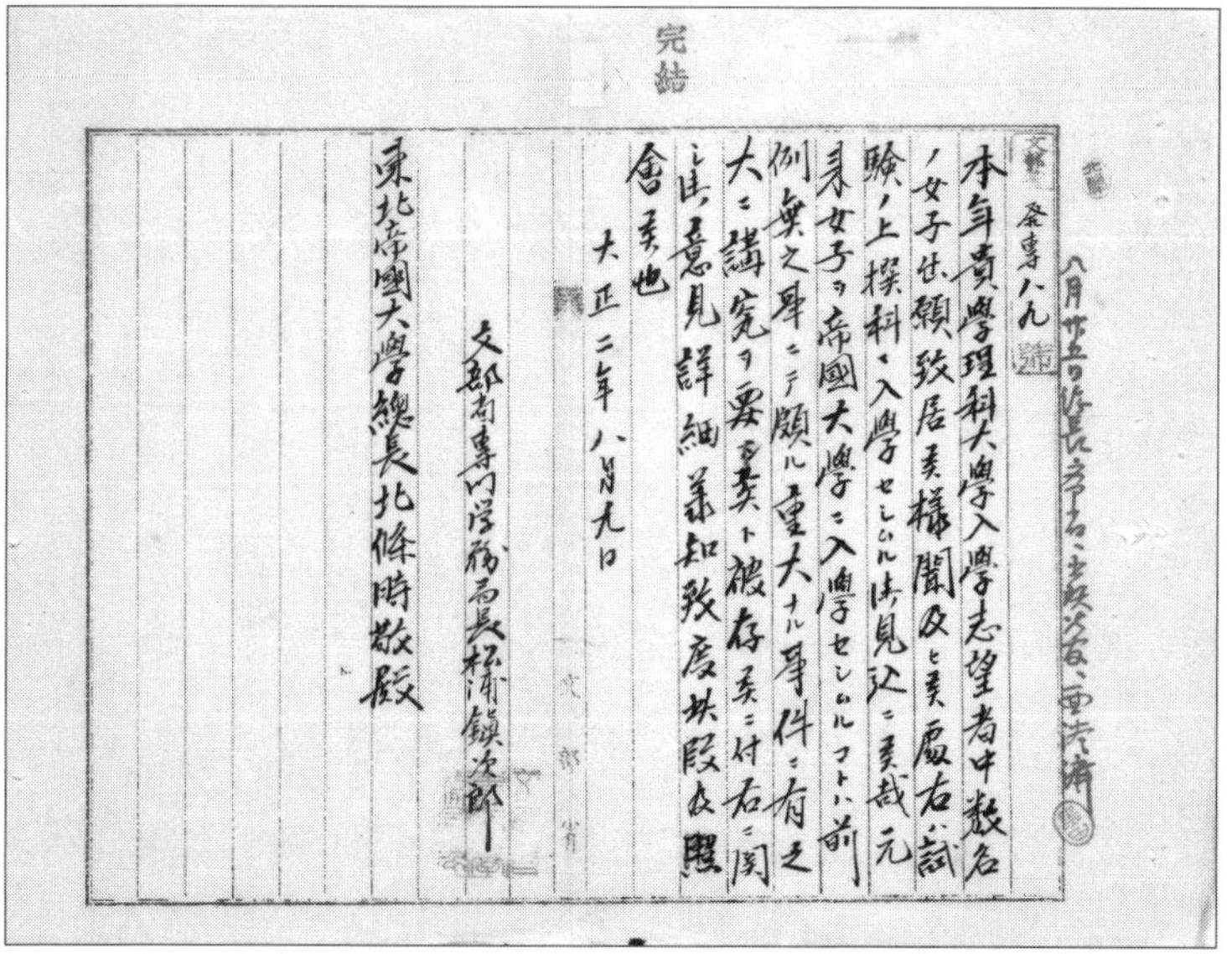
発専八八九号
本年貴學理科大學入學志望者中数名ノ女子出願致居候様聞及ヒ候處右ハ試驗ノ上採科ニ入學セシムル御見込ニ候哉元来女子ヲ帝國大學ニ入學セシムルコトハ前例無之事ニテ頗ル重大ナル事件ニ有之大ニ講究ヲ要スル義ト被存候ニ付右ニ関シ貴意見詳細承知致度此段及照會候也
大正二年八月九日
文部省専門学務局長松浦鎮次郎
東北帝國大學總長北條時敬殿

女子が入学試験を受験することを問題視した文部省が、東北大学総長に対して送った詰問状（大正２年８月。東北大学史料館所蔵）

世間注視のもとで東北帝大を受験することについて、黒田本人は自信がなかった。化学実験に対する黒田の真摯な態度を見ていた長井は「化学は物質を対象としているから、物質に親しまねばならない。その点であなたは大学入試の資格がある」と励ました。

入学試験は予定通り実施され、女高師出身の黒田チカ（化学科）と牧田ラク（数学科）、日本女子師範学校出身の丹下ムメ（化学科）の三人が合格した。特に難関と言われた化学

東北帝国大学理学部卒業の記念写真（大正５年１月撮影。お茶の水女子大学提供）

科への入試を突破した者は十一人であり、うち二人が女性という快挙であった。こうして東北大学理学部は、わが国の帝国大学で初めて女子学生を受け容れた学部として、永く記憶されることとなった。三人にとっては、世間の注目を一身に浴びながらの大学生活となり、苦労も多かったろうが、大正五年（一九一六年）揃って卒業し、初の帝国大学女性理学士となった。

真島利行との出会い

東北大学理学部に化学科を創設するにあたって、これを指揮したのは真島利行《まじまりこう》である。真島は明治七年（一八七四年）、京都の舞鶴に生まれ、東京帝国大学化学科で桜井錠二、池田菊苗《いけだきくなえ》、E・ダイバース（Edward Divers）らの指導を受けて有機化学の研究者となった。ドイツ、スイス、イギリスに留学して、当時開発されたばかりのオゾン酸化法や、白金触媒による水素添加法などを習得して帰国した。欧州仕込みの経歴ながら、真島は一貫して日本独自の化学研究を志し、ウルシやトリカブトに含まれる色素、毒素、薬効成分などの研究を進めた。

真島は研究教育組織の指導者としても重んじられ、東北大学理学部化学科の設立を指揮したのを皮切りに、北海道大学と大阪大学の理学部発足にも関わり、両大学の理学部長を務めた。大阪大学では総長職にも就いた。理化学研究所でも多くの後進を育て、昭和二十五年（一九五〇年）に文化勲章を受章した。日本における有機化学の育ての親と言われる。

黒田チカが入学した大正二年（一九一三年）頃の東北大学は、創立間もない若い帝国大学で、多くの熱心な教授陣が揃っていた。なかでも化学の真島利行と物理の本多光太郎の働きぶりは有名だった。この二人だけは元日でも研究室にいるとの評判だった。本多はＭＫ鋼の発見などで知られる日本の金属学・磁性学の開拓者である。研究のために摂氏マイナス二〇〇度という低温が必要で、そのために大学内で空気を液化する装置を運転した。またガラス工作の技術者を育成し、学内で各種の魔法瓶を製作した。こうした研究環境を実現していたのは当時、国内では東北大学だけであり、真島ら周辺の研究者もその恩恵をこうむった。

黒田は真島の指導を受けることになるが、真島は研究室では終始無言で一心に研究に没頭するので、黒田は戸惑うことがあった。ある日、真島と実験台を共有して向かい合って実験していると、しきりにクシャミが出て止まらない。見ると真島が熱心に結晶を集めている。溶液中に沈殿したものを水流ポンプで減圧して集めるのだが、ポンプの先から飛んでくる水しぶきがクシャミの原因に違いないと考えて尋ねると、トリカブトの根から猛毒アコニチン（Aconitine）を取り出しているのだという。黒田はあきれて逃げ出した。こういう無頓着さも真島にはあったようだ。

真島利行
（東北大学史料館提供）

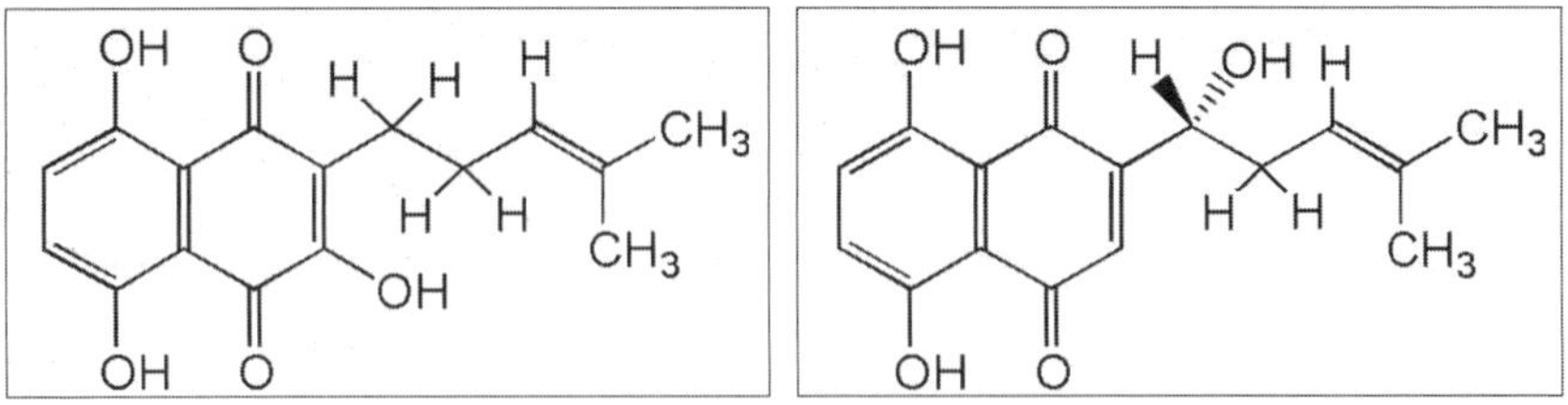

シコニンの分子構造。黒田は初め、左の構造を発表したが、のちの研究で旋光性があることが確かめられ、キノンの隣に左旋性の不斉炭素を持つ右の構造に訂正された

紫根研究・女性初の大学教授・女性初の学会講演

理学部三年生となった大正五年（一九一六年）、真島から研究テーマについて希望を聞かれた黒田は、天然色素を研究したいと答えた。当時、色素の研究分野においては、アニリン、コールタールなどから染料を作る、いわゆる合成色素、合成染料の研究が主流で、天然物の研究は盛んではなかった。黒田は後年「私は何となく天然物色素の研究に魅力を感じました」と語っている。真島はそれに共感し、紫根《しこん》（ムラサキソウの根）の研究を勧めた。紫は洋の東西を問わず高貴な色として珍重されているが、色素の正体が分からないので工業生産できない。日本、英国などで行われた研究は、当時、暗礁に乗り上げていた。真島は、黒田の熱意に感じるものがあったのだろう。この話し合いから一週間も経たぬうちに、ほかの研究者がこれまで取り出せなかった結晶を紫根から取り出してみせた。二人はこの結晶をシコニン（Shikonin）と命名した。これで前途が開けたので、黒田のテーマはシコニンの構造研究と決まった。

X線回折、質量分析、磁気共鳴といった、現代の構造化学における常套手段が全くなかった時代である。シコニンを様々な試薬と反応させて様子を観察し、生成物を既知物質と比較することで反応様式を知る。こうした知見を集積させることでシコニンの正体を探るという、謎解きの連鎖のような研究である。時間と労力がかかる。卒業する時期になったが、そのまま副手として東北大学に残って研究に専念し、大正七年の秋までにはシコニン

黒田が下宿していたオックスフォードの家（黒田家提供）

パーキン（W. H. Perkin Jr.）

の構造について結論を得た。この業績によって、黒田は女高師に、わが国初の女性教授として招かれた。

大正七年十一月、日本化学会は黒田に対して、紫根研究の成果を学会において講演するよう求めた。女性がこのような席で講演することは、もちろんわが国では例のないことなので、マスコミが注目し大騒ぎとなった。当日は一般の見物客も殺到し、雑踏の中で上着を盗まれる者が出るなどの有様であった。黒田に研究者への道を勧めた長井長義（日本薬学会会頭）も会場にいたが、講演を聴いて感激の余り、その場で黒田を日本薬学会の終身会員に推薦することを宣言した。長井は日本薬学会においても同様の講演をするよう求めたが、黒田は化学会における騒動を体験して「もうたくさんだ」と感じていたから、恩師からの再三の要請を断った。「研究発表は一研究につき一回きり」という科学者のモラルに忠実だったのかもしれない。

オックスフォード留学

大正十年（一九二一年）の初め、黒田に文部省から留学の命が下った。長井長義、桜井錠二らの推薦を得て、留学先は英国オックスフォード大学のパーキン教授（W. H. Perkin Jr.）のもとと決まった。当時

オックスフォード時代。何かの催しのさい特別に装った着物姿であろう。黒田はこの留学を機に初めて洋服を着用し、以後は主として洋服での生活を送った（黒田家提供）

の新聞記事は次のように紹介している。

「日本に三人しかいない女理学士の一人、黒田チカ女史は、恐ろしくはにかみながら少し上気して『別にお話することもありませんが』とひどく無愛想に言ってうつむいてしまう。『三月の十八日、横浜出帆の佐渡丸で出発します』機嫌を直した女史はようやく途切れ途切れに話し始める。『……どうも初めての留学なので心配でなりません』」

この記者は黒田を内気なはにかみ屋と見ているが、実は案外楽天的で、外国でも物怖じしない度胸を持っていた。船旅を楽しみ、有機化学の大家のもとでインドール誘導体の研究を任され、英国生活を満喫した。夏休みにスイス旅行をした時には、インターラーケンの小学校に招かれて、地理の時間に日本について英語で授業をした。二年間の英国生活について、「ホームシックになる暇もありませんでした」と回想している。

紅の博士誕生

大正十二年（一九二三年）八月、米国経由で帰国した黒田は、佐賀の実家に挨拶に帰った。この時、関東大

帰国後間もなく、理研の実験室における黒田チカ（理化学研究所提供）

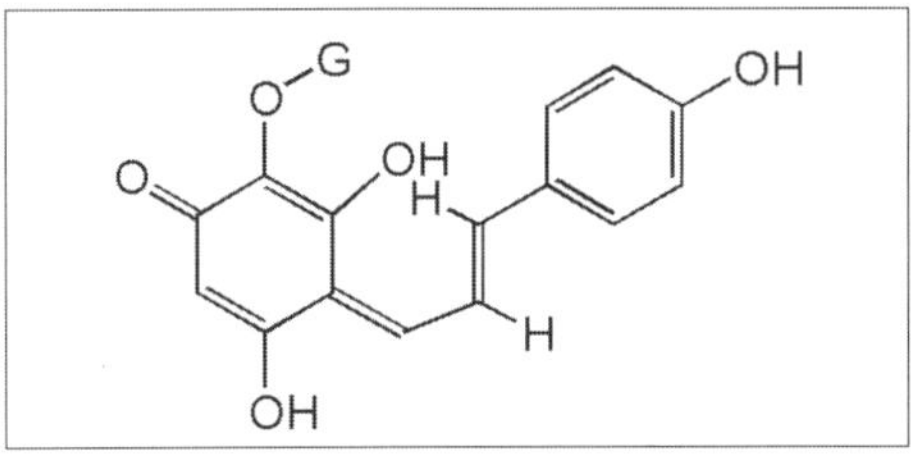

カーサミンの分子構造
（Gはグルコース）

震災が起きた。黒田自身が被災しなかったのは幸運だったが、東京に戻ると女高師の建物は瓦解して研究できる状態ではない。いっぽう、駒込《こまごめ》に建設されて間もない理化学研究所（以下「理研」）は震災に耐えて無事だった。理研は高峰譲吉、渋沢栄一、桜井錠二らの運動によって大正五年に設立された、特定大学に属さない、わが国初の先端科学研究機関である。真島利行も理研に研究室を持っていたので、黒田には「教育は湯島の女高師で、研究は駒込の理研で」という、忙しいが恵まれた環境が用意された。

黒田は「紅《べに》」を理研での研究テーマに選んだ。紅花（ベニバナ。キク科の植物）の花から採られる色素で、洋の東西を問わず、古くから珍重され親しまれてきた赤い色素である。クレオパトラが愛用したとも伝えられる。紫根の場合と同様、結晶が得られないので世界中で研究が中断していた。黒田は試行錯誤の末、カーサミン（Carthamin）という色素の結晶を手にした。それが配糖体（グリコシド。糖と糖以外の部分が結合したもの）であることを突き止め、一歩一歩、その分子構造に迫っていった。一途に研究に打ち込んだ日々を「当時の理研の雰囲気、時間を超越し、物と親しんだ時代を偲ぶ」、「実に天国のような雰囲気」と回想している。

分子構造がいよいよ決定できるという、最終段階まで来た。その日の緊迫した様子を、黒田は書き記している。「いよいよこの勝負を決する瞬間を恐れ心配して、手伝ってくださっていた松隈ときよさんが早く帰られたほどだったこと、幸いこれが成功を示したので、喜びの余り仙台の真島先生へ打電したことなど、その間のわくわくするような心理状態をお分かりいただけることでしょう」

　日本の理研において紅花の色素カーサミンの構造が決定したという報告は、昭和五年（一九三〇年）、英国化学会誌「Journal of The Chemical Society」に掲載された。黒田の執筆になるこの論文は「The Constitution of Carthamin. Part I and Part II」と題され、二部構成で十二ページからなる。この業績によって、黒田チカは化学分野において日本女性初の理学博士となった。国内における研究発表は、長井長義に対するかつての不義理を償うために、日本薬学会において行われた。日本化学会は昭和十一年、有機化学分野で優れた業績を挙げた個人に対して贈る「真島利行賞」を制定するにあたり、その第一回受賞者に黒田チカを選んだ。

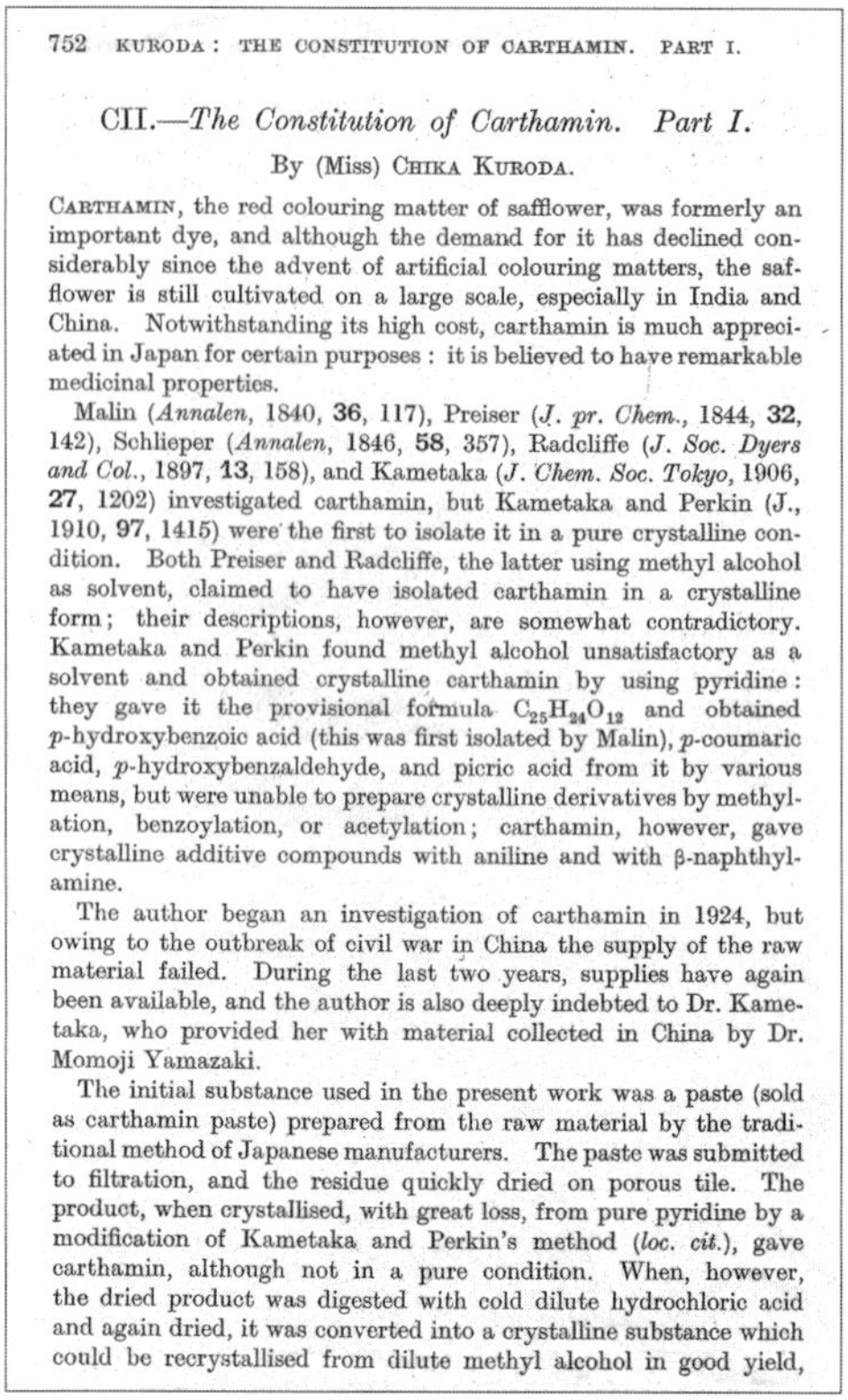
752 KURODA: THE CONSTITUTION OF CARTHAMIN. PART I.

CII.—*The Constitution of Carthamin. Part I.*

By (Miss) Chika Kuroda.

Carthamin, the red colouring matter of safflower, was formerly an important dye, and although the demand for it has declined considerably since the advent of artificial colouring matters, the safflower is still cultivated on a large scale, especially in India and China. Notwithstanding its high cost, carthamin is much appreciated in Japan for certain purposes: it is believed to have remarkable medicinal properties.

Malin (*Annalen*, 1840, **36**, 117), Preiser (*J. pr. Chem.*, 1844, **32**, 142), Schlieper (*Annalen*, 1846, **58**, 357), Radcliffe (*J. Soc. Dyers and Col.*, 1897, **13**, 158), and Kametaka (*J. Chem. Soc. Tokyo*, 1906, **27**, 1202) investigated carthamin, but Kametaka and Perkin (J., 1910, **97**, 1415) were the first to isolate it in a pure crystalline condition. Both Preiser and Radcliffe, the latter using methyl alcohol as solvent, claimed to have isolated carthamin in a crystalline form; their descriptions, however, are somewhat contradictory. Kametaka and Perkin found methyl alcohol unsatisfactory as a solvent and obtained crystalline carthamin by using pyridine: they gave it the provisional formula $C_{25}H_{24}O_{12}$ and obtained *p*-hydroxybenzoic acid (this was first isolated by Malin), *p*-coumaric acid, *p*-hydroxybenzaldehyde, and picric acid from it by various means, but were unable to prepare crystalline derivatives by methylation, benzoylation, or acetylation; carthamin, however, gave crystalline additive compounds with aniline and with β-naphthylamine.

The author began an investigation of carthamin in 1924, but owing to the outbreak of civil war in China the supply of the raw material failed. During the last two years, supplies have again been available, and the author is also deeply indebted to Dr. Kametaka, who provided her with material collected in China by Dr. Momoji Yamazaki.

The initial substance used in the present work was a paste (sold as carthamin paste) prepared from the raw material by the traditional method of Japanese manufacturers. The paste was submitted to filtration, and the residue quickly dried on porous tile. The product, when crystallised, with great loss, from pure pyridine by a modification of Kametaka and Perkin's method (*loc. cit.*), gave carthamin, although not in a pure condition. When, however, the dried product was digested with cold dilute hydrochloric acid and again dried, it was converted into a crystalline substance which could be recrystallised from dilute methyl alcohol in good yield,

「Journal of the Chemical Society」1930年号に掲載された黒田チカの論文冒頭
"The Constitution of Carthamin. Part I and Part II" by (Miss) Chika Kuroda

たまねぎの皮から高血圧治療薬

（夕刊）　昭和31年11月18日　（日曜日）

玉ねぎの皮から高血圧の特効薬

海外からも問合せ殺到

黒田ちか博士、研究実る

「クェルセチン」を抽出

原料の玉ねぎとクェルセチン粉末を手にした黒田博士

ケルセチンの薬効発見を報じた「日本経済新聞」
（昭和31年11月18日付。黒田家提供）

紅の研究が一段落した頃、ある学生から「玉葱《たまねぎ》の皮で染め物をすると、薄茶色のきれいな色になりますが、何故でしょう」と質問されたのがきっかけで、たまねぎの皮に含まれる有効成分の研究に着手した。日中戦争が始まり、戦時下で研究費や物資が欠乏してきたので、安価で入手可能な材料を探していたこともあった。この研究は第二次世界大戦をはさんで戦後まで続けられ、昭和二十八年（一九五三年）、たまねぎの皮に約二％含まれるケルセチン（Quercetin）が高血圧の治療に有効であることを示すという、大きな成果に結実した。黒田自身が錠剤づくりまで行い、昭和三十年には高血圧治療薬「ケルチンC」として発売された。

リコーの始まり

余談をひとつ紹介しよう。理研の指導者であった桜井錠二、大河内正敏らは、先端研究を推進しながら、科学の成果を社会に還元することにも熱心であった。「理化学興業株式会社」という製造販売会社を設立して、理研で発明されたものを商品化した。桜井錠二の息子である桜井季雄《すえお》が発明した感光紙（コピ

黒田チカの眠る黒田家の墓
（佐賀市伊勢町の大運寺）

ー紙）もそのひとつだった。黒田チカの実兄が佐賀の商家・吉村家に養子に行っていた関係で、吉村商会が「理研陽画感光紙」の九州地区総代理店となった。市村清という商売熱心な人物が福岡に吉村商会の販売店を開き、非常な勢いで感光紙の販売を伸ばした。市村はその功績により昭和八年（一九三三年）理化学興業株式会社の感光紙部長に抜擢《ばってき》された。昭和十一年にはこの部門を理研感光紙株式会社として独立させ、同十三年には理研光学工業株式会社とした。これがこんにちの株式会社リコーの出発点である。

黒田チカの人柄と生涯

第二次世界大戦の後、新しい学制によってお茶の水女子大学が発足すると、黒田チカは理学部化学科の教授となり、昭和二十七年（一九五二年）に定年退官した後も名誉教授として後進の指導にあたった。昭和三十四年には「天然色素の有機化学的研究」によって紫綬褒章を、次いで勲三等宝冠章を受けた。昭和四十三年、福岡で死去した。八十四歳という長寿であった。佐賀市伊勢町の大運寺にお墓がある。毎年十一月八日の命日には、佐賀大学の関係者などによる墓参が行われている。

黒田チカは、わが国の女性が科学の世界に進出するにあたって、その先陣を切った人である。文字通りの先駆者だが、肩肘張ったところがなく、素直で善意に満ちた性格だったので、誰からも愛された。佐賀大学理工学部の堀勇治氏は「人に不快を示されたことがない。あらゆることを人の善意から出たものと解され、人の意見を受け入れ、黙々と自分の教育と研究に専念された」と述べている。

黒田の成功の陰には、平田敏雄、長井長義、真島利行、桜井錠二、W・H・パーキンJrなど、当時の指導的科学者たちの、物心両面にわたる援助があった。このことについて、お茶の水女子大学名誉教授の前田侯子氏は「これは黒田の優れた才能と温和で寛容な人柄によるものであろう」と述べている。

研究に対する姿勢については、黒田自身の言葉がそれを余すところなく語っている。

「実に物質といえども、取り扱う人々の熱心さに対して本態を露出して、純正の本態すなわち結晶となる場合がある。かくの如き経験は実に多く、物質も、愛すべき頼もしき友には感謝により答えたいのである」（「化学に親しむ悦びと感謝」）、「天然のものは正直ですから、こちらが真《まこと》を以って一生懸命で向かったら、必ず門を開きます。どんなに難しいことも悲観せず、困難に遭えば遭うだけ張り合いがあると考え、ますます勇気と真心とで向かうのが最善の道であることは、科学に限らず、すべてに通じるものと思います」（「化学の道に生きて」）。

このような人物が日本の女性科学者の出発点にいたことは、幸いなことである。没後三十年の機会に、日本化学会は平成十一年（一九九九年）、神田駿河台の化学会館において「日本初の女性化学者――黒田チカ博士」と題した資料展示会を開き、理研も記念行事を行った。お茶の水女子大学理学部では、黒田チカと、生物学における最初の女性博士である保井コノを記念して「保井・黒田奨学基金」を制定し、優秀な女子学生と若手女性研究者に対して、今も奨学金を与えている。また、平成二十七年には新たに「黒田チカ賞」を設け、自然科学分野で国際的な活躍が期待される若手女性研究者を応援している。

＊　＊

この稿を書くにあたり、身内の方々から教わったことも多い。黒田光太郎氏、研二氏はチカの孫である。チカは生涯独身であったが養子をとり、両氏はその息子さんたちである。チカの兄・吉郎《きちろう》は吉村家に養子に行き、現在の当主・吉村誠氏は吉郎の曾孫にあたる。皆さんからは家族ならではの様々な興味深く、温かいお話をうかがうことができた。お茶の水女子大学では史料を見学させていただき、教授時代のエピソードなどをうかがうことができた。皆様のご厚意に感謝申し上げます。

参考文献

Chika Kuroda "The Constitution of Carthamin. Part I and Part II" Journal of The Chemical Society, 1930, pages 752-765 and pages 765-767.

黒田チカ著「化学の道に生きて」(「婦人之友」1957年3、4月号に連載)

黒田チカ著「化学に親しむ　悦びと感謝Ⅰ－Ⅴ」(「化学教育」第13巻第2号から第14巻第4号にかけて5回連載)(1965－1966年)

黒田チカ著「半世紀前の東北大学時代をしのびて」(「化学」第22巻第4号、354－355頁、1967年)

前田侯子著「黒田チカ先生の生涯と研究」(「お茶の水女子大学女性文化資料館報」第7号、1986年)

前田侯子著「黒田チカ――天然色素研究における業績とわが国初の女性化学者としての生涯」(「化学史研究」第22巻、226－238頁、1995年)

前田侯子著「黒田チカ――日本の化学の曙に輝いた初の女性化学者」(「女性科学者の源流」お茶の水女子大学理学

部・ジェンダー研究センター及び日仏理工科会によるラジウム発見１００年記念事業実行委員会刊、１９９８年）
堀勇治著「化学会館化学史資料展示」第17回「日本初の女性化学者――黒田チカ博士」（『化学と工業』第52巻第8号、１００２－１００５頁、１９９９年）
堀勇治著「女性研究者のさきがけ――黒田チカの天然色素研究関連資料」（『化学と工業』第66巻第7号、５４１－５４３頁、２０１３年）
黒田光太郎著「リケジョの先達としての黒田チカ」（『平成27年度工学教育研究講演会講演論文集――第63回年次大会プログラム『イノベーションを牽引する工学教育』日本工学教育協会）
黒田光太郎著「黒田チカにとっての佐賀、九州」（『化学史研究』第42巻第2号、化学史学会、２０１５年）

III

産業と社会につくした人々

1 竹内明太郎

竹内明太郎《たけのうちめいたろう》は、明治時代、わが国の鉱工業創生期に、基幹産業の育成と理工学教育に大きな足跡を残した人である。唐津炭田の芳谷炭鉱《よしたにたんこう》の経営に始まり、竹内鉱業株式会社を創設して遊泉寺銅山（石川県）、茨城無煙炭鉱（茨城県）、橋立金山（新潟県）、大夕張炭鉱（北海道）など各地の鉱山を経営した。また、産業用機械の開発製造をリードする会社として、唐津鐵工所（現在の株式会社唐津プレシジョン）と小松鉄工所（現在の株式会社小松製作所）を創業した。初の国産自動車ダット号の開発と製作にも貢献した。竹内明太郎は早くから技術教育の重要性を説き、高知工業学校（高知県）を設立した。最新の工業技術を学ばせるために自社内外の若者を積極的に欧米に派遣し、彼らを中核として教授陣を構成し、わが国最初の私立工業大学を唐津の地に創設しようとした。この計画は挫折したが、準備された教授陣と資金をそっくり早稲田大学に提供し、早稲田大学理工科（現在の理工学部）を発足させた。第二次世界大戦後の内閣総理大臣・吉田茂は竹内明太郎の弟である。

父・竹内綱

竹内明太郎の生涯を記すにあたって、まず父親である竹内綱《たけのうちこう》から始めよう。一家の姓、竹内は「たけうち」

竹内明太郎の父・綱（左）と竹内明太郎
（宿毛市立宿毛歴史館提供）

とも呼ばれるし、名の綱も「ごう」とも「つな」とも発音されるようだ。竹内綱は今の高知県宿毛《すくも》市に生まれた。竹内家は、土佐藩主・山内氏に仕える伊賀家の目付け役であった。綱は幕末の困窮期にあって藩財政の建て直しに力を発揮した。土佐藩は倒幕派だったから、明治元年（一八六八年）の戊辰戦争においては、綱も旧幕府軍を追って東北地方を転戦して戦果をあげた。国が落ち着いてからは大阪府と大蔵省にしばらく勤務したが、ほどなく辞職した。もともと血気盛ん過ぎる人だったので、為政者側に立つことは難しかったようだ。

大蔵省を辞して、同郷の後藤象二郎らと共に自由民権運動を推進する。綱は主として運動の財政面を担当した。明治七年に後藤が高島炭鉱を取得したのは、綱の主張によるものと言われている。経営に苦慮した後藤は福沢諭吉を仲介人に立てて高島炭鉱を三菱の岩崎弥太郎に譲るのだが、当時外遊中だった綱はそれを知っておおいに憤慨したという。炭鉱経営に情熱を燃やした綱は、高島炭鉱の坑長であった高取伊好《たかとりこれよし》と組んで、唐津地方における炭鉱経営に乗り出す。自ら社長となり、高取を技師長として、芳谷炭鉱株式会社を設立する。

この頃、大久保利通ら明治政府中枢部の進める近代化策に反感を抱いたいわゆる「不平士族」のあいだに、不穏な動きがあった。明治七年、江藤新平が佐賀で兵を起こし（佐賀の乱）、明治十年には西郷隆盛が鹿児島で更に大規模な蜂起をした（西南戦争）。これらが鎮圧されたことで明治政府の基盤はより確固たるものになったが、この時、竹内綱は板垣退助らと共に反乱軍側にいた。高知における蜂起計画が発覚して捕らえられ、綱は新潟の監獄で禁固一年の刑に服する。出獄後は、板垣と共に国会開設などを求めて自由党の運動を展開する。明治十五年に板垣が暴漢に襲われて倒れ、「板垣死すとも自由は死せず」という有名な文句を吐いた時、板垣を抱きかかえて助けたのが竹内綱である。明治二十三年の第一回帝国議会選挙においては、高知県から立候補して当選する。

明治二十七年、綱は時の外務大臣・陸奥宗光《むつむねみつ》から委嘱を受けて、朝鮮半島の視察に出る。この時の綱の帰朝報告が、日清戦争開始の重要な判断材料になったと言われている。いっぽう綱自身はこの視察によって朝鮮半島の将来性に目を開かれ、ソウルと釜山を結ぶ京釜鉄道、ソウルと仁川《インチヨン》を結ぶ京仁鉄道の建設に情熱を傾ける。総理大臣・伊藤博文に建設許可を出させ、渋沢、三井、三菱、安田、大倉など財閥の協力を取り付けて、本格的な運動を推進する。これは綱晩年の大事業となり、京釜鉄道の全線が開通したのは大正三年（一九一四年）のことであった。竹内綱はこのあと大正十一年、八十二歳で没した。

竹内綱は政治と実業の両面で波乱万丈の生涯を送ったが、盟友・後藤象二郎に似て夢想家の傾向があり、政治やスケールの大きな事業が好きだった。そういう性癖は坂本龍馬や板垣退助にも通じるから、幕末土佐人の気質と言えるのかもしれない。土佐弁で「いごっそう」と呼ばれる彼らは皆、緻密で永続的な仕事が苦手だった。そういう父を持っていたので、明太郎は父の興した会社の経営実務や後進の教育を引き受けることとなった。このように、竹内明太郎の実業家としての出発点は、父・綱の事業の執行役であった。

少年時代・西欧の民主主義思想

竹内明太郎は文久二年（一八六二年）、今の高知県宿毛市に生まれた。宿毛は唐津より更に小さな町だが、当時、頼山陽《らいさんよう》の高弟と言われた儒学者・酒井三治《さかいさんじ》がいて、「日新館」という私塾を開いていた。明太郎は慶応三年（一八六七年）から二年間、ここで和漢の学問を学んだ。

明治三年（一八七〇年）、父が大阪府典事《てんじ》として大阪に赴任したので、明太郎も大阪に移り、「岩崎英学塾」に学んだ。これは岩崎弥太郎が自邸内に米国人講師を招いて開いていた私塾で、弥太郎の弟・弥之助、豊川良平、林包明《はやしかねあき》らがいた。明太郎はここで初めて英学を学ぶ。

明治六年、十四歳の明太郎は父の大蔵省勤務に伴われて上京し、中村正直《なかむらまさなお》（中村敬宇《けいう》）の主宰する「東京同文社」に入塾する。ちょうどこの年、明治期を代表する民主主義思想家である福沢諭吉、中村正直、森有礼《もりありのり》、西周《にしあまね》らが「明六社」を結成して「明六雑誌」を創刊するなど、西洋の新しい思想潮流が一種のブームとして知識人や若者のあいだに広まっていた。

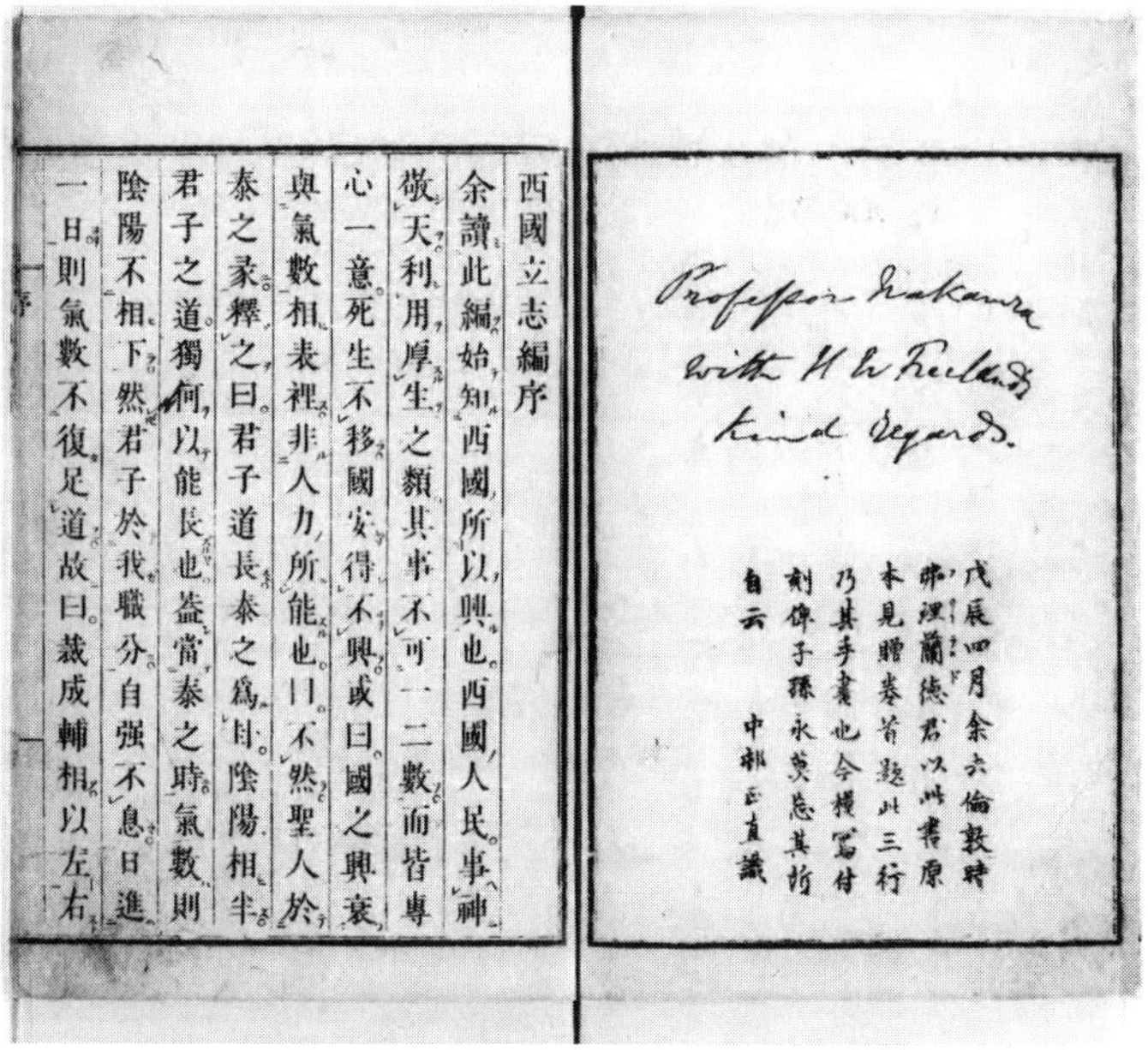

中村正直の『西国立志編』
（国立国会図書館ウェブサイトより転載）

中村は英国留学から帰って間もなく、サミュエル・スマイルズ（Samuel Smiles）の名作"Self Help"を『西国立志編』という題名で翻訳紹介したが、この本はベストセラーとなった。どんな身分の人間にとっても、勤勉に働き、自分の運命を自分で切り開くこと、つまり自己実現こそが大切であり、それを行った人こそが立派な人物なのだということが説かれている。当時の最先進国であった英国の資本主義の発展を支えた精神であり、それはキリスト教プロテスタンティズム（新教主義）の倫理でもあった。中村正直

中江兆民

自身も勤勉、誠実に生きた教育者であり、明太郎はその人格から強い影響を受けた。後年、明太郎は各地に工業学校を作ったが、その授業科目に「聖書」を取り入れたりしたことからも、中村から受けた影響の深さがしのばれる。

明治七年、明治を代表するもう一人の民主主義思想家である中江兆民が、東京の麴町中六番町の自宅内に「仏蘭西学舎」（のちの仏学塾）という私塾を開いた。中江は明治四年にフランスに留学し、フランス革命や米国独立戦争の思想的骨格となった社会契約説を学んで帰った。中江はルソーの『民約論』（現・『社会契約論』）を仏学塾で講義し、若者たちを熱狂させた。明太郎はこの講義に通い、中江とは個人的にも親しくなった。明太郎の弟・虎治と中江の娘・千美が結婚したことからも、二人のあいだに私的な交流があったことがうかがわれる。

中江の人間平等主義は徹底したもので、礼儀作法などにおいても、旧来の風習に捉われることが全くなかった。客が来ても浴衣のまま応対し、時には寝転がったままで、客にも枕を勧めて話し込むなどの天衣無縫ぶりだった。明太郎は終生、権威や威圧を嫌い、率直な人間関係を好んだが、そうした人格の形成に中江の影響があったことは推察できる。

明太郎の自由民権運動との関わり方は、表面的には父ほど深くはない。「絵入り自由新聞」という新聞の刊行に関わった記録が残されている程度である。しかし、熱気に満ちていたこの頃の東京で、中村や中江から受けた思想的影響は大きかっただろう。それに、少年期を通じて、第一級の教師たちから、和漢米英仏の教育を受けたことは特筆されるべきことである。

最盛期の芳谷炭鉱（唐津市提供）

芳谷炭鉱と竹内鉱業株式会社

明治十八年（一八八五年）、竹内綱は高取伊好と共に芳谷炭鉱の経営権を取得し、その経営実務を明太郎に任せることにした。翌明治十九年、二十六歳の竹内明太郎が唐津に赴任し、高取らと協力して、最新鋭鉱山の建設に着手する。英国人技師を招いて英国製の削岩機やジャックハンマーを購入したほか、明治二十三年には延長三・二キロメートルに及ぶ専用軽便鉄道を敷設して、芳谷炭鉱と唐津港を結んだ。明治二十七年には炭鉱と唐津港間に専用電話を引いた。これが佐賀県における最初の電話線架設であった。

芳谷炭鉱は明治二十五年には六万トン弱の生産高であったが、明治三十七年には十八万トン、四十二年には二十二万トンの生産を記録し、国内有数の炭鉱に成長した。この頃の従業員数は三〇〇〇人を超え、現在の唐津市北波多《きたはた》一帯に、大きな炭鉱町が形成された。このかん明治三十八年、長年の協力者であった高取伊好が杵島炭鉱の開発に専念するために芳谷から撤退したので、芳谷炭鉱の経営は専ら竹内父子の手にかかることとなった。

竹内綱は土佐藩士を中心とした政財界の豊富な人脈を生かして各

地の鉱山を入手した。父子は明治二十七年、竹内鉱業株式会社を創設して全国規模の鉱山経営に乗り出した。本社を東京に置き、芳谷炭鉱（佐賀県）、遊泉寺銅山（石川県）、茨城無煙炭鉱（茨城県）、橋立金山（新潟県）、大夕張炭鉱（北海道）など各地の鉱山を傘下に収める、大規模な鉱業会社の誕生であった。ところが父はこの頃から、朝鮮半島における鉄道敷設運動に熱中したので、これだけの大会社の経営を、実質的には若き明太郎が担うこととなった。明太郎は重責に耐え、経営者としての才能を発揮した。

パリ万国博と欧州視察

鉱山経営者としての経験をある程度積んだ明太郎は、明治三十三年（一九〇〇年）、欧州へと旅立った。パリで開かれていた万国博覧会を視察するのが主目的だったが、同時に一年かけて欧州各国の工業技術を視察した。パリ万国博で明太郎は、欧州各国から展示された工業製品の水準の高さに驚く。なかでも、従来の炭素鋼の三倍の速度で金属を切削する高速度鋼や、欧州各国が持つ鋳物の高い製造技術に舌を巻いた。これら金属工業の技術がその国の製造業全体の水準を支え、ひいては国富の源泉となっていることを痛感する。

考えてみれば、竹内父子が日本国内で推進している鉱山業は、鉱脈を掘り尽くせば終わってしまう。これに比して機械工業は、その製品がまた次の製品を生み、技術が順次蓄積され、富を生み続ける。欧州先進国の富の源泉はここにある。欧州視察は、明太郎に目指すべき目標をはっきりと意識させ、自身の事業を鉱業から機械工業へ、更には技術教育へと方向転換させるきっかけとなった。

唐津鐵工所の誕生

帰国した明太郎は、金属機械工業の技術センターとしての鉄工所を設立すべく計画を練った。製品を作って売り、利益を上げることを当面は主目的とせず、欧米先進諸国の技術に追いつき追い越すために、じっくり独自技術を研究し、鍛錬する場としたい。だから、東京など大都会ではなく、落ち着いた静かな土地に作りたい。欧米製品に負けない品質が実現するまでは販売をせず、自社内で試験的に使って改良を重ねたいから、竹内鉱業の付属施設として発足させよう。そして最終的には製品を輸出して、世界の舞台で勝負したい。

明太郎はこうした計画を当時の東京高等工業学校（今の東京工業大学）校長である手島精一に伝え、新設鉄工所の技術部門を任せられる人材を求めた。新設鉄工所は、わが国の金属加工技術を欧米に伍するものにするための技術センターだから、それを指導できる人でなくてはならない。数多《あまた》の卒業生の中から手島が推薦したのは、竹尾年助《たけおとしすけ》であった。

竹尾は東京高等工業学校を卒業後、米国ニュージャージー州ホーボーケンにあるスティーヴンス工科大学（Stevens Institute of Technology）に学んで明治三十一年（一八九八年）に卒業、引き続き同大学機械学科のデントン（J. E. Denton）教授のもとに残り、ディーゼルエンジンの研究によって修士の学位を得ていた。この新進気鋭の技術者は、その後も米国の機械会社に勤めており、帰国の予定はないはずだった。ところが家の事情で一時帰国しているあいだに滞在が長引いてしまい、運命の出会いに遭遇した。

明治三十九年九月、手島精一の紹介により竹尾年助は竹内明太郎と出会い意気投合した。新設鉄工所を唐津妙見に建設すること、そして竹尾がその所長に就任することが決まった。その後、竹尾はいったん米国に戻り、

大正時代の唐津鐵工所（唐津市提供）

新設鉄工所の詳細な計画を練ったうえで再度帰国し、明治四十二年、唐津鐵工所が正式にスタートした。名称は「芳谷炭鉱株式会社唐津鐵工所」とされ、竹尾年助が所長、竹内明太郎が本社の社長としてこれを統括した。

唐津鐵工所は、当初は竹内鉱業の各鉱山で使われる機械の設計製作を行った。技術陣には東京高等工業学校の卒業生が多数集まり、地元出身の若い職工たちを教育するために、工場内に三年課程の「見習学校」が設けられた。ほどなく社外からの注文も受けるようになり、唐津鐵工所は、わが国を代表する精密機械工場のひとつとして、名声を確立していった。

遊泉寺銅山と小松鉄工所

現在の石川県小松市鵜川《うがわ》町の山中に、徳川時代に発見された銅山があり、遊泉寺銅山と呼ばれていた。竹内明太郎は明治三十五年（一九〇二年）、この銅山の開拓に乗り出す。芳谷炭鉱での経験を生かし、遊泉寺－小松間の約八キロメートルに及ぶ専用鉄道の敷設、小型溶鉱炉真吹法《まぶきほう》の採用など、近代的な鉱山経営によって業績を上げた。

そのいっぽうで明太郎は、明治四十四年から大正元年（一九一二年）にかけて、二度目の欧州視察に出た。そこで彼我の機械工業技術力の格差をいっそう痛感し、鉱山業から機械工業へ、そして技術教育へというシフトをますます強めていった。すでに第一回欧州視察の直後から、有能な技術者を欧米に派遣していたが、この取り組みをいっそう強めた。遊泉寺銅山の所長・岩井興助と、明太郎が株主をしていた快進社の社長・橋本増治郎を技術習得のため米国に派遣し、唐津に続く第二の鉄工所建設の準備に入った。

操業時の遊泉寺銅山。下は立坑入口（小松商工会議所提供）

唐津鐵工所の設立から十年後の大正六年、遊泉寺銅山の付属施設として現在の石川県小松市に「小松鉄工所」が設立された。快進社の社長である橋本増治郎が初代所長を兼務した。翌年には見習生養成所（のちの工科青年学校）も附設された。旋盤などの工作機械に唐津鐵工所製のものが使われ、唐津からの技術指導も積極的に行われた。兄弟会社としての性格を象徴する

上：遊泉寺銅山跡に建てられた記念碑（左）と、竹内明太郎の銅像（石川県小松市鵜川町。平成24年撮影）
左：JR小松駅前に移築復元された旧小松鉄工所本社社屋（平成24年撮影）

のは、小松鉄工所の本社建築である。これは、竹尾年助が米国において、唐津鐵工所本社用に、米国の建築事務所に作らせた図面をもとにしたものである。

明太郎は次いで、国産機械の品質向上を目指して、特殊鋼材の自家製造に踏み切る。遊泉寺銅山内に、岩井興助を所長とする「竹内鉱業小松電気製鋼所」を開設し、電気炉による鋼材生産に入った。

明太郎が九州の唐津に続いて北陸の小松に先進的な鉄工所を設立したことは注目すべきことである。それは、鉱山に近いという立地条件だけでなく、将来の工業日本を支える技術を育む拠点は、落ち着いた地方都市に置くべきだとの信念に基づくものであった。また、農漁村地帯に新しい産業を興したいという意図もあったと指摘されている。

第一次世界大戦は世界の鉱工業生産を刺激したが、その後は反動不況が襲った。国内では財閥支配が強まり、親会社の竹内鉱業は不振に陥った。芳谷炭鉱は三菱に売却され、唐津鐵工所は大正五年に独立会社となった。遊泉寺銅山は大正九年に閉鎖され、その付属施設だった小松鉄工所は独立して「小松製作所」となった。明太郎は引き続き経営の実権を握ったが、大島小太郎（I－8参照）など、新たな出資者も加わった。こうして小松製作所は苦境を乗り切り、戦中は軍需工場として、戦後は初の国産トラクターやブルドーザーを開発し、建設機械のトップメーカーとなった。

初の国産自動車ダット号の誕生

橋本増治郎は明治八年（一八七五年）、今の愛知県岡崎市に生まれた。東京高等工業学校（今の東京工業大学）機械科を卒業後、明治三十五年、農商務省海外実業訓練生として三年間、ニューヨーク州オーボーン市のマッキントッシュ会社で学んだ。帰国後勤めていた中島鉄工所という会社が九州炭鉱汽船会社に吸収され、橋本は長崎県崎戸島《さきとしま》の炭鉱に赴任を命じられた。当時、九州炭鉱汽船の社長は田健次郎《でんけんじろう》が務めており、竹内明太郎はその株主であった。

橋本増治郎
（日産自動車提供）

橋本の崎戸島勤務中、不便な島の暮らしを心配した明太郎が、唐津から新鮮な野菜を届けるなど、二人は親密な交流をしている。このかん、橋本は田と明太郎に対して自動車製造にかける夢を語り、二人はそれを支援することとなる。明治四十四年、橋本を社長とする「快進社」という、いかにも元気な名前の会社が東京の竹内鉱業本社内に作られ、次いで今の豊島区東長崎に工場が建てられた。ガソリンエンジ

上：大正７年頃の快進社
下：ダット号（脱兎号。大正３年）

ンによる初の国産自動車の試作が始まった。試作車が完成したのは大正三年（一九一四年）のことである。この年の三月に上野で開かれた大正博覧会に出展された国産第一号自動車は「ＤＡＴ（ダット、脱兎）号」と名づけられた。橋本が「産みの親」と慕う田健次郎（Ｄ）、青山禄郎（Ａ）、竹内明太郎（Ｔ）のイニシャルをとったものである。

昭和七年（一九三二年）、ダット号の大量生産が始まるにあたり、ＤＡＴの息子（Son）という意味で「ＤＡＴＳＯＮ（ダットサン）」と命名されたが、ソン（損）と発音されては困るので、Sun（太陽）の文字が使われることとなり、「DATSUN（ダットサン）」が誕生したというエピソードがある。

快進社は「ダット自動車商会」、次いで「ダット自動車製造社」と名前を変え、これが日産自動車へと発展していく。橋本はこのかん、明太郎の求めに応じて小松鉄工所の初代所長を兼務するなど、明太郎の事業を支える優秀な技術者の一人であった。

早稲田大学理工科の誕生

手島精一は嘉永二年（一八四九年）、今の千葉県にあった菊間藩の藩士の家に生まれた秀才である。明治三年（一八七〇年）、米国のラファイエット大学に入学し、明治五年、岩倉使節団に随行して欧米を視察した。帰国後、東京高等工業学校を設立し、校長となった。明治期全体を通して、学界と産業界を結ぶ重鎮として、わが国の工業技術と技術教育に大きな足跡を残した。明太郎より十一歳の年長だが、二人は長年の友人として互いの事業を助けた。

手島精一（国立国会図書館ウェブサイトより転載）

明太郎は、竹内鉱業グループの社員を次々に欧米に派遣して研修させると同時に、手島と緊密な連携をとって、将来の工業日本を支えるべき人材を発掘して育てた。明太郎が構想していたのは、初の私立工科大学を唐津の地に設立することだった。手島の命により、東京高等工業学校教授である牧野啓吾がその準備に当たった。産業界・学界の両面に強力な影響力を持つ竹内、手島、牧野という布陣によって、来るべき工科大学の教授候補者が着々と準備された。

いっぽう、明治十五年に発足した早稲田大学は、政治経済学科、法律学科に次いで、理工科を開設することを悲願としていた。ところが当時の早稲田大学関係者の力では資金も人材も集まらず、とうとう学長の高田早苗が手島に助けを求めることとなった。手島の計らいで早稲田の窮状が明太郎に伝えられた。その頃、明太郎サイドでも、新設大学の立地が唐津では学生の募集が難しいから、もっと都会に立地すべきだとの意見が明太郎に伝えられていた。

手島から早稲田の状況を聞いた明太郎は、自らが準備していた教授陣と設立準備資金を、そっくり早稲田大学に提供した。遠藤政直（機械学科長）、牧野賢吾（電気学科長）、小池佐太郎（採鉱学科長）、佐藤功一（建築学科長）という四人の初代学科長が揃い、小松電気製鋼所初代所長の岩井興助も採鉱学科教授として派遣された。教務主任を牧野啓吾が務めた。こうして明治四十一年四月、早稲田大学理工科が誕生した。発足後も明太郎は、機械設備、実験器具、更には給料の一部に至るまで援助を惜しまなかった。

明太郎のこの無私の行為は人々の心を打った。大隈重信は明太郎を「無名の英雄」と称え、大正三年（一九一四年）に発行された『大正人名辞典』には「斯くの如きは殆ど他に類例なき学界の美事」と記された。早稲田大学は現在の理工学部に「竹内記念ラウンジ」を設けて感謝の気持ちを表している。

高知工業学校

明治四十五年（一九一一年）、ふるさと高知への恩返しとして、明太郎は高知市に私立高知工業学校を設立した。わが国の職業学校として初の五年制が敷かれ、国漢、数学、外国語、地理、歴史、体育など幅広い教育が行われた。なかでもユニークなのは、聖書の時間があったことである。教師の人選にあたっては、ここでも手島精一の推薦を仰いだ。
校内に実習工場を持ち、焼玉エンジンなど教育用機械類の多くはここで製作された。最新の機械製作技術を身につけるため、教師たちは夏休みの期間中、唐津鐵工所、小松製作所などに派遣された。竹内鉱業グループとしての強みが巧みに生かされている。大正十二年（一九二三年）、この学校は高知県に移管され、現在の高知県立高知工業高等学校となっている。

高知工業高等学校にある竹内綱（右）と明太郎の胸像
（高知工業高等学校提供）

工業日本の出発点

竹内明太郎は工業日本の出発点にいた人である。鉱業、金属工業、機械工業、自動車工業、理工学教育、職業教育という、すべての分野で先駆者の一人であった。また、これらの分野において、人を育てた。国の将来を見る眼を持ち、独創的な生涯を送った。

明治中期、竹内鉱業株式会社は三井、三菱と並ぶ大企業として繁栄した。しかし大正から昭和にかけての不況のなかで苦戦し、昭和三年（一九二八年）に明太郎が死去すると、竹内鉱業も解散された。芳谷炭鉱は明治四十四年（一九一一年）三菱鉱業に買い取られ、昭和八年に閉山した。

三菱芳谷炭鉱第三坑の坑口（大正末期の写真、唐津市提供）

振り返ってみれば、大財閥となった三井、三菱も、竹内と同様、初期における富の蓄積を鉱山からの収入に頼った。三井、三菱はその傍ら、いち早く銀行と総合商社を作り、政財界に満遍なく影響力を確保して、総合力で恐慌を乗り切った。いっぽう竹内鉱業は機械工業と技術教育に賭けて、結果として生き残りに失敗した。明太郎が育てた機械工業各社も、この過程で順次、売却されていった。教育面でも、現在、竹内の名を冠する学校は残っていない。

こうして、竹内明太郎は現代の人々からは遠い存在になってしまった。父・竹内綱に比べれば、バランスのとれた経営者であったが、それでも、苦境の中であらゆる手立てを講じて生き残りを模索するしたたかさは持ち合わせていなかったということだろう。成し遂げた事業の先駆性や、後世に与えた影響の大きさの割に、その実像が知られていないので、竹内明太郎は「無名の英雄」、「沈黙の巨星」などと呼ばれる。しかし、彼が育て、順次独立させていった企業群や、発足に関わった大学、学校などは、明太郎の手を離れた後、立派に発展した。工業立国の理想を掲げ、実際の事業においても、技術と品質重視の姿勢を明確に提示してそれを貫いた竹内明太郎の生き方には、財閥系経営者にはない潔さがある。

竹内明太郎は明治十九年（一八八六年）から大正十一年（一九二二年）までの三十六年間、唐津に住居を持った。唐津市南城内（かつての南三の丸）に構えられた広大な邸宅で、社内テニス大会がここで開かれたという広さである。高取伊好、竹尾年助、大島小太郎、麻生政包《あそうまさかね》などの家とも近い。竹内鉱業の本社が東京に置かれてからは在京のことが多かったようだが、毎年、夏はここで過ごしたという。今も残る石垣と土塀が往時をしのばせる。近くにあった大島小太郎の家が朽ちてきたので、平成二十九年（二〇一七年）四月、この敷地内に「旧大島邸」が移築復元された。

現在の芳谷炭鉱第三坑抗口跡。個人の方の住宅になっているが、お庭に大切に保存されている。坑口は半分以上埋められ、塞がれているものの、地底に延びるトンネルの様子も分かる

＊＊

本稿に記した竹内明太郎の生涯については、小松商工会議所がまとめられた『沈黙の巨星』に拠るところが大きい。竹内明太郎の縁により小松商工会議所と唐津商工会議所は今も交流が続いている。

芳谷炭鉱については近年、「北波多の自然と歴史を守る会」など地元の人々の熱意によって調査、研究が進められている。

旧竹内邸東塀（上）と北塀（平成15年5月撮影）

参考文献

小松商工会議所機械金属部会編『沈黙の巨星――コマツ創業の人・竹内明太郎伝』北國新聞社出版局、1996年

『小松製作所五十年の歩み：略史』株式会社小松製作所、1971年

株式会社唐津鐵工所編『てっこうしょのことども――社史・前編』株式会社唐津鐵工所、2002年

「高取伊好翁伝（稿本）」（『石炭研究資料叢書』第五巻、73－171頁、九州大学石炭資料研究センター、1984年）

五十嵐栄吉編『大正人名辞典』東洋新報社、1914年

北波多の自然と歴史を守る会編「幻の『芳谷炭鉱』」2017年

2

竹尾年助

竹尾年助《たけおとしすけ》は唐津鐵工所の初代所長として、唐津の地に先進的な精密機械製造会社を育てた。技術と品質を第一とする経営方針のもと、わが国の機械工業の発達史に独特の位置を占めた。

竹尾年助
（唐津プレシジョン提供）

少年時代

竹尾年助は明治六年（一八七三年）、愛知県八名《やな》郡賀茂《かも》村に生まれた。父・彦九郎、母みちの三男だった。

父の竹尾彦九郎は郡書記などを務めた地方官吏で、地元の灌漑《かんがい》用水事業に取り組んだ。明治初期まで、愛知県の賀茂、八名井《やない》、金沢三村には灌漑施設がなく、豊川の氾濫による洪水と旱魃《かんばつ》が交互に起きて人々を苦しめていた。彦九郎らの尽力によって豊川の水が三村に引かれ、東三河地方の農業振興と人々の生活の安定に、大きな貢献をした。現在も豊橋市立賀茂小学校の校庭に、竹尾彦九郎の顕彰碑があるという。

竹尾年助は中学校を卒業した頃、福沢諭吉の講演を聴く機会があった。わが国が欧米に伍していくためには、工業立国しか道はないという主張に共感し、東京高等工業学校（現在の東京工業大学）への進学を志す。同校機械科に進学し、明治二十七年に卒業した。

年助は在学中に竹尾から山内へと姓が変わっている。石油精製業を営む山内家の長男として迎えられたのである。当時の日本では、家業を継がせるために、優秀な学生を他家から養子として迎えることがよく行われた。学校を出た年助は山内家の石油精製業に従事し、技術上の発明をいくつか行って事業に貢献した。しかしほどなく、山内家側の事情によって養子縁組が解消される。山内家では、年助の貢献に報いるために、米国への留学費用として二〇〇〇円を渡した。竹尾姓に戻った年助は、恩師の紹介を得て米国へと渡った。

高峰譲吉

高峰研究所

渡米した竹尾はまず、ニューヨークの高峰研究所に入った。所長の高峰譲吉《たかみねじょうきち》は明治の日本を代表する、世界的な生化学者である。若き日に長崎の致遠館《ちえんかん》で大隈重信らに学んだ後、上京して工学寮（のちの工部大学校）の第一期生となった。曽禰《そね》達蔵《たつぞう》、辰野金吾《たつのきんご》、麻生政包《あそうまさかね》、志田林三郎《しだりんざぶろう》らと同期生である。特に辰野（造家学科）、志田（電気学科）、高峰（化学科）は工部大学校第一期生のうち、各学科の首席として官費留学生に選ばれ、欧州で学んだ仲間であった。高峰は純粋な生化学者として一流であったが、いっぽうで常に新しい産業の育成を意識していた。日本での研究には、トウモロコシの酵素分解法の開発がある。渡米してからは、過燐酸《かりんさん》肥料を開発し、日本の伝統的麹菌《こうじきん》の中から、酵素製剤・タカジアスターゼを抽出、製造し、また、牛の副腎皮質からアドレナリンを発見するなど、世界の生化学と化学工業の両方をリードした。

竹尾はこの研究所に在籍したものの、生化学の本格的な研究には参加していない。研究の手伝いをしながら英語の勉強をし、米国での生活に順応するための時間を過ごしたようだ。

スティーブンス工科大学

竹尾年助のスティーブンス工科大学卒業証書
（唐津プレシジョン所蔵）

明治二十九年（一八九六年）、竹尾はニュージャージー州ホーボーケン（Hoboken）にあるスティーブンス工科大学（Stevens Institute of Technology）に入学した。東京高等工業学校からの紹介によって二年間の教養課程を免除され、機械学科三年次からの編入となった。私費留学生であった彼は、この編入措置によって経済的におおいに助けられる。二年間の大学生活を終えて明治三十一年六月、卒業したが、引き続き同大学機械学科主任のデントン（J. E. Denton）教授のもとに残り、ディーゼルエンジンの研究に従事した。

ディーゼルエンジンは、ドイツ人ルドルフ・ディーゼル（Rudolf Diesel）が一八九二年に発明した内燃機関である。従来の内燃機関では、石油燃料と空気を混ぜて燃焼室に入れ、これを圧縮したうえで電気火花で点火する。この方式は現在のガソリンエンジンに引き継がれている。いっぽうディーゼル機関では、空気だけを燃焼室に入れて圧

ルドルフ・ディーゼル

縮し、そこに高圧燃料を吹き込んで自己着火させる。この方式では点火プラグが要らないだけでなく、熱効率が飛躍的に向上した。従来の内燃機関では、自然発火によるノッキングを避けるために、圧縮比を高く設定できず、これが熱効率の限界となっていた。ディーゼルエンジンはこの限界を打破し、熱力学第二法則の理論限界に近い熱効率を実現した。

デントン教授は、ミュンヘンで発表されたこのエンジンの優れた性能に注目し、竹尾らを誘ってその解析に着手している。ディーゼルエンジンが小型の熱機関・内燃機関の中で最高の熱効率を有することは、こんにちではよく知られていることだが、発明後間もないこの時期、世界中でこのエンジンの研究が始まっていた。大学を出たばかりの竹尾が、すぐに先端技術の研究に参加できたことは、技術者のスタートとして幸運だったと言えるだろう。この研究によって、竹尾は修士の学位を得た。

米国で機械技術者として出発

大学を出た竹尾はまず、ホーボーケン市内にあったフォーブス社（W. D. Forbs & Co.）に勤めて機械の設計と製図に従事した後、ロードアイランド州のプロビデンス製作所（Providence Engineering Works）に移って大型機械の設計と製造に携わった。ここで竹尾は発電機の組み立てに従事した。タービンの回転軸にベアリングを取り付けるさい、回転軸が大きいので、たわみが生じる。このたわみに沿った、非常に高い精度での調整が必要になる。従来は職人の勘と試行錯誤でこれが行われていた。竹尾は金属弾性学にもとづく計算によって、

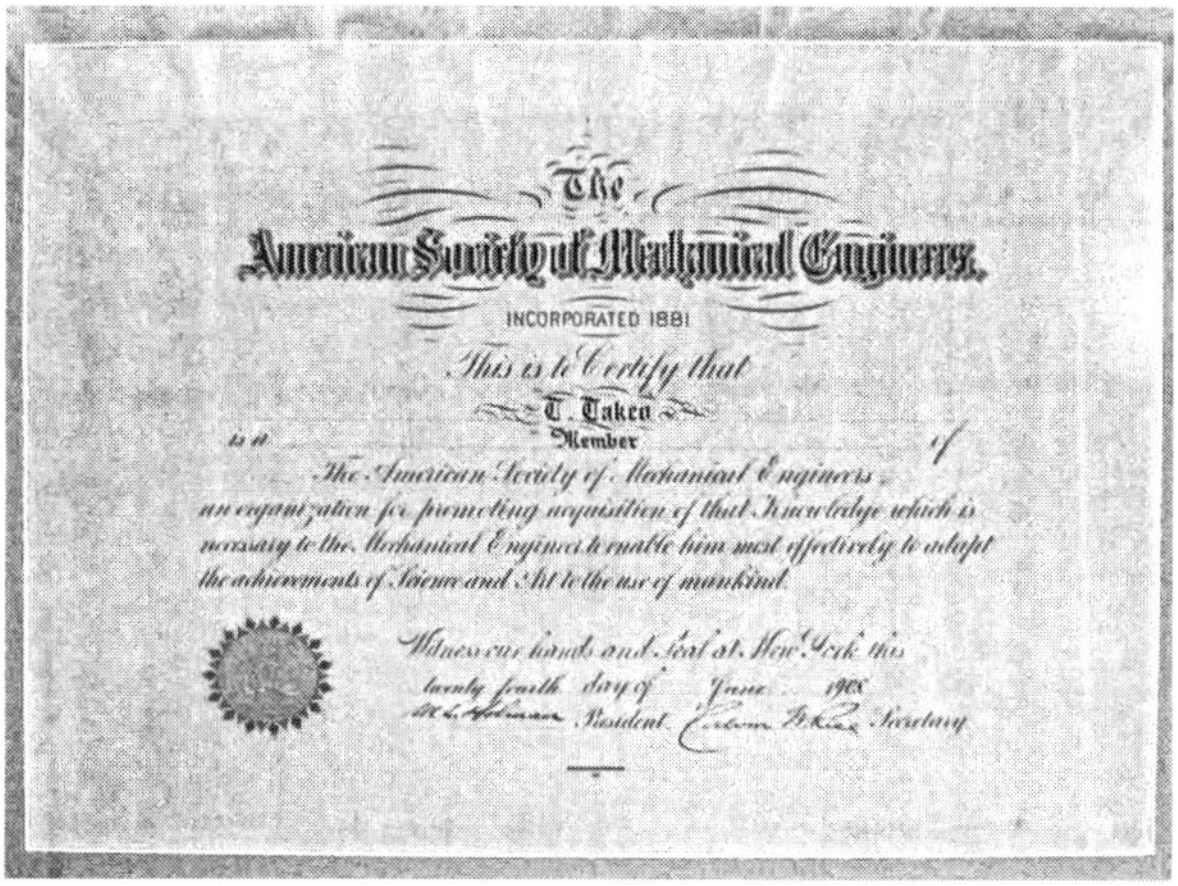
The
American Society of Mechanical Engineers.
INCORPORATED 1881
This is to Certify that
T. Takeo
is a Member of
The American Society of Mechanical Engineers,
an organization for promoting acquisition of that Knowledge which is necessary to the Mechanical Engineer to enable him most effectively to adapt the achievements of Science and Art to the use of mankind.
Witness our hands and Seal at New York this
twenty fourth day of June 1908
President Secretary

竹尾年助の米国機械学会会員証
（唐津プレシジョン所蔵）

一発で最適な取り付けを実現し、声望を高めた。

大学でのディーゼルエンジンの研究は、プロビデンス製作所で大きな成果となって結実する。竹尾らが製作に携わった同社の蒸気機関が、熱効率競争において、その年の全米一位の栄誉に輝いたのである。こうした業績によって、後の明治四十一年（一九〇八年）、竹尾は米国機械学会（ASME, The American Society of Mechanical Engineers）の会員に推挙された。

明治三十四年、竹尾はボストンのプランターズ社（Planters Comp. Co.）に移り、製綿機械の開発と設計に従事した。このように、新進気鋭の機械技術者として米国における地歩を固めつつあった竹尾は、日本に帰国する意思は持っていなかった。

竹内明太郎との出会い

明治三十六年（一九〇三年）八月、愛知県賀茂村の実家からの手紙により、竹尾は急遽帰国することになった。会社には二カ月の休暇を申し出た。帰ってみると実家は、連帯保証人となった人の借金のために、危機に見舞われていた。竹尾はその解決に奔走したが、そうこうしているうちに休暇を使い果たしてしまい、プランターズ社への復帰をあきらめざるを得なくなった。日本で働くことに決めた竹尾は、まず、友人が福岡県で経営する幸袋工作所に、次いで大阪鉄工所に勤めた。

しばらくして、恩師である東京高等工業学校の手島精一校長から、竹内明太郎を紹介された。竹内鉱業株式会社という、日本各地に鉱山を持つ大会社の経営者であり、同時に、日本が欧米に肩を並べるためには、工業を興して基礎的な国力を高めることこそ急務だという強い信念を持つ人物だった。竹尾と竹内はすぐに意気投合した。二人が初めて出会ったのは明治三十九年とされているが、この時、竹尾が三十三歳、竹内は四十六歳であった。

手島精一像
（唐津プレシジョン所蔵）

竹内には、わが国の工業技術を高め、欧米に並ぶものにするための技術センターを設立したいとの強い思いがあった。具体的には、技術本位の鉄工所と、それを基礎から支える理工科大学の設立だった。竹内は竹尾に、新設鉄工所の指揮を任せること、そして、竹内鉱業の所有する土地の中から、北海道の夕張、石川県の小松、佐賀県の唐津など、竹尾の気に入った場所に鉄工所を建設してよいと、立地の決断をも一任した。これらの土地は各々、大夕張炭鉱、遊泉寺銅山、芳谷炭鉱という、竹内鉱業の代表的な鉱山に隣接している。実績のほとんどないわが国で機械工業を始めるにあたって、最初は鉱山付属の鉄工所として、自社鉱山で使う機械の製作から始めるのがよかろうという、竹内の戦略があった。

唐津鐵工所の誕生

明治三十九年（一九〇六年）九月六日、竹尾年助は初めて唐津を訪れた。東京・新橋から汽車に乗り、前夜は佐賀に泊まり、翌朝、唐津に向かった。佐賀から多久《たく》までは鉄道がなかったので人力車を利用した。多久から唐津に向かう鉄道（現在のＪＲ唐津線）は主として石炭輸送を目的としていたので、乗客は二の次である。駅では延々と石炭の積み込みが行われ、それが終わるまで汽車は動かない。終着駅の唐津妙見（今の西唐津駅）にたどり着いた時にはすでに日が暮れていた。「こんな不便な土地は真っ平だ」と思ったという。日帰りで佐賀に戻るつもりだったが、あきらめて唐津に泊まることにした。

唐津妙見駅に降り立つと、その北側、海に面した砂浜と松の林に沿って広がる六五〇〇坪の広大な土地があった。竹内明太郎が竹尾のために用意した新設鉄工所用地である。その宵はちょうど満月であった。筑紫連山から上る月の光が唐津湾の海面を照らし、白い砂浜に押し寄せる波がきらきらと輝いていた。余りの美しさに胸打たれた竹尾は、この地に根付いて近代的な機械工業を興すこと、その事業に全力を傾けることをその場で決意したという。この時の竹尾の心境は、本人から直接に聞いたご子息の彦己《ひこき》氏が語っておられる。

「唐津に着いたのは日が暮れてから。迎えの社員に案内されて現在の地へ。小松原で、その先には波静かな唐津湾。あたかも東の筑紫連山から満月が昇って海は金波、銀波。鉄道と海岸の中間の土地、工場には恰好と合格点をつけた。全てに合理主義を貫いた当時の米国でスティーブンス工科大学を出て、ボストン、プロビデンス、ニューヨークの工場に就職してきた父は、この唐津に来て、清らかな海と島の点在する景色に接し、このような落ち着いた風土こそ精密な仕事をやるには恰好だと直ちにＯＫする感性も備えていたようだ」（竹尾彦己『てっこうしょのことども』より）

竹尾はいったん米国に戻り、「唐津鐵工所所長」の肩書きでニューヨークに事務所を構え、米国人技術者を雇って新設鉄工所の詳細な計画を練った。鉄工所の目的は、近代的な工業教育、実習、並びに機械製作とされた。つまり設立の理念として、技術教育と工業生産の両方が謳われていた。二年後、工場の図面と必要な機械

唐津鐵工所創業の頃の竹尾年助（唐津プレシジョン提供）

類のリストを携えて竹尾は再度帰国した。こうして明治四十二年（一九〇九年）四月十五日、唐津鐵工所が正式にスタートした。名称は「芳谷炭鉱株式会社唐津鐵工所」とされ、竹尾年助が所長、竹内明太郎が本社の社長であった。

初期の唐津鐵工所

明治四十二年（一九〇九年）、芳谷炭鉱の付属施設として発足した唐津鐵工所は、最初は芳谷炭鉱をはじめ竹内鉱業グループの鉱山用機械を設計製作した。しかしほどなく外部からの注文も受けるようになり、鉱山からの独立性を強めていった。例えば唐津港に入港する外国汽船の機械を修理した。国内の鉄工所、造船所などへ、旋盤、万能フライス盤などの汎用工作機械を納品した。東京高等工業学校、早稲田大学など教育機関へ実習用機械を納品した。

第一次世界大戦後の不況のなかで、親会社の竹内鉱業は苦境に陥った。竹内明太郎は、芳谷炭鉱を三菱合資会社に売却したが、唐津鐵工所だけは財閥への売却に応じなかった。大正五年（一九一六年）、株式会社唐津鐵工所を分離独立させた後、大正十年、竹内は、自身と関係者、並びに竹内鉱業が保有していた唐津鐵工所株のすべてを竹尾年助に譲った。工業立国の思いを竹尾に託したのだろう。その後、同社の社長は息子の彦己氏、孫の啓助氏に引継がれ、平成二十八年（二〇一六年）、創業一〇〇周年を祝った機会に社名を株式会社唐津プレシジョンと変えて現在に至っている。

大正中期の工場全景（唐津プレシジョン所蔵）

国際性と人材育成

竹尾年助は技術者としての理想をこの会社に実現しようとした。世界に伍する機械工業を生み出すために、当時としては異例の規模の専門家集団を唐津の地に集めた。例えば大正二年（一九一三年）の資料で技術者の学歴を見ると、東京高等工業卒が十名、早稲田大学卒二名、京都大学卒一名などである。この時期、機械工業界においてこれに匹敵する陣容を備えていたのは、東京大学卒十名を擁していた日立製作所くらいであったろう。しかもこれら唐津鐵工所の技術陣のうち五名は三－八年間、欧米に派遣されて技術研修を積んでいる。竹尾自身も数度の欧米視察を行っており、社内には欧米の専門誌が揃っていたので、技術者たちは世界の最新情報に接していた。

唐津に理工科大学を設立するという竹内の夢は実現しなかったので、当初考えられていた、大学教育を補佐する鉄工所としての役割はなくなったが、社内において本格的な従業員教育が行われた。社内に「見習学校（のちの青年学校）」が設けられ、毎日、技術スタッフによる講義が行われた。高等小学校卒の少年たちには三年間の教程が実施された。製図、機械工学、工作は当然として、それ以外にも、英語、算数、幾何、代数、物理、道徳などを含む総合的な教育であった。数学の教程には三角関数や微分積分学が含まれていた。そのいっぽうで、六年課程の「技術幹部養成コース」が設置され、主として設計分野の幹部を育てる英才教育が行われた。国際性を意識していた竹尾は、入出金伝票、製作指図書など、社内の伝票類はすべて英語で書くことを標準とした。

じっくり育てた技術陣や熟練工たちは会社の最大の財産であるから、唐津鐵工所は従業員の定年を設けなかった。ある年齢に達すると給与が減り始めるが、本人が望めば何歳になっても働くことができた。また、この会社には普通の会社にある職制がなかった。代わって等級制度があり、社員は第三級社員、第二級社員などに区分けされていたが、社長以外の社員同士は「さん」付けで呼び合った。

品質と工場運営

唐津鐵工所は、欧米の優れた機械のコピー生産に取り組んでいる。これらの機械を解体して細部まで調べあげ、図面を作成して再現製作する。しばしば、原機と寸分違わぬどころか、それを凌ぐ性能を実現した。その過程で学んだことを次の設計、製作に生かす。外部から一台の機械を受注すると、数台連続して生産することを原則とした（ロット製作方式）。繰り返しによる熟練で品質が向上するだけでなく、厳格な工程管理と原価管理によってしだいに工程が合理化され、製造原価が安くなる。このように、高品質と原価削減を常に追求した。ロット生産すると在庫が発生するが、その一部は自社用機とした。

竹尾にとって、工場での日々の業務は生産活動であると同時に教育、訓練でもあったので、休んではいけな

自家発電所棟（現在は倉庫となっている）

い。注文がなくても生産するから、不景気になると在庫が溜まる。在庫がいっぱいになると、いったん完成した製品を解体し、時には溶かして鋳物づくりからやり直した。もったいないように思うが、ご子息の彦己氏によれば、「しっかりした図面と有能な技術者がいれば、製品はいつでも作れる。生産を休んで技術力が落ちることの方が問題」という考えだそうだ。製造指図書は創業以来のすべてが保存された。

唐津鐵工所が所有していた機械の多くは、こうして自社で作られたものである。モーター直結の機械の場合はモーターも自作された。明治四十二年（一九〇九年）の創業と同時に自家発電が行われ、大正二年（一九一三年）には本格的な発電所が構内に建設されたが、ボイラー、蒸気エンジン、一二五キロワット発電機のすべてが自家製であった。研究と技術習得のため、大正二年には五十馬力の蒸気機関車も作られ、関東の常総鉄道に納品された。

軍との関係

第二次世界大戦に向かう頃、陸海軍からの注文が増えたが、急激な生産増は品質の劣化につながるとの判断から、竹尾は軍からの大量受注には慎重な姿勢をとった。戦時体制に入ると、生産効率を上げるために、軍は主だった機械工場に対して、製品アイテム数を絞って少品種大量生産に転じるよう命じた。多

戦時下の受注品構成

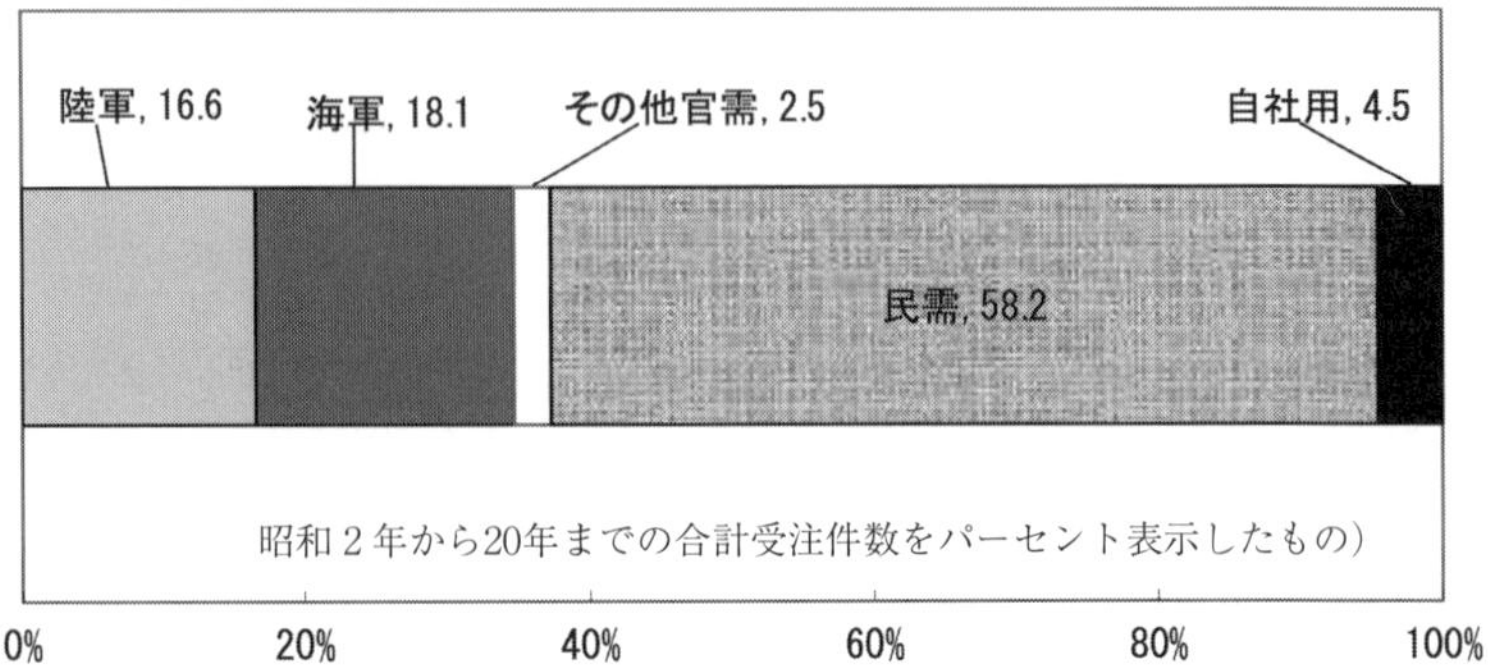

くのメーカーがそれに従って工場を改組したが、竹尾はそれを断った。日本のような狭い市場では、時局から来る一時的な要請で商品アイテム数を絞るのは危険だというのである。鉄工所の長期的な発展を考えて、戦時下でも幅広い顧客を相手にした多品種生産の基本路線を曲げなかった。

工業史の研究家である沢井実氏（大阪大学経済学部）が、戦時下の唐津鐵工所の受注品を調査されたデータがある。昭和二年（一九二七年）から二十年までの十九年間における受注品の構成は、海軍十八・一％、陸軍十六・六％、その他官需二・五％、民需五十八・二％、自社用四・五％である。戦時下においても民間需要を重視するスタイルを維持していたことが分かる。

戦局が悪化して本土空襲が始まると、軍は工場を守るために疎開を命じたが、竹尾は「精密機械工場の疎開は不可能」として動かず、不服従ゆえに社長職を一時追われた。硬骨の技術者魂の面目躍如である。竹尾は、原価削減のため大きな設備投資をできるだけ避けた。自社の設備だけでは間に合わないほどの注文がある時は、完成間近な機械（商品）の試運転を兼ねて、これを別の機械の製造に使うといった離れ技も行った。後に述べる海軍向けの超大型機械の製作においても、分解工夫して、小さな機械を使って超大型機械を製作している。こうした創意工夫もこの鉄工所の底力の一部であった。

大型工作機械と軍艦用工作機械

初期の唐津鐵工所は機械全般を製作したが、「工業振興の礎を築きたい」という竹尾の意思から、しだいに工作機械、つまり「機械を作る機械」、「機械工業を生み出す機械」のメーカーへと純化していった。工作機械には、一般の機械よりワンランク上の精度が求められる。まず、汎用工作機械を手がけることで基礎的な技術を蓄積した後、高度な工作機械へと向かった。特に、国内最高の技術を有する鉄工所のひとつとしてその名声を確立したのは、大型工作機械と精密歯切り機械の分野である。

大型工作機械の代表は造船用機械である。三菱長崎造船所を最大の顧客として、造船用の大型旋盤、万能フライス盤などを製作した。こうして、巨大機械において高い工作精度を実現する課題に挑戦を続けた。この技術は、日本海軍の軍艦と兵器の製造に活用された。戦時下、唐津鐵工所は、三菱長崎・神戸両造船所や築地、横須賀、舞鶴、呉、佐世保などの海軍工廠《こうしょう》から、大砲の砲身をくり抜く機械（砲身中ぐり盤）や、艦載砲の砲塔を作る機械（ポータブルフェーシングマシン）を多数受注している。

世界最大の戦艦である「大和」、「武蔵」の建造は一大事業であった。昭和十二年（一九三七年）初め、海軍は大和を呉工廠で、武蔵を三菱長崎造船所で建造することを決定した。両戦艦には四十六センチ砲という世界最大の艦載砲が装備された。射程四十一・四キロメートル、砲身一門の重さが一六五トンという巨大な大砲が、ひとつの回転式砲塔に三連横並びで設置され、この砲塔が大和、武蔵には三基ずつ設置される。砲塔の回転部分の重量は一基二五一〇トンに上り、これだけで大型駆逐艦一艘の重量に匹敵する。海軍はこの主砲ならびに主砲塔を製作するための工作機械を、唐津鐵工所に発注した。

大和、武蔵の主砲用の砲身中ぐり盤は、一〇〇馬力のモーターに直結された全長六十四・三九メートルの機械で、一本の親ねじの長さが三十五・八六メートルというものであった。これは三部分に分解して唐津鐵工所内で極秘裏に製作され、山陰線経由の専用貨車で呉工廠まで輸送され、そこで最終的に組み立てられた。最高度の軍事機密事項だったので、製作に携わった唐津鐵工所の幹部たちも、呉工廠での最終組み立ての現場には立ち会っていない。実は、立ち会いの内諾を得て呉工廠に出向いたのだが、いざ入門という段になって、「入っても良いが二度と出られないと覚悟すべし」と言われ、慌てて退散したという。従って、唐津鐵工所の技術

唐津鐵工所で建造中の40センチ艦載砲用砲身中ぐり盤。これは戦艦「長門」・「陸奥」級に搭載された40センチ砲を作るのに用いられた砲身中ぐり盤である。長門、陸奥は大和・武蔵よりひと世代前の主力戦艦であり、世界初の40センチ砲を搭載した。写真は大和用のものより小さいが、それでも全長55.828メートル、重量221.26トンの巨大な工作機械である（唐津プレシジョン提供）

唐津鐵工所が製作した40センチ砲砲塔作成用のポータブルフェーシングマシン（唐津プレシジョン提供）

者や工員のなかで、大和、武蔵の主砲用砲身中ぐり盤の完成品を見た者はいないのである。

砲塔を作るための工作機械を、海軍は「ポータブルフェーシングマシン（Portable Facing Machine）」と呼んだ。巨大なターンテーブルを持つ万能旋盤である。この機械をクレーンで釣って建造中の戦艦の船底まで運んで据え付け、そこで回転式の砲塔を作る。砲塔が完成したら再びクレーンで撤去する。こういうわけで「ポータブル」と呼んだのだろうが、直径十二メートル以上のターンテーブルを持つ巨大な鉄の塊だから、まるでジョークではないかと思わせるネーミングである。唐津鐵工所は大和・武蔵用の主砲塔製作機械を海軍呉工廠と三菱長崎造船所に納品した。

戦艦大和、武蔵の主砲及び主砲塔を建造するために唐津鐵工所が作った工作機械は、この種の機械として、世界最大のものであったと思われる。日本海軍の巨艦群は、こんにち、悲劇の主人公として語られることが多いが、そこにこめられた数々の技術的独創と技術者たちの努力の跡を記録し、記憶したいものである。

精密歯切り機械

歯切り機械とは、歯車（ギア）を作る機械である。歯車はあらゆる機械に使われて、その性能を決める部品である。小型軽量で精密な特殊歯車は、第二次世界大戦中は軍用飛行機の部品として飛行機の性能を支えた。唐津鐵工所では戦時下、軍の求めに応じて、小型工作機械製作のための新工場を建て、歯切り機械を中心に五〇〇台を超える精密工作機械を作った。

第二次世界大戦後、歯切り機械の主なユーザーは自動車産業となった。高速高性能の変速機などに用いられる特殊歯車は、現代の機械技術を進歩させる原動力となっている。

3 建造中の艦首甲板
艦橋から艦首方向を見る。写真上部が艦首。艦首に近い第一主砲塔にはすでに旋回盤が設置されている。手前側の第二主砲塔には旋回盤がまだ載っておらず、ローラーベアリング・バスが見える

4 完成間近の第三主砲塔
第三主砲塔は艦尾側にあり、この写真ではすでに3基の砲身も取り付けられている

5 完成した戦艦大和
昭和6年(1931年)10月30日、高知県宿毛湾にて試運転中の写真

主砲塔の旋回盤は裏返し状態で作られたようだ。
これがクレーンで釣られてひっくり返され、
甲板に設置されたベアリング付き支持台に載せられる。
（このページの写真は②を除きすべて産経新聞社提供）

①主砲塔旋回盤
裏返し状態で釣られている。人が写っているので、その大きさがよく分かる

②主砲塔旋回盤
クレーンで釣られて転倒される途中であろう。上面がこちらを向いており、３基の砲身用の溝が見える。旋回盤直径は12.274メートル
（大和ミュージアム提供）

竹尾年助研究

竹尾年助は昭和三十一年（一九五六年）に死去した。技術者魂を貫いた経営者だった。竹尾年助と唐津鐵工所は、わが国の機械工業の進歩に大きな役割を果たしたが、軍需品の生産に関わった企業の常として、公表されなかった部分が多い。唐津鐵工所の皆さんと故長尾克子氏（静岡文化芸術大学）の努力によって、その空白を埋める社史『てっこうしょのことども——社史・前編』（二〇〇二年刊）がまとめられた。長尾氏は、綿密な調査研究の成果を『工作機械技術の変遷』（二〇〇二年刊）にもまとめられた。いずれも、わが国の技術史研究において待ち望まれていた作品であり、本稿で紹介したことの多くも、両著書に拠っている。

唐津鐵工所の足跡と経営手法を、比較産業史的な手法で調べている方々がほかにもいる。沢井実氏（大阪大学経済学部）は、戦時下における工作機械企業のあり方を、大隈鐵工所（愛知県）と唐津鐵工所とを比較しながら研究している。大量生産の要請と品質の維持とをどう両立させるかに、どの企業も悩むのだが、大隈では下請け企業育成によってこれを両立させた。愛知県を中心に六十ないし一〇〇近い数の下請け企業群を持ち、それらに対する用意周到な保護育成策をとって、軍からの大量受注に応じた。いっぽう唐津では、徹底的な品質本位と自社生産路線を貫き、大量生産に対しては慎重な姿勢を崩さなかった。

鈴木淳氏（東京大学教養学部）は、唐津鐵工所と日立製作所の共通性を指摘している。共に鉱業主の潤沢な資金によって発足したが、創業期からすでに独立した機械会社を志向し、それを実現したこと、そのために高度の専門的技術者集団を形成したこと、厳格な原価計算制度を持ち、工場における工程改善と原価低減化への取り組みが進められたことなどである。いずれの指摘も、現代の経営に通じる示唆を含んでいる。

上：現在の唐津プレシジョン

左：唐津プレシジョン裏手の海岸。かつて竹尾年助を感動させた美しい砂浜と松原がここにあった。今はプレジャーボートの繋留基地となっている

＊　＊

本稿を執筆するにあたり、故竹尾彦己氏（年助のご子息）と竹尾啓助氏（同ご令孫）に貴重なお話をうかがい、資料の閲覧や写真撮影をさせていただいた。ここに記して感謝します。唐津鐵工所をこよなく愛し、社史を編纂された長尾克子氏は平成十五年に亡くなられた。わが国の工業史、特に工作機械史研究の第一人者であった。ご冥福をお祈りします。

参考文献

株式会社唐津鐵工所編『てっこうしょのことども――社史・前編』株式会社唐津鐵工所、2002年

長尾克子著『工作機械技術の変遷』日刊工業新聞社、2

002年
長尾克子著『日本機械工業史――量産型機械工業の分業構造』社会評論社、1995年
竹岡敬温、高橋秀行、中岡哲郎編著『新技術の導入――近代機械工業の発展』同文舘出版、1993年
沢井実著「戦前・戦中期日本における工作機械企業の技術と経営――唐津・大隈鉄工所を中心に」（同前書、第Ⅱ部第四章所収）
鈴木淳著『明治の機械工業』ミネルヴァ書房、1996年
雑誌「丸」編集部編『ハンディ判 日本海軍艦艇写真集① 戦艦大和・武蔵・長門・陸奥』光人社、2003年

3 長谷川芳之助

唐津藩士の子に生まれた長《は》谷《せ》川《がわ》芳《よし》之《の》助《すけ》は明治初期、大阪、東京、米国、及びドイツで化学、鉱山学、及び製鉄技術を学び、日本初の工学博士となった。学界での活躍を期待されたが、帰国後は三菱社の鉱山部長を務め、民間にあって鉱工業の進歩に貢献した。特に製鉄業のパイオニアとして知られ、福岡県の八幡に官営製鉄所（現在の日本製鉄）を創設するプロジェクトを指揮した。技術者として活躍した期間は短かったが、抜群の頭脳と大胆不敵な行動で知られる個性派であった。

少年時代

長谷川芳之助（唐津市提供）

長谷川芳之助は安政二年（一八五五年）、唐津城内に生まれた。長谷川家は代々、小笠原家の家臣として重要人物を輩出しており、芳之助の父・長谷川善兵衛久徴は一刀流の使い手として知られた。唐津城南三の丸にある唐津神社の西側、西の門に近い城壁際に、長谷川家はあった。このあたりは今も三の丸西壁の石垣がよく残って、往時の雰囲気を伝えている。辰野金吾によれば、久徴の職業は「探索」つまり

現在の唐津城南三の丸の西壁（平成15年撮影）。このあたりの城壁内に長谷川芳之助の生家があった

何禮之
（東京大学史料編纂所提供）

隠密だったという。確かに、久徴は藩命で大阪に向かった帰路、長州藩の兵士に隠密容疑で捕まったという記録がある。佐幕派であった唐津藩の藩士が侵入したので、長州藩は警戒したのだろうが、久徴が本当に隠密だったのか、誤解だったのかは定かでない。

芳之助は八歳のころ、辰野金吾らと共に野辺英輔《のべえいすけ》の私塾に通って学んでいる。野辺は唐津藩のお抱え漢学者であったが、脚が不自由だったので毎日は登城せず、自宅にあって子どもたちに学問を教えていた。辰野は芳之助のことを、「遊んでばかりで勉強しない。それでも抜群の秀才だった」と記している。努力家の辰野とは正反対の子どもだった。

慶応三年（一八六七年）、芳之助は十三歳の時、父と共に大阪に出た。大阪洋学校に入り、何禮之《がよしゆき》のもとで英学を修めた。豊川良平、日下義男らが級友だが、途中からは芳之助が助教となって彼らに教えている。芳之助に対する評価は、「学業優秀、乱暴抜群、悪逆者の標本」というものである。かなりの乱暴者だったようだ。

悪行の数々は、ややひいき目に見れば正義感と熱血に基づくもので、素行の悪い級友を「ふとんむし」などで手荒く懲らしめて退学に追い込んだり、風紀が乱れているとの報告を受けて視察に来た役人に反発して、彼らのために学校が用意した昼食を食べてしまったりという具合である。明治維新は大阪で迎えたが、明治五年（一八七二年）、東京の開成学校へと進んだ。

貢進生

江戸にあった幕府直轄の教育機関のうち、代表的なものは昌平坂学問所、開成所、医学所であった。新政府はこれらを各々、大学校、大学南校、大学東校と改めた。この三校が母体となって、いくつかの変遷を遂げながら帝国大学が形成される。大学南校は途中、開成学校、東京開成学校と呼ばれた時期もあり、今の東京大学法学部、理学部、文学部の母体となった。本書に登場した人としては、フルベッキ（J. H. Verbeck）と高橋是清が大学南校の英語教師として教鞭を執っている。

明治三年（一八七〇年）、政府は太政官令によって各藩からその石高に応じて一―三名の優秀な学生を募り、これらの学校に官費で入学させる措置をとった。「貢進生《こうしんせい》」と呼ばれた。長谷川芳之助は明治五年、唐津藩の貢進生に選ばれて大学南校に入った。大学南校の教師でありながら、芸者遊びが過ぎて職場を追われた高橋是《たかはしこれ》清《きよ》が、唐津で耐恒寮《たいこうりょう》を開いたのが明治四年だから、長谷川は高橋と入れ替わりに入学した。長谷川は、唐津の地で耐恒寮に集った生徒たちとほぼ同年代だが、彼らよりひと足早く中央での学問を開始したことになる。耐恒寮から巣立った曽禰《そね》達蔵《たつぞう》、辰野《たつの》金吾《きんご》、麻生《あそう》政包《まさかね》らが進んだ工学寮は現在の東京大学工学部の前身で、長谷川が入った大学南校（東京開成学校）は東京大学理学部の前身である。

貢進生は各地から集められたエリートなので、明治六年十月、東京開成学校の開業式には、政府高官を従えて明治天皇が臨席した。明治天皇に対して、理学生・長谷川芳之助、杉浦重剛《すぎうらじゅうごう》、南部球吾の三人が、「化学の功用十四条」と題する研究発表と演示実験を披露した（杉浦と南部のことは後述）。彼らがいかに前途を嘱望される学生であったかがうかがえる。

創設期の東京大学理学部化学科

長谷川は明治七年（一八七四年）、予科を経て東京開成学校化学科本科に進んだ。この年、化学の教授として、英国から弱冠二十六歳のR・W・アトキンソン（Robert William Atkinson）が着任した。化学科の授業科目として無機化学、有機化学、製造化学、冶金学《やきんがく》、および化学史が開講され、実習科目として一般化学実験、定性分析、定量分析、試金（鉱物の金属成分分析）があった。これらすべてをアトキンソンが担当した。これだけの科目を教えながら、七年間の日本滞在中に十篇の論文を書くなど、非常に立派な学者であった。特に、西洋人の眼で日本独自の化学を研究した藍染《あいぞめ》や日本酒の研究は、今も高く評価されている。

アトキンソンは、上級生には各自に問題を与え、実験研究によって問題を解明し、その結果を卒業論文としてまとめることを義務づけた。東京開成学校化学科は、現在の東京大学理学部化学科へと発展していくのだが、すでにこの時点で、教育内容においては現代に通じるものが実施されていたことが分かる。長谷川と同期に化学科に進んだ学生は九人であった。いずれも後に各分野の指導者となった人々なので、かなりのことが分かっている。九人の名は、長谷川芳之助、松井直吉、南部球吾、桜井錠二、杉浦重剛、宮崎道正、高須碌郎《たかすろくろう》、久原躬弦《くはらみつる》、西村貞《にしむらてい》である。学業面で、長谷川はほとんど常に首席の成績を残している。

この頃、明治政府は官費留学に関する制度を改めた。維新後の数年間に海外に派遣された留学生の数は多かったが、明治六年に実態調査を行ったところ、海外での勉強ぶりが十分とは言えない者が相当数いた。そこでこの年、官費留学生をいったん全員帰国させ、改めて東京開成学校が厳格な資格審査を行って選別することにした。こうして生まれた新制度のもとで、明治八年、東京開成学校は在学生の中から優秀な十一名を選抜して海外留学を命じた。化学科からは長谷川芳之助と松井直吉の二人が選ばれ、米国留学生となった。同期生のうち桜井錠二と杉浦重剛は翌明治九年の留学生となり、英国に渡った。南部球吾は化学ではなく工学分野の留学生となって米国に渡った。西村貞は中途退学して教師の道を歩み、後に大阪師範学校の校長となった。同期生のうち残る三人、宮崎道正、高須碌郎、久原躬弦は引き続き在学して、明治十年七月、東京帝国大学理学部化学科の第一回卒業生となった。

松井直吉は明治十三年に帰国して東京大学理学部教授となり、分析化学と有機化学を担当した。久原躬弦は卒業後も理学部に残って准教授を務めたが、翌年米国のジョンズ・ホプキンス大学（Johns Hopkins University）に留学して有機化学を研究した。Ph. D（Doctor of Philosophy、日本の理学博士にあたる米国の学位）を得て帰国し、英国から帰った桜井錠二と共に理学部化学科教授となった。

コロンビア大学からフライブルク大学へ

明治八年（一八七五年）、官費留学生として米国に渡った長谷川は、ニューヨーク市のコロンビア大学（Columbia University）に入学した。学科は化学科ではなく、鉱山学科であった。同年、唐津の隣藩である福岡藩の留学生・団琢磨《だんたくま》が、すぐ近くのマサチューセッツ工科大学（Massachusetts Institute of Technology）

の鉱山学科に入学している。二人は帰国後、各々、三菱と三井の鉱山事業の指導者となる。長谷川は明治十一年、鉱山学士（Engineer of Mines）の学位を得て卒業した。

純粋化学から工学への転進を果たした長谷川は、しだいに国の基幹産業である製鉄に関心を抱き、当時の製鉄先進国であるドイツへの留学を決意する。米国から直接、ドイツに渡り、ドイツ南西部にあるフライブルク大学（Albert-Ludwigs-Universität Freiburg）で製鉄技術を研究した。官費留学生の身でありながら本国に何の相談もせず、勝手にドイツに行ってしまったこの行為は、規律違反として問題となった。「悪逆者」の面目躍如である。

三菱社と製鉄事業計画

明治十二年（一八七九年）、ドイツから帰国した長谷川は、東京帝国大学理学部化学科の教授に就任するようにとの誘いを断って、三菱社鉱山部長の席を選んだ。三菱社を率いる岩崎弥太郎には、早くから製鉄事業の構想があり、長谷川の三菱入社は、この構想の中での布陣だったと言われる。それに、「乱暴抜群」では帝国大学教授の仕事は務まらなかったに違いない。三菱での最初の任地は備中（岡山県）の吉岡鉱山であった。ここで三年間過ごした。このかん、吉岡鉱山をわが国屈指の銅鉱山として育て、のちの三菱金属（現在の三菱マテリアル）の基礎を築いた。

吉岡鉱山での勤務を終えて東京に戻った長谷川は、以後、岩崎弥太郎の側近として三菱社の中で重きをなした。明治二十一年、新しい学位令により、わが国で初めて「博士」が誕生した。工学博士号は五人に授与されたが、長谷川はその一人であった。他の四人の中に志田林三郎がいた。岩崎弥太郎と長谷川は明治政府の西郷従道、松方正義らに対し、わが国初の製鉄所設立を進言した。政府側の答えは、官営よりは、国の援助のもとで三菱社の事業として行うのがよいというものだった。そうしたなかで明治二十二年、弥太郎の長男・久弥が米国に留学することになり、長谷川は米国まで同行した。岩崎家のだいじな御曹子の教育係を仰せつかったのだが、これは三菱社幹部たちによる一種の計略だったようだ。

岩崎弥太郎（国立国会図書館ウェブサイトより転載）

岩崎弥之助

三菱社の二代目指導者は弥太郎の弟、弥之助に決まった。製鉄という大事業は三菱にとって、まだ荷が重すぎると考えていた弥之助は、長谷川の留守中に、政府に対して製鉄事業からの辞退を申し出た。このことを帰国後に知らされた長谷川は激怒した。関係者のあいだでは、長谷川が弥之助を殴ったとさえ噂された。弥之助は製鉄事業に予定されていた資金を、丸の内再開発事業（I－4参照）に向けた。丸の内の広大な土地を買い占めて、都心のビジネス街を建設する事業である。弥之助は兄・弥太郎の側近であった長谷川を退け、荘田平五郎という新たな実力者の進言を採用したのである。

三菱には、ほかの財閥に比べて「お国のため」、「国の基幹産業を担う」ことを強く意識する伝統がある。弥太郎と長谷川はその代表格で、国力の源泉を生み出す鉱山業や製造業にこそ三菱は力を注ぐべきだと主張し、弥之助と荘田が手がけている不動産事業に猛反対した。「国の大計を忘れて岩崎家の私腹を肥やそうとするものだ」という激しい言葉で社長を批判する長谷川の処遇に弥之助も困り、明治二十二年以後の数年間、わが国の製鉄事業計画は三菱か国か、民営か官営かで、しばし迷走する。

こうして弥之助社長との確執が深刻化するなか、明治二十六年、長谷川は三菱社を去った。これによって三菱の製鉄事業からの撤退が確定し、官営方針での製鉄所設立計画が本格的に走り出した。いっぽう長谷川は筑前藤棚炭鉱（明治二十八年）、豊国炭鉱（明治二十九年）に勤めた後、唐津に帰り、吉原政道（Ⅰ－6参照）の経営する牟田部炭鉱（明治三十六年）に職を得た。また、唐津物産株式会社を設立して社長となった。いっぽう、力を蓄えた三菱が三菱製鉄株式会社を創業し、自ら製鉄事業に乗り出したのは、大正六年（一九一七年）のことであった。長谷川の退社から二十四年が経過していた。

官営製鉄所の設立

製鉄事業は明治政府の悲願であった。明治二十二年（一八八九年）から二十五年にかけて、海軍省所轄の官営製鉄所のプランが帝国議会に幾度か提案されたが否決されている。明治二十五年、海軍省に代わって農商務省が製鋼事業調査委員会の設置を提案し、これが閣議決定された。七人の調査委員が任命された。牧野毅《まきのつよし》（陸軍少将）、有馬武（大蔵省国債局長）、和田維四郎《わだつなしろう》（農商務省鉱山局長）、原田宗助（海軍大技監）、野呂景義《のろかげよし》（工科大学校教授工学博士）、内藤政共《ないとうまさとも》（海軍大技師子爵）、長谷川芳之助（工学博士）の七人である。

当初、調査委員会は長谷川の主張に沿って民営製鉄所の線で検討を進めたが、三菱社の辞退表明を受けた農商務大臣が明治二十七年、官営への方針転換を指示し、翌二十八年、衆議院において官営製鉄所の設立が議決された。委員会は製鉄事業調査会と改称され、十二名の組織として発足した。牧野と有馬が抜け、和田、原田、野呂、内藤、長谷川は引き続き委員を務めた。委員会が選任した技術者たちが次々に米国、ドイツなどに派遣され、技術面での準備も本格化した。

長谷川の態度として評価できるのは、自らの民営論が退けられた後も委員を辞職せず、新たに決まった官営路線のもとで職務を果たし続けたことである。製鉄に関する長谷川の見識は貴重であり、彼がここで短気を起こさず我慢して、製鉄所発足まで真剣に事業に取り組んだことは、彼自身にとっても、産業界全体にとっても、本当によいことであった。

委員会に課せられた重要案件のひとつは、製鉄所の場所を決めることであった。候補地は、①東京横浜地方、②大阪神戸地方、③尾道三原広島地方、④門司馬関（下関）地方に絞られ、調査が始まった。様々な角度からの調査の結果、明治三十年、製鉄所を福岡県遠賀《おんが》郡《ぐん》八幡《やはた》村《むら》に建設することが決まった。静かな農漁村だった八幡村に製鉄所を誘致するにあたっての苦労話は、昭和十一年（一九三六年）に出版された『八幡市史』に詳しく記されている。最大の問題は、三十万坪という広大な工業用地の確保だったらしい。農業、漁業に生きる人々に製鉄所とは何かを説明し、説得して土地を買い上げる作業は難渋を極めた。『八幡市史』によ

建設中の東田第一高炉。明治33年、内閣総理大臣、伊藤博文が視察と激励に訪れたさいの記念撮影（日本製鉄株式会社八幡製鉄所提供）

八幡製鉄所（福岡県立図書館提供）

れば、「群疑を排斥し、衆難を除却し、以って当局者の惑いを解き、意を確かめ、遂にわが八幡町に確定せしめたるものは、長谷川芳之助、平岡浩太郎、安川敬一郎の三氏にして、……」と記されている。また、招致運動を進める人々にとって長谷川は顧問格であったとも記されている。

明治三十一年、八幡村において本格的な建設が始まった。明治三十四年五月、東田第一高炉（溶鉱炉）に火入れが行われ、製鉄所は操業を開始した。わが国の近代重工業の夜明けを告げる出来事であった。

精神の葛藤

さて残念なことに、技術と産業の進歩に貢献するという意味での長谷川芳之助の活動は、官営製鉄所の設立を以って事実上、終わった。その後の長谷川は病に冒され、精神的に苦しい後半生を送った。長谷川は幼い頃から激情家で、しばしば周囲を驚かせる行動をとった。辰野金吾も、口論の末に長谷川が脇差（短刀）を抜くのを見て驚いたと語っている。大人になってもこの性癖は変わらず、数々の「武勇伝」を残している。

三菱社では、役員会の席で岩崎家の親戚にあたる役員に対して「この馬鹿が！」と一喝し、弥太郎が「まあまあ、馬鹿は馬鹿でも何か使いどころがあるから……」とたしなめることがあった。北九州の若松で汽車に乗るために炭鉱会社を出たのだが、事務所の時計が遅れていたらしく、乗り遅れてしまった。怒り心頭に発した長谷川は、事務所に戻るなり、柱時計を厳しく叱責し、ステッキで散々に打ちつけ、粉々に破壊してしまった。辰野によれば「長所は熱誠、短所は過激」である。理詰めで正当な主張をするし、仕事に対して一途であり、私利私欲に基づく行動が全くないので、周囲は敬意を払っていた。しかし、余りの激しさと強引さにたじたじであった。

明治三十年（一八九七年）、医者は長谷川に対して、ついに精神疾患の診断を下し、隠居療養の生活に入るよう命じた。四十一歳という若さでの隠居だが、医者と賢妻の指示にはおとなしく従った。夫人の努力により、さしたるトラブルもなく、あらゆる社会活動から身を引くことができた。明治三十五年までの約六年間、長谷川は世間との交渉を一切絶ち、治療に専念した。製鉄所の着工や創業にも立ち会っていない。

長谷川は自分の病気を「精神と肉体の衝突」と理解していた。自分は精神も肉体も強いから、この衝突が人一倍激しくて、それで病気になるのだという。この体験から、独特の物心二元論を展開した。「甚だしき時は、我一人のうちに二人の人がある如くに感じた」、「単一なるマテリアリズム（Materialism）の反対で、スピリチュアル・ビーイング（Spiritual Being）が必ず存在するものであると感じた」と語っている。

こうして晩年の長谷川は「心」の問題に関心を向けた。吉田松陰と山鹿素行《やまがそこう》を慕い、福沢諭吉を排斥した。福沢の言う独立自尊とは要するに経済的自立なのであり、それは西洋の拝金主義に毒された思想だと批判する。色紙には好んで「唯我独尊」と書いた。いかにも傍若無人・大胆不敵に生きた彼らしい言葉だが、実は仏教の深い悟りの心境を表す言葉なのだとして、気に入っていた。

隠居治療のかいあって社会復帰した長谷川は、衆議院議員に立候補して当選するなど、引き続き社会活動への意欲を示したが、病後のことゆえ、十分に生産的な仕事ができたとは言えない。安定した職に就かず様々な活動をしたので「大居士《だいこじ》大浪人」などと呼ばれた。明治四十五年八月十二日に没した。五十六歳であった。

＊　＊

長谷川芳之助の評伝としては、没後間もなく出版された山口正一郎著のものがある。辰野金吾ら関係者の寄稿もそこに収められている。菅和彦氏（新日鐵住金、現在の日本製鉄）からは八幡製鐵所に関する史料をご提供いただいた。

参考文献

山口正一郎著『博士長谷川芳之助』政教社、1913年
山路愛山著『岩崎弥太郎』東亜堂書房、1914年（『近代日本企業家伝叢書4』として1998年、大空社から復刻出版された）
日本化学会編『日本の化学百年史――化学と化学工業の歩み』東京化学同人、1987年
八幡製鉄所所史編さん実行委員会編『八幡製鉄所八十年史』新日本製鉄株式会社八幡製鉄所、1980年
福岡県八幡市役所編『八幡市史』1936年（1974年に名著出版から復刻版が出版された）
『史料が語る八幡製鐵所の歴史』新日鐵住金株式会社八幡製鐵所、2013年

4

高取伊好

唐津から佐賀に向かう途中に、多久《たく》という地がある。山あいの静かな郷だが、ここには孔子廟があり、古くから学問を尊ぶ地として知られる。高取伊好《たかとりこれよし》はこの地に生まれ、明治から大正期にかけて炭鉱王の名をほしいままにした。一代で西日本を代表する富豪の一人となったが、いっぽう、事業で得た富を文化教育事業に注ぎ込み、著しい社会貢献をした実業家としても知られる。漢詩の詩作や書を能《よ》くする教養人、文化人でもあった。成功して後は唐津に住み、悠々たる後半生を送った。唐津市城内の一等地に建てられた邸宅は、明治時代にわが国の実業家が残した住宅遺産の代表作とされ、国の重要文化財に指定されている。

高取伊好
（高取邸を考える会提供）

学問の家に生まれる

多久の郷は佐賀藩に属しながら、古くから多久家という地方豪族の治める地域であった。十七世紀後半に鍋島家から多久家の養子となった多久茂文《たくしげふみ》は教育を重視し、東原庠舎《とうげんしょうしゃ》と呼ばれる学校を建て、そのシンボルとして宝永五年（一七〇八年）に孔子を祀る聖廟《せいびょう》を創建した。国内に現存する孔子廟としては、足利学校《あしかががっこう》（栃木県）、閑《しず》

高取伊好の長兄・鶴田皓
（多久郷土資料館提供）

多久茂文像

谷学校《たにがっこう》（岡山県）に多久聖廟を加えた三カ所がよく知られている。多久家はその後も学問を奨励した。

高取伊好は嘉永三年（一八五〇年）、多久の儒臣・鶴田斌《つるたひとし》の三男として生まれた。斌は多久家の家臣・西文蔵の子だが、幼くして鶴田家の養子となった。斌自身を含む、西家の四人の兄弟は皆、幕末期の漢学者、漢詩人として名高く、また、姉の佐与は佐賀藩校・弘道館の教授であった草場佩川《くさばはいせん》の妻となるなど、学者一族であった。

斌には三人の男子と三人の女子があった。伊好は三男で、長兄は皓《あきら》、次兄は庸夫《つねお》といった。長兄である鶴田皓は法学を学び、明治二年に大学（今の東京大学法学部）少助教、のち司法官として日本刑法を草案し、元老院議官などを歴任した。治罪法・陸海軍刑法・会社条例・破産法の編纂にも参与し、明治時代を代表する刑法学者の一人である。また、漢詩人としても著しい天分を発揮した。伊好が学者の家に生まれながら実業界に入ったのは、どんなに努力しても学問では兄を越えることができなかったからだとも言われる。伊好の姉ケイは東原庠舎の教諭であった高取大吉の妻となったが、嫁いで間もなく亡くなったので、幼い伊好が高取家の養子として出され、父と似た運命を辿ることとなった。

伊好は五歳で郷校・東原庠舎に学んだが、八歳で佐賀市水ケ江に住む高取大吉の養子となってからは、伯父

多久聖廟（左）と、東原庠舎で使われていた天文学の教材
・木製の渾天儀（こんてんぎ。多久市郷土資料館所蔵）

・草場佩川の教えを受けた。佩川亡きあとは佩川の子・廉《れん》（船山《せんざん》）、船山の子・謹三郎《きんざぶろう》（金台《きんだい》）と深く交わり、漢文学の素養を身につけた。伊好は身体の大きな元気者で、人柄が温厚なため、級友の信頼が厚かった。多久家の世継ぎである多久乾一郎とは同年輩で気が合ったので、御学友（伴読）に選ばれた。学者の家系であることも考慮されたのであろう。こうして多久家屋敷、東原庠舎、佐賀藩校弘道館などで乾一郎と伊好は共に漢学と国学を学んだ。

慶応元年（一八六五年）、佐賀藩は長崎に藩校英学塾「致遠館《ちえんかん》」を設立し、藩内外の青年に対する新時代の教育を始めた。オランダ生まれのアメリカ人宣教師フルベッキ（G. H. F. Verbeck）を校長とし、大隈重信と副島種臣が生徒兼教師補佐を務めた。藩外からも勝子鹿《かつころく》（勝海舟の子）、岩倉具定《いわくらともさだ》、具経《ともつね》（岩倉具視《ともみ》の子）、高峰譲吉（加賀藩より、のちの生化学者）らが集って学んだ。慶応三年十二月、十八歳の伊好は藩から致遠館入学の指名を受けた。藩費で二年間長崎に派遣されるという名誉であり、立身のチャンスでもあった。しかしこの頃、八十歳の養祖母キヨが病床にあった。母のいない高取家に八歳で養嗣子として入ってきた伊好をずっと育ててきた人である。伊好は看病のため藩の指名を辞退し、最後の養祖母孝行をした。キヨは半年後に他界した。伊好の心の優しさを伝えるエピソードとして知られている。

明治二年（一八六九年）、多久乾一郎が長崎の医師マンスデールの診察を受けることになったので、伊好は同行した。ここで運命的な体験をする。長崎港沖に高島という小島があり、外国の最新技術を取り入れて、わが国最初の近代的炭鉱が稼動していた。佐賀藩主の代理としてこれを経営管理していた松林源蔵という人物に案内され、蒸気船「トーリスト号」に乗って伊好はここを見学し、採炭現場まで足を運んだ。蒸気船、採炭機械、揚水ポンプ、昇降機（エレベーター）……、初めて眼にする近代設備に乾一郎と伊好は驚嘆し、圧倒される。

東京遊学

明治三年（一八七〇年）、乾一郎が大学進学のため上京するにあたり、高取伊好はこれに同行した。乾一郎の進学先ははっきりしないが、翌四年四月に米国留学しているので、英語の勉強が必要だったことを考えると、大学南校に進んだとみるのが自然だろう。いっぽう伊好は、すでに東京で法学を学んでいた長兄のもとに住み、当時、箕作秋坪《みつくりしゅうへい》が開いていた英学塾である三叉塾《さんさじゅく》に入った。西・鶴田・高取家の伝統である漢学の道に進まず、あえて西洋の学問を選ぶことについて、伊好は熟慮を重ねたようだ。次兄・鶴田庸夫に宛てた手紙で伊好は述べている。「漢学も事業よく大成いたし候《そうら》えば、もちろん甚だ有用に候えども、旧弊陳腐の徒に陥らんよりは洋学の技芸を学ぶにしかずという説も御座候《ござそうろう》」。優秀な長兄のこと、致遠館で英学を学ぶ機会を自ら辞退したこと、高島炭鉱で眼にした近代産業の威容などが伊好の胸中に去来したのであろう。

三叉塾には三十人ほどが通っており、その中に東郷平八郎、伊地知弘一《いぢちこういち》、中村敦摸《なかむらとんばく》がいた。東郷はここから英国の水兵学校に進み、伊地知と共に海軍軍人となった。高取伊好と中村敦摸はほどなく慶應義塾に移り、引続き英学の勉強に励んだ。中村は慶應義塾を卒業後、長崎県小浜町に私塾を開き、教育者として生きた。伊好とは終生の友であった。中村は次のように語っている。

「当時の高取は学業が特に優秀だとは思わなかった。慶應義塾で彼はおおいに勉強したので、少し身体を害した程だった。それでも全く屈することがなかった。彼の性質は『ジリジリ』、『ネチネチ』という感じで執着心が強かった。兄の皓さんは才気煥発、学才があって時々奇抜なことをするので、ちょっと接しただけでもその才が表面的だということが分かるのだが、これに反し、（伊好は）温厚で、少しも浮薄の風がなく、自己を吹聴する言葉など一度も聞いたことがなかった」（『高取伊好翁伝［稿本］』の関係箇所を筆者が現代語訳）。

ついでに、後に海軍大将、元帥となる東郷平八郎に関する中村の評を引用しておこう。

「東郷は純然たる田舎者で、他人とまともに口をきくことさえできない有様だった。鹿児島の僻地に居て奇異な方言を使っていた者が初めて東京に出て来たのだから、無理もないことだったかも知れない」

東郷の純朴さは多くの人の指摘するところだ。

東郷平八郎（国立国会図書館ウェブサイトより転載）

国力の強化を急いでいた明治政府は、明治五年（一八七二年）、英国人ゴッドフレーを招いて「鉱山寮」という官費学校を開いた。ふるさと多久に豊かな石炭鉱脈があることは分かっていたので、伊好周辺の人々は、伊好をこの学校で学ばせ、地元のリーダーとして迎えることを願った。慎重な伊好はここでも周囲の意見をよく聞いて熟慮するが、最終的

トーマス・グラバー
（グラバー園提供）

に、新しい産業の担い手となって故郷に貢献する道を選び、鉱山寮に入寮する。鉱山寮の教師は皆外国人で、講義はすべて英語で行われたようだ。三叉塾と慶應義塾での英語修養が役に立ち、伊好の猛勉強に拍車がかかった。伊好は二年後、鉱山寮を卒業した。直ちに工部省に採用され、高島炭鉱に赴任した。

高島炭鉱

高島炭鉱は日本最初の近代的炭鉱とされる。島の人々は古くから「燃える石」を生活に使っていたが、近代産業としての炭鉱は、長崎に住んでいた英国商人グラバー（Thomas Blake Glover）の活動によって幕を開けた。米国人フルトンが汽船を発明したのは一八〇七年（文化四年）だが、十九世紀の中頃には日本にも欧米各国の汽船が入港するようになり、燃料としての石炭が有望な商品になってきた。グラバーは、長崎港を監督していた佐賀藩の藩主・鍋島直正に、炭鉱の開設を進言する。藩の重臣の多くは慎重論だったが、ひとり松林源蔵が賛成したので直正は事業化を決意する。安政六年（一八五九年）、直正は高島炭鉱を佐賀藩の直轄とし、松林を藩主代理として派遣した。松林には「公留」という号を与えたが、これはCoal（石炭）を意味する。直正のユーモアと共に新しもの好きの性格がうかがわれる。採掘の技術面を任されたグラバーは、インドにいた鉱山技師モーリスなど多くの外国人を招いて近代的な鉱山を建設した。

グラバーは積極的な事業家だったが、投機的な動きもあり、このままでは高島炭鉱が外国人政商たちの手に渡りそうになったので、政府は明治六年（一八七三年）十一月末、急遽「日本坑法」を制定して高島炭鉱を国営化した。翌年一月、工部省の吉井亨、伊東祐輔、オランダ人マーチンらが高島に入り、所有権譲渡の手続きが行われた。この時、高取伊好は官営炭鉱初代技師として同行し、そのまま高島に着任した。伊好は鉱山寮を二年で卒業したことになっているが、同時期に工部大学校で鉱山学を学んだ麻生政包や吉原政道が六年間在学したことと比較すれば、短すぎる印象がある。急遽国営化された高島炭鉱の技師として伊好を赴任させるための措置だったのかもしれない。

炭鉱所有者となった政府はすぐに国内有力者への売却を打診し、この年のうちに後藤象二郎《ごとうしょうじろう》が炭鉱主に決まった。

後藤象二郎

後藤象二郎は土佐藩出身の政治家である。幕末期、坂本龍馬と共に大政奉還、東京遷都を唱え、その実現に最も功あった人とされる。初期明治政府の参議となったが、明治六年（一八七三年）の政変で野に下り、以後は自由民権運動と政党活動に力を注いだ。相撲が強く、気宇壮大な豪傑で、学識、人望、指導力があったが、緻密な計算は苦手だった。中岡慎太郎によれば、「今日、天下の人物の力量において西郷隆盛と後藤象二郎に並ぶ者はいない。西郷は日に十五里歩くと言えば間違いなく十五里歩いてみせる。後藤は自ら二十里歩くと言いながら実際には十六里しか歩かない。だから言葉をすべて信じる訳にいかないのだが、それでも西郷と比べれば確かに一里だけ多く歩く」（「高取伊好伝［稿本］」）。

政治活動と遊びで借金がかさみ、破算しそうなので、少年時代からの親友である板垣退助が必死の思いで金

後藤象二郎
（福井市立郷土歴史博物館提供）

の算段をして届けると、本人は料亭で豪遊していたことがある。勝海舟も何とか助けてやろうと思い、密かに後藤の借金の額を調べさせたことがある。それが桁外れなのを知って驚き、「後藤はアジアには太すぎる動物なるぞ」と言ってあきれた。陸奥宗光も「後藤は外国帝王の風姿度量を備えている」と語っている。周囲を困惑させる素行をしても、憎まれない人物であったようだ。

このような後藤であったから、もともと炭鉱経営自体には熱心でなかった。自らの政治活動の資金源とすべく炭鉱を買い取ったので、いきおい、経営と技術面の指揮監督は十一歳年下の高取伊好に任せることになった。伊好は後藤の政治家としてのスケールの大きさに敬服していたので、期待に応えて奮闘した。

しかし後藤は結局、高島炭鉱を維持することができなかった。土佐藩士仲間で三菱財閥の創始者である岩崎《いわさき》弥《や》太《た》郎《ろう》に売却を打診した。岩崎は伊好の兄・鶴田皓の友人でもあった。後藤と岩崎は、共通の友人である福沢諭吉を仲介人に立てて話を進めた。こうして明治十四年、高島炭鉱の経営権は三菱社のものとなり、本格的な産業資本家による経営がスタートした。明治二十二年には福岡県の三池鉱山が三井物産に落札され、いよいよ、わが国の二大鉱山を手にした三菱、三井が炭鉱の巨利を糧に成長する時代が始まった。日本資本主義の発展における大財閥の時代である。

高島における高取伊好

技師として高島に赴任した伊好は、技師長、第二坑長、第一坑長、第二支配人などを歴任した。技術陣のリーダーとして生産を指導しただけでなく、経営にも関与した。後藤はほとんど東京にいたので、重要案件の審議決済のために、伊好は高島と東京を頻繁に往復した。この過程で大隈重信、岩崎弥太郎らと知り合うこととなった。後藤は緻密さを欠く経営者であったが、よく伊好を信頼し、若い伊好が手腕を発揮できるよう取り計らった。

しかし高島の経営は困難を極めた。

①技術面では、この炭鉱は海底鉱脈を掘るので出水が多く、また岩盤が軟弱で坑道の崩落事故が多かった。落盤事故を未然に防ぐために、伊好は自ら「坑内杖」と呼ぶ樫《かし》の杖を持ち、壁を叩いて回り、その音で異常を見出すという方法をとった。

②硫化水素などの可燃性有毒ガスが発生するため、火災、坑内爆発、ガス中毒が頻発した。

③輸送は船便に頼るしかないので、出荷計画が天候に大きく左右された。特に台風の季節の操業計画が難しかった。

④三菱への譲渡時、狭い島内に約三、四百人が住んでいたので、九州本島からの食糧輸送も大仕事だった。特に飲料水の確保が難しく、島民を苦しめた。

⑤労働者の気質が荒く、喧嘩口論が絶えなかった。経営陣ともしばしば対立したが、伊好の重厚で粘り強い性格が、こうした紛争の解決に役立った。

⑥炭鉱が上げる利益の多くが、鉱主の借金返済と新たな政治活動資金に注ぎ込まれるので、財政はいつも苦しかった。

明治九年（一八七六年）、大火災が発生した。通常の消火活動では追いつかず、後藤の判断を仰いだうえで、

上：大正２年の高島炭鉱の蠣瀬竪坑
下：昭和50年頃の蠣瀬、緑ヶ丘、山手地区。炭鉱施設と高層住宅が島を覆っている。高島炭鉱は昭和61年まで操業された
（高島町役場・総務課企画振興班編、長崎県高島町発行『高島町閉町記念誌　高島町の足跡』より転載）

全坑道を海水で満たすという非常手段がとられた。この復旧に半年を費やした。続いて明治十一年には坑道の壁が破れて海水が突入し、二十余名の命が失われた。事故の第一報を聞いて現場に駆けつけた伊好も激流に飲み込まれた。辛うじて救出されたが人事不省《じんじふせい》の状態が数日間続いた。この二度にわたる壊滅的な事故にも拘らず、高島炭鉱は復活し、明治十三年には一日一五〇〇トンの産炭量を記録した。この復活を指導した高取伊好の名声は高まった。

後藤時代の高島炭鉱は結局、三菱への売却という結果に終わったので、事業としては失敗と言わざるを得ない。しかしこの七年間に、高取伊好は炭鉱経営に必要な、ありとあらゆる経験を積んだ。人脈と名声も獲得した。岩崎弥太郎、川田小一郎、荘田平五郎ら三菱幹部の誘いによってしばらくは三菱高島炭鉱の発足に尽力したが、翌明治十五年、自らの強い意志によって退職した。三十二歳の高取伊好は、国家からも財閥からも独立した事業家として、ふるさと佐賀県における炭鉱経営に乗り出そうとしていた。

北波多岸山の矢代町公園
「佐賀県初の石炭発見地」石碑

唐津炭田と芳谷炭鉱

ふるさとに帰った高取伊好は、唐津南部地方に広がる炭田に注目する。高島炭鉱時代の知己で、政治力、財力のあった竹内綱の協力を仰ぎ、唐津地方への進出をめざす。竹内は土佐藩出身の政治家、事業家で、後藤象二郎の片腕でもあった。

岸岳の炭鉱群（国立国会図書館ウェブサイト『佐賀県写真帖』より転載）

唐津炭田の始まりは、享保年間（一七一六ー一七三五年）に唐津市の南部、現在の唐津市北波多岸山の、地元の人が「ドウメキ」と呼んでいたあたりで、農夫が偶然に燃える石を発見したことにあるとされる。

このあたりは戦国時代の豪族・波多氏が支配した地域であり、波多氏の築いた岸岳城のある岸岳の北側斜面に石炭層の露頭があった。ここで採れる石炭は松浦川の水運を使って唐津港に運搬できるので、すでに徳川幕府の時代に九州雄藩の注目するところとなり、薩摩藩、福岡藩などが藩営炭鉱を保有していた。御領山と呼ばれる幕府の直営炭鉱もあった。明治維新の後は海軍がこれらの主要部を取得していた。高取伊好が高島炭鉱を辞して佐賀県に戻ってきた頃、これらの海軍直営鉱山が民間に払い下げられる動きがあった。伊好と竹内はそれに注目したのである。

竹内と伊好は唐津炭田の採掘権獲得競争において後発の部類だったので、先に鉱業権を取得していた人々から買い取るしかなかった。まず、芳ノ谷、寺ノ谷両鉱区の採掘権を長崎の富豪、永見寛次、永見伝三郎から各々買い取った。こうして明治十八年、竹内綱を社長、高取伊好を技師長とする「芳谷炭鉱会社」を発足させた。ところで、七世宮島傳兵衛《みやじまでんべえ》はドウメキの採掘権を海軍から取得していたが、この頃それを売却している。『相知《おうち》町史』によればそれを買い取ったのが高取伊好だとされている。

当時の唐津炭田の事業形態は、「鉱業家たちが国から採掘権を得て、国有地において鉱山を経営する」というものだった。明治二十五年、伊好は唐津鉱業組合の総代に推され、海軍省と鉱山局を相手に交渉を重ね、海軍の所轄を解除することに成功する。こうして唐津炭田は完全に民営化された。

相知炭鉱（同前書より転載）

一進一退の事業

高取伊好は唐津への進出の傍ら、自らのふるさと多久から厳木《きゅうらぎ》地区にかけて広がる柚《ゆず》ノ《の》木原《きはら》炭鉱の再建に取り組んだ。この炭鉱はもともと多久家のものであったが、苦境に陥った多久家が明治十七年（一八八四年）、それを横尾家に売却していた。伊好の次兄で横尾家の養嗣子となっていた横尾庸夫が経営にあたっていた。旧式の炭鉱で経営は四苦八苦であった。兄から再建を託された伊好はここにボイラー、巻き揚げ機械、揚水機などの近代装備を導入し、生産力を上げて、古い炭鉱の面目を一新した。従来、多久川の水運に頼って有明海側に搬送していたのを、松浦川を経て唐津港に至る搬送に改め、販売量も徐々に上がった。しかし資金の調達に苦しむ状況が続くなか、明治三十年、横尾庸夫が死去した。炭鉱経営は困難を極め、明治三十二年、伊好はついに、隣接する蜂ノ巣炭鉱と共に柚ノ木原炭鉱を筑豊の貝島財閥に売却した。

芳谷炭鉱から南に数キロメートルの所に、相知《おうち》炭鉱がある。地表近くに炭層があるので、当時すでに地元の人々によって小規模の採掘が行われていた。いっぽう伊好は、この深層に良質の炭層があることを洞察していた。そこで地元の炭鉱主たちから深層の採掘権を得て、試掘を繰り返した。そして明治二十八年、地下七十メートルの場所に厚さ約一メートルの良炭層を発見した。伊好は大阪、神戸の資本家たちを口説いて、明治三十二年、資本金十二万円の「相知炭鉱株式会社」を設立した。伊好自身が専務取締役、喜多伊兵衛（大阪）、柏木庄兵衛（神戸）らが取締役となった。

そもそも炭鉱を開業するには、試掘を繰り返し、やっと鉱脈に当たれば、次いで大掛かりな生産整備が必要だから、巨額の初期資金が必要だ。財閥の支えのない鉱業家は常に借金地獄に苦しむことになる。明治中期の不安定な経済状況のなかで、伊好の経営する佐賀県内の炭鉱群は悪戦苦闘していたが、明治三十三、三十四年の恐慌は、最も大きな打撃となった。負債に苦しむ伊好に対して、三菱合資会社唐津支店は圧力をかけ続けていたが、明治三十三年、伊好はついに屈した。有望と確信していた相知炭鉱を「涙を呑んで」三菱財閥に売却したのである。伊好の提示額五十七万円に対して最終売価三十七万円という安値が、この時の三菱と高取の力関係を示している。三菱相知炭鉱はその後、従業員五〇〇〇人を抱える大鉱山へと成長した。

杵島炭鉱に賭ける

負債に堪えられず、柚ノ木原、蜂ノ巣、相知炭鉱を相次いで手放した伊好は屈辱の時を過ごすことになるが、これにひるむことなく、売却で得た資金に更に新たな借金を重ねて、佐賀県南部の炭田開発に乗り出す。今の佐賀県武雄市北方町《きたがたまち》、杵島郡大町町《きしまぐんおおまちちょう》の一帯に広がる炭田の開発である。明治三十四年（一九〇一年）に赤坂口、福母《ふくも》という古い小坑を横尾家から買い取って試掘を繰り返し、非常に豊富な炭量の存在する兆候をつかんだ。
明治三十六年には大阪で第五回内国勧業博覧会が開かれたが、そこに赤坂口、福母両鉱の石炭を出品したところ第二等賞状と銅牌を受け、おおいに励まされる。

　この地は有明海に近く、六角川の水運によって住ノ江港に至り、海につながるから、輸送面でも唐津に劣らない。かくて明治三十八年、伊好は大勝負に出る。彼の関わる炭鉱の中でも特に成績の良かった唐津の芳谷炭鉱を敢えて手放す。芳谷炭鉱に関するすべての権利を竹内綱に譲り、その譲渡金を杵島地方の炭鉱開発に注ぎ込む。そして更なる金策に奔走し、明治四十二年には一帯四一〇万坪に及ぶ鉱区の買収を完了した。こうして、杵島地方のほぼすべての炭鉱が高取伊好の所有物となった。

　高島炭鉱に始まる伊好の鉱山技術者、経営者としての経験と知識が生かされ、杵島炭鉱は飛躍的な発展を遂げた。発足翌年の明治四十三年に十二万九〇〇〇トンだった生産量は、翌四十四年には二十二万九〇〇〇トン、次いで大正元年（一九一二年）には二十七万三〇

上：杵島炭鉱（多久市郷土資料館提供）
左：杵島炭の見本（多久市郷土資料館所蔵）

杵島炭鉱の年度別出炭量

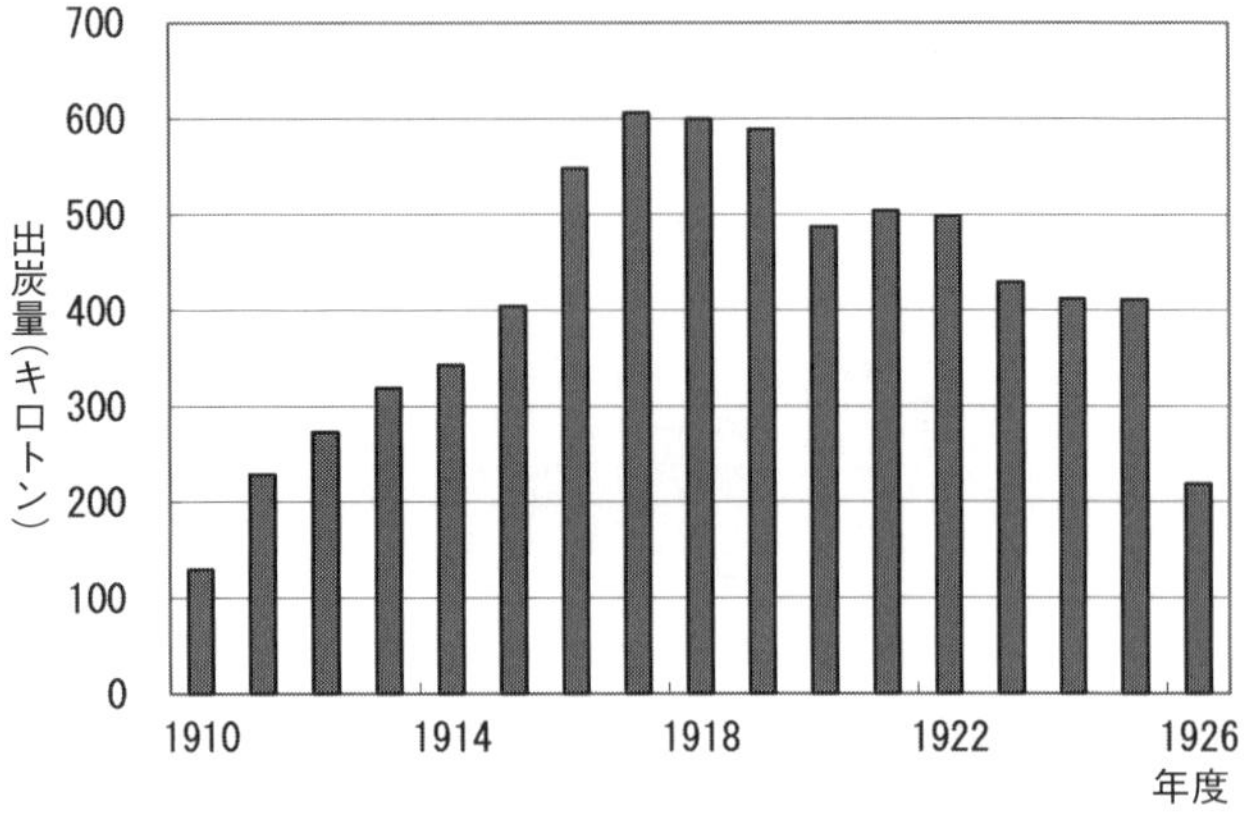

〇〇トンに達した。大正六年にはついに六十万トンを超えた。従業員は五〇〇〇人を超えた。炭質は九州炭の白眉とされ、上海、東京などでは「キシマコール（Kishima Coal）」が汽船用石炭の標準品とされた。悪戦苦闘の連続であった伊好の石炭事業はここに花開き、「肥前の炭鉱王」と呼ばれる勝利者となった。日露戦争後の好景気という幸運にも恵まれたが、そこに至る経過を見れば、文字通り不撓不屈《ふとうふくつ》の精神と粘りによって勝ち得た成功と言えるだろう。

伊好は、搬出港となった住ノ江港の港湾設備の整備にも力を注ぎ、毎日二五〇〇トンの搬出を可能にした。有明海の海底は粘土質で浚渫《しゅんせつ》が比較的容易だったので水深も徐々に深く掘り下げられ、大潮を利用すれば三〇〇〇トンの汽船が安全に入港できるようになった。明治三十八年、国の特別輸出港に指定されたのに続いて、大正八年には特別輸出入港に指定された。こうして、杵島炭鉱は佐賀県南部の社会経済を大きく変えていった。

引退

杵島炭鉱で巨大な富を生み出した伊好は大正八年（一九一九年）、高取鉱業株式会社と高取合資会社の経営を長男・九郎と娘婿の盛《さかる》に譲って引退した。七十歳であった。唐津の自宅と武雄、雲仙の別荘で漢詩の詩作に

高取伊好胸像
（多久市郷土資料館所蔵）

唐津市東城内の高取伊好記念碑

励み、書や能を楽しんだ。昭和二年（一九二七年）、七十八歳で死去した。墓は唐津市神田《こうだ》に置かれた。死後、銅像や彰徳碑が、多久、北方、唐津、嬉野、有田に建てられた。「西渓」の雅号とともに伊好が残した漢詩や書幅は、多久市郷土資料館などで見られる。

高取伊好と七世宮島傳兵衛

七世宮島傳兵衛は高取伊好より二歳年上である。傳兵衛と伊好は唐津炭田の初期に採掘権をめぐってやり取りがあったが、傳兵衛はその後、主たる力を醤油醸造業と石炭運搬業に転じ、炭鉱経営から遠ざかったので、事業上の関係が深かったわけではない。しかし伊好の孫・綾氏によれば、しばしば高取邸の客となって交流していたそうである（高取綾「祖父との思い出」）。井出以誠の『佐賀県石炭史』には、二人のエピソードが紹介されている。大正の初め、杵島炭鉱で事業を拡張しすぎた伊好が、借金取りを遁《のが》れて唐津町裏の料亭に潜んでいると、そこに身を隠していた傳兵衛にバッタリ出会い、「お前もか」と互いに苦笑したという。かなり怪しい話だが、二人の気分を伝えるものではある。

時代は下って、傳兵衛の孫・宮島庚子郎《こうしろう》は東京帝国大学採鉱冶金学

高取伊好の墓（唐津市神田）。墓碑には「開物成務」と刻まれている。伊好が好んだ「易経」の言葉である

科に進んで鉱山技師となり、第二次世界大戦後の経営困難な時期、杵島炭鉱の杵島鉱業所長として高取九郎の石炭事業を支えた。日本のエネルギー政策が石炭から石油へと大転換するなか、杵島炭鉱はその使命を終え、昭和四十四年（一九六九年）に閉山した。

社会貢献

高取伊好は石炭事業の成功者であったが、その社会貢献の大きさも注目される。明治三十四年（一九〇一年）、辰野金吾の設計によって唐津小学校校舎が建設されたが、伊好はその建築費を寄付した。まだ借金に苦しんでいた時代である。この時から昭和二年（一九二七年）までの二十七年間、伊好は郷土の社会教育事業に対して、倦《う》まずたゆまず寄付を続けた。佐賀県内十五の小学校に二十七回の寄付をするなど、その総額は二二六万八九四三円に上っている。「ふるさとに貢献するために」炭鉱事業家となった伊好らしい行為である。

生まれ故郷の多久にも、橋を架け、水道を引くなど、数々の貢献をした。なかでも、大正十一年（一九二二年）、村営図書館、公会堂と公園を寄付した。敷地購入費と建設費の総額七万七八〇〇円の全額である。当時の多久村の年間予算は一万円ほどであった。レンガ造りの図書館は今も郷土資料館として健在である。一万八〇〇〇平方メートルの広大な緑地は、伊好の雅号をとって「西渓公園」と命名され、市民に親しまれている。

上：左は西渓公園入口
　　右は西渓公園（右奥に伊好像がある）
右：西渓公園の高取伊好像

多久市郷土資料館
（伊好が寄贈した図書館）

旧高取邸２階広間（唐津市提供）

明治・大正時代の炭鉱については、国の発展を支えた基幹産業という表面だけでなく、劣悪な労働条件、囚人を使った非人道的な労働と様々な悲劇など、その裏面も指摘されている。高取伊好もそうした負の側面と無縁ではなかったろう。しかしいっぽう、伊好が、炭鉱従業員の福利厚生や事故犠牲者遺族への援助に心を砕いたことも事実である。

国指定重要文化財・旧高取邸

明治三十年代、杵島炭鉱の経営が軌道に乗り出した頃、伊好は唐津城三の丸城壁の北、西の浜に本邸を建設した。明治時代の政財界人にしばしば見られることだが、私邸であると共に、賓客を迎える迎賓館として、また会議、応接、式典、茶会、能楽会など、半ば公的な行事を行う場所としての機能も備えている。

この邸宅が歴史家、建築家などに特に注目されるのは、

①明治三十－四十年代という時代の特徴を極めてよく伝える様式、つまり明治初期の偏った西洋趣味を脱却し、洋風を巧みに取り入れた和風建築であること

②建物の輪郭から細部の装飾、家具、道具に至るまで、高取伊

旧高取邸能舞台（唐津市提供）

好という人物の趣味が貫かれて、家全体がひとつの作品となっていること。特に京都四条派の画家・水野香圃《みずのこうほ》に描かせた襖《ふすま》絵《え》や板絵が有名である

③そこで生活した高取家の人々の息吹がよく残されていることなどであろう。公的な空間の豪華さに比べて、伊好自身を含む高取家の人々の生活空間がごく質素であることも印象的である。

高取家の方々はこの邸宅の維持にたいへんな苦労をされ、いったんは解体を決意されたと聞くが、平成五年（一九九三年）、唐津の有志に各地の研究者などが集って「高取邸を考える会」が結成され、熱心な保存運動が展開された。平成八年には佐賀県文化財に指定され、翌九年には日本建築学会九州支部のシンポジウムが高取邸をテーマに開催された。この年、邸宅は高取家から唐津市に寄贈され、翌十年、国の重要文化財に指定された。同十三年より文化庁の指導のもと、昭和初期の形に戻すための大掛かりな修復作業が行われ、同十九年に公開された。

＊　＊

本稿を準備するにあたり、田島龍太氏（当時唐津市教育委員会）からは数々の資料を提供いただいた。故尾形善郎氏（当時多久市郷土資料館館長）には、資料館の取材をさせていただいた。

旅館洋々閣の女将で「高取邸を考える会」事務局長でもある大河内はるみ氏には、冒頭の高取伊好の写真を提供していただいた。杵島炭鉱については、大町町教育委員会生涯学習係の方に写真取材などをさせていただいた。

ここに記載した高取伊好の生涯は、その主な典拠を、九州大学石炭資料研究センターの発行する『石炭研究資料叢書』第五巻に収録された「高取伊好翁伝（稿本）」に置いている。この評伝は故森永卓次郎氏によって伝えられ、その解説を佐賀女子短期大学の故細川章氏が書いておられる。

参考文献

「高取伊好翁伝（稿本）」（『石炭研究資料叢書』第五巻73－171頁、九州大学石炭資料研究センター、1984年）
細川章著「高取伊好翁伝（稿本）解説」（同前書70－72頁）
多久市郷土研究会編「丹邱の里」第十一号「特集　高取伊好」多久市郷土資料館、1997年
高取綾著「祖父高取伊好の生涯」（「佐賀新聞」記事、1997年11月）
朝日新聞西部本社編『石炭史話――すみとひとのたたかい』謙光社、1970年
井手以誠著『佐賀県石炭史』金華堂、1972年、
坪内安衛著『石炭産業の史的展開』文献出版、1999年
藤森照信著『NHK人間大学　建築探偵・近代日本の洋館をさぐる』NHK出版、1998年
藤森照信著・増田彰久写真『歴史遺産　日本の洋館』第二巻・明治篇（2）、講談社、2002年

5

奥村五百子

奥村《おくむら》五百子《いおこ》は、強烈な個性で幕末から明治の時代を生き抜いた社会運動家である。女性ゆえに向けられる幾多の偏見と闘い、唐津を拠点として、幕末の尊王倒幕運動、明治初期の自由民権運動、朝鮮半島における農業改革と学校建設、郷土の産業振興などに奔走した。いっぽう、わが国の歴史教育の中では、奥村五百子の戦争との関わりが問題視されてきた。日露戦争前に愛国婦人会を結成して、傷病兵、戦没者遺族の支援運動を展開したので、好戦的な女性との評価が支配的となり、戦後の歴史教育においては取り上げられることが少なかった。しかしこの稀代の女傑について、その全体像を知ることは、今の若い世代にとっても有意義なことと思う。

奥村五百子
（明治30年代。唐津市提供）

少女時代

奥村五百子は弘化二年（一八四五年）今の唐津市中町にある高徳寺の住職・奥村了寛の長女として生まれた。高徳寺は山号「釜山海高徳寺」からもうかがわれるように、浄土真宗東本願寺派の、肥前国及び朝鮮半島における布教の中心だった。父・了寛は京都の公家である二条治孝の孫で、母・浅子は唐津藩士の娘だった。

現在の高徳寺。右端の石柱に「奥村五百子誕生の地」とある

このような格式の高いお寺にあって、五百子の兄・円心《えんしん》も父同様、周囲の尊敬を集める存在だった。いっぽう五百子は、子どもの頃から余りに元気がよすぎて母を困惑させた。男の子とばかり遊ぶのを止めさせようと、母が女性のたしなみである舞踊、管弦、裁縫などを教えると、それらをいち早くマスターして人並み以上の腕を見せ、これで文句なかろうと母を説得し、再び男の子たちと遊んだ。

七歳になった五百子は「女の子だからそこまでしなくても」という両親を説得し、唐津神社の戸川宮司の私塾に通う。子ども社会の中でも五百子の正義感は人一倍強く、弱い者いじめをする男の子を懲らしめ、降参させる。「女の子らしくしなさい」とか「女のくせに」という周囲の言葉に猛然と立ち向かい、論理と行動で相手を納得させてしまうところは、相手が親だろうと、先生だろうと、男の子だろうと、変わらなかった。

十五歳の初夏、両親の猛反対を押し切って、五百子は見聞を広めるために憧れの京都、大阪へ旅に出た。叔父の山田勘右衛門が唐津藩の大坂留守役を務めていたので、そこに二カ月間滞在して、新時代の到来を準備する上方の活気を目の当たりにして帰った。この旅は、五百子がスケールの大きな社会運動家として育ってゆくうえで、ひとつの伏線となったと思われる。

男装し密使として長州へ

唐津藩は徳川譜代大名の治める藩であり、特に当時小笠原長行《ながみち》が幕閣であったこともあり、幕末期の抗争の中では佐幕派が優勢であった。その中で、父・了寛が京都公家の出身であったことから、高徳寺はこの地方の尊王派、倒幕派の拠点となっていた。長州藩の家老職である宍戸《しど》家は奥村家とは親戚にあたり、倒幕運動の連携を取り合っていたが、文久三年（一八六三年）に起きた下関戦争のため、長州藩は一時、周囲から男子の入国を禁じた。そこで奥村了寛は五百子を密使として派遣することにした。

騒乱の世に十八歳の娘の一人旅では、道中が余りにも危険なので、了寛は五百子を若武者姿に変装させ、途中までは警護をつけて送り出した。門司の浜で五百子は従者を帰し、ひとり小舟を雇って今の下関市赤間関《あかまがせき》の浜に上陸した。ほどなく長州藩の武士たちに捕らえられるが、よく見ると若い女性なので武士たちは皆驚き、対応に戸惑う。五百子は落ち着いた態度で潜入の目的を述べ、家老への面会を求め、それを実現した。

三条実美（国立国会図書館ウェブサイト『梨木遺芳』より転載）

了寛から長州藩家老へ送られた密書の内容は、唐津藩と周辺の情勢報告のようなものと推定されているが、詳細は分かっていない。しかし、こうして使命を果たした五百子の武勇伝は、尊王派の志士たちのあいだで有名になり、唐津の高徳寺を訪れる志士たちも増え、寺は倒幕運動の拠点としての性格をますます強めていく。慶応元年（一八六五年）、三条実美《さんじょうさねとみ》ら、主だった公卿たちが太宰府に逃れてきた時、奥村了寛は五百子を太宰府に派遣して、公卿たちに様々な便宜を図っている。

家庭生活

政治が激動するいっぽうで、慶応二年（一八六六年）、二十二歳の五百子は唐津塩屋町（現在の材木町の一画）、福成寺《ふくじょうじ》の住職である大友法忍に嫁ぐ。平和な家庭生活を送ったが、明治元年（一八六八年）から翌年にかけて不幸が襲う。父・了寛、生後間もないわが子、そして夫・法忍を相次いで病で失った。五百子は高徳寺に戻り、悲しみに耐えながら母・浅子、兄・円心と共に過ごすことになった。

明治の時代になってからも、高徳寺には現体制を批判する勢力が出入りしていた。その中に鯉渕彦五郎《こいぶちひこごろう》という水戸藩士がいた。万延元年（一八六〇年）の桜田門外の変において幕府の大老・井伊直弼《いいなおすけ》を討った水戸藩士の一派で、幕府の追手を逃れて高徳寺に身を寄せていた。五百子は再婚を望んだが、母と兄は反対した。彦五郎に生活力のないのが主な理由だった。言い出したらきかない性分の五百子は寺を出た。武雄、次いで平戸で茶を売る店を開き、夫と子どもたちを養った。

このかん、結婚の承認を得るために水戸への長旅をしている。そこで頂いた餞別を使って、帰りに東京でたくさんの古着を買い込み、それをもとに唐津で古着屋を開いた。大胆な一方で用意周到な才覚がここにも現れている。唐津では魚屋町に古着とお茶を扱う店を開いた。五百子の商売は彼女の人柄がそのまま現れるものだった。客には仕入れ原価を教え、次いで自分が頂く手数料の中身を示し、それを足したものが売価だった。決して大きな利益を求めず、また、無理な値引きを迫る客にはそれが不可能であることを根気よく説明した。客が身分不相応に高価な衣類を求める時には、そういう贅沢をせず、もっと堅実な生き方をするよう諭した。商売の傍ら、生来の世話好きが頭をもたげ、ご近所の夫婦喧嘩の仲裁から地方政治の問題にいたるまで、五百子は諸事にわたって頼りにされた。「しっかり者のおばさん」として、忙しくも充実した市井《しせい》の日々を送った。

しかし働かない夫との関係はしだいに悪化し、明治二十年、四十三歳の時、離別した。以後、結婚することはなかった。

天野為之を救う

自由民権運動が実り、明治二十三年（一八九〇年）、第一回帝国議会選挙が行われた。この選挙に、唐津では、耐恒寮卒業生の一人である天野為之（Ⅰ－9参照）が民党（野党）から立候補し、数々の選挙妨害をはねのけて当選した。五百子は天野陣営の指揮をとったが、その統率力に周囲は舌を巻いた。

二年後、第二回の選挙が行われた。ここでも選挙妨害は甚だしかった。伊万里の演説会へ人力車で出かける天野を暴漢が襲った。海士町《あままち》の路上でのことである。天野と支持者たちは路上に引きずり出されて暴行を受け、動けなくなった。知らせを聞いて駆けつけた五百子は見物人を掻き分け、暴漢どもを見つけるや「卑怯者！」と叱りつけ、大声で啖呵《たんか》を切った。その剣幕のあまりの激しさに、暴漢どもは退散した。のちに法学博士・早稲田大学学長となった天野は、五百子を命の恩人と讃えた。

小笠原長生

五百子の後半生に最も深い関わりを持った人物の一人は小笠原長生《ながなり》である。長生は幕末の老中・小笠原長行《ながみち》

少尉候補生時代の小笠原長生。日清戦争当時、軍艦高千穂内で撮影されたとされる（『小笠原長生と其随筆』より転載）

の長男として慶応三年（一八六七年）に生まれ、唐津藩主の後継者とされていたので、唐津の人々は明治の世になっても長生を「殿様」と慕っていた。海軍兵学校を卒業後、日清戦争に従軍し、次いで海軍軍令部参謀を務めた。東郷平八郎の側近としても知られる。爵位は子爵、軍人としての最高位は海軍中将である。

長生の生涯における最大の仕事は、迪宮《みちのみや》裕仁《ひろひと》親王（のちの昭和天皇）の教育である。明治四十年（一九〇七年）裕仁親王は学習院初等科に入学されたが、当時の皇太子（のちの大正天皇）が病弱であることもあり、学習院院長を務めていた乃木《のぎ》希典《まれすけ》は、裕仁親王に対する帝王教育を急がねばならぬと考えていた。乃木は明治天皇の死にあたり殉死するのだが、その前に、将来の天皇に対する教育の詳細な計画を小笠原長生に託していた。この計画に基づき、裕仁皇太子が学習院初等科を卒業された大正三年（一九一四年）、「東宮御学問所」が開校した。東郷平八郎を総裁、小笠原長生を幹事として、当代一流の学者、教育者を集めて七年間の教育が行われた。華族家の中から皇太子と同年代の男子五人が選ばれ、生徒は合計六人。十七科目の教科書はすべてこの学校のために書き下ろされた。長生は授業計画、教材の準備などすべてに関わった。大正十年に皇太子が卒業され、この学校は閉鎖されたが、長生は引き続き宮中顧問官として皇室の教育に携わった。

長生は五百子に初めて会った時の様子をこう記している。「私が初めて奥村五百子女史に会ったのは、明治二十二年、二十三歳の少尉候補生時代で、軍艦高千穂に乗り、修理のために長崎港に入ったのを機会に、郷里を訪問した時のことであった。女史は当時四十五歳——元気はつらつ、談論風発、大いに国家社会を論じておった」。こうして意気投合して以来、長生は五百子の活動を終始一貫、支援した。五百子は上京すると、小笠原子爵邸に泊まるのが常であった。長生の母・満寿子は五百子のうなる義太夫を聞くのを楽しみにしていたという。身分制度の厳しかった時代に、格別の待遇である。

国家中枢への人脈

天野為之を襲った暴漢を退散させたことはエピソードのひとつに過ぎないが、奥村五百子の存在は、東京でもしだいに評判となる。五百子が唐津の地で進めている郷土振興や国際人道支援の活動が天野らによって紹介されると、政官界、学界の大物たちが注目するようになる。大隈重信は天野の紹介で五百子に会い、その私心のなさと豪胆ぶりに魅了され、以後、熱心な後援者となる。

天野、大隈という学界、政官界の大物の知遇を得ただけでなく、小笠原長生を通じて海軍幹部、華族の夫人たち、そして皇室にまで五百子の人脈は広がった。五百子晩年の活動を援助した人々の中には、榎本武揚《えのもとたけあき》、樺山資紀《かばやますけのり》、近衛篤麿《このえあつまろ》、島田三郎、楠本正隆、箕浦勝人《みのうらかつんど》らがいた。国の政治に携わるこうした人々が、何故、いわば、ただの「田舎の元気なばあさん」をここまで大切にしたのか。その第一の鍵は、後節で述べるように、五百子の社会思想と運動が当時の国策に合致したということだろう。それに加えて第二の鍵は、五百子の痛快な人柄にあったようだ。書道の達人でもあった小笠原長生は、色紙などを求められる時に使う雅号を五百子に与えるにあたって「三無婆庵」という号を選んだ。「三無」とは「私欲がない、駆け引きがない、負け惜しみがない」だそうだ。この「三無」に加えて、おそらくは無類の図々しさを武器に、五百子は正面から大物たちに談判を申し込み、反論し得ない道理を展開して、数々の手柄を立てたようだ。

明治20年、唐津港を国際貿易港として開港するための陳情団。東京の大隈重信邸における記念撮影。前列右から奥村五百子、山辺浜雄、２人おいて武富時敏、大隈重信、大隈綾子、大隈公秘書、大木遠吉、天野為之（左から４人目）。（高徳寺の前住職・奥村豊氏が山辺浜雄の孫・山辺済氏から寄贈された写真。高徳寺提供）

榎本武揚（国立国会図書館ウェブサイトより転載）

要人たちも、この「婆さん」にやり込められることを楽しんでいたふしがある。明治二十四年（一八九一年）、国は、唐津南部に所有していた岸岳官有林を唐津町に払い下げることに同意したが、豪傑で鳴らした榎本武揚農商務大臣、樺山資紀海軍大臣とのあいだに逸話がある。五百子が、自分は相撲でも男に負けないと言うので、榎本はうっかり、「それなら一度、あなたと勝負したい」と言ってしまう。後日、「私が勝ったら町に払い下げ、あなたが勝ったら官有林はそのまま」と、五百子に相撲での勝負を迫られて引っ込みがつかなくなり、まさか婦人相手に本当に相撲をとるわけにもいかず、榎本は折れたという。こういう逸話には脚色があるから、真に受けるわけにはいかないが、五百子人脈の空気を伝えるものではある。

明治二十二年、唐津港は国の特別輸出港に指定された。明治二十九年には木製の松浦橋が完成した。五〇〇メートルに及ぶこの橋は当時、西日本最長で、使われた木材の量はたいへんなものだった。これは、岸岳官有林の払い下げによって実現した。鉄道とつながった唐津西港が整備されたことにより、松浦川河口にあった海軍御用炭貯蔵所の役割は終えたとして、これも唐津町に払い下げられた。このように、明治中期、国を動かして実現した数々の郷土振興策の陰には、五百子らによる国の中枢部への働きかけがあった。

明治29年に完成した木製の松浦橋（明治40年代。唐津市提供）

兄妹での朝鮮事業

五百子にとって、兄・円心は最も尊敬する人物の一人であった。円心は幕末には尊王の志士として倒幕運動に参加したが、明治維新以降は総本山の説得を受け入れ、僧侶としての本務に専念していた。円心が行っていた布教活動の中心は朝鮮半島であり、元山《ウォンサン》、仁川《インチョン》、釜山《プサン》に東本願寺の別院（及びその支院）を建てていた。明治三十年（一八九七年）六月、東本願寺は円心と五百子の兄妹を京都に呼び、朝鮮半島における布教の一層の強化を求めた。明治二十七－二十八年の日清戦争に勝って、明治政府は半島への進出を強めようとしていた。儒教が中心の朝鮮において仏教を広めることは、両国民の文化的融和に寄与することだから、東本願寺としても国策に呼応する意図があったのだろう。

まず兄の円心が朝鮮半島に渡って新たな布教拠点を探し、全羅南道の光州をその地と定めた。これまで東本願寺が寺院を建てた元山、仁川、釜山は貿易港であり、日本人も多く住んでいたから、寺院の役割のかなりの部分は現地日本人の冠婚葬祭など、日本人相手のものだった。ところが光州には日本人はほとんどいない。このようなごく一般的な朝鮮の町に拠点を構えたところに、布教にかける円心の決意がうかがわれる。五百子も数カ月遅れて兄の待つ光州へと向かった。

光州実業学校

光州に渡った五百子は兄の布教活動を助けたが、五百子自身の主な関心は、宗教とはやや違うところにあった。それは農業教育である。朝鮮の人々に養蚕や米作の技術を教え、農業技術を改良して生活を豊かにすること、それが長期的には最も大切なことと考えたのだ。そこで五百子は実業学校の設立を決意する。五百子はいったん帰国して貴族院議長・近衛《このえ》篤麿《あつまろ》と内閣総理大臣・大隈重信に会い、実業学校への支援を要請した。

当時のわが国の支配層にも、武力による朝鮮進出が先行してはならないという考えはあった。彼らは、光州に実業学校を建設するという五百子の考えに共感した。極東の友好・融和は産業・文化の面から行うべきだというのである。近衛篤麿と大隈重信の支援を受けて明治三十一年（一八九八年）九月、光州実業学校が開校し、五百子は校長となった。この時、東本願寺が発行した辞令が唐津市に保存されている。「奥村五百　韓国実業学校校長を命ず　明治三十一年九月三日　総務大谷勝縁稟」とある。校名は「韓国実業学校」と記されており、

現在の東本願寺御影堂

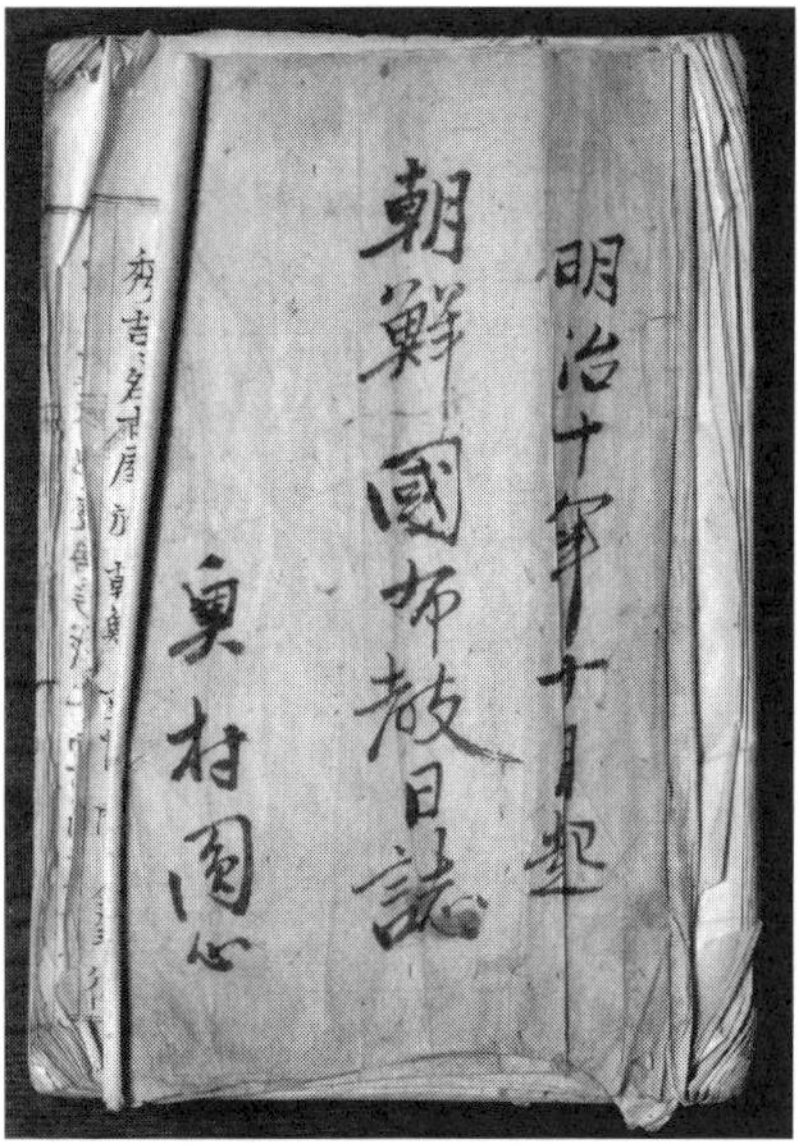

高徳寺に伝わる、奥村円心の「朝鮮国布教日誌」（高徳寺所蔵）

これがおそらく正式名なのだろうが、「光州実業学校」、「光州奥村実業学校」と記されることも多く、『近衛篤麿日記』には「奥村実業学校」との記載もある。五百子の次女・光子とその夫・節太郎が光州に合流して事業を支えた。しかし、日々の暮らしに追われる農民たちを学校に呼ぶこと自体、容易でなく、加えて抗日感情も強かったので、一軒一軒訪問して農業の指導をするなど、創設期の苦労をする。

五百子は更に、ソウルに徳風幼稚園という名の幼稚園も作り、こちらには長女の敏子を呼んで園長とした。協力者も揃い、五十四歳の五百子は光州を死に場所と定めて事業に邁進《まいしん》した。幼稚園関係者と共に収まった写真には、充実した幸せそうな表情の五百子がいる。

しかし冬を経験すると、寒さからくる強度の気管支炎に苦しみ、また人々

徳風幼稚園の人々。右から３人目が奥村五百子、
その左に娘の奥村敏子（高徳寺提供）

の抗日感情にも悩み、すっかり弱って、翌年、療養のため唐津に戻った。異国での五百子の活躍を知った東伏見宮妃殿下周子《かねこ》は五百子の苦労をねぎらい、ベルツ博士の診察を受けさせた。

中国視察

五百子の気管支炎と胃腸病は慢性化していたが、健康が幾分回復するのを待って、東本願寺は五百子に対し、今度は中国南部への布教のための視察を命じた。明治三十三年（一九〇〇年）二月、五百子は門司を出て福建省福州へと向かった。

このころから五百子は、日本女性の代表として国家のために身を捧げる、一種のカリスマとなりつつあった。病軀をおして中国へと渡航する五百子に対して、東伏見宮妃殿下周子は「ますらをも及ばざりけり　国のためこころつくしし　君のまことは」と餞別の歌を贈り、歌人で華族女学校教授の下田歌子は「日の本のまことの種子を　もろこしの原にも植えよ　やまとなでしこ」と詠んだ。日本の上流階級の婦人たちがこぞって奥村五百子を讃え、その活躍に声援を送った。

五百子の中国滞在中に義和団の乱が起こり、日本を含む八カ国連合軍（日英米仏露独伊墺）がこれを鎮圧した。北清事変と呼ばれる。各国に多数の死者が出たので、東本願寺は慰問団の派遣を決めた。五百子はこれへの参加を希望し、二度目の中国訪問をする。ここで初めて、彼女は戦争の現場を目の当たりにして、その惨状に衝撃を受ける。そして、国家のためにこうして死んでいく多数の人々に対して、仏教の使者として、また女性としてそれを慰め、いたわる運動をしようと決意する。

愛国婦人会

帰国した五百子は小笠原長生、近衛篤麿など、有力な後援者に自分の考えを伝え、賛同を得た。こうして明治三十四年（一九〇一年）「愛国婦人会」が設立された。全国の有志から小額の寄金を募り、それをもとに兵隊たちの留守家族や戦没者遺族の生活を援助しようという民間運動である。

近衛の考えが強く作用した結果であろう。「会」は上流階級の婦人たちが呼びかける運動として企画された。

東伏見宮妃周子

三十九人の発起人が集まったが、そのうち十八人は公爵・侯爵・伯爵・子爵・男爵の夫人たちであった。岩倉久子、一条悦子、近衛貞子、島津田鶴子、九条恵子、松平充子、小笠原秀子らが名を連ねた。あとの二十一人は華族外だったが、その多くは高度な学歴を積んだ女子教育界の指導者たちであった。下田歌子（歌人、華族女学校教授、実践女子学園の創立者）、山脇房子（山脇学園の初代校長）、跡見花蹊《かけい》（跡見学園の創立者）、三輪田真佐子（三輪田学園の創立者）、鳩山春子（共立女子学園校長）らがいた。少し遅れて華族からは毛利安子、鍋島栄子、細川孝子、黒田清子、松平久子らが、教育界からは津田梅子（英学者、津田塾大学の創立者）、広岡浅子（実業家、日本女子大学の創立発起人）らが加わった。

近衛篤麿は藤原鎌足《ふじわらのかまたり》から数えて第四十五代目の近衛家当主であり、ドイツとオーストリアで法学を学んで帰国し、明治天皇から任命されて当時は貴族院議長と学習院院長を兼務していた。上流社会と政界に大きな影響力をもったこの貴族政治家が、五百子のような、さしたる学問も地位もなく、情熱と行動力だけで生きてきたような女性と馬が合ったというのも興味深いのだが、とにかく、近衛篤麿は五百子の熱心な後援者であった。

愛国婦人会の設立にあたって近衛篤麿は、五百子の情熱と影響力を最大限に活用して上流階級の婦人たちを一気に束ね、大きな国民運動を作ろうと考えたのだろう。その意味で、愛国婦人会を発案したのは五百子だが、その組織と運動のありようを設計したのは近衛、小笠原らだと言ってよいであろう。

下田歌子が起草した「愛国婦人会趣意書」では、肥前唐津の人・奥村五百子が自らの大陸での活動と体験か

近衛篤麿（国立国会図書館ウェブサイトより転載）

「愛国婦人会趣意書」を起草した下田歌子。この写真は愛国婦人会発足当時のもの（実践女子大学図書館提供）

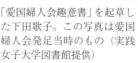

らこの運動を提唱し、それに賛同した婦人たちが作る組織であると述べられている。会長には岩倉久子が就任し、五百子は発起人にも常務委員にも入らず、「会祖」として別格の待遇を受けた。下田の「趣意書」には「我ら均《ひと》しくこれ女史が同胞姉妹たり」と記された。このような立場を五百子が望んだかどうか分からないが、結果として、中央での「会」の運営は貴婦人たちが行い、五百子は象徴的存在となった。

この自由な立場を生かして、五百子は全国遊説の行脚に出た。明治三十四年（一九〇一年）四月、京都からこの行脚はスタートした。薬を片手に病んだ老体に鞭打ち、味噌汁と冷飯の食事で、寺など安い施設に泊まりながら、足掛け四年にわたり、一道二府三十九県で三五〇回を超える演説会を開いた。近代日本の政治史、社会運動史において、一人の人間がこれだけの遊説を集中的に行った例は、ほかにないのではないか。しかし明治三十七年、大分市の壇上で大量の血を吐いたことで、この苛酷な荒行は打ち切られた。

全国遊説に出る奥村五百子（大久保高明著『奥村五百子詳伝』より転載）

貴婦人たちの運動組織として始まった愛国婦人会であったが、全国遊説の効果に政府、軍の支援もあって、数年で五十万人以上の会員を抱える巨大組織となった。日露戦争においては、兵士の留守家族や遺族の見舞い、傷病兵の見舞いなどの活動を行った。

日露戦争中、戦局がやや安定すると、療養中だった五百子は戦地慰問を申し出て周囲を驚かせた。明治三十八年六月、対馬沖

岩倉久子（国会図書館ウェブサイト『愛国婦人会史』より転載）

から旅順、奉天など激戦地を訪れ、敵味方の別なく戦死者に向けて念仏を唱え、また傷ついた人々を見舞った。奉天を訪れたさい、最前線に行きたいという五百子の願いに、満州派遣軍総司令官の大山巌《おおやまいわお》元帥がそれは危険だから許可できないと断ると、「大山を乗り越えて行く道もなし　悲しくもあり口惜しくもあり」という捨て台詞を書き残して軍司令部を去るなど、相変わらずの気の強さを見せた。

日露戦争慰問で病状が限界に達した五百子は、翌年、婦人会の活動から引退した。明治三十九年七月、九段の偕行社にて五百子への送別会が開かれた。皇族や軍幹部が列席するなか、愛国婦人会会長の岩倉久子（岩倉具定公爵夫人）がお礼とお別れの言葉を述べた。自らの理想どおり、職を辞すれば地位も財もなく、ただの老婆として唐津で隠居療養生活に入った。

広岡浅子との友情

広岡浅子は嘉永二年（一八四九年）、京都の商家・三井家に生まれ、十七歳の時、大阪の豪商・加賀屋の次男・広岡信五郎に嫁いだ。五百子より四歳若いが、男勝りの頑張り屋であるところはそっくりで、今の福岡県飯塚市で潤野《うるの》炭鉱を経営し、明治二十一年（一八八八年）には加賀銀行を設立、明治三十五年には大同生命保険会社の設立に参加するなど、明治期に希な女性実業家であった。女性の地位向上にも取り組み、成瀬《なるせ》仁蔵《じんぞう》と共にわが国初の私立女子大学設立のために奔走する。実家の三井家が東京目白に所有していた広大な敷地を提供させ、明治三十四年、日本女子大学校の開校を実現した。

広岡浅子と奥村五百子の出会いについて、大久保高明は以下のように記している。「広岡浅子氏との交わりは愛国婦人会創立当時大隈伯の紹介で、一見旧知の如き交際となって殆ど姉妹の如く交わって、広岡氏の意見は大抵容れられ、万事相談相手として相互にその長所を褒め合うて円満に交わって居られたやうであった」。「無二の交友」という表現もある。浅子は愛国婦人会大阪支部長を引き受けた。彼女はこの頃夫を亡くし、実業から身を引いて、婦人のための事業に専念しようとしていた。浅子は語っている。「家政を相続者に譲り、私はいささか閑散の身となりました。ここにおいて専ら婦人事業のため貢献しやうと思ひ、日本女子大学校のため、又愛国婦人会大阪支部授産事業のため、大いなる興味を持って尽力し……」（広岡浅子『一週一信』）。

明治三十九年十二月、浅子は唐津で病気療養中の五百子を見舞った。五百子は自分の見舞いのためにわざわざ来る必要はない。どうしても来るなら唐津で婦人のための講演をしてほしいと回答した。浅子は唐津で五十人ほどの女性の前で講演した。四カ月後の明治四十年三月、「唐津町立実科高等女学校」（今の佐賀県立唐津西高等学校につながる）が設立されているから、女学校設立の機運を高めるうえでも浅子の講演は力になったことだろう。

広岡浅子（国会図書館ウェブサイト『一週一信』より転載）

唐津での五百子は、余り衛生的でない家の廊下のようなところで寝ていた。浅子は新たに家を購入し、そこに移した。それでも病状が改善しないので、「死に水をとってあげる約束」で、京都大学病院に移した。

広岡浅子に看取られる

京都大学病院での二人のやり取りは胸打つものがある。広岡浅子が桜風会機関誌「家庭週報」に記載した文章を引用する。

「広岡が来たから心配なさるな。病人は子供と同じようにしなければならぬ。私の言うことをよくお聞きなさい」と言いますと、「何でも聞く」と言うて居りました。それから医師とも諮って最も良い室に移し、医師等も熱心に手を尽くしました。

五百子が愛国婦人会の今後を浅子に託す会話。

「自分は愛国婦人会を作りは作ったが、学問がない為に志は半途《なかば》しか遂げられない。会は今盛大になっているように見えるが、決して成功はして居らない。どうかして会を真に国家の為になる会としてくれ」と懇々私に頼まれたのであります。この場合になって、自分の子を呼んでくれとも言いませぬ。少しも迷う処はない。ただ会と国家とを思う外はないのでありました。

明治四十年（一九〇七年）二月六日夜。

「もう広岡さんの云うことを聞くことができなくなったから死ぬのであろう」と言いました。私は再び「静かに念仏していなさい」と言いますと頷いて、少し静かになったと思う間に亡くなりました。実に立派な死様であった。私は今までこのような臨終を観ませんでした。

高徳寺本堂と奥村五百子の墓

臨終について、大久保高明は以下のように記している。

「広岡さん水を呑まして下さい」と云われし故、呑まし居れり。「気を静かになさい。落着いて御念仏をなさい」と申せしに口の中に念仏を始終唱えられ居る様なりき。臨終間近になりて「広岡さんあなたの顔も見えぬ」と云はれ候が最後の一言にて遂に往生を遂げられ候。

葬儀とその後

五百子の葬儀をどのように行うかは、ひとしきり議論になった。結局、広岡浅子の意向を受け、五百子が関わった人々の合同葬のようなものになり、国も平民の女性としては最大限の敬意を払った。遺体は愛国婦人会京都支部を出て葬儀場である東本願寺大学寮まで行進した。葬儀の主宰者は婦人会総裁である閑院宮《かんいんのみや》載仁《ことひと》親王妃智恵子、その名代を東本願寺法主・大谷光演の妻・大谷章子が務めた。葬儀委員長は京都府知事・大森鍾一であった。

実は閑院宮妃智恵子と大谷章子は姉妹であり、共に三条実美の娘である。幕末の尊王倒幕運動の最中、太宰府に逃れた三条実美らに五百子が仕えて以来の縁である。後に東本願寺に嫁いだ章子を、五百子はわが子のように可愛がっていた。遺骨は東本願寺の東大谷納骨堂に納められ、東京の浅草本願寺と唐津の高徳寺にも分骨され、お墓が作られた。

追悼会が各地で催された。特に浅草本願寺で行われた二回忌には五〇〇〇人が参列したという記録がある。一周忌には大久保高明による詳細な伝記が出版され、その後、東京九段、横浜、唐津、光州、ソウルなどに銅像が建てられた。

奥村五百子の評価をめぐって

奥村五百子は幕末から明治末期まで、常に時代精神を先駆的に体現して人々を導いてきた。尊王派の倒幕運動、自由民権運動、地域産業振興の運動を経て、後半生にはその視野は国際的な拡がりを見せる。朝鮮半島における実業教育と、最晩年の愛国婦人会運動は、いずれも非常に独創的な事業であった。

朝鮮半島における養蚕・米作などの農業指導と実業学校開設、幼稚園開園などは、五百子の社会運動家としてのスケールの大きさが発揮された例である。いっぽう、この事業には、国際人道支援という側面だけでなく、浄土真宗の布教という東本願寺の戦略、及び朝鮮半島の統治という明治政府の国家的な意図も絡んでいた。奥村五百子はこれらのすべてを意識していたと思われるが、どの部分をどう評価するかで、後世の人々の奥村評価は微妙に割れた。

国家に対する奥村五百子の姿勢は素朴なものであったと思われる。家族や故郷に対する愛情の延長線上に愛国心があり、お国のために働くことこそ自分の使命と心得ていた。またそうした思いが仏教の説く救済の思想と結びついて、多くの日本人にある程度共通する祖国に対する感情となって、その行動を動機付けていたようだ。戦争に対する態度にも、供養という仏教的、母性的、博愛的な要素と、軍隊への協力という両面が混在していた。朝鮮への支援事業などを見れば、奥村五百子が好戦的だったという指摘は当たらないと思うが、時代の動きのなかで避けられない戦争ならば、潔くそれに協力しようという姿勢だったと思う。

愛国婦人会の活動について、留守家族や戦没者遺族への生活支援は、本来、出征を命じた国家が責任を持って行うべきことであって、民間人の寄付に頼るのは筋違いだとの考えもある。五百子はこれをどう考えていたのだろうか。死んでゆく人を供養するのに大切なのは、責任論より真心だ、仏の心だ、その心を伝えるために

唐津市城内二の門に建つ奥村五百子の銅像

「愛国婦人会発祥の地」石碑。東京都千代田区九段南。九段坂病院の千鳥ヶ淵に面する場所にある。文字は小笠原長生による。戦前は奥村五百子の銅像が建っていた

民間運動をするのだ、というような考えだったのだろうか。軍の指導者たちが五百子のこうした思想と運動を歓迎し、彼女の持つカリスマ性に頼ったことは確かだ。

奥村五百子の死後、愛国婦人会とは別個に、いくつかの婦人組織が作られた。時は下って太平洋戦争のさなかの昭和十七年（一九四二年）、これらが大日本婦人会に統合された。そして二十歳未満の未婚者以外のすべての女性が強制加入させられ、戦時体制への無条件の奉仕という大政翼賛運動の一翼を担った。それは五百子の説いた供養の精神とは違うものだった。戦時体制下婦人運動の出発点に奥村五百子がいたのは事実だが、死後に発生した極端なひずみの責任を彼女にばかり負わせてしまうのも酷だろう。

奥村五百子が軍隊の力を重視していたのは事実である。列強に侵略されている中国の実情を見て、日本がしっかりせねばという思いを抱いた。中国からの帰途、女性として初めて軍艦宮古《みやこ》に乗り込み、艦上で兵士たちに激励の演説を行っている。

生活態度としては、有名になってからも貧しい暮らしを貫き、死して身の周りに財を残さない、清廉な生涯であった。剛毅直言で傍若無人なところがあったから「カミナリ婆さん」とも言われ、周囲はたいへんだったらしい。それでも要人たちはその本旨を理解し、親愛と敬意を以って接した。外遊中の近衛篤麿に対して小笠原長生が出した悲鳴のような手紙には、母親ほどの年齢の五百子に叱られて困り果てている若き長生の姿があり、微笑を誘うものがある。

「奥村五百子も七月十五日帰京つかまつり候《そうろう》。同女は韓国にて吐血つかまつり候。治療のため帰国致し候ものに御座候。されど例によりて気焔万丈《きえんばんじょう》、御留守中ゆえ相手は小生一人にて、毎日責めつけられ大閉口に御座候。同女鶴首《かくしゅ》（首を長く）して閣下のご帰朝相待ち居り、種々申し上げねばならぬと申し居り候」（『近衛篤麿日記』より）。

日本女性の代表として戦前は各地に銅像が建てられた。尾上梅幸《おのえばいこう》主演の演劇が上演され、昭和十五年には杉村春子主演の映画も作られた。しかし戦後教育の中では語られることの少ない先人となった。

奥村五百子の生涯は、近代日本の政治、軍事、対外政策、婦人運動、女性の社会活動、宗教と政治など、非常に多くの問題を含んでいる。このような稀代の女性を歴史に埋もれさせることなく若い世代に伝えて、正当に評価することは大切だと思う。

＊　＊

貴重な史料の取材を許してくださった高徳寺の前住職・奥村豊氏に感謝します。また、唐津の地で、これまで奥村五百子の生涯を書き残してこられた故富岡行昌氏、稲葉継雄氏らの功績に感謝します。左記文献のうち、大久保高明氏と守田佳子氏の著作を最も多く参照しました。

参考文献

大久保高明著『奥村五百子詳伝』愛国婦人会、１９０８年
小野賢一郎著『奥村五百子』愛国婦人会、１９３７年
三井邦太郎著『奥村五百子言行録』三省堂、１９３９年
原清編『小笠原長生と其随筆』創造社、１９５６年
富岡行昌著『奥村五百子の生涯』郷土先覚者顕彰会、１９９５年
稲葉継雄著「光州実業学校について――旧韓末『日語学校』の一事例」（『外国語教育論集』第七号１０５頁、筑波大学外国語センター外国語教育研究会、１９８５年）
稲葉継雄著『旧韓末「日語学校」の研究』九州大学出版会、１９９７年
稲葉継雄著『旧韓国の教育と日本人』九州大学出版会、１９９９年

稲葉継雄著『旧韓国――朝鮮の日本人教員』九州大学出版会、2001年
山本茂樹著『近衛篤麿――その明治国家観とアジア観』ミネルヴァ書房、2001年
守田佳子著『奥村五百子――明治の女と「お国のため」』太陽書房、2002年
広岡浅子『一週一信』婦人週報社、1918年

6 七世宮島傳兵衛

七世宮島傳兵衛《みやじまでんべえ》は宮島醤油の創業者である。幕末から明治初期にかけて、海運業を基礎に多彩な事業を展開したが、遠州灘沖での石炭輸送船の遭難という悲劇をきっかけに、より永続的な事業への転進を決意し、明治十五年（一八八二年）、唐津の地に醤油と味噌の醸造所を開いた。

石炭商・海運家として出発

宮島家のルーツ

七世宮島傳兵衛

徳川後期以前の宮島家について明瞭な史料は残っていないが、伝えられるところによれば、安土桃山時代にその足跡がある。豊臣秀吉が朝鮮半島に侵攻するにあたって、全国の大名を肥前の名護屋《なごや》に集結させた。この朝鮮侵攻は文禄《ぶんろく》・慶長《けいちょう》の役《えき》（一五九二－九八年）と呼ばれる。秀吉の側近の中でも、四国伊予・今治の藩主であった福島正則は勇猛な武将として知られているが、その舟手《ふなて》役人に宮島という男がいた。福島軍の海上物資輸送をしていたという。秀吉の死によって朝鮮侵攻は打ち切ら

「福島正則画像　雄厳賛」
（東京大学史料編纂所提供）

現在の名護屋城址

れ、大名たちは各々の領地に帰ったが、この男は名護屋に残り、次いで長崎県の志佐《しさ》という漁村に移って船乗りとしての生活を送ったとされる。言い伝えに過ぎないが、さほど荒唐無稽な話ではないと感じられる。

六世傳兵衛（清左衛門）と喜兵衛

宮島家の祖先はその後、唐津の水主町《かこまち》に移った。この頃から史実がはっきりしてくる。唐津藩の藩主が水野家であった時代、新町に近藤という浪人がいて、そこの男の子が宮島家に養子に来て、六世傳兵衛を名乗った。七世傳兵衛の祖父である。当時の宮島家は、水主町で「富田屋《とんだや》」という、魚屋を兼ねた小さな食堂を営んでいた。寿司などをふるまっていたという。

六世傳兵衛は魚屋の仕事に満足せず、唐津近郊の北波多村岸山に炭鉱を開業した。ところが良い鉱脈に恵まれず、出てくるのは不良炭ばかりで、散々財産を注ぎ込んだあげくに撤退した。この失敗を唐津の町の人々が面白がり、戯《ざ》れ唄《うた》にしたものが伝えられている。

「富田屋《とんだや》がとんだところに炭鉱《やま》をして
味噌なし、米なし、醤油なし
正月親方、盆頭領
仕繰り繁昌、石炭《いし》は出んべえ」

六世傳兵衛は自身の炭鉱事業には失敗したが、唐津炭の仲買いをめぐる紛争の解決に奔走した。天保十年（一八三九年）、水主町の問屋が炭鉱主たちに反抗して川舟の運行を停止するという、一種のストライキを起こした。この時、六世傳兵衛が搬送を買って出て炭鉱の危機を救った。六世傳兵衛は家業を引退後、清左衛門を名乗った。

現在の宮島醤油本社がある船宮町一帯は、かつて新堀《しんぼり》と呼ばれていた。唐津藩の大規模土木工事によって松浦川の河口が大きく西へと変えられて唐津城の外堀を兼ねる形とされ、城下には掘や運河が整備された。この運河から河口を経て玄界灘へとつながる水運の拠点が新堀である。今の「船宮町」という名は、ここに唐津藩の御船奉行所があったことからきている。

この新堀に住む内山喜兵衛《うちやまきへえ》という人が宮島家の当主として迎えられた。喜兵衛は夢想家であった。当時、玄界灘の小川島などでは捕鯨が盛んだった。喜兵衛は捕鯨に熱中して三年間も家に帰らず、家族を顧みなかったので、六世傳兵衛の怒りに触れて離縁されてしまった。家の当主が勘当されるという、異例のことであった。喜兵衛はやむなく江戸に出て生糸の仲買商をして生計を立て、第一銀行の生糸検査係、印刷局御用掛などの職に就いたが、米穀相場に手を出して再び大失敗した。失意のうちに唐津に帰り、息子の世話になって「淡路屋」という紺屋（染物屋）を営んで余生を送った。

七世傳兵衛の生い立ち

七世宮島傳兵衛は、嘉永元年（一八四八年）、唐津水主町において、父・喜兵衛、母ツルの長男として生まれた。幼名を治三郎《ちさぶろう》といった。数え年九歳になった安政三年（一八五六年）、新堀にあった高浜茂平の寺子屋に通い始めたが、十二歳で退学した。学歴はこれがすべてである。父・喜兵衛はもともと家にいない人だったし、治三郎が八歳の時、正式に離縁されたから、富田屋では当主不在のまま女手を頼りに魚屋を営んだ。やり繰りは苦しく、幼い治三郎も寺子屋に通うどころではなく、天秤棒を担いで魚を売り歩いた。佐賀まで魚を売りに行った帰り道、代金を落として泣きながら帰ったことがあったと後年語っている。

治三郎が数え年十三歳になった万延元年（一八六〇年）、祖父・六世傳兵衛は孫に名を譲って隠居した。治三郎は七世傳兵衛を名乗り、一家の当主となった。祖父は清左衛門と改名して隠居生活に入り、四年後に死去した。傳兵衛（以後、七世傳兵衛を指す）はいよいよ一家の大黒柱となった。母ツル、叔母ヨシなど宮島家の

加部島の「風の見える丘公園」から小川島を望む

今も小川島に残る鯨見所

女性たちは気丈で、若き傳兵衛をよく支えた。慶応元年（一八六五年）、傳兵衛は自ら起こす最初の事業として、小川島捕鯨組の仲買人となった。翌慶応二年、十九歳の時、新町三浦屋の娘・福井ギンと結婚した。

二十歳の大冒険

船乗りの先祖を持ち、捕鯨家の父を持つ傳兵衛としては、魚屋稼業から海運業へと雄飛するのが夢であった。二十歳の傳兵衛が石炭売買と海運に乗り出した顚末は、「自伝」に克明に記されている。

当時、富田屋は唐津地方の炭鉱を相手に商売をしていた。魚を売るだけでなく、炭鉱関係者向けの簡易宿泊所もやっていた。慶応三年（一八六七年）は石炭不況で、「鉱業人の宿料その他種々」（「自伝」より）の支払いが滞り、傳兵衛はやむなく代金の代わりに石炭を安く買い受けることとなった。翌明治元年（一八六七年）六月、帆船を借用してこの石炭を積み込み、傳兵衛自身も乗船して兵庫（神戸）に向けて出帆した。兵庫、大阪の商人相手に、初めての石炭販売を試みて苦労し、三十日間以上も粘った結果、八月中旬になってやっと売りさばくことができた。

唐津での石炭の仕入れ値が一万斤（六トン）あたり十七円、売り値が二十七円、粗利益十円から輸送料七円を引いた結果、三円の営業利益が残った。これで和船を大阪で買い求め、「住福丸」と命名した。念願の船を手にしたはよいが、これで費用が尽きてしまい、唐津に帰る金がない。困っていると、古舘嘉助という翁が唐津から大阪に来ていた。この人の紹介で「唐津蔵屋敷紙方役所」という藩の出先機関に借金を願い出ることができた。これで水夫らを雇い入れ、十月下旬に大阪を出帆した。京都にいた田口平介、呼子の西念寺和尚らが便乗した。ところが航海士を雇う金がなかったのだろう。舵の取り方ひとつ知らない傳兵衛が船頭なので悪戦苦闘の旅となり、十一月上旬、やっとの思いで唐津に帰った。航海にも石炭販売にも素人であった傳兵衛が大胆にも乗り出した半年間の冒険であり、大仕事であった。

折しも明治維新の年、二十歳の傳兵衛が行ったこの冒険は、傳兵衛の海運家、石炭商としての出発点となっただけでなく、唐津炭が初めて関西に出荷された出来事でもあった。

家族の反対と海運業の危険

傳兵衛が住福丸に乗って帰還すると親族会議が開かれた。祖母トヨ、母ツル、叔母ヨシなどは傳兵衛の行為に猛反対した。宮島家のこんにちの困窮を招いた原因は、父・喜兵衛が捕鯨と航海に熱中して長期に家を空けたことにある。働き者の傳兵衛が成人し、やっと安堵しようという矢先、その傳兵衛が父に倣って再び捕鯨に手を染めているだけでなく、自ら船を持って海運業に乗り出そうとしている。これでは再び一家の崩壊を招くというのである。実にもっともな心配である。

しかし、愛船住福丸を手にした傳兵衛は、母らの制止を振り切って、海運の道を突き進んだ。長旅後の休息もろくにとらず、十一月下旬から十二月下旬にかけて石炭を積んで長崎を往復し、翌明治二年（一八六八年）には、石炭を下荷に、唐津蔵屋敷紙方役所の御用紙を上荷として、再び神戸・大阪を往復した。

明治四年、傳兵衛は和船をもう一隻購入し、「富運丸」と名づけた。母ら家族の心配は募ったが、それに追い討ちをかける事件が起きた。富運丸が海賊に襲われたのである。瀬戸内海を航海中、讃岐の国多度津港沖で、漁船二隻に乗った海賊に襲われ、金五両二歩、米七十六俵、羽織二枚、旅差刀一刀などを奪われた。翌朝多度津港に入港して警察に届けると、戊辰戦争後、あちこちで海賊が出ているという。

海運の全国展開

幕末期の唐津炭田には、様々な経営形態の鉱山があった。御領山と呼ばれる幕府直営鉱山、九州雄藩の経営する肥後山、薩摩山、久留米山など、小笠原藩（唐津藩）の経営する御用山、その他の私有山などである。傳兵衛は肥後山の経営者である宗田信左衛という人物に気に入られ、肥後山の御用商人となった。廃藩置県によって宗田は肥後山の所有者となり、引き続き傳兵衛に石炭を供給した。ここで採掘される石炭を神戸、大阪に移出するのが、しだいに傳兵衛の事業の中心となっていった。

唐津炭田の薩摩山に波江野文右衛門という主任がいた。波江野は薩摩藩の出身だが、その後、関西に出て五《ご》代友厚《だいともあつ》らと共に淀川丸という蒸気船を持って、淀川航路を経営していた。淀川丸はわが国で初めて建造された河川輸送用の蒸気船で、船底が浅く、四十－五十人乗りの船であった。波江野と知己であった傳兵衛は、淀川丸の燃料として石炭を売り込み、それに成功した。いっぽうこの時期、土佐藩出身の岩崎弥太郎率いる三菱社が勢力を拡大しつつあった。波江野の紹介により、明治六年（一八七三年）、傳兵衛は唐津炭を初めて三菱社に納品することができた。神戸に硫酸製造所が建設されるに際しては、そこに石炭を納めるルートを開拓した。明治九年には、三菱が経営する和歌山県の炭鉱の石炭を勝浦港から運び出して神戸居留地の中国商人に届け、その販売仲介をも行った。

五代友厚。五代は明治期の大阪財界の指導者で、大阪商工会議所の初代会頭を務めた（国立国会図書館ウェブサイトより転載）

関西でのビジネスが順調に拡大してきたので、傳兵衛は明治六年に宮島商店神戸支店を、同十年には大阪支店を開設した。更に大阪三十四銀行の役員であった渡辺庄助、野田吉兵衛と三人で「株式会社三名社」を発足させ、自ら専

浅野財閥の創始者・浅野総一郎（国立国会図書館ウェブサイト『浅野セメント沿革史』より転載）

務となった。

明治三年、岩崎弥太郎は東京、大阪、高知を結ぶ国内航路を開設し、同年、神戸、長崎、上海を結ぶ航路も開いた。明治五年には日本国郵便蒸気船会社（のちの郵便汽船三菱会社、日本郵船会社）が設立され、いよいよ和船（帆船）から汽船へと時代が動きつつあった。明治七年、傳兵衛は東京深川にある日本国郵便蒸気船会社の倉庫に石炭を販売納品した。これが唐津炭の東京進出の最初であった。

明治八年、横浜で石炭商をしていた浅野総一郎と知り合い、浅野を通じて王子製紙やのちの浅野セメントなどに石炭を納品した。その後、老齢に至るまで、傳兵衛と浅野総一郎は永い交遊を持った。

父子の再会

大阪中之島に堀田新兵衛という人が住んでいた。新兵衛は唐津出身で、幼い頃長崎で西洋人に雇われて以来、外国人相手の商売をしており、当時は大阪川口の寄留地に店を持っていた。この人の計らいで、傳兵衛の大阪出張時に、当時横浜にいた父・喜兵衛の旅の都合をつけさせ、中之島の堀田邸にて親子対面が行われた。明治四年（一八七一年）のことで、面会は二度行われた。

離縁された父と、父なき家を支えて成功者となりつつある息子とが十七年ぶりに対面するというのは、どんなものだろうと気になるが、「自伝」に情緒的な記述はない。ただ、「父は郷里唐津へ墓参のため帰唐の途なり。尤もこの節頃は幾分手元宜敷折《てもとよろしきおり》からならんと察せられたり」と書き、父の生活が楽でないことを示唆している。

縁を切られたと言っても、船乗りとしての共通の志を抱く父子である。この頃の傳兵衛の行動を見ていると、父の果たせなかった夢を追っているようにさえ見える。

大麻丸の遭難

明治八年（一八七五年）、傳兵衛は持ち船である住福丸と富運丸を売却し、二二〇〇石という、当時としては最大級の和船である大麻丸を購入した。石炭五十五万斤（三三〇トン）を積むことができた。伊予国の小田忠吉を船長に雇い、唐津から海軍省御用石炭を積んで、横須賀に向けて初航海をした。若き傳兵衛の海運業はまさに順風満帆であった。

翌明治九年の十二月、石炭を満載して唐津を発った大麻丸は、明治十年正月、品川港に着いた。東京で販売に奔走していると、西南戦争が勃発して石炭の価格が急騰した。一万斤（六トン）あたり三十八円で売れ、傳兵衛は大きな利益を上げた。

大麻丸の鑑札

得意の絶頂にあったこの東京出張の帰りのことは、詳細に記録されている。傳兵衛は陸路唐津へ向かうことにしたので、大麻丸は小田忠吉が率いて二月十七日午前六時に品川沖を発ち、午後には伊豆長州呂港に入った。船員たちの骨休めと、食糧その他の積み込みをしたのだろう。ここにしばらく滞在し、三月二日、同港を発った。遠州灘に出ると午後六時頃から風雨が強まり、午後十時には北西からの大暴風雨となった。航行を諦めて碇を下ろし、じっと耐えることにしたが、十二時ごろ舵が破損し、浸水が始まったので、ついに帆柱を切断した。

やがて暴風雨は治まったが、舵と帆柱を失った大麻丸は南へ南へと漂流を続け、五日後の三月七日、八丈島海域に達した。翌八日、乗組員たちは手漕ぎの小舟に乗り移って小島に上陸した。八丈島本島から三里余りのところにある小島で、小島鳥打村と呼ばれていた。乗組員は全員助かったが、大麻丸は岩場にぶつかって大破し、積荷は全滅した。

傳兵衛にとって、この遭難はショックであった。得意の絶頂から一転して事業存続の危機に立たされ、さすがに三日三晩、布団を被って寝込んでしまった。

地元回帰

石炭の川下し

大麻丸の遭難は、遠隔地への石炭輸送業の持つ潜在的な危険性を傳兵衛に思い知らせた。これを機に傳兵衛はよりリスクの小さな事業へと、徐々に重心を移していく。亡き祖母らの忠告にやっと耳を傾けたとも言える。明治十二年（一八七九年）、宮島商店神戸支店を閉鎖し、同十三年には三名社を退社した。大阪支店もほぼ同時期に閉鎖したようである。

遠隔地海運の事業を縮小するいっぽう、傳兵衛は地元に商機を求めた。唐津炭田は内陸部にあるので、石炭を唐津港まで届けるには、松浦川に添って運ぶ。松浦川は水深が浅いので大型船は使えず、川舟を使うしかなかった。そこで傳兵衛は「川下し《かわくだ》」と呼ばれる輸送業に乗り出すことにした。松浦川の河口には海軍の貯炭場があったが、ここも水深が浅いので大型船が接岸できず、沖合いに停泊する大型帆船や汽船に貯炭場から石炭を運んで積み込む。ここでも川舟が使われた。

明治十三年、傳兵衛は川下し事業に乗り出した。翌年には唐津城祉の対岸にある満島に石炭販売店を開いて、炭鉱主から大口顧客への販売仲介を始めた。明治十五年の記録を見ると、海軍に御用炭を納めたが、中に品質の劣る中等炭があるので、それを横浜の浅野総一郎に月一〇〇〇トンほど販売したとある。同十六年には佐渡金山への販売が記録されている。

唐津近郊の芳ノ谷に傳兵衛は炭鉱を所有していたが、明治二十年、この鉱区全部を売却して、その売却金で

松浦川の川舟（唐津市提供）

松浦川河口に停泊する大型帆船。
これに小舟で石炭を積み込む
（唐津市提供）

傳兵衛が宮島商店石炭部を置いた松浦川河口の土地。唐津城二の丸城壁の真下にある。現在は家屋も解体されている

川下し舟三十隻を購入した。翌二十一年には造船所を設立し、川舟の自社生産を始めた。明治二十三年、唐津港が国の特別輸出港に指定されると、海外からの汽船の来訪が増えたので、唐津城二の丸御殿跡の真下に宮島商店石炭部を設置した。明治年間を通じて、川下しを中心とした石炭輸送と販売の事業は順調に成功をおさめた。

炭鉱経営

文政・天保年間（一八一八－四三年）に祖父・六世傳兵衛が北波多村岸山に炭鉱を開いて以来、宮島家の炭鉱経営は失敗続きで、「石炭《いし》は出んべえ」と人々にからかわれた。じっさい宮島家にとって炭鉱経営は、なかなかうまく行かないが捨てきれない夢であった。

傳兵衛自身が炭鉱経営に乗り出した最初の経験は、明治七年（一八七四年）、相知《おうち》梶山狐谷《きつねだに》の炭鉱であった。しかし二年後には売却している。次いで明治十九年、北波多村岸山地蔵谷《じぞうだに》（地元では「ドウメキ」とも呼ばれる）にあった旧幕府所有鉱区と旧小笠原藩営鉱区の一部の採掘権を得て、採鉱に着手した。この鉱区は当時、海軍省が管轄していたので、傳兵衛は海軍唐津石炭用所に対して「試掘願書」なるものを提出している。地蔵谷の見取り図を添えたこの文書は今も宮島商事本社に保管されており、唐津炭田の歴史を語る貴重な史料となっている。

地蔵谷はしかし、翌明治二十年に竹内綱・明太郎父子と高取伊好《たかとりこれよし》らの経営する芳谷炭鉱に売却された。明治

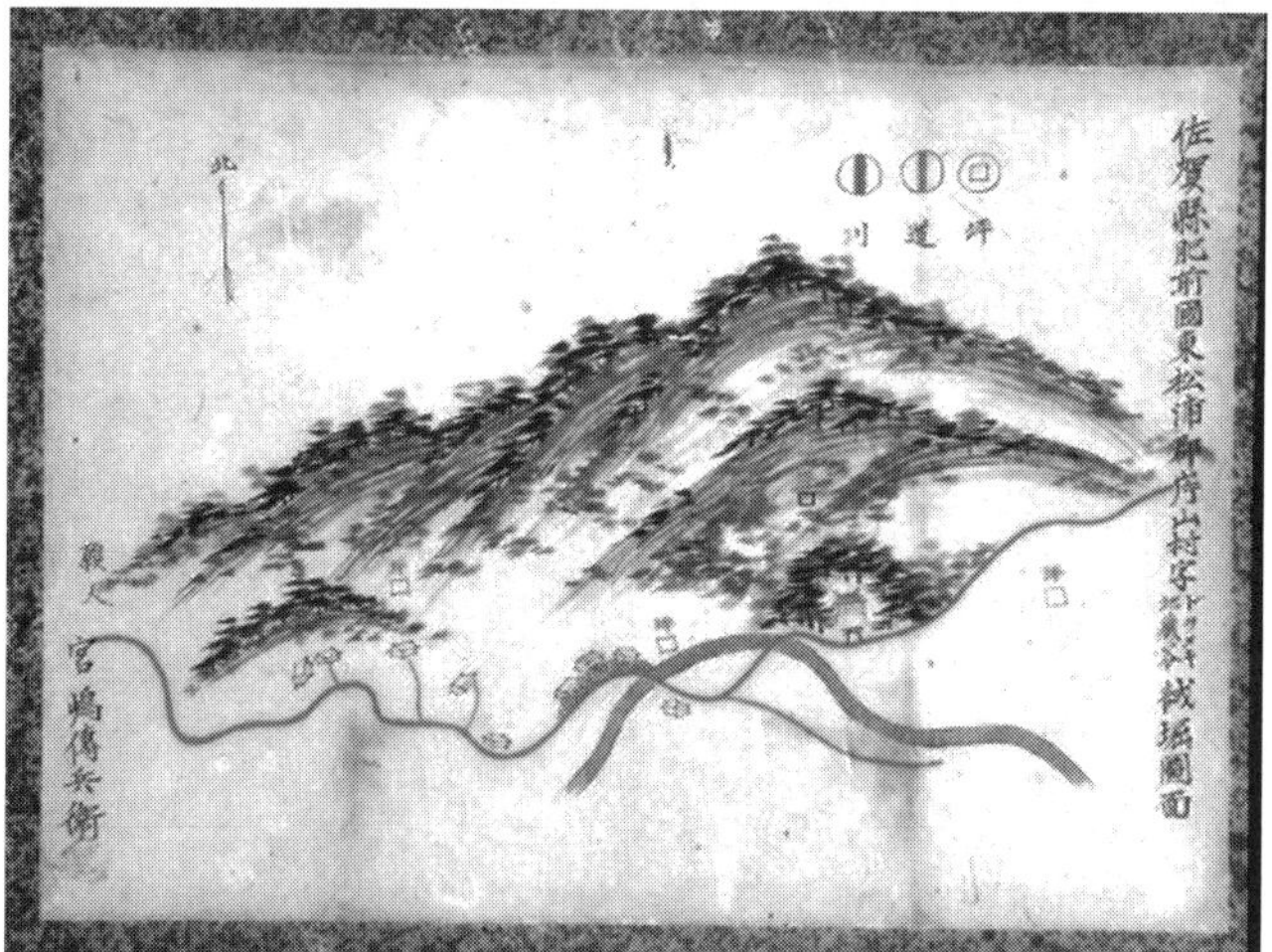

明治19年７月、傳兵衛が唐津海軍石炭用所に提出した「試掘願書」と、それに添付された地形見取り図

二十五年、北波多村八代町に新鉱を開いたが、これもほどなく売却した。一連の経過を見ると、良い鉱脈に当たる幸運を求めて鉱区を買って掘ってみるが、うまく行かないと見るや、あっさり売却する、ということを繰り返している。高取伊好や吉原政道のような専門家が綿密な調査研究に基づいて行う事業とは異なり、運任せに近い炭鉱事業だったようだ。

失敗続きの炭鉱経営のなかで、傳兵衛自身が最も有望と見立て心血を注いだのは、岸岳《きしだけ》鉱区であった。明治二十八年、北波多稗田村にある十万坪の鉱区を入手して経営を始めた。その後も買収を続け、明治三十三年に

操業中の岸岳炭鉱の写真

は一帯四十三万坪の鉱区を所有した。祖父が炭鉱経営に乗り出した場所ゆえ、格別の思いもあったのだろう。ところがここも明治三十四年、炭鉱家・古賀精二郎らに売却した。実は傳兵衛の見立ては当たっており、売却後にこの鉱区では三尺、五尺という厚さの豊かな鉱脈が見つかった。後に三菱財閥が経営に乗り出し、三菱岸岳炭鉱として繁栄した。

このように有望な岸岳炭鉱を傳兵衛はなぜ手放したのだろうか。「自伝」によれば、古賀精二郎ら三名への売却価格は四万円で、これを年内に全額受領し、それで九州鉄道の株を買って大株主となった。また、岸岳炭鉱で産出される石炭の川下し輸送について、その独占権を得た。結局、傳兵衛は炭鉱経営そのものよりは、輸送業と問屋業に本質的な興味があって、本業回帰を志したのだろう。また、本業の石炭輸送についても、川下しから鉄道輸送へと時代は動いており、それにしっかり対応するしたたかさも見せている。

岸岳炭鉱に限らず、明治後期より、唐津炭田には三菱、三井、貝島ら財閥が積極的に資本を投下した。こうしたなかで傳兵衛のような地元資本家の活躍が難しくなったのも事実である。傳兵衛は炭鉱経営からしだいに身を引いてゆく。それは、大麻丸遭難事件以来心がけていた、「より堅実な事業へ」という方針の実践でもあった。

醤油醸造

醤油醸造を開始

大麻丸の遭難以来、常に傳兵衛の脳裏にあったのは、より堅実な事業へのシフトであった。遠隔地海運や石炭採掘という「ハイリスク・ハイリターン」の事業を続けながら、運輸業の中心を松浦川の川下しへと移し、石炭も採掘よりは問屋業に専念する方向へと舵を切った。しかし何といっても最大の出来事は醤油醸造を始めたことである。「自伝」には、「拾五年中　醤油造業設立す。醤油は日用品にして永遠宮島家の商売将来見込み付て此業起す」とある。傳兵衛が熟慮の末、「永遠の商売」を目指してこの業にあたったことが分かる。

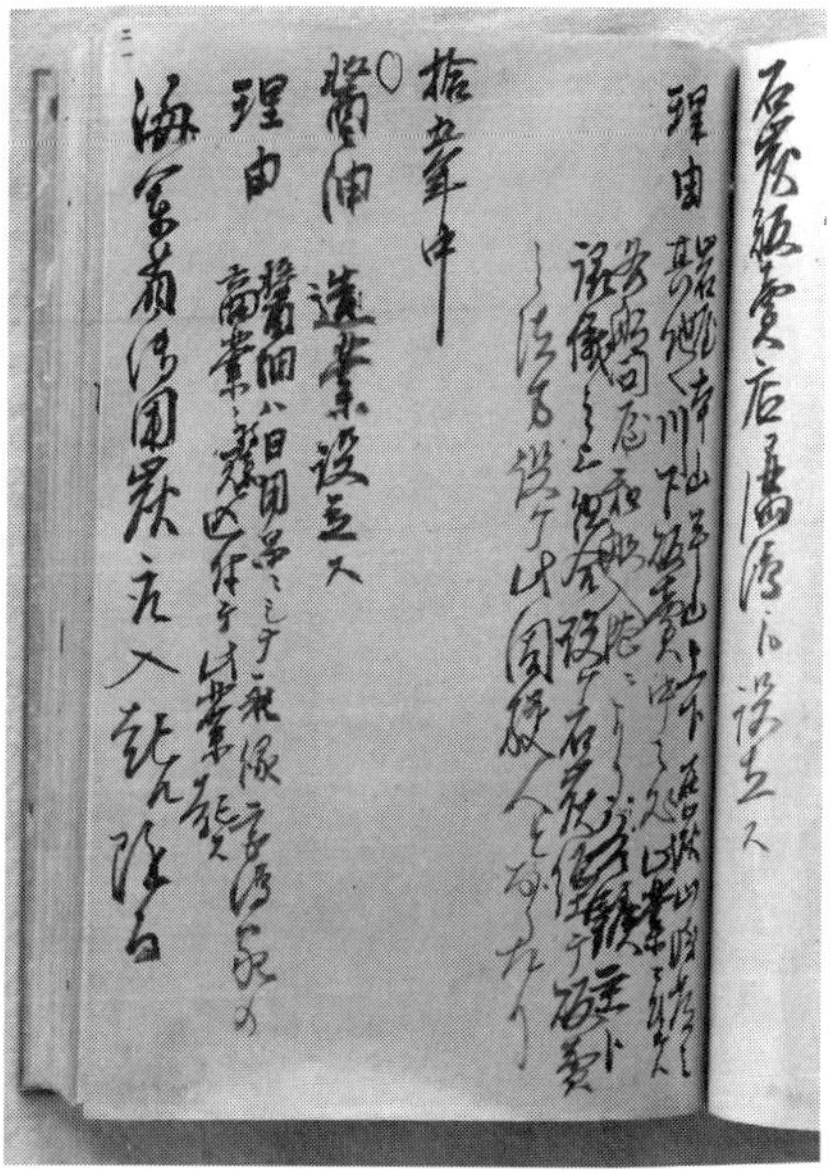
傳兵衛の「自伝」中、醤油醸造の開始を述べた部分

全く新しい事業なので設備投資の資金が要る。川下し事業も始めたばかりで、当時の傳兵衛には資金的な余裕がなかった。そこで「頼母《たのも》子講《しこう》」を起こした。これは原始的な資金融通組合である。会員が定額資金を定期的に持ち寄り、毎回、会員の一人に対して資金提供をする。この方法で六〇〇円を調達し、休業中の醸造家から蔵道具類を購入した。明治十五年（一八八二年）三月、今の唐津市水主《かこ》町《まち》と大石町にまたがる土地（宮島商店本店）に醸造蔵を建て、一八

宮島醤油創業の地。唐津市水主町2408番地と大石町2412番地にまたがる一帯。明治15年にここで醤油醸造が開始されたが、明治42年以降、工場は順次現在の本社工場の地に移され、昭和９年に本社機能も移された。その後は松浦塩販売会社などとして使われた

〇石（三十二・四キロリットル）の諸味《もろみ》を仕込んだ。早春に仕込むのは、水が冷たくて雑菌の繁殖が抑えられるからである。夏の高温で発酵が進み、秋には熟成されて醤油となる。新しい事業の門出を祝って、翌十六年には醤油屋としての開店式を行った。幸いに傳兵衛の醤油はよく売れた。明治十八年には倉庫を新築し、石高も年々増えていった。

　ところが幸運は永く続かないもので、明治十九年二月十六日、麹室《こうじむろ》より出火し、麹室と倉庫が全焼してしまった。かつて大麻丸遭難の時、傳兵衛は大ショックのあまり、三日三晩寝込んでしまったが、今度は違った。火事のその日より復旧作業を指揮し、わずか二十三日間の工事で麹室と倉庫を新築してしまった。この早業は傳兵衛にとって生涯最大の自慢話であった。新事業を始めて四年、三十八歳の傳兵衛の気力充実ぶりがうかがわれる。

新工場の建設

佐賀県唐津地方の醤油造りには、もともと他の地方と比較して格別優れた伝統があったわけではない。家内醸造から発した小規模生産者から教わりながらの技術研鑽であったと思われる。明治三十六年（一九〇三年）、京都で開かれた内国勧業博覧会において、醤油の品評キャンペーンが行われることになった。全国から二八〇

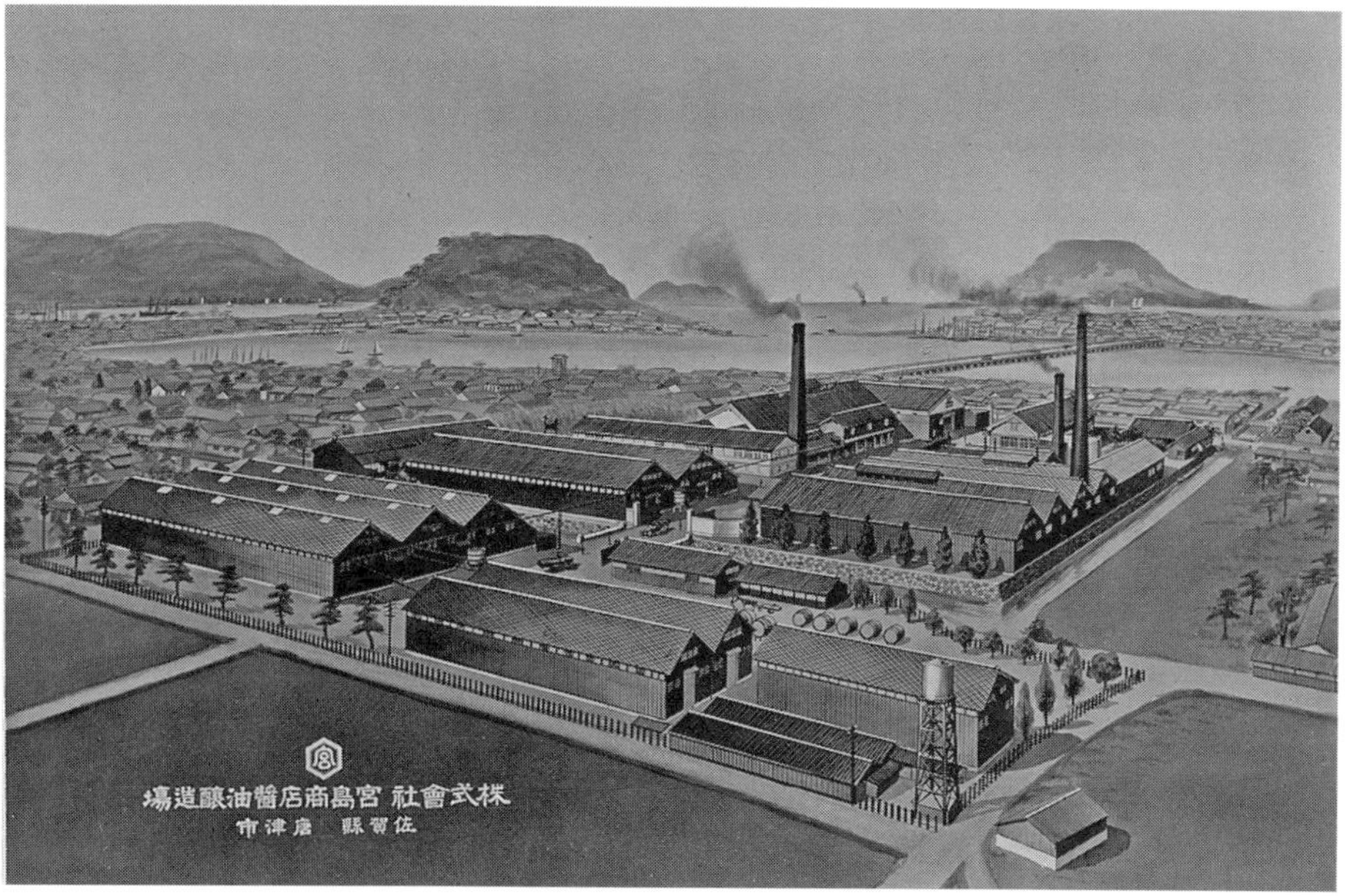

工場の見取り図「株式会社宮島商店醤油醸造場」。昭和初期に描かれたものと思われる

大正期における工場増築の様子。記録によれば大正10年、第16号倉庫の棟上とある。大正年間には、こうした増築が繰り返し行われた

〇点の醤油が出展された。傳兵衛も出展したところ「三等」を受賞した。三等以上の賞を受けたのは二〇〇点（全体の七％）、九州からは十一点であったことから、この頃には傳兵衛の醤油は品質的にかなり進歩していたことが分かる。

生産の拡大に対応するために、傳兵衛は新堀（今の船宮町）に新工場を建てた。「新蔵《しんくら》」と呼ばれたこの工場は、明治四十二年

戸畑工場。戸畑工場は大正３年に設立された。この写真は大正６年のものである。戸畑工場では醤油醸造が昭和30年代まで行われ、それ以後、生産は本社工場に集約された。以後、戸畑支店は販売と物流のみを扱うことになった

明治41年に開設された伊万里支店。
この写真は大正９年のものである

に稼動を始め、以後、大正年間を通じて順次充実された。水運のプロである傳兵衛の工場らしく、工場内に運河があり、製造された醤油は工場敷地内で船積みされ、すぐ裏の松浦川河口から玄界灘へと搬送された。いっぽう北九州の戸畑にも新工場を建てた。洞海湾に面したこの工場もまた、優れた水運拠点であった。物流の専門家が興した醤油業というのが、宮島醤油の際立った特質であった。

宮島商店長崎支店。明治43年、かつて佐賀藩校英学塾致遠館が置かれていた土地と建物に開設された。この写真は昭和年間のもので、旧致遠館の建物がそのまま残っている。この建物は昭和41年に解体された

長崎支店の建物。致遠館時代には中庭の建屋で授業が行われていたらしい。宮島商店では、ここで醤油の瓶詰め作業を行った

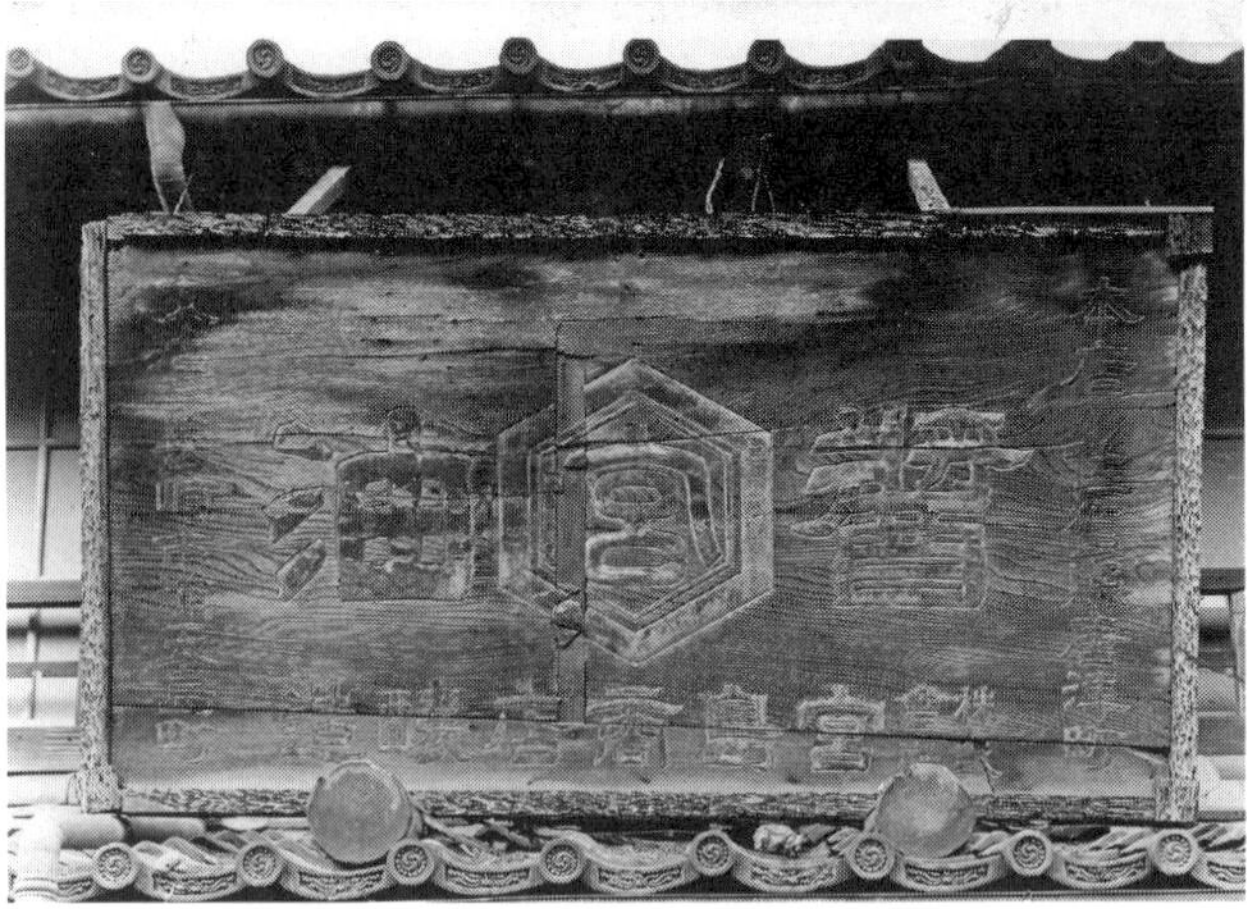

長崎支店の古い木看板。「醤油」と大書して「株式会社宮島商店醸造　本店佐賀県唐津町　支店長崎県五島町」とある。宮島商店が株式会社組織になったのは大正７年だから、それ以降の製作である

販売網の構築

販売戦略として、傳兵衛は自ら築いてきた炭鉱と水運の商圏を生かした。明治三十六年（一九〇三年）に宮島商店醤油部を拡張し、同四十一年に伊万里支店、同四十三年に長崎支店、大正三年（一九一四年）には戸畑支店と直方《のおがた》支店を開設した。長崎支店の開設にあたっては、かつて慶応年間に佐賀藩が開いた藩校・致遠館の土地と建物を買い取り、それをそのまま支店として使った。ここは副島種臣、大隈重信らが宣教師フルベッキから英学を教わった場所であり、副島と大隈は途中から教師も兼ねた。大隈らの教育者としての出発点とされる由緒ある場所で、傳兵衛は大胆にも醤油の瓶詰めや販売を行ったのである。今はその場所に早稲田大学による記念碑が建っている。

統計で見る宮島醤油

明治学院大学経済学部教授の神山恒雄氏（産業経済史）は、明治・大正期における傳兵衛の醤油業の足跡を研究されている。神山教授が「主税局統計年報」、「佐賀県統計書」などをもとに分析されたところ、佐賀県における醤油の移出入バランスは大正三年（一九一四年）に逆転している。つまり本格的な醤油醸造業が育っていなかった佐賀県においては、明治期を通じて醤油は他県から移入されており、移出される量は少なかった。いっぽう大正期に入ると、佐賀県は圧倒的な移出県となる。宮島醤油の新工場が年々拡張され、また北部九州

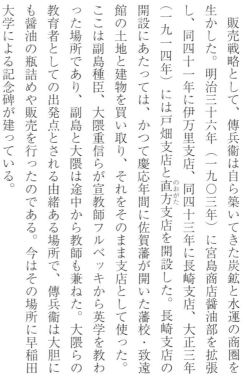

明治、大正期における佐賀県の醤油の統計　（単位：石＝180リットル）

和　暦（西　暦）	生　産	移　入	移　出	県内需要	自給率
明治９年（1866年）	5,539				
明治28年（1895年）	4,062	3,544	355	7,251	56.0%
明治36年（1903年）	8,013	2,037	1,910	8,140	98.4%
大正２年（1913年）	14,914	1,152	6,564	9,502	157.0%
大正９年（1920年）	21,521	2,015	6,463	17,073	126.1%

神山恒雄教授が各種統計をもとにまとめられたもの

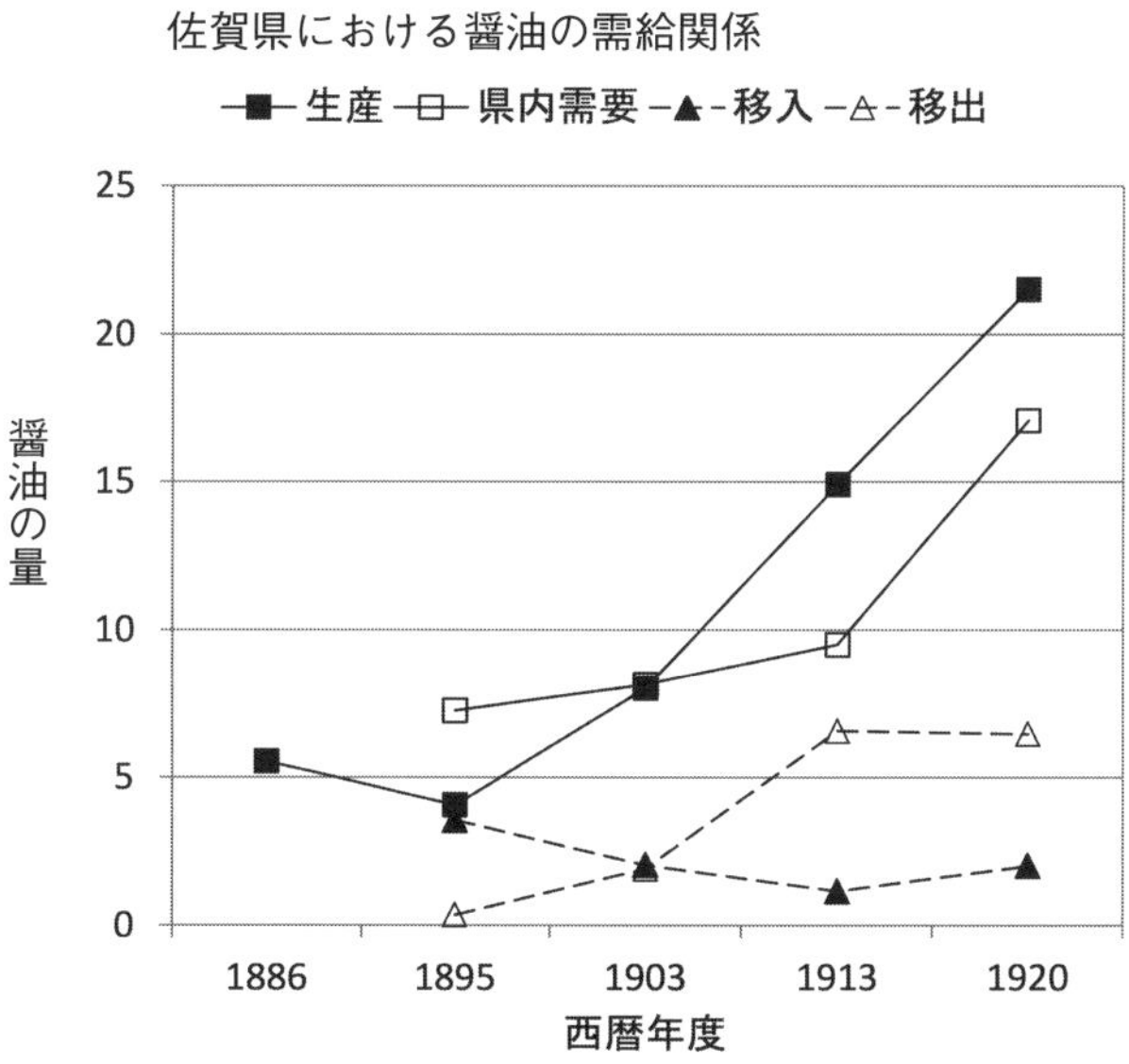

佐賀県における醤油の需給関係グラフ。上記表をもとに作ったもの。1903年（明治36年）頃に佐賀県は移入県から移出県に変わり、それ以後は県内需要、県外への移出とも、大きな伸びを示している

各地に支店が開設されたのが、この時期に当たる。明治三十八年（一九〇五年）の統計に拠れば、佐賀県に一〇〇〇石（一八〇キロリットル）以上の生産高の工場はなかったが、大正九年（一九二〇年）の統計では、九州で唯一、五〇〇〇石（九〇〇キロリットル）以上の生産高を誇る工場が佐賀県にあるとされている。宮島醤油

着物姿の七世宮島傳兵衛

は九州最大の醸造家になったのである。生産高はその後も増え続け、大正末期には一万石（一八〇〇キロリットル）を超え、昭和十四年（一九三九年）には一万八〇〇〇石（三二四〇キロリットル）に達した。

火薬事業の展開

石炭と海運から発した事業は、醤油醸造という新しい分野へと展開したが、いっぽうで炭鉱との深い結びつきを生かして、傳兵衛は産業火薬事業を始めた。

明治後期における輸送環境の変化

明治二十二年（一八八九年）、唐津港は国の特別輸出港に指定され、二十九年には木製の松浦橋が完成した。石炭の積み出し拠点として、唐津東港（現在の東唐津から唐津城址公園の一帯）は活況を呈し、公園下に置かれた宮島商店石炭部も栄えた。ところが明治後期にはこの環境に大きな変化が訪れた。鉄道の発達である。明治三十二年、厳木《きゅうらぎ》町から西唐津港までの鉄道が開通し、四十五年には山本ー岸岳間の支線も整備された。唐津炭田から唐津港への石炭輸送の手段は川舟から鉄道へと一気に変わった。三十六年には久保田において九州鉄道とつながったことにより、佐賀、長崎、福岡へも鉄道輸送が可能になった。神山恒雄教授によれば、唐津港への石炭輸送総量に占める川舟輸送の比率は明治三十五年の七十％から、四十四年には十％へと落ち込んだ。唐津港の様子も変わった。川舟から大型船への積み替えを行う唐津東港の利用は激減し、いっぽう、鉄道輸送の拠点である唐津西港（妙見）に大量の石炭が集積された。三菱、三井、貝島ら財閥各社は唐津西港に相次いで支店を構えた。東港はすっかり淋しくなった。

川舟輸送に重心を置いていた傳兵衛の事業はこうして再構築を余儀なくされた。この時期、傳兵衛は帆船三隻を保有していたので、問屋業と、そして再び遠隔地海運に熱心に取り組んだ。地元の環境が変化したといっても、海軍省、浅野商店など大口への販売は堅調だった。新たに神戸のギールス商会、長崎のアルベス商会な

石炭船と汽船で賑わう唐津西港（唐津市提供）

鉄道と関連施設が整備され、石炭積出港として賑わう唐津西港。唐津港はその後、更に西へと拡張されたので、西唐津駅に近い上記写真の一帯は現在は唐津東港と呼ばれている（唐津市提供）

ど関係を持ち、大連、上海などへの輸出も行った。明治三十八年（一九〇五年）には石炭販売のため上海に出張した。

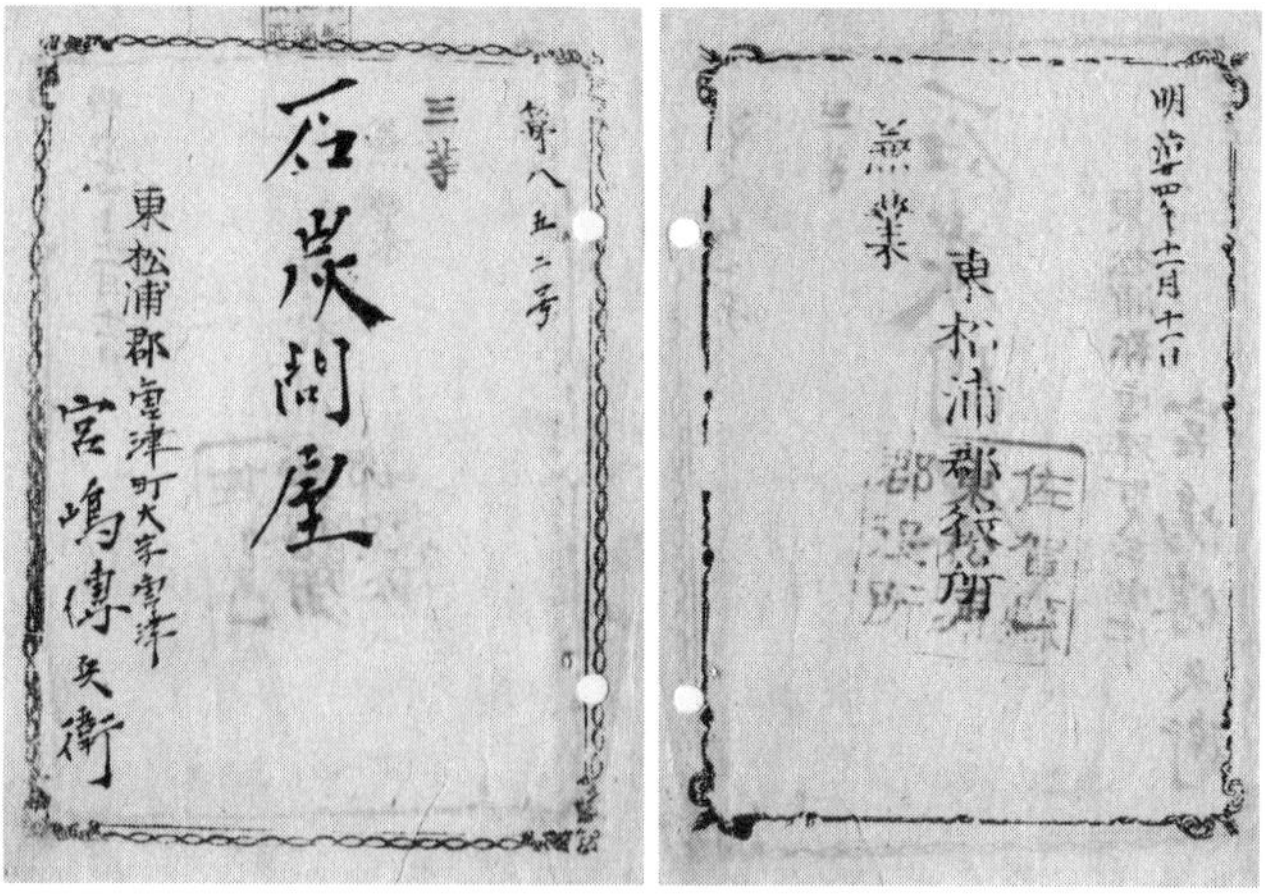

明治24年、東松浦郡役所が傳兵衛に対して発行した「石炭問屋」証書

炭鉱向け火薬の販売

輸送を中心とした石炭商売が時代の変化に直面してやや困難になったなかで、傳兵衛が打った次の一手は火薬事業であった。明治二十九年（一八九六年）、炭鉱向けに火薬類の販売を開始した。ダイナマイトはスウェーデンのアルフレッド・ノーベル（Alfred Nobel）によって一八六七年に発明されたものだが、わが国へは明治十二年、英国人モリソン（James Pender Mollison）によって初めて持ち込まれた。ダイナマイトを国内鉱山における岩盤の発破に使う試みは、明治十四年、三池鉱山での麻生政包（Ⅰ－5参照）の仕事に始まるとされている。

ダイナマイトの国内販売については、当初、モリソン商会が総代理店であったが、鉱山におけるダイナマイトの有効性が明らかになるにつれ、国内有力者が相次いで販売権の取得に乗り出した。渋谷商店（関東）が明治十五年に販売権を得たのに続いて、明治三十年代までに三田商店（東北）、粟屋商店（関西）、宮島商店（九州）、牛尾商店（九州）が相次いで参入した。

危険物なので、火薬の輸送と火薬庫の管理には特別の設備と細心の注意が必要である。初期においては危険ゆえに自動車輸送が禁じられ、舟と馬車が使われた。物流の専門家である傳兵衛にとって、これは得意分野であった。傳兵衛によって始められた火薬事業は、息子・徳太郎の時代になって更に成長した。唐津炭田だけで

昭和50年の池島（国土地理院ウェブサイトより転載）

なく、佐賀、長崎、福岡、山口各県の炭鉱が全盛期を迎えるに伴って、宮島の火薬事業も栄えた。この事業は第二次世界大戦後、宮島商事株式会社に継承され、こんにちに至っている。

しかし昭和三十一四十年代に実施されたエネルギー政策の大転換によって、わが国の石炭産業は大幅に縮小された。そして最後まで残った国内二鉱山のうち、長崎県の池島炭鉱が平成十三年（二〇〇一年）十一月に、北海道の太平洋炭鉱がその二カ月後に相次いで閉山した。こうして、わが国の石炭産業は終結した。九州最後の炭鉱となった池島炭鉱は、長崎県琴海町《きんかいちょう》の池島から東シナ海方向に掘り進められた海底炭鉱である。ここに最後まで火薬を納品したのが宮島商事であったことは、今では歴史上の事柄となった。

唐津火工品製作所の設立

産業用爆薬として、ダイナマイトが従来の黒色火薬などに比べて特に優れているのは、起爆感度が鈍いことである。打撃では爆発しないし、火をつけても静かに燃えるだけである。ダイナマイトを起爆するには、「雷管」と呼ばれる起爆装置（小型火薬）が必要である。明治時代にダイナマイトが産業用に実用化され始めた頃、雷管は、英国のグラスゴー・ノーベル社とドイツのハンブルク・ノーベル社製のものが使われていた。明治四十年（一九〇七年）、清水貞介、清水荘次郎らは神戸の奥平野において、これらの輸入雷管を加工して電気雷管を試作した。導火線

宮島商店長崎支店の看板。この写真は昭和年代のものだが、「醤油・火薬」という奇抜な組み合わせが驚きを呼ぶ。このような看板が九州各地の宮島商店出先に見られた

の代わりに電線を使い、電気信号によって起爆するのである。しかし清水らの最初の事業は販売不振のため失敗に終わった。そこで、本格的な商業生産をめざす電気雷管工場は産炭地に作るべきであるとの考えが生まれた。大正二年（一九一三年）、初の国産電気雷管製作会社として、「清水合名会社」が福岡県糟屋郡多々良村に設立された。代表者は神戸の田中佐太郎であった。この時、原料となる工業雷管をドイツ、イギリスから輸入したのが、宮島商店（唐津）と牛尾商店（福岡）と記録されている。このあたりのいきさつは、株式会社ニシカの会長であった故清水荘一氏が書いておられる。

その後、日本各地にいくつかの電気雷管工場が作られたが、大正五年、唐津市東町に設立された「唐津火工品製作所」もそのひとつである。この会社の設立の経緯を少し述べておこう。清水荘次郎は最初、和歌山県で電気雷管の製造を始め、九州の炭鉱向けの販売を宮島商店に委託した。傳兵衛は唐津炭を大阪に運んださいの

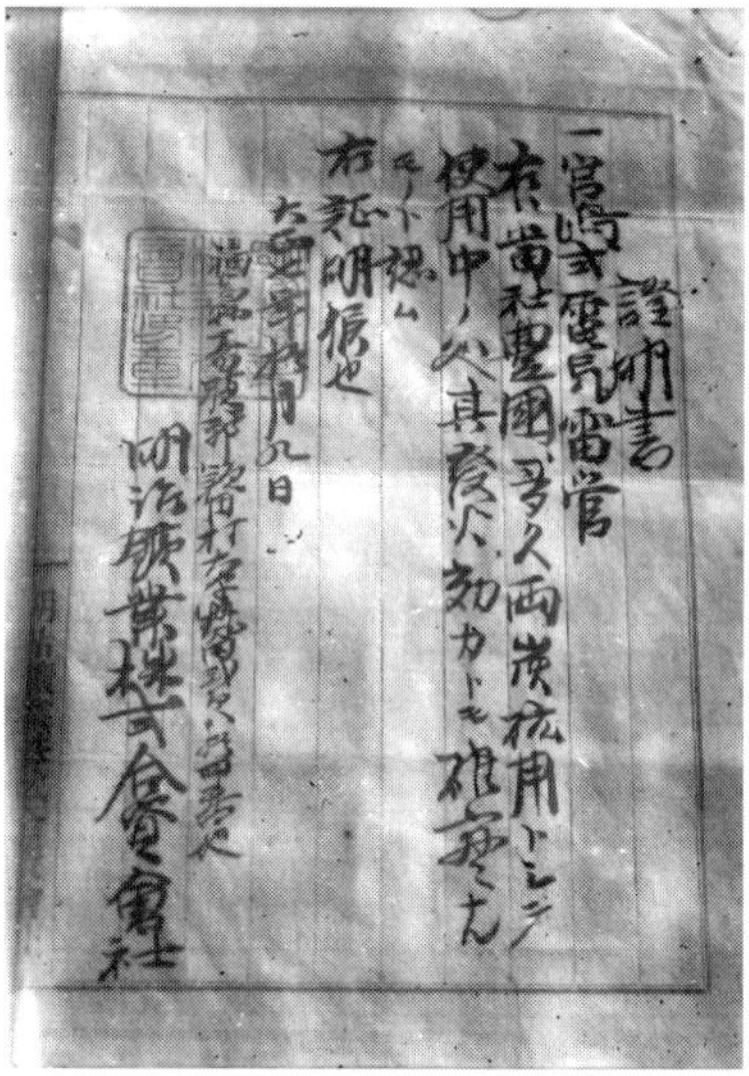

宮島式電気雷管の品質証明書。「証明書　一、宮島式電気雷管。右は当社豊国、多久両炭鉱用として使用中のところ、その発火、効力とも確実なるものと認む。右証明候也。大正7年10月9日　明治鉱業株式合資会社」

帰り船で電気雷管を九州に移送した。九州の産炭地での火薬使用量が増え、遠距離輸送も不便なので、九州に工場を作ることになり、清水が技術を、宮島傳兵衛・徳太郎が土地と工場を提供する形で「唐津火工品製作所」が設立された。工場は醤油工場に隣接しており、醤油と電気雷管が同じ敷地内で製造されるという、世にも稀な工場が唐津に出現することになった。

唐津火工品製作所は創業間もない頃、五棟の工場を持ち、従業員四十八名、年間生産量は二十一万個ほどで、販売先は貝島炭鉱（高島、崎戸、美唄《びばい》、夕張）、三井三池鉱山、満州鉄道などであった。唐津火工品は後に日本火薬製造（のちの日本化薬）らの資本参加を受け西日本火工品と社名を変え、現在の株式会社ニシカに至っている。唐津工場は平成年間まで電気雷管を製造した。

醤油と電気雷管を同じ敷地内（道路で隔てられてはいるが）で作るというのは、傳兵衛の事業の特質を極めて象徴的に表している。石炭と海運の事業で培った人脈、商圏、物流網と物流技術を活かして、醤油など調味料と火薬、電気雷管などを販売していったのである。

晩年

明治後期における宮島商店の事業構成

明治後期、傳兵衛の事業は多角化した。明治四十年（一九〇七年）の『佐賀県商工名鑑』に宮島商店の広告が掲載されている。当時の事業形態を示す史料として貴重である。また、現在も商標として使われている「キッコーミヤ（亀甲宮、六角形の中に宮）」がここで使われている。

この広告によれば、宮島商店は三部制を敷いている。

明治40年の『佐賀県商工名鑑』に掲載された宮島商店の広告（国立国会図書館ウェブサイトより転載）

石炭部：石炭輸出商、東京海上保険株式会社代理店、東洋汽船株式会社代理店、東京浅野商店石炭部代理店
醤油部：醤油味噌製造
雑貨部：鉄砲、火薬、ダイナマイト類一切、度量衡、札幌ビール、スコップ、浅野セメント、佐賀セメント、除虫油、其外雑品

この史料に表現されているように、明治後期から昭和初期にかけて宮島商店の事業を支えたのは、石炭、醤油、火薬という三本柱であった。雑貨部は火薬以外にもいろんな商品を扱っているが、その中に「度量衡《どりょうこう》」というものがある。江戸時代には物の重さ、長さ、容積などを測る器具の尺度（度量衡）が不揃いであったが、明治維新後は政府の定める厳密な尺度に統一されるようになった。そこで傳兵衛は明治六年、測定器具の較正、及び較正済み器具の販売を手がけた。傳兵衛の、時代の流れを見抜く先見性と商才を示す例である。

そのほかの事業を挙げておこう。傳兵衛が海運に乗り出した明治初期においては、和紙が重要な商品であった。唐津藩紙方役所と関係を持ったことは、初期の事業展開における重要な鍵であった。明治二十七年、傳兵衛は唐津の舞鶴酒造を買収し、酒造りと販売を始めた。明治三十四年に一〇〇石以上を生産したとの記録がある。これが後の宮島酒造株式会社となる。醤油の原料確保を念頭に置いて、塩の問屋を始めた。これが後の松浦塩販売株式会社となる。浅野総一郎との共同事業として、捕鯨にも取り組んだ。

経営改革

事業の規模と領域が拡大するにつれ、組織の整備が必要になった。傳兵衛が取り組んだ経営改革については、前出の神山教授が研究されている。まず明治二十九年（一八九六年）、「内部」を設立した。経営企画と資産管理を行う機関である。石炭部、醤油部などに対する本家からの投資額を決め、その投資額に対する配当を各部から受け取った。各部を独立採算制事業部としたのである。

次いで明治三十七年、「宮島家家憲草案」が作られた。これは草案しか残っていないから、正式に制定されたものかどうか分からない。ともかく草案によれば、同族五人以内からなる「同族会」を組織して、これを最高議決機関とする。財産は同族の共有として分家を認めない。同族内の「戸主」が「内部」を統括する。議決機関である同族会と執行機関である内部とを区別したのである。

山高帽を被ってポーズをとる傳兵衛

明治四十三年、合資会社宮島商店を設立した。資本金は十万円であった。同三十七年の改革では「内部」が資産管理と事業統括の両方を行ったが、この年の改革では、会社組織である宮島商店が事業統括を行い、「内部」の業務は傳兵衛の個人資産の管理に限定した。会社事業と個人資産管理とを分離したのである。神山教授によれば、一連の改革は当時の三菱、三井など財閥が行っていた経営改革を参考にしたものだという。

さて明治四十三年に合資会社宮島商店を設立するにあたり、長男の徳太郎を代表社員とした。次いで次男の明

英国での記念写真。左端が田中富太郎、右端が明治郎、その隣が傳兵衛

ナイアガラでの傳兵衛（右）と明治郎。実は同じ背景で何種類かの写真がある。つまり前景と背景とをくっ付けた合成写真である。新しいもの、奇抜なものを好む傳兵衛の性格がうかがわれる

治郎（明治十年生まれで、明治十郎とも呼ばれる）が米国から帰国すると独立させ、酒造と酒販売の事業を任せた。六年前に作った「家憲草案」を自ら改めて明治郎に分家（新家）を認めたのである。こうして六十二歳の傳兵衛は第一線の事業から退いた。

世界一周旅行

傳兵衛は出張や旅行を好んだ。商談、視察のための出張として、満州、朝鮮、台湾、上海、漢口、広東、香港、シンガポールなどに出かけた。仕事を離れた物見遊山としては、妻と共に讃岐、日光、伊勢、大和などに出かけ、妻を失った後には、傷心を癒すため馬で阿蘇に登った。病気療養には別府を選んで滞在した。親友で炭鉱家の古賀善兵衛とは滑稽な耶馬渓《やばけい》旅行をした。「昔を忘れぬため」と称して、善兵衛は柳行李《やなぎごうり》、紺の風呂敷包みに紺の脚半《きゃはん》、傳兵衛はしゅす張りのこうもり傘

傳兵衛古希の祝いに建造された「七寿丸」

に赤のケット（毛布）、浅黄のパッチ、紺の脚半といういで立ちで、行く先々で怪しまれながら、珍道中を楽しんだ。

旅行好き傳兵衛の集大成は明治四十二年の世界一周旅行である。観光も兼ねていたとはいえ、主たる目的は投資と事業拡張のための視察であったという。三月十八日、東洋汽船の千洋丸という一万二〇〇〇トンの高級船に乗って横浜を出港した。ホノルル経由でサンフランシスコに着き、そこに滞在していた次男の明治郎と会った。以後は息子同伴の旅となり、米大陸を横断して大西洋を渡ってロンドンに着いた。

日本郵船会社のロンドン支店に田中富太郎という青年が勤務していたので、彼の案内でロンドンを視察した。田中は傳兵衛と同じ唐津水主町の出身で、生家は宮島家のごく近所であった。傳兵衛は次いで欧州大陸に渡り、フランス、イタリア、スイス、ドイツ、ロシア各国を視察し、シベリア鉄道でユーラシア大陸を横断してウラジオストクに辿り着いた。そこから敦賀港《つるがこう》に渡って、七月二日、唐津に帰った。三カ月半に及ぶ大旅行であった。

古希の祝いとその後

大正六年（一九一七年）の五月、傳兵衛は古希（七十歳）を迎えた。お祝いに「七寿丸」という船が造られるなど、少し豪勢す

銅像の土台の上に建てられた「彰徳碑」。
写真は昭和27年の除幕式

傳兵衛の銅像

ぎるお祝いが行われた。傳兵衛は自宅に三〇〇人の人々を呼んで自祝の宴を催した。ここで正式に家督を徳太郎に譲り、また、地元への感謝のしるしとして、奨学資金一万円を郡に寄付した。こうしてほぼすべての事業から引退した傳兵衛は、翌大正七年九月に死去した。

景勝地として名高い虹の松原の中に唐津市民の共同墓地があるが、傳兵衛の墓もそこにある。没後、東町の自宅前にある小高い丘の上（宮島公園）に、海を眺める傳兵衛の銅像が

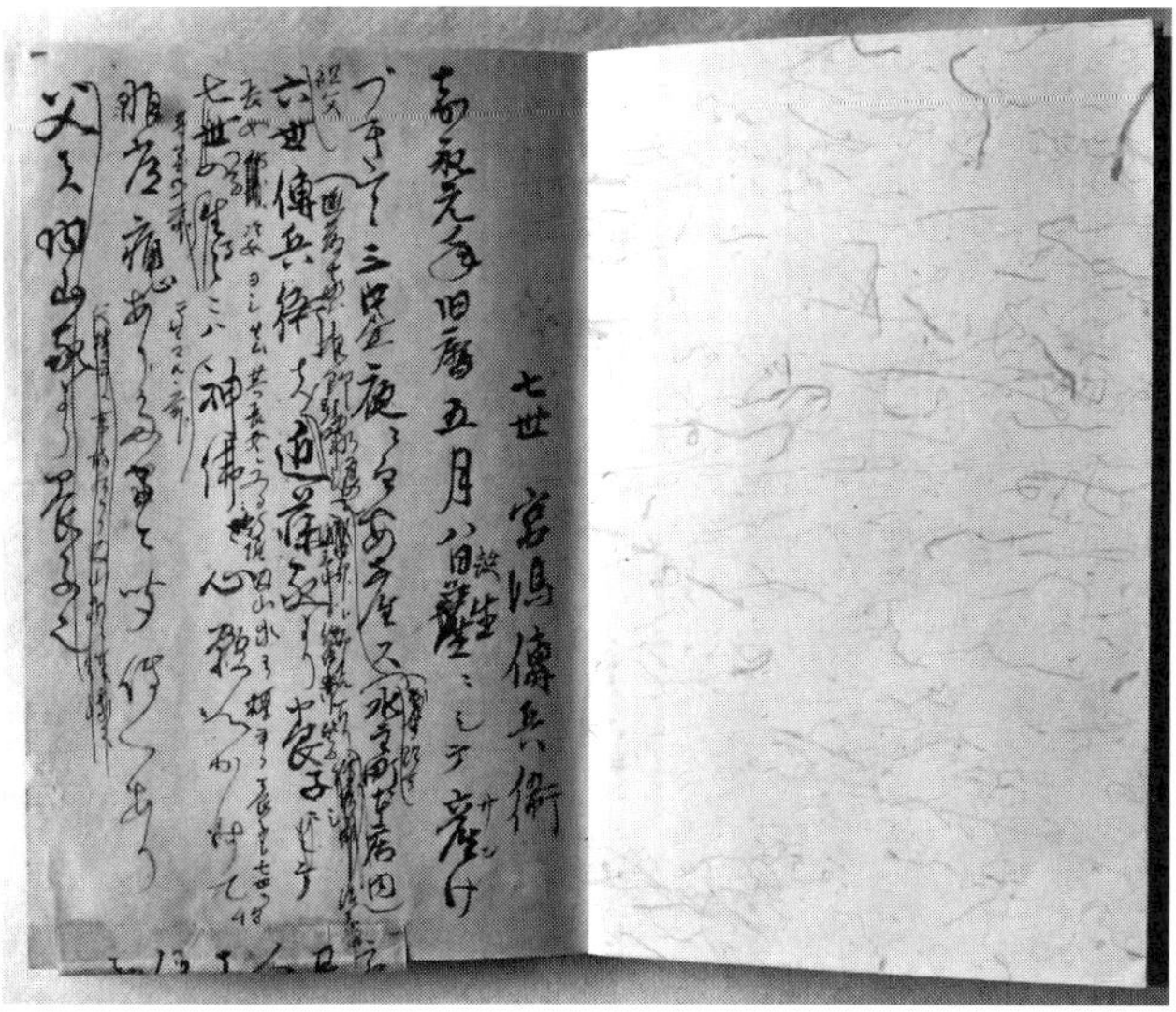
傳兵衛「自伝」の冒頭

建立された。第二次世界大戦中、土台だけを残して政府に供出されたが、戦後の昭和二十七年（一九五二年）、従業員有志によってその土台の上に「彰徳碑」が建立され、今に至っている。

宮島商店本体の事業は徳太郎が継承し、酒事業は明治郎が受け継いだ。塩の松浦塩販売、炭鉱の宮島鉱業、電気雷管の唐津火工品製作所など、いくつかの個別事業会社もそれなりに順調に継承された。ロンドンで傳兵衛を案内した田中富太郎は帰国後、傳兵衛の孫トヨと結婚し、次いで本町の立花家に家族養子の形で入り、立花富太郎を名乗った。その息子・立花徹三は「水野旅館」を興し、現在は富太郎の孫・研一郎氏に引き継がれている。

傳兵衛に関する史料と研究

傳兵衛の事跡を研究するうえで最も重要な史料は「自伝」である。手書きの難解な毛筆文字で書かれており、おまけに独特の表記や言い回しもあって、現代人には読みづらい。それを解読して評伝の形にまとめたのが『七世宮島傳兵衛』（宮島庚子郎《こうしろう》著）である。庚子郎は傳兵衛の孫であり、自身は鉱業家として杵島炭鉱の坑長などを務めた。宮島醤油、宮島商事の役員も務めた。

明治学院大学経済学部の神山恒雄教授はこれらの史料を研究し、独自の調査結果をも加味して、「七代宮島傳兵衛・宮島醤油の創業者」を書かれた。氏は傳兵衛の事業転換の巧みさを指摘している。傳兵衛は遠隔地海運からスタートした事業を明治十年代に

「石炭の川下し」へと拡げた。この時代、国内輸送の手段は帆船から汽船へ、更に陸上では鉄道輸送へと大きく変化しつつあった。しかし変化は急激には起こらず、新旧の輸送手段がしばらく共存した。こうしたなかで傳兵衛が行った、帆船による遠隔地輸送と川舟による近距離輸送は、いわばニッチ（隙間）産業であった。

時代の転換期に現れる隙間産業は、一時的に大きな利益を上げるが、長続きしない。そこで傳兵衛は第二の大転換を図る。それが醤油であった。傳兵衛は、自身の石炭輸送業が長続きしないことをたぶんよく理解しており、それに代わる「永遠の商売」を求めて醤油醸造業を始めた。この見識が正しかったことは、その後の宮島醤油の発展が証明している。

産業火薬事業もまた、傳兵衛の決断の速さと的確さが示された好例である。自ら炭鉱を経営するのは決して上手とは言えなかったが、石炭商としての豊富な実績と物流ノウハウを生かして、いち早くダイナマイトの販売に乗り出した。それだけでなく、電気雷管を自社製作することで石炭業界に確固たる地位を築いた。

神山氏は、傳兵衛の事業展開の手法を「連続性を伴った転換」と特徴づけている。その通りだと思う。一見、大きな転換と見えることでも、よく見るとそこには従来の事業で培った経営手法、人脈、商圏などがうまく活かされている。明治期という変化の激しい時代を生き抜く事業家として、特に必要な資質であったと思われる。

なお、七世以後の「傳兵衛」という名については若干の混乱があったのでここに記しておく。宮島家の当主は傳兵衛を名乗る人が多く、たくさんの傳兵衛を区別するために「○世」と呼んでいる。しかし戸籍上の名は「傳兵衛」であり、「○世」は付かない。七世傳兵衛の長男徳太郎は終生、傳兵衛を名乗らなかった。昭和三年、徳太郎の死に伴い、その長男・甲子郎《かしろう》が傳兵衛を襲名した（この時点では八世）。昭和十七年、甲子郎の死に伴い、その長男・潤一郎が傳兵衛を襲名した（この時点では九世）。宮島庚子郎氏と神山恒雄氏の著作ではこの呼称が使われている。ところが昭和二十七年、宮島醤油株式会社は醤油製造七十周年、七世傳兵衛彰徳碑除幕の機に、宮島家とも協議のうえ、徳太郎を八世傳兵衛と「追称する」ことを決めた。これ以後、徳太郎の子が九世、孫（二〇一九年現在の傳兵衛）が十世と呼ばれている。

参考文献

七世宮島傳兵衛著「自伝」

宮島庚子郎著『七世宮島傳兵衛』（1944年初版印刷、1993年復刻印刷）

神山恒雄著「七代宮島傳兵衛――宮島醤油の創業者」（『日本史学会年次別論文集』1991年版・近現代1、日本史学会、1992年）

神山恒雄著・宮島醤油株式会社編『七世宮島傳兵衛』2002年

日本産業火薬史編集委員会編『日本産業火薬史』日本産業火薬会、1967年

清水荘一著『西日本火工品のあゆみと日本化薬』1983年

［補論］近世唐津藩における学問と教育

この本では、明治時代に活躍をした唐津ゆかりの人々を紹介した。幕末から明治維新という激動の時代に、彼らがどのように生きたかを中心に記述したが、その土台として、藩政時代の唐津藩における少年教育の充実があったと思う。譜代大名の転封によって各地の異文化が持ち込まれたことが、教育にも独特の活気を与えた。歴代の藩主と藩民の努力によって教育、特に民間教育の良き伝統が育まれ、この地の文化の一端をなしたように思う。近世唐津藩の学問と教育については、故進藤担平氏らによる研究が知られており、『唐津市史』（唐津市史編纂委員会、昭和三十七年）に同氏によってまとめられた記述がある。近年では山田洋氏が庄屋文書の研究をもとに教育についても新たな光を当てておられる。この補論では、先輩たちの研究に学びながら近世唐津藩の学問と教育について概観する。

江戸時代の儒学と朱子学

幕藩体制における武士は、軍人でありながら同時に執政官でもあった。国政や藩政を行うにあたって指導原理とされたのは、主に中国の古典であった。孔子の教えをまとめた『論語』など中国の古典から導かれる倫理学は儒教あるいは儒学と呼ばれ、これを身につけることは武士のたしなみとされた。儒学者の中には大名など有力な武士に請われて藩士の教育にあたる者もいた。更には執政への助言や政策の立案に関わることも珍しくなく、彼らは儒官と呼ばれた。学者と政治家との関わりは現代社会よりも密であった。

北宋の時代の中国の学者・朱熹《しゅき》はスケールの大きな思想家で、後に朱子学と呼ばれる学問の創始者となった。朱子学には「理」という概念があり、宇宙や社会のあるべき姿を指す。理にかなった社会が良い社会であり、理に基づく実践が善である。『論語』を中心に、『大学』、『中庸』、『孟子』を加えた「四書」を読み解くことで、理とは何かを体得する。こうした考えは社会の秩序を維持するのに役立つと考えられたので、元《げん》の時代に国家公認の学問とされ、科挙《かきょ》の試験問題は朱子学に基づいて作られるようになった。わが国では林羅山《はやしらざん》らが朱子学者として知られ、林家の学校であった昌平黌《しょうへいこう》が寛永年間に幕府の学問所となったことで、わが国でも朱子学が江戸幕府公認の学問となった。幕府の儒官の多くは朱子学者で占められ、それが藩にも伝播した。儒学者の中には医学を修める人もいて、儒医と呼ばれた。医者を兼務することで収入が増えるという利点もあったのだろう。

朱子学は中国の古典から宇宙、社会、家族、個人のあるべき姿を導き、理想の人格と社会を実現するために精進することを求めるから、謹厳で保守的な思想となることが多い。「父は父、子は子、君は君、臣は臣」(『論語』)などの言葉でそれが表現される。しかし古典の解釈には様々な見解がありうるから、朱子学者の中でも立場が分かれ、複数の学派が生じる。儒官の中にはあるべき理と現実の政治が余りにもかけ離れていることに失望して野に下る者も出る。この人たちが塾を開くから民間教育が盛んになる。また、理にかなわぬ権力は打倒すべきだと考える人も出て、保守思想のはずだった朱子学から反体制思想が生まれることもある。こうして江戸時代の学問、特に儒学は多彩で多様な展開を生み、官民ともに教育が活発になっていった。

寺沢政権と庄屋制度

安土桃山時代、唐津城を築城したのは豊臣秀吉の家臣であった寺沢志摩守広高《てらざわしまのかみひろたか》である。文禄四年（一五九五年）、広高は唐津藩の藩主となったが、それ以前の唐津地方は波多氏、草野氏を中心とする松浦党と呼ばれる人々によって、四〇〇年近くも統治されていた。岸岳城という城もあった。波多一族は秀吉に服従しなかったので追放され、そこへ秀吉の家臣である寺沢志摩守広高が赴任したのである。寺沢氏にはいろんな苦労があった。武力によって波多氏や草野氏を排除したものの、人心を掌握するのは容易でない。そこで広高は松浦党の遺臣たちを中心に大庄屋《おおじようや》を任命し、各々の地域をまとめる特権的地位を与えた。後の代官に近い役割であり、農民たちも大庄屋が自分たちの代表として藩と交渉してくれるので、この制度を歓迎した。後の水野氏時代の史料によれば、大庄屋は三十四名で各々五十人の農民を扶養し、これ以外に小庄屋がいた。

志摩守広高は唐津城の築城、大規模な土木工事による松浦川河口整備、虹の松原防風防潮林の造成と広大な農地の整備など、数々の業績を残した名君である。庄屋制度によって武士と農民が親和する気風を育てたことも後世に残る善政のひとつとされるが、いっぽうで歴代の唐津藩主は強すぎる庄屋の存在に悩むことにもなった。寺沢氏を継いだ大久保氏以降、唐津藩は徳川家の高級家臣が交代で藩主となった。このため藩主と領民との結びつきが弱く、農民たちは庄屋に頼ることが多かった。歴代藩主にとって、庄屋といかに付き合うか、庄屋をいかにまとめるかが領民支配の勘所《かんどころ》であった。志摩守広高が庄屋を手厚く遇したため、後の世に藩対庄屋・農民の争いが起きたさい、庄屋・農民側の主張はしばしば「志摩守様時代に戻せ」というものであった。

庄屋は歴史研究においても重要な位置を占めている。転封が繰り返される譜代藩では長い年代にわたる系統的な史料が藩主側に残りにくい。唐津の郷土史を研究するにあたっては、「庄屋文書《しょうやもんじょ》」が大切な史料となっている。

土井政権と奥東江

奥東江《おくとうこう》は寛永十七年（一六四〇年）近江の国に生まれた。本名は奥清兵衛とされ、正命という名も知られているが、東江という号で呼ばれることが多い。近江聖人と呼ばれた中江藤樹《なかえとうじゅ》を慕い、自分は東近江《ひがしおうみ》の生まれなので東江と称したのではないかと言われている。主として京都で儒学と医学を学び、民間の医者となった。貞享二年（一六八五年）、鳥羽藩（今の三重県）の藩主・土井利益《とします》に儒医として招聘された。元禄四年（一六九一年）利益が唐津に転封となったので東江も儒官として唐津に移った。藩主・利益の信頼厚く、儒学を教えるだけでなく藩民を大切にする政治を実践し、人々に尊敬された。元禄十年の大飢饉に際しては、藩の御用蔵から米数千俵を供出して領民を飢餓から救った。これが前例となり、危急のさいには公米を配給するという唐津藩善政の礎が築かれた。江戸の唐津藩邸が大火により焼失したさいには、「あに君恩に報いざらんや」と、藩民がこぞって金品を献上し、あるいは賦役に就いたとの記録がある。元禄十一年、東江が江戸詰を命じられた際には藩民が泣いて別れを惜しんだという。

江戸にはまだ九歳の藩主後継者・利実《としざね》がいた。東江は幼君の教育に熱心に取り組んだ。江戸で政務を司るにあたっては、当時蔓延していた賄賂を厳しく禁じた。このため役人たちに恨まれ、ついに辞表を書くが引き留められる。

元禄十五年、土井利益は東江に唐津への帰還を命じた。しかし近江の母が病んでいたので東江はその看病を申し出て容れられ、唐津への帰途、近江でしばし看病の日を送った。元禄十六年母を看取り、服喪中の翌年（一七〇四年）自らも病死した。六十四歳であった。東江の帰還を待ちわびていた唐津の人々はたいそう悲しんだ。「愁色藩内を蔽い、幼主涙下る」（『唐津市史』）とある。

奥東江の学問は形式に走ることなく、実践的な問題を取り上げ、しかもそれを実際の執政に生かしたので、多くの門下生を生み、唐津では「奥流の学」と呼ばれて尊敬を集めた。中江藤樹を慕ったので陽明学の流れを汲んでいるが、後に述べる浅見絅斎《あさみけいさい》は東江について、特定の儒者を師とせず、多くの師に学んで独自の学を立てたと賞賛した。

崎門の朱子学と三宅尚斎

江戸時代前期、林家の主流派朱子学に対抗して、厳格な文献学的研究と修行によって聖人に至る道を説いた儒者に山崎闇斎《やまざきあんさい》がいる。幕府に対して距離を置き、多くの門弟を育てた。闇斎の学派は「崎門《きもん》」と呼ばれ、明治期にまで続く大きな学派となった。なかでも三宅尚斎《みやけしょうさい》、佐藤直方《さとうなおかた》、浅見絅斎《あさみけいさい》という三人の高弟は「崎門の三傑」と呼ばれた。

三宅尚斎は寛文三年（一六六三年）播州（今の兵庫県）明石に生まれた。京都で医学を学び、十九歳の時、山崎闇斎の門を叩き、儒学の道に入った。武蔵国忍藩《おしはん》（現在の埼玉県行田市）の藩主・阿部正武《あべまさたけ》に儒官として雇われた。将軍・徳川綱吉が忍城《おしじょう》を訪れたさい、論語を講じる機会を与えられた。この時、綱吉が尚斎の学問の深さに感嘆したことにより、世に知られる学者となった。

儒官として正武に十年間勤めたのに、自分の提言が一向に実施に移されないことに失望し、仮病を使って辞職を申し出るが、藩主が認めない。幾度も辞表を提出するなど反抗が過ぎるので、宝永四年（一七〇七年）ついに投獄される。忍城の獄中に三年いたが、そのかんも釘で指を切りつけ、流れる血で用便の紙に文書を記すなどの熱血ぶりが伝えられている。当時、幕府は君臣の秩序を重んじる朱子学を公認の学問とし、それに反対する学派の学者たちを弾圧した。尚斎の学問は独自性が強く、どちらかというと実践を重んじる陽明学に近かった。尚斎投獄の背景には正武が幕府の意向に沿ったのだという説もある。

出獄を許されると尚斎は正式に官職を辞して、京都に培根堂《ばいこんどう》、達支堂《たつしどう》を開いて民間教育に専念した。時流におもねらず自らの学問に忠実な生き方をし、そのために獄中三年という苦難を経験した尚斎は、人々の尊敬を集め、京都の私塾は盛況であった。尚斎は唐津の教育に直接関わっていないが、吉武法命《よしたけほうめい》が京都で尚斎の教えを受けたことから、間接的な影響をもたらしたと言える。

唐津藩校盈科堂

土井政権の二代目・土井利実は学問と武術を奨励し、享保八年（一七二三年）、二の門内に藩校「盈科堂《えいかどう》」を開いた。開校の精神と教学の大綱を「盈科堂記」として、自ら筆を執ってこれを書き、講堂に掲げたという。『孟子』の一節「盈科而後進（科《か》に盈《み》ちて後《のち》進む）」からとった名ではないかと言われている。

開校時の講師として吉武法命と原雙柱を指名し、次いで合田忠蔵、宇井兼山《ういけんざん》、金沢脩軒らが講師を務めた。堀江九平次、金子新内、小野田平四郎らが読書指南を務めた。法命らは奥東江の教えに学び、現実の問題を取り上げて討論、批判、実践する「奥流の学」を推進した。

しかし、藩主・利実は幕府の意向を受け、当時の主流派朱子学者・稲葉迂斎《いなばうさい》を起用し、江戸詰め武士たちへの教育を担当させた。学問に熱心な利実は特定学派にとらわれず学者を起用し、論を戦わせることを期待したとも言われる。このため藩士たちは師を選び、各派の師が競った。傾向としては、江戸詰めを経験した武士たちが稲葉迂斎と主流派朱子学、唐津の武士たちが吉武法命と「奥流の学」を信奉した。しだいに学派間の対立が激しくなり、ついに吉武法命が官を辞して野に下ることになった。

法命が去った後、城内の学問は下火となったが、土井家四代目・利里の時、原尚庵《はらしょうあん》が招かれ教授となった。原三右衛門とも名乗った。尚庵は京都で医学を学んだ後、古学派の儒者として任官し、宝暦十二年（一七六二年）利里が古河《こが》（今の茨城県古河市）に移封となるまでの十五年間ほど、盈科堂教授を務めた。原と共に学校（盈科堂）も古河に移った。

吉武法命

吉武法命は貞享二年（一六八五年）鬼塚の山田村に生まれた。兄は宗信といい、のちに九郎兵衛と改めて唐津藩の家老になった侍である。法命は奥東江に学んだ後、京都に出て三宅尚斎の門に入った。吉武法命が尚斎の門に入るに至った経緯が興味深い。法命は「崎門の三傑」に質問状を送り、尚斎の返書が最もよかったので、その門を叩いたという。上下関係の厳しい封建社会において、弟子になろうとする者が先生たちを試験して選んだのである。学問が盛んで、諸派が競い合っていた江戸前期の闊達な雰囲気を感じさせる逸話である。

正徳四年（一七一四年）法命は唐津藩の代官職となったが、享保五年（一七二〇年）辞職した。上司との折り合いが悪かったようだ。代官時代、法命は学問好きの子弟を集めて経書を講じた。この時の弟子たちが、下野した後も法命を師と仰いだ。

無量軒学校のあった場所（唐津市海士町）

野に下った後も、法命に対しては再三にわたって任官の誘いがあった。例えば享保九年には、請われて呼子定番職に就いている。しかし、法命は道義の退廃、政治の堕落を厳しく批判し、「奥流の学」を推進したので、当時の官僚たちと折り合いが悪く、享保十七年には隠居を申し出、翌年には城内の住居も引き払って山田村に引っ込んだ。隠居の理由として母の死に服喪したとの説もある。

「隠居」によって公務員としての義務から解放された法命は、民間教育に本格的に取り組んだ。山田村から船宮に居を移し、自宅で少年たちに教えたが、次いで自宅に近い海士町《あままち》に無量軒学校を開き、ここを拠点とした。

当時の民間教育は、少年たちが教師の自宅を訪れて学ぶという形態が一般的であった。法命の子弟たちも、城内、山田村、船宮と教師が引っ越すのを追いかけて教えを請うた。船宮での教育の規模がしだいに大きくなり、無量軒学校へと発展したのだろう。海士町学舎、海士町学館とも呼ばれたようだ。ここに集った少年たちとしては、前田正作、楢崎九吉、楢崎斧三、稲葉実弥、大谷次吉、冨田才治、向杢弥《むかいもくや》、峯平蔵（のちの向復斎《むかいふくさい》）らがいる。前田が特に秀でていたとの記録がある。学校では座学に励むだけでなく、食事をしたり、自由に寝泊りしたりもできたので、ここに住む塾生もいた。

塾の大切な行事として、孔子、山崎闇斎、奥東江の遺徳を讃える「三神祭」が行われた。法命が特定学派に縛られず、自らの尊敬する先人を祀っていたことが分かる。法命の教えは手紙などに残されている。例えば弟子の復斎には、書物を読んで知識を増やすのが学問ではない、高い志を持つこと、義の心を磨くことが大切だと説いたくだりがある。「学と言えば世俗には書物を読むと存じ候《そうろう》は誤りに候」「書物は入れ物の箱にて、中の義理が玉に御座候《ござそうろう》」「人事の惑いを書物の義理にて磨きぬくにて御座候」。分野としては儒学だけでなく、天文学、暦学、数学、兵法、剣道なども講じた。

教育の方法としては「講習、輪読、討論、学論」が行われた。学論とは複数の教師に塾生たちの前で討論させ、教師たちの互いに異なる見解に対して塾生にその是非を述べさせる教育法である。こうしたやり方で地位や学派に縛られない考察力や批判力を養い、現実に発生する諸問題に対して有効な解決策を考えて述べさせ、それを実践させるのである。「独学は固陋《ころう》にして損多く、朋友講習益多し」と記し、集団学習こそが優れた教育法であるとした。

法命塾の広がり

法命の評判を聞きつけて、教えを受けるために船宮の自宅を訪れる人が増えてきた。法命は留守していることが多くて申し訳ない。考えてみれば、少年たちに比べて仕事を持つ成人たちには時間の自由がない。そこで時間と場所を予告して、藩内各地で講座を開くことにした。これが成功して評判となり、各地で塾が開かれた。新隍精舎（新堀）、時習堂（あるいは自習堂、十人町）、希賢堂（宇木、町田）、船宮塾（船宮）、錦習堂塾などである。

法命の弟子たちは唐津の中心部だけでなく農漁村地帯からも集まった。この人々の熱意により、法命の教え

吉武法命の墓（唐津市神田）

は藩の全域へと広がっていく。相知で酒屋を営んでいた進藤源右衛門の出資により一七三〇年代（享保から元文に移る頃）に信斎塾が開かれたのを皮切りに、「民間七塾」と呼ばれる学校が次々に誕生した。開設順に記すと、①信斎塾（相知、一七三〇年代）、②強亭塾（平原草場、一七三〇年代）、③習化堂（玉島梅崎、一七四〇年頃）、④買珠亭（徳須江、一七四三年）、⑤思順亭（吉井、買珠亭の少し後）、⑥新々斎（双水《そうずい》、一七四七年）、⑦自習亭（佐志、一七五九年）である。「七塾」以外にも由義塾（横武、有浦、原）、神集《かしわ》精舎（神集島）、蘊徳軒《おんとくけん》（あるいは柏薗、柏崎）、観蘭堂（石志《いしし》）、濯桜堂（徳武）、帰厚舎（鏡）、愛日亭（見借《みるかし》）などが知られている。進藤担平氏の表現によれば「若人たちの感激が民間塾の導火線となって燃え広がったのである」（『唐津市史』）。こうして武士だけでなく農民にも学問が広まり、批判力や自立心が涵養《かんよう》されたことが、後に述べる百姓一揆の誘因ともなったのであろう。

　双水の新々斎は海士町の学校を移したもので、法命はここと佐志の自習亭を中心に、各地の塾を巡回して熱心に教育に当たった。当時としては長寿で、宝暦九年（一七五九年）七十四歳で没した。民間教育に専念して二十七年、任官時代から数えれば四十五年の長きにわたって藩民の教育に携わり、藩の全域に優秀な人材を育て、後世に大きな影響を残した。

吉武法命の門下生たち

法命の塾では法命を筆頭とする師範たちが教えた。例えば寛保元年（一七四一年）徳須江の買珠亭の記録を見ると、師範とその教授科目として冨田多平（礼）、楢崎久吉（楽）、吉武法命（武）、向平蔵（算、のちの復斎）、楢崎新作（書）、冨田才治（書）、楢崎斧三（読書）と記されている。師範以外の管理職として「助講」があり、そのうち「考訂」として前田正作と向平蔵の二名、「舎長」として楢崎久吉と冨田才治の名がある。

大谷次吉は享保十四年（一七二九年）、平原村の貧しい農家に生まれた。農業に従事しながら強亭塾に入り、次いで海士町の塾舎に居を移して勉学に励んだ。「雪降る夜に池に入って眠気を醒まして勉学に励んだ」という逸話が残っている。延享四年（一七四七年）、十九歳にして双水の庄屋に抜擢され、次いで佐志、滝川の大庄屋を歴任し、寛政五年（一七九三年）六十五歳で没した。双水と佐志に法命門下の指導的な塾が開かれるにあたっては、庄屋であった次吉の貢献が大きい。次吉の弟の元吉も兄を継いで庄屋となり、学問の振興に努めた。

多治見礼助は法命に軍事と神明流剣術を教わり、薩摩藩に移って師範となった。法命は唐津藩の剣術指南役であった川上随翁の教えを受けたようである。法命の長男・十太夫敬親は新陰流《しんかげりゅう》の達人で、土井家の剣道師範を務めた。

大草庄兵衛は九里に生まれ、法命に学んだ後、寛政十二年、十五歳の時、勉学と武術を磨くため、江戸に出奔した。幅広い学問を修めたが、特に砲術に優れていた。任官の話は多かったが、自由な知識人として生きることを選び、各地に師範として呼ばれ、砲術その他の学術を教えた。「砲術の秘訣は仁なり」という言葉が知られている。

陶工の家である中里家も学問に熱心で、日羅坊らが法命に儒学を学び、人格者として知られた。

宝暦十二年（一七六二年）、土井家が古河に移封されたことにより、唐津藩は優れた藩校と儒学者を共に失った。代わって岡崎藩（今の愛知県）から水野忠任《ただとう》が藩主として着任したが、水野家の家臣は優秀な学者を欠いていた。いっぽう民間塾は隆盛を極めていた。「教育に関しては官より民の方が上」という官民格差が最も顕著な時代である。藩臣とその子弟もこぞって民間塾に通った。多久《たく》の高名な学者である草場佩川《くさばはいせん》も「唐津封内民俗敦厖《とんぼう》」と記している。「敦厖」とは真心がこもっているというような意味と思われる。

冨田才治と虹の松原一揆

虹の松原一揆は藩政時代の唐津における最大の政治的事件である。宝暦十二年（一七六二年）、岡崎藩主水野忠任が移封されて唐津藩主となった。従来より唐津藩は財政難であったが、岡崎からの移封の費用負担も大きく、藩財政は困難を極めた。そこで忠任は明和八年（一七七一年）、新たな税を課した。耕作不適地にも課税するなど、寺沢氏以来、藩主と農民とのあいだで培われてきた善政の伝統を損なうものであり、農民の生存をも脅かす過酷な税であった。人々は驚き、怒った。

冨田才治は今の唐津市の東部、平原《ひらばる》村の大庄屋の家に生まれた。吉武法命のもとで学び、法命の高弟となった。血気盛んで、山鹿流の兵学も学んだ。才治も今回ばかりは増税を撤回させるしかないと心に決め、密かにかつ周到に一揆の準備を進めた。藩に融和的な庄屋たちと絶交した。絶交した人々の中には佐志の大庄屋・大谷次吉、徳須江の大庄屋・前田庄吉、大村の大庄屋・楢崎九兵衛など、法命門下で共に学んだ盟友たちがいた。

虹の松原一揆の顚末は様々に語り継がれており、真偽不明な部分もあるようだが、概略以下のようだと思われる。七月二十日の未明、農民たちは続々と「虹の浜御領境」（虹の松原の藩領と幕府領の境界）付近に集結した。唐津城では緊張が走ったが、才治らに率いられる農民たちは松原から一歩も動かず、増税の撤回を求める静かな抗議行動に徹した。二十二日夜には名護屋など漁村から漁民も集まり、二万五〇〇〇人に達した。農民の代表が藩の役人に新税の撤回を訴えた。交渉が難航すると農民たちは藩役人の制止を振り切って幕府領に移動する動きを見せる。農民たちが大挙して幕府領に無断侵入したことが幕府に知れたら、唐津藩は厳しい叱責を免れない。役人たちは困惑し、ついに増税を撤回せざるを得なかった。暴動や武力衝突を起こさず、静かな抗議行動によって要求を勝ち取った、稀有の農民一揆であった。

面子をつぶされた藩の役人たちは、一揆の首謀者を裁かないわけにはいかない。首謀者の捜索が執拗に行われたが、農民たちは口を割らない。藩と農民との厳しい対立関係が続いた。たまりかねた才治らは、武家の面目を立てながら争いを終結させるために自首した。翌明和九年三月十一日、四人の指導者・冨田才治、智月（半田村《はだむら》常楽寺の和尚）、麻生又兵衛（半田村名頭）、市丸藤兵衛（半田村）の斬首処刑が西の浜で執行され、首は虹の松原西口にさらされた。

虹の松原一揆のさい、藩役人の命令を農民たちが笑って聞き流す様子が伝えられている。当時の唐津藩では藩の権威が低下しており、武士が農民に対して強権的な支配をしなかったので、一揆中といえども何やら牧歌的な雰囲気が漂っていたことをうかがわせる。農民たちはいっぽうで才治らの指揮のもと、一糸乱れぬ行動をとった。唐津の民間人の中に、藩の高官をもたじろがせる指導者が育った背景には、奥東江、吉武法命らから脈々と伝わる教育の伝統があったに違いない。

冨田才治の墓と伝えられる無刻墓（唐津市浜玉町平原）

唐津市浜玉町平原の冨田一族の墓地に、才治のものと伝えられる墓がある。才治の父母、兄姉たちの墓に近く、ひとつだけ文字の全く刻まれていない大きな墓石がある。罪人を手厚く葬ることが許されなかった時代、人々は墓地の中央に大きな「無刻の墓」を建てることで、才治への思いを表したのだろう。

水野政権後期と藩校・経誼館

冨田才治らの処刑と虹の松原一揆の終結は、ひとつの時代の終わりを告げるものであった。増税に失敗したことで、藩は引き続き財政難に苦しむこととなったが、藩にとって悪いことばかりではなかった。藩と庄屋の力関係に変化が生じたのである。寺沢広高以来、唐津藩では藩主と農民をつなぐ役割を庄屋が果たし、藩政安定の要をなしてきた。しかし虹の松原一揆は冨田才治らごく少人数の指導者によって指揮され、多くの庄屋は蚊帳の外だった。また庄屋たちは一揆の鎮圧のために奔走したわけでもなかった。庄屋の権威が弱まったので、藩は庄屋に対する支配を強め、頻繁に任免や村替えを行った。農作物の収穫などで業績を上げた庄屋をより豊かな地域に移し、そうでない庄屋を冷遇するなど、庄屋間に競争原理を持ち込んだ。

庄屋たちは自分に与えられた地域を発展させようとして、学問による人材育成にも積極的に取り組んだ。こうして民間塾はますます栄えた。虹の松原一揆における対立と犠牲を乗り越え、吉武法命門下生たちを中心に官民が協力し、良き郷土文化を育てたのである。故進藤担平氏によれば「藩内人情惇朴にして敦厚と評されるに至ったのは、永年にわたる塾教育の薫化によるのである」。

寛政十三年（一八〇一年）、水野家二代目の忠鼎《ただかね》は藩校・経誼館《けいぎかん》を開いた。大成堂《たいせいどう》という建物の中に孔子像を祀り、命日に孔子祭が盛大に行われた。後の唐津市立大成小学校の名はここから来ている。司馬広人、司馬広次郎、八田信右衛門らが藩臣の子弟たちに教えた。財政窮乏の中、藩校を再興し、公教育の水準回復に努めた水野忠鼎の功績は讃えられるべきだろう。

小笠原政権下の公教育

文化十四年（一八一七年）、水野家四代目忠邦《ただくに》が浜松藩（今の静岡県）に移封され、代わって棚倉藩（今の福島県）から小笠原長昌《おがさわらながまさ》が唐津藩主に着任した。長昌は藩校・経誼館の名を改めて志道館《しどうかん》とした。これはもともと棚倉藩の藩校の名であり、後の志道《しどう》小学校の名の起源である。城内地区の小学校としては明治期に唐津尋常小学校が作られ、そこから昭和期に志道小学校が、更には大成小学校が分離した。平成十六年（二〇〇四年）にこの二校が合併して今の大志《たいし》小学校となった。

志道館の設備の多くは経誼館のものを継承したと見られる。そのことを象徴するのは学校の校門である。この門は現在、南城内児童公園に置かれている。道路に面した表側の鬼瓦には小笠原家の家紋である三階菱《さんがいびし》が、公園内に面した裏側の鬼瓦には水野家の家紋が彫られている。

初期の志道館で教鞭を執った儒者としては大野勘助（肯堂）が知られている。その後、山田忠蔵、矢田巻太、芳賀庸介、浅野正右衛門、豊田済、林誠一郎、長谷川毅之助らが教えている。

志道館の授業は早朝に始まって午前十時頃終わり、以後は芳賀庸介寮長の監督のもと自学自習が行われたという。安政年間に藩政を担当した小笠原長行《ながみち》（のちの幕府老中）は教育熱心だったので志道館は充実し、民間に劣るという不名誉な評価を改めさせた。

旧藩校・志道館の門（唐津市・南城内児童公園）

表側（小笠原家の家紋）

裏側（水野家の家紋）

札の辻公園（唐津市京町）。かつてここに橘葉医学館、次いで明治初期には「余課序（よかじょ）」という小学校が置かれた

天保七年（一八三六年）、三代目藩主・小笠原長会《ながえ》は「橘葉《きつよう》医学館」という医学校を今の京町札の辻公園の場所に開校した。嘉永二年（一八四九年）、筑前鹿家《しかか》の医者・保利《ほり》文亮《ぶんりよう》を藩医として迎え、医学館の指導者にした。文亮の息子・文溟《ぶんめい》は秋月藩の藩医・江藤《えとう》養泰《たい》に学び、父の死後安政二年（一八五五年）、帰郷して父の仕事を継いだ。この学校は明治維新後もしばらく存続し、明治四年（一八七一年）には小笠原長国の指導のもと蘭方医・大中春良を迎えた。

明治維新後、小笠原長国の励学方針により、志道館（漢学）と橘葉医学館に加えて洋学部門を開設することになった。ここに高橋是清を招いて耐恒寮を発足させたことは本文に記したとおりである。

宗田運平と小田周助

宗田運平《そうだうんぺい》は小笠原政権期の数学者である。天明七年（一七八七年）、黒川村（今の伊万里市黒川）に生まれ、十一歳の時、横竹村（今の鎮西町打上）にあった由義塾《ゆうぎじゆく》に入り、冨田楽山《とみたらくざん》の教えを受け、次いで柏崎村の稲葉伊蒿《いなばいこう》に学んだ。水野家の儒家だった司馬広人には弓術を教わった。文化九年（一八一二年）関孝和《せきたかかず》の算術を教えていた原田活機に入門する。実はこの年八月、伊能忠敬《いのうただたか》率いる幕府の

宗田運平の彰徳碑（唐津市見借）

測量隊が唐津地方を測量している。運平はこの年、和算の勉強を始め、五年後には筑前武村（今の糸島市）の原田春種のもとで算術、天文、暦法を修めている。時間と空間の重なりを考えると、運平が伊能忠敬から刺激を受けた可能性はある。山田洋氏は、高齢をおして測量に挑む忠敬から、若き運平が影響を受けたのではないかと語っている。

天保七年（一八三六年）宗田運平は見借《みるかし》に愛日亭《あいにちてい》という塾を開いた。武士も農民もここに通って経書や数学を学んだ。のちに幕府老中となる小笠原長行は幕末の一時期、五代目藩主・長国を助けて藩政を預かっていた。長行は再三にわたって宗田邸を訪れて運平と語らい、励ました。

天保十二年、運平はすでに五十歳を過ぎていたが学問への情熱は衰えず、幸い後継者も育っていたので、一念発起して江戸に向かった。長谷川善右衛門弘《ひろむ》に和算を学び、唐津に帰還後も明治三年（一八七〇年）七十歳で死去するまで研究と教育に励んだ。『算法通解』、『算法芥法《かいほう》問答』などの著作がある。

小田周助《おだしゅうすけ》は文政三年（一八二〇年）唐津藩士・永谷正純の次男として生まれた。愛日亭に通って宗田運平に和算などを学び、途中からは運平の代役として教育にもあたった。任官後は数学の才能と知識により、いくつもの功績をあげた。弘化四年（一八四七年）江戸勤務となった機会に恩師・運平にならって長谷川善右衛門弘に入門し、和算の研鑽に励んだ。江戸勤務からの帰途、京都で関流和算の大家であった小松純斉に師事して天文、測量、暦法を学び、嘉永六年（一八七三年）には関流算法の皆伝を受けた。

民間学者であった宗田運平と違い、小田周助の人生は、数学に堪能な武士として藩政の様々な課題に取り組むのが一つの側面で、他の一面は、役人生活の傍ら藩校や民間塾で数学を教える教師であった。明治維新後も師範学校の教授を務めるなど、最晩年まで教育に携わった。

幕末・明治維新期の学者たち

中沢見作《なかざわけんさく》は文政五年（一八二二年）に生まれ、のちに機堂と号した。田辺石庵《たなべせきあん》に漢学を、次いで杉田成郷《すぎたせいごう》に蘭学を学び、長崎の海軍養成所では英学を学んだ。文久元年（一八六一年）唐津藩の西洋砲術教授となり、文武両面に秀でた武士であった。明治維新後の混乱の中で志道館が廃止されたが、公教育の復興を求める人々が志道義舎、予課序、唐津共立学校、大成校などを開くと、それらの学校で少年教育にあたった。高橋是清が耐恒寮に勤務中、見作に漢文を教わったことが「自伝」に記されている（高橋の「自伝」では中沢健作と記されている）。

小田周助の彰徳碑
（唐津市西寺町・浄泰寺）

村瀬文輔は文政九年に生まれ、弘化二年（一八四五年）江戸に出て朝川善庵の門下生となった後、昌平坂

田辺新之助
（開成学園提供）

学問所の南寮に入り、佐藤一斎に師事した。小笠原長行の信任厚く、幕府と唐津藩の両方で要職に就いた。明治六年（一八七三年）、新しい学制により小学校が開設されるにあたり、校長を務めたとの記録もある。

陽明学派の一色耕造は町田に「一色塾」を開いた。大名小路に住んでいた野辺英輔は自宅で習字や学問を教えていた。麻生《あそう》政包《まさかね》らがここで学んだ。

幕末期、豊後日田には広瀬淡窓《ひろせたんそう》がおり、「咸宜園《かんぎえん》」という学校を開いていた。広瀬を慕う若者が全国から集った。唐津からも二十五人の若者がここに通ったとの記録がある。『唐津市史』にその名が記されている。中町高徳寺の僧・釈円心（奥村円心）の名がある。

田辺新之助は文久二年に生まれ、唐津伝習所を優等で卒業した後、明治十一年、東京大学予備門に入った。病気のため三年後に退学したが、明治十五年、高橋是清が校長を務めていた私立共立学校に職を得て英語と地理を教えた。この学校は明治二十八年、東京府の管理下に入った機会に「東京府開成尋常中学校」と名を変えた。「府立共立」では意味が混乱するからという理由が伝えられている。田辺新之助は明治三十年から四十三年まで校長を務めた。田辺校長時代の明治三十四年、私立に復し、「私立東京開成中学校」となった。哲学者・田辺元《はじめ》は新之助の息子である。

参考文献

唐津市史編纂委員会編『唐津市史』唐津市、１９６２年
山田洋著「唐津藩の民間塾と宗田運平」からつ塾講義資料、２００９年
水澤静男著「先覚者小田周助」(「末盧国」第１２３号、７０９頁、松浦史談会、１９９５年)
土田健次郎著『江戸の朱子学』筑摩書房、２０１４年
田尻祐一郎著『江戸の思想史』中央公論新社、２０１１年

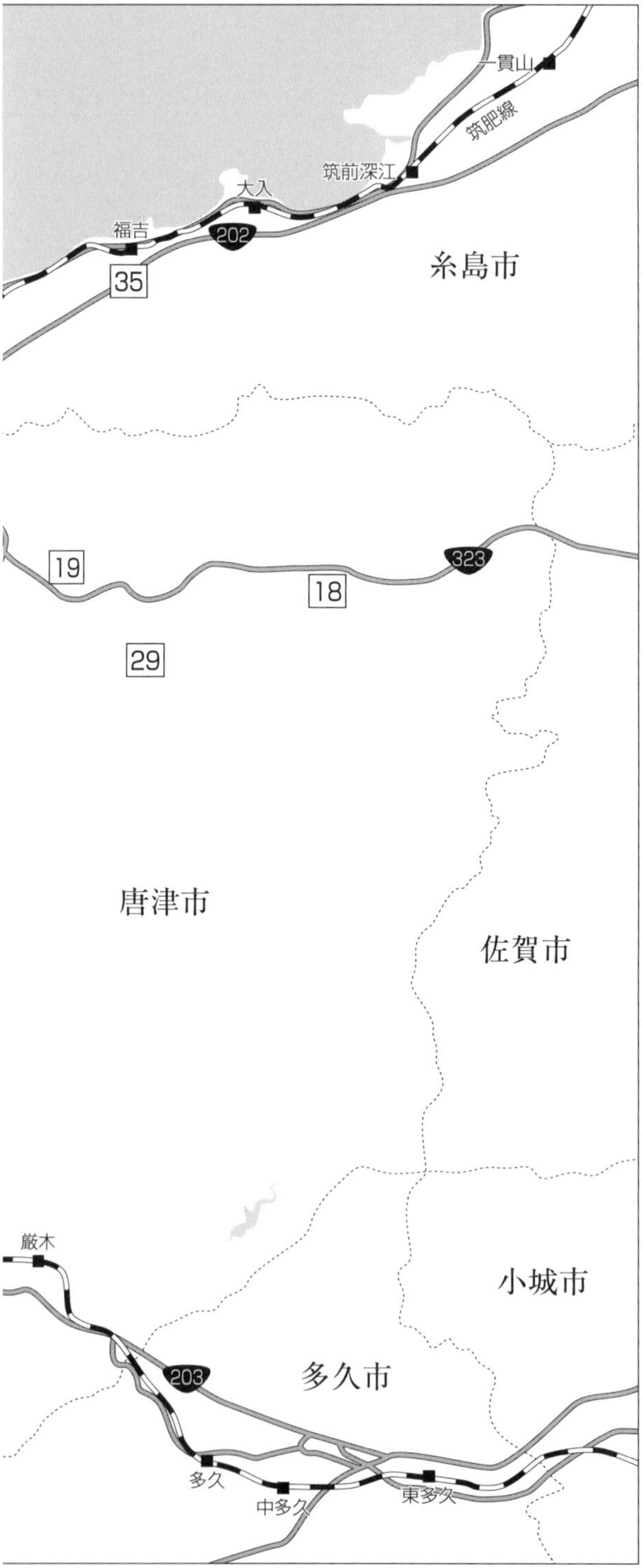

「補論」に登場する唐津の地名

地名	読み
1 海士町	あままち
2 有　浦	ありうら
3 石　志	いしし
4 宇　木	うき
5 打　上	うちあげ
6 相　知	おうち
7 鬼　塚	おにづか
8 鏡	かがみ
9 神集島	かしわじま
10 岸　岳	きしだけ
11 京　町	きょうまち
12 久　里	くり
13 黒　川	くろかわ
14 神　田	こうだ
15 佐　志	さし
16 十人町	じゅうにんまち
17 双　水	そうずい
18 滝　川	たきがわ
19 玉　島	たましま
20 町　田	ちょうだ
21 徳須江	とくすえ
22 徳　武	とくたけ
23 名護屋	なごや
24 西の浜	にしのはま
25 虹の松原	にじのまつばら
26 浜　崎	はまさき
27 原	はる
28 東の浜	ひがしのはま
29 平　原	ひらばる
30 船宮（新堀）	ふなみや（しんぼり）
31 松浦川	まつうらがわ
32 見　借	みるかし
33 山　田	やまだ
34 横　竹	よこたけ
35 吉　井	よしい
36 呼　子	よぶこ

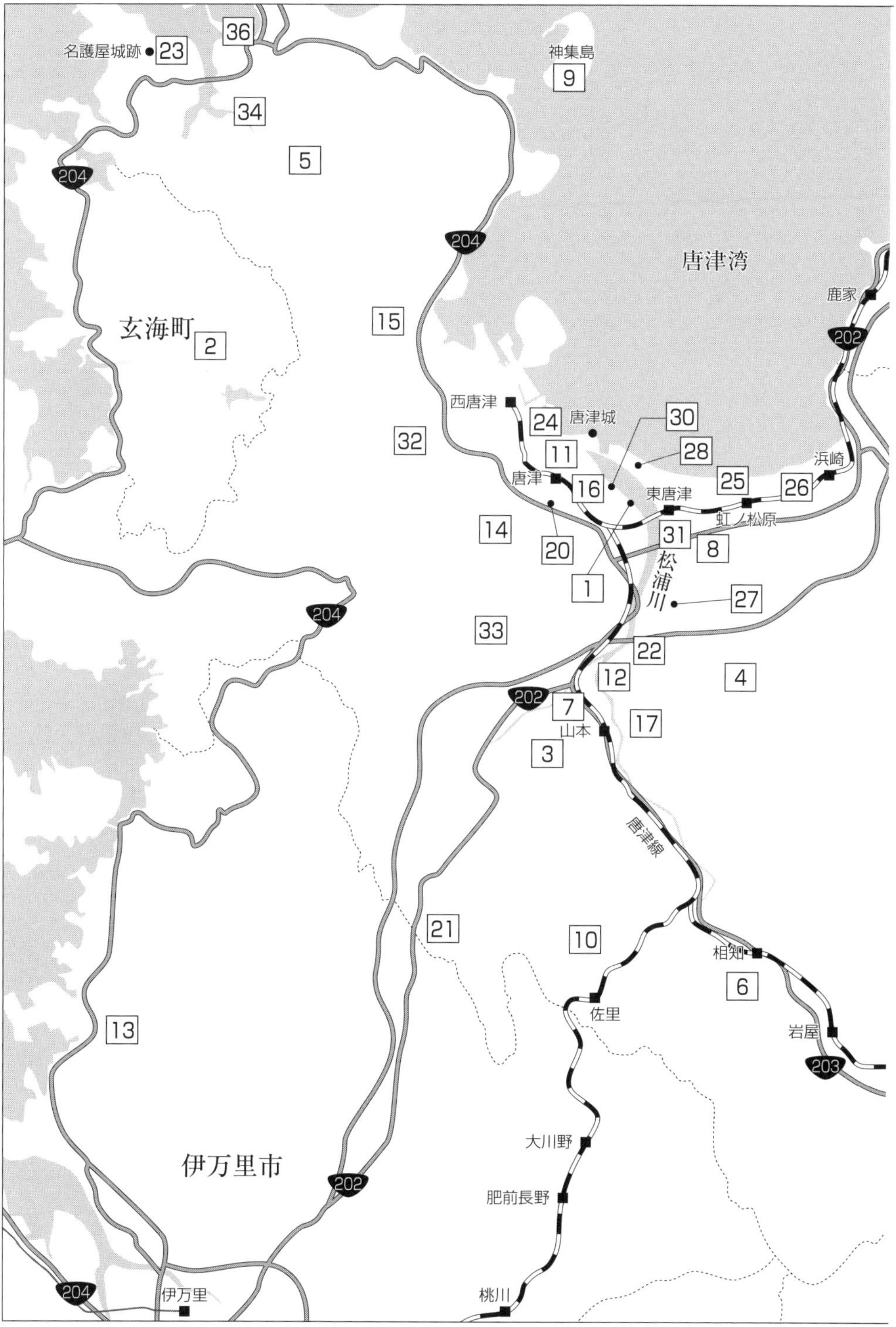
名護屋城跡
23
36
神集島
9
34
5
204
唐津湾
鹿家
202
玄海町
2
15
西唐津
24
唐津城
30
32
11
28
浜崎
唐津
16
東唐津
25
26
14
虹ノ松原
20
31
8
松浦川
1
27
33
22
4
12
202
7
山本
17
3
唐津線
21
10
相知
6
佐里
13
岩屋
203
大川野
伊万里市
202
肥前長野
204
伊万里
桃川

あとがき

この本に書いた内容の原型は、二〇〇二年から二〇〇四年までの三年間、宮島醤油のウェブページに毎月連載した「去華就実と郷土の先覚者たち」である。私は佐賀県唐津市の生まれで、十八歳までここで過ごしたが、大学進学にあたり故郷を離れた。自然科学の研究者として生きたが、父と叔父が経営していた食品会社の後継経営者となるよう勧められ四十八歳にして故郷に戻った。三十年間離れていたので、故郷のことを学びたいと思ったし、自分自身の転職後の生き方について先人に学びたいとも思った。

インターネット上に連載すると、国内外の方からいろんな問い合わせや情報提供があり、思わぬ縁で知己となった方も多い。ゆめさが大学では継続的に講義をし、唐津東高校と早稲田佐賀学園でも講義をした。ウェブページの記事では引用しにくいので、活字にするよう勧めてくださる方も増えてきた。海鳥社さんに相談すると出版を快諾してくださったので、この本が世に出ることになった。出版にあたり、新たに加筆したので、少し分量が大きくなってしまった。本の題名に「唐津の先人」という言葉が入ることになったが、一部に佐賀藩など近隣の人々を含んでいる。

資料収集、閲覧、昔の文字の解読などに加えて、私は故人のご子孫や関係者の方に直接会ってお話を伺う機会を大切にしてきた。主な方の名は本文中に記したが、これらの方々の中に、過去十数年の間に亡くなられた方が多い。歴史の発掘と聴き取りは時間との戦いなのだと改めて気づかされる。

藤原麻紀子さんと門司英子さんには資料の収集、原稿の校正、著作権実務など、様々な業務をお願いした。

出版にあたり、海鳥社社長の杉本雅子さんには様々なご助言をいただいたうえ、立派な本に仕上げていただいた。唐津商工会議所が普及を手伝ってくれることになったので、同所専務理事である山下正美さんにはいろんな打ち合わせに加わっていただいた。出版後もお世話になることだろう。皆さんのご厚意に深く感謝申し上げる。本の印税は唐津の文化振興に役立てていただこうと考えている。

二〇一九年九月

宮島清一

索引

■■■■■■■ [事項] ■■■■■■■

▶あ

▶か

▶さ

▶た

▶ま

▶や

[人名]

▶か

▶さ

▶た

▶な

▶は

▶ま

▶や

▶ら

▶わ

宮島清一（みやじま・せいいち）
1950年佐賀県唐津市生まれ。京都大学理学部卒業、大阪大学理学研究科大学院博士課程卒業。理学博士。岡崎国立共同研究機構分子科学研究所助教授を経て、宮島醤油株式会社代表取締役社長に就任。現在、唐津商工会議所会頭も務める。

時代《じだい》を拓《ひら》いた唐津《からつ》の先人《せんじん》

■

2019年10月10日　第１刷発行

■

著者　宮島清一

企画協力　唐津商工会議所

発行者　杉本雅子

発行所　有限会社海鳥社

〒812-0023　福岡市博多区奈良屋町13番４号

電話092(272)0120　FAX092(272)0121

印刷・製本　シナノ書籍印刷株式会社

ISBN 978-4-86656-048-9

http://www.kaichosha-f.co.jp

［定価は表紙カバーに表示］